思想の政治学

アイザィア・バーリン研究

森 達也
Tatsuya Mori

早稲田大学エウプラクシス叢書——013

早稲田大学出版部

The Politics of Ideas
A Study of Isaiah Berlin's Political Thought

MORI Tatsuya, PhD, is an assistant professor at the Faculty of Political Science and Economics, Waseda University.

First published in 2018 by
Waseda University Press Co., Ltd.
1-9-12 Nishiwaseda
Shinjuku-ku, Tokyo 169-0051
www.waseda-up.co.jp

© 2018 by Tatsuya Mori

All rights reserved. Except for short extracts used for academic purposes or book reviews, no part of this publication may be reproduced, stored in a retrieval system or transmitted in any form whatsoever—electronic, mechanical, photocopying or otherwise—without the prior and written permission of the publisher.

ISBN978-4-657-18803-8

Printed in Japan

目　次

序　論 1

第1節　研究の目的 1
第2節　人物 9
第3節　本書の構成 23

第1章　哲学的構想 33

第1節　論理実証主義批判——哲学における三つのドグマ 33
第2節　哲学と信念 46
第3節　小括 56

第2章　価値多元論 59

第1節　問題設定 59
第2節　価値多元論の分析 61
第3節　多元的状況における理解と判断 69
第4節　価値多元論と自由主義 80
第5節　小括 85

第3章　価値多元論における自由と責任 91

第1節　問題設定 91
第2節　決定論と責任の両立不可能性 93
第3節　隠喩の具象化としての決定論 98
第4節　価値多元論と責任 104
第5節　小括 111

第4章　リベラルな善の構想とその政治的帰結 ⋯⋯⋯⋯115

第1節　問題設定⋯⋯⋯⋯115
第2節　後期近代における自由の問題⋯⋯⋯⋯117
第3節　価値多元論と寛容⋯⋯⋯⋯125
第4節　自由主義とアイデンティティの政治⋯⋯⋯⋯129
第5節　小括⋯⋯⋯⋯141

第5章　対抗的啓蒙 ⋯⋯⋯⋯143

第1節　政治理論と思想史研究の接点⋯⋯⋯⋯143
第2節　理性，信念，言語⋯⋯⋯⋯148
第3節　思想と思想史家⋯⋯⋯⋯159
第4節　小括⋯⋯⋯⋯167

第6章　ナショナリズムとシオニズム ⋯⋯⋯⋯171

第1節　問題設定とアプローチ⋯⋯⋯⋯171
第2節　二つのナショナリズム概念⋯⋯⋯⋯174
第3節　フランス革命以降の時期におけるユダヤ人の境遇⋯⋯⋯⋯192
第4節　小括⋯⋯⋯⋯206

第7章　現代シオニズム運動とパレスティナの問い ⋯⋯209

第1節　問題設定⋯⋯⋯⋯209
第2節　現代シオニズム運動——ヘルツルとヴァイツマン⋯⋯⋯⋯210
第3節　シオニズム運動の道徳的「正当性」⋯⋯⋯⋯222
第4節　イスラエルとパレスティナ⋯⋯⋯⋯231
第5節　小括⋯⋯⋯⋯252

結　論 ⋯⋯⋯⋯255

第1節　三本の糸が紡ぐ織物⋯⋯⋯⋯255
第2節　品位ある社会の制度的帰結⋯⋯⋯⋯263

補論　カメレオンと孔雀 ⋯⋯⋯⋯269

初出一覧……………279

参照文献一覧………………280

あとがき……………309

事項索引……………312

人名索引……………315

英文要旨………………320

序　論

第1節　研究の目的

　本書の目的は，英国の政治思想家アイザィア・バーリン（Sir Isaiah Berlin, Order of Merit, 1909-1997）の自由主義思想の特質を明らかにすることである[1]。

　今日，一方における自由主義政治経済秩序のグローバルな浸透，国境を越える人の移動，人道主義的諸価値の国際的な普及と，他方における民族・宗教紛争，国益主義，排外主義との相克は，冷戦終結の時期にもまして激しいものとなっている。政治理論において，このような現実は普遍主義と特殊主義の，あるいは自由主義とナショナリズムの対立図式の下でしばしば論じられるが，この種の議論の基層を構成する思想のひとつが価値多元論（value pluralism）である。近年の政治理論における価値多元論への関心の高まりは，この思想に対するアカデミズムの注目が比較的新しいものである以上に，現代社会の闘争的多元化の状況に対する危機意識から生じていると言えるだろう。バーリンはこの価値多元論を世に普及せしめた思想家として評価されている。後述のように，特に東西冷戦終結以降，彼の価値多元論に注目した研究が増加しており，これをナショナリズムや多文化主義の問題に適用する研究も活発である。このようにまず，バーリン思想の研究は価値多元論研究の一環として価値を有するものである。

　第二に，彼の業績のうちで最も有名なものが彼の政治的自由論である。相互

---

1)　日本における近年の政治理論研究では，「自由主義」と「リベラリズム」を異なる意味内容を指すものとして用いる場合があるが，本書においては両者を同じ liberalism の訳語として特に区別せず使用する。

に衝突する諸価値の世界を鮮明に描きつつ，そこにおける最小限の個人の自由を擁護したバーリンは，冷戦期の代表的なリベラル派知識人として知られている。もし価値多元論が真であるとすれば，われわれはこの世界においてどのような自由主義を構想し，また実践することができるのか。これは現代政治理論研究の中心をなす問いのひとつである。なるほど彼は現在の政治理論研究の最先端に位置する人物ではない。第一次世界大戦前夜から冷戦終結期まで——いわゆる「短い20世紀」——を生きた彼の知的資源は，現在活躍する主に戦後生まれの政治理論家たちのそれとはやや異なる。研究者や彼の友人たちによって，バーリンはしばしば19世紀以来の「オールド・リベラル」に分類されており，彼自身もそのことを認めている。しかしながら後述のように，彼の自由主義の哲学的基礎には「言語論的転回」をはじめとするポストモダニズム（ルネサンス以降の「近代哲学」と対比されるところの，広い意味における20世紀思想）の要素も見られる。「多元論的自由主義」と呼ばれる彼の政治理論に関する研究が国内外の学術誌上で継続的に公表されているという事実は，その思想が現代の社会状況においても一定の有意性をもつ可能性を示唆している。加えて，このような歴史的位置にある彼の自由主義思想の研究は，古い自由主義思想と現代のそれらとの継承関係に関心を抱く者にとっても価値があると言える。

　第三に，近年注目されるのが彼のユダヤ・アイデンティティと彼の思想および行動との関係である。パレスティナ問題は現代における最も深刻な民族紛争のひとつであるが，バーリンは幼少のころからシオニストであり，生涯これを守り通した。パレスティナにおけるユダヤ人国家の建設は，彼みずからが説くリベラルな諸価値とどのような関係にあるのか。啓蒙思想とその批判者たち，ロマン主義とナショナリズム，そして近代のユダヤ人の境涯に関する彼の思想史分野における諸論考と，そこから導かれる彼のシオニズム論は，今日この問題を思想的な視角から考える者に何らかの示唆を——積極的であれ，消極的であれ——与えると期待できる。加えて，この問題において彼は狭義のアカデミズムの枠内に収まらない，いわゆる「知識人」として現れる。彼は第二次世界大戦の時期に英国政府のエージェントとして活動した一方で，イスラエル初代大統領ハイム・ヴァイツマンをはじめとして，シオニスト指導者たちとの関係も深かった。彼の言論は欧米のユダヤ人社会のあいだで広く流通し，その影響

力は決して無視できるものではない。その意味で，彼は 20 世紀のユダヤ系知識人の理解を試みる者が避けて通ることができない人物であると言える[2]。

　問題は，これらの側面をどのような視点で統合的に把握するかである。バーリンの思想に関する過去の諸研究の多くが彼の思想の特定の側面に注目するものであることに加え，それら特定の側面を別々の分野の研究者が相異なる関心の下に行う傾向が強く，それゆえ彼の思想の全体像を描き出すという動機に乏しかった。これは理由のないことではない。そもそもバーリンは体系的な思想家ではないという見方も根強い。彼の思想の魅力はその多様な問題関心と叙述の豊饒さにあり，これらを「体系的に把握する試み」はつねにその豊饒さに対する暴力でしかありえない——つまり体系化の暴力に抗した「バーリン的精神」に反する——とすら言いうるかもしれない。しかしながら，「すべてをあるがままに理解する」ことが不可能な企てであるというのもまた真実である[3]。

　これまでの研究蓄積は大まかに言って次の四点に整理することができる。すなわちバーリンの政治的自由論とその批判，彼の価値多元論と自由主義論の関係をめぐる議論，彼の思想史分野における業績の吟味，そして知識人としての彼の人物像の特定である。まず，バーリンの思想に関する諸期の諸論考は，政治理論の世界で彼を有名にした『二つの自由概念』（1958 年）の議論を対象としたものであった。しかし当然のことながら，それらは彼の思想の基本的な性格や全体的な構成を考慮したものではなく，『二つの自由概念』という単一のテクストに対する批評群にとどまるものである[4]。次に，価値多元論を基軸として彼の政治思想の体系的理解をめざした諸研究が出現した。彼の政治思想の核心を価値多元論に求めたのは，彼の友人である哲学者のバーナード・ウィリアムズであった。ヘンリー・ハーディが編集するバーリン論文集の刊行は 1978 年に開始されるが，ウィリアムズはその第一集『概念とカテゴリー』（CC）の序論でこの点を論じている（Williams 1978）。これ以降，バーリンの政

　2）　『バーリン選集』では Zionism のカタカナ表記として「シオン主義」が一貫して用いられているが，本書では通例にしたがって「シオニズム」と表記する。
　3）　たとえばジョン・グレイの『アイザイア・バーリン』は，価値多元論を基軸としてバーリン思想の体系的理解を目指した著作であるが，序文において彼は，「バーリンの知的活動がおそろしく広範囲である」ために，執筆にあたり「戦略的な取捨選択」を行わざるをえなかったと述べている（Gray 1995a: 2/ 3）。

治思想の核心を彼の自由論と価値多元論に求める流れが確立したと言える。この傾向は 1990 年代後半から現在にいたる日本のバーリン研究においても顕著である[5]。しかしながら，この種の研究において彼の理論的著作群と思想史研究との関係が正面から考察されることはきわめてまれである。

　他方で，思想史家としてのバーリンに対する評価の試みは 2000 年代初頭から徐々に増加してきている[6]。しかしながら，それらは主として思想史の各分野の専門家がバーリンの特定の著作を批判的に吟味する形式をとっており，彼の思想史研究の全体像を捉える本格的な論考は——ロバート・ウォクラーが遺した研究序説を例外とすれば——国内外においていまだ現れていない[7]。加えて，彼の思想史研究と政治理論との関係についても決定的な議論は提出されていない。そして最後に，マイケル・イグナティエフの伝記によって世に広く伝

4）　バーリンの自由概念論，およびそこから導かれる彼の自由主義を批判的に検討した論考として以下が挙げられる。Ward 1959, Spitz 1962, Kaufman 1962, Macfarlane 1966, Crick 1972, MacCallum 1967a, 1967b. バーリンは *Four Essays on Liberty*（邦題『自由論』）の序論において，これらの批判に逐一応答している（FEL xxxvii-lxiii/ V 55-96）。その後も「二つの自由概念」に対する批判的考察は今日にいたるまで切れ目なく継続している（たとえば Arblaster 1971, Macpherson 1973, Parent 1974, Taylor 1979, Gray 1980, Skinner 1984, 渋谷 1984, 小川 1985-1986, Polanowska-Sygulska 1989, Sen 1990, McBride 1990, Miller 1991, 関口 1991-1992, Bellamy 1992, 川上 1992, West 1993, 田中 1993-1994, 川本 1996, Skinner 1998, 堤林 1998, 小柳 1999, 半澤 2003: 102-119, Dimova-Cookson 2003, 王 2003, Nelson 2005, 森 2006, 大森 2007, 柿埜 2011, 濱 2011b, 上野 2011, Baum & Nichols 2013, 森 2013, 濱 2013）。
5）　ウィリアムズ以前にも価値多元論（両立不可能性および通約不可能性）に注目した論考は少数ながらも存在するが，それらはバーリン思想の中心的要素を特定することを目論むものではなかった（MacCallum 1967b, Cohen 1969）。バーリンの価値多元論に関する論考は 1980 年代以降増加していき，2000 年前後にピークを迎えている。またここから，価値多元論と歴史主義の立場をとるバーリンに対して，いわゆる相対主義の嫌疑がかけられることになる。これはレオ・シュトラウスの論考（Strauss 1961）を嚆矢として，そこから価値多元論における最小限の普遍的道徳の可能性をめぐる議論や，価値多元論と自由主義の両立可能性をめぐる議論へと展開している（Kocis 1980; 1983; 1989, Parekh 1982, Hausheer 1983, Gray 1995a; 2000a, Sandel 1984, Rorty 1989: ch. 3, Kekes 1993, Galipeau 1994, Crowder 1994; 2002; 2004, 川上 1995, Frish 1998, 山下 1998-1999, 中野 1999, 濱 1999b; 2001; 2008, 森本 1999-2001, Baghramian & Ingram 2000, Riley 2000; 2001; 2013, 森 2002a, Gaus 2003: ch. 2, Zakaras 2004; 2013, 伊藤 2004, Ferrell 2008, 上森 2010, Talisse 2010, Myers 2010 など）。
6）　比較的早い時期に議論がなされたのは，歴史の方法論および歴史と哲学との関係をめぐるバーリンの見解についてであった。これは彼が E・H・カーの『歴史とは何か』をめぐる論争に参加していたこと，および彼自身が歴史研究の方法に関する論文を 1960 年代に発表していたことによるものである（半澤 1963, Rotenstreich 1976, Pears 1991, Kenny 2000, Cracraft 2002, 王 2002, 森 2002b, Skagestad 2005 など）。
7）　Garrard 1997, 多田 2002, Mali & Wokler 2003, 森 2005; 2012, Crowder & Hardy 2007, Wokler 2008, 濱 2011a; 2017, Brockliss & Robertson 2016.

えられたバーリンの人物像を批判的に吟味しながら，彼の「英国のロシア系ユダヤ人」というアイデンティティとのかかわりからその思想と行動を読み解く「知識人論」が，近年，特に若い世代の研究者によってなされつつある。それらは現在のところ，『二つの自由概念』（1958 年）にいたるバーリンの思想形成過程と，第二次世界大戦前後の時期における彼の政治的態度に関する考察にとどまっているが，今後は 1960 年代以降の時期をも含めた包括的研究へと展開することが期待される[8]。この種の研究が登場してきた背景には，オックスフォード大学ボドリアン図書館が所蔵する膨大な未公刊資料の整理と，それに基づく未公刊論集および書簡集の出版──いずれもヘンリー・ハーディの長年にわたる編集作業の成果である──がある。

　本研究はこれら先行研究の成果を踏まえ，バーリンの哲学，政治理論，思想史，そしてナショナリズム／シオニズム論を統合的に理解することを試みる。ここで当然に生じるのが解釈の問題である。「統合的な理解」というものは常にある特定の観点の下で可能となる。テクストはその読み手の「先入見」に応じて多様な表情を見せるのであり，これまでも，それぞれの論者の観点から相異なるバーリン像が，ある程度の一貫性をもって描き出されてきた。解釈という営為はその特性上，単一の読み方に収斂するものではなく，その意味では，本書の読解も他の諸々の解釈にかならずしも優越するものではない。しかしながら，さまざまな観点がそれ自体としては比較不可能であるとしても，特定の目的──何のために彼の思想を理解するのか──との関連の下では比較が意味をなす。

　本書はいわゆる知識人研究である。本書の第一の目的は彼の提出した哲学説や政治理論の整合的な理解ではない。むしろ本書は，いわゆる「短い 20 世紀」を生きたひとのリベラルの思想と行動を，現代世界における自由主義の実践可能性という関心の下に把握する試みである。思想家の言葉というものは，その現実的な相においては，その声が届けられる他者に対してパフォーマティヴな「力」を発揮する言語行為である。思想家はそれによって世論に影響をおよぼすと同時に，その見解の妥当性とその影響力に伴う責任をめぐって公共的

8）　細谷 2001; 2005, Gaston 2006, Birnbaum 2008, Dubnov 2008; 2012, Cherniss 2013, Caute 2013, Deighton 2013, Albert 2013, 森 2014.

な評価を受ける。こうした現実的影響関係の下にある思想は，その発話主体から切り離されたかたちで——それ自体で完結したテクストとして——取り扱われることを拒む。カメレオンの色彩がその存在と環境の相互作用という観点から了解できるように，こうした読解の下では，思想家はそのテクストと時代状況を独特な仕方で結びつける蝶番として機能する。

　本書の題名は「思想の政治学」である。これはバーリンが「思想（ideas）の無視しがたい力」に絶えず警鐘を鳴らした人物であったことに由来している。革命と戦争の嵐が吹き荒れた「短い 20 世紀」の目撃者であった彼は，政治権力と結合したイデオロギーが人間の生存を決定的なかたちで左右することを痛切に自覚していた。彼は左右両翼における「思想の専制」に対する強力な批判者であったと同時に，そのような思想と政治の結合のパターンを思想史という観点から解明せんとした人物であった。われわれは思想とどのように付き合えばよいのか。このことを論じた人物としてバーリンは際立っている。しかしながら，それは彼がいっさいのイデオロギー的前提から自由であったことを意味しない。「思想の力（power of ideas）」はこの思想家自身にも容赦なく襲いかかった。バーリンの著作を読むわれわれは，そこに彼自身のコミットメントの痕跡を見出す。それは具体的現実を生きたひとりの人物の境涯を映し出す。ソクラテス以来，人文知は常に自己理解をその究極的な目的としてきた。彼の肖像は，現代世界を生きるわれわれ自身の生にはらまれた矛盾と苦境——その真実の姿——を映す鏡として機能する。イデオロギーとは多様な社会的土壌のもとで成長する知的植物であり，自由主義もまた例外ではありえない。そしてこの植物が根を張るのは人々の胸中においてである。ナショナルなものが現に力をふるっている現代の政治的環境のなかで，リベラルの議論はどれほどの説得力を示すことができるのか。また，リベラルはどのようなかたちで特殊主義的な信念（たとえば民族的帰属や宗教的信念）と折り合いをつけることができるのか。バーリンの政治思想はこれらの課題の検討に適した素材であると思われる。こうした，自由主義思想のコンテクスチュアルな理解を目指したところに本書の特色がある。

　バーリンの遺したテクスト群が彼自身の実存的関心と呼応しているという上述の仮定のもと，私は本書で以下のような解釈を試みている。まず，本書の前

半部では，彼のリベラルな側面を構成する多様な素材を収集し，それらを「品位の政治」という，ある程度の一貫性をそなえた政治的主張として構成する。ここではおもに彼の哲学，倫理学，政治理論に関する著作群を取り扱うため，現代の政治学研究において規範的政治理論と呼ばれる分野とその議論を共有している。この作業ののち，後半部では，彼の思想史および現代政治に関するテクストを取り扱いながら，20世紀の歴史―政治的環境におけるバーリンのアイデンティティと，そこから導かれる彼の政治的コミットメントの理解を目指す。ここでは，啓蒙と対抗的啓蒙，ロマン主義とナショナリズム，そして近現代シオニズムに関する著作群――これらは彼の思想史研究の全体ではないが，その「重心」と考えられる[9]――が，彼自身のアイデンティティおよび政治的態度を投影しているという仮定のもと，それらのテクスト群を解釈する。以上の読解作業の結果，彼の政治思想は「品位」の観念を中心とする彼の自由主義と，彼のナショナル・アイデンティティの核心をなすシオニズムの理念との相克として把握されうるという結論が得られる。これは，従来「自由主義と価値多元論」の表題の下で議論されてきた彼の政治理論に具体的な文脈を与えるも

---

9) 彼は英国のロシア系ユダヤ人という複数のアイデンティティをもつ人物であり，それら三つのルーツと自己の知的形成との関係をエッセイに記している（'The Three Strands in My Life,' in PI, pp. 255-259）。ここから，彼のアイデンティティの「重心」をこれらのいずれに見出すかに関する議論が生じている。バーリンの友人でロシア思想史家のアイリーン・ケリーは，アリー・ダブノフの研究（Dubnov 2012）がバーリンのユダヤ的側面を過度に強調しており，等しく重要なはずである彼のロシア的側面を無視していると批判している（Kelly 2013, cf. 森 2016）。この論争は簡単に決着のつくものではないだろうが，本書がバーリンのユダヤ的側面を中心に据える理由は次の二つである。第一に，彼は，自己のアイデンティティの中心に「ユダヤ人であること」があるとしばしば述べている。たとえば次の一節を見よ。「『僕らはユダヤ人だ……僕らはロシア人ではない。ラトヴィア人でもない。それらと異なる存在だ。僕らは祖国をもたねばならない。永久に周囲に気を配りながら生きることのできる場所など，どこにもない。とりわけ，ユダヤ人であることを否定し，隠すことのできる場所はない。そうするのは恥ずべきことだし，成功しない。これが僕のユダヤ人意識の原点だ。……母のおかげさ』」（Ignatieff 1998: 30/ 33）。これは本書第6章で考察する彼のモーゼス・ヘス論の論旨と同一である。第二に，彼のパブリック・イメージにはつねにユダヤ人であることが伴っていた。彼は英国流の作法とアカデミズムを体得し，オックスフォードの「首領（Don）」として名をはせるが（cf. Annan 1999: ch. 11），他方でヴァイツマンやロスチャイルド男爵（Victor Rothschild, 3rd Baron Rothschild, 1910-1990）をはじめとするユダヤ系の政財界人と広く交流をもち，欧米のユダヤ人社会に対する彼の影響力は決して無視できないものであった。これに対して，彼は「ロシア人」として発言することは基本的になかったし，そのように期待する者も――ロシアの政治，思想，文学に対する彼の造詣の深さに関するものを除いて――まずいなかった。ただし，19世紀ロシア自由主義思想が政治的シオニズム運動の基本的姿勢に与えた影響をバーリンは認めている。本書の結論において，私はバーリンの自由主義に見られるロシア的要素について若干の考察を加えたが，この側面は今後さらなる検討が必要である。

のである[10]。

　それゆえ，本書では既存の諸研究において省みられることが比較的少なかったところの，バーリンのテクスト群の時系列的な関係についてもある程度意識的に論じた[11]。彼は生涯にわたり目立った「転向」を経験しておらず，その思想的態度はかなり安定しているのであるが，政治的なテクストがそれを取り巻く時代状況と不可分である以上，ある程度のコンテクスト主義的な理解はやはり不可欠であろう。この点は，本書の後半部で扱うシオニズムとイスラエル国家をめぐる諸問題の考察にとって特に重要である。

　他方で本書は，彼のもっとも有名な『二つの自由概念』に対する体系的な考察を含んでいない。その理由はまず，上述のように，『二つの自由概念』に関してはすでに国内外において豊富な研究蓄積が存在しているためである。加えて，同書に関する研究蓄積は他の主題と比べて膨大であるので，その詳細な検討にはもう一冊の書物を書くことが要求されるためである。しかしながら，以下本書で検討するバーリンの思想の多面性を踏まえたうえで，あらためてこの『二つの自由概念』——政治理論，思想史，そして当時の政治状況が複雑に織り合わされたテクストである——を主題的に取り扱うことには十分に意義があるだろう。その意味で，本書は『二つの自由概念』の読者のための副読書と位置づけることもできるかもしれない[12]。

---

10)　したがって本研究は，マイケル・フリーデンが「イデオロギー研究」と呼ぶものとその方法論的立場を——厳密にではないが——共有している（Freeden 2008）。
11)　従来の研究においてこの点があまり顧みられなかった理由は，主に，それらの大半がバーリンの自由論と価値多元論に対する理論的関心に基づくものであったことに求められる。彼の知的形成や政治的態度に焦点を合わせた近年の諸研究では，当然，この点は意識されてきている。以下本書では，当該文脈において資料の時系列的な関係が重要である場合にはこれに初出年を付記する。また人物についても必要に応じて原語と生没年を付す。
12)　上述のように，近年のバーリン研究においては，彼の初期思想形成過程の研究を通して，『二つの自由概念』の議論を中心とする彼の自由主義の知的諸源泉を探り当てる作業が進められている。こうした作業は本書の問題設定の範囲を超えるものであるため，今後の研究課題としたい。この点を論じた最近の2冊の研究書の概要については，森 2016 を参照。20世紀英国政治思想における『二つの自由概念』の歴史的位置とその意義については，森 2013 で検討した。

第2節　人物

　バーリンは人生のほとんどをオックスフォードですごしたが，英国生まれではない。彼は 1909 年 6 月 6 日，帝政ロシア支配下のバルト海沿岸（現在のラトヴィア）のリガで，裕福なユダヤ人材木商人の家庭に生まれた。

　リガは口世以来のバルト海交易の中心地であり，バーリンが生まれた帝政ロシア支配の時代にはドイツ人，ラトヴィア人，そしてユダヤ人が居住する独特の民族的環境が存在していた。また若きヘルダー（Johann Gottfried von Herder, 1744-1803）が，カントの批判者として知られるハーマン（Johann Georg Hamann, 1730-88）の紹介で——バーリンはこの二人の思想をのちに精力的に論じることになる——，リガ大聖堂の説教師を務めたことが知られている。帝政末期のリガにおける社会階層の頂点をなすのは「バルト貴族（Baltic barons）」と呼ばれるロシア語を話すドイツ人の一族であり，その下に富裕なドイツ商人とユダヤ商人，そしてユダヤ人居住区（強制的ではなく自発的なもの）に住むユダヤ人職人と労働者，最下層には市政に対する政治的権利をもたないラトヴィア人がいた。当時のリガはロシア帝国内の他の地域には適用されていたユダヤ人の定住区域に関する法令（Pale of Settlement）を免除されていた（Ignatieff 1998: 12/ 13）。加えて，アイザィアの父メンデル（Mendel Berlin, 1884-1953）はリガの第一ギルドの商人であったので，バーリン家には「名誉市民権」——一般のユダヤ人には適用される諸法令を免除される——が与えられていた（B&L 55）。この地位は，材木商として成功した義理の曾祖父アイザィア・バーリン・シニア（シャイエ）の時代にロシア帝国から末代にわたって与えられたもので，「アイザィアという名は，〔この〕養曾祖父に対する敬意のしるしとして，彼の両親によって付けられた」（Ignatieff 1998: 15/ 17-18）。彼の幼少期，一家はリガ中心部のアルバート通りに居を構えており，幼いシャーヤ（アイザィアの愛称）にとって，ユダヤ人居住区に住む人びとの生活はむしろ「未知の領域（*terra incognita*）」であった（Ignatieff 1998: 12/ 13-14）。

　バーリンが複数の言語を自在に操る人物であったことはよく知られている。これはヨーロッパ思想史に関する彼の驚異的な学識を可能にするものであった

写真1　バーリンの生家（写真提供：大中真氏）

と同時に，彼のハイブリッドなアイデンティティを表すものでもある。まず，リガのユダヤ人コミュニティにおける日常語はイディッシュ語であったが，幼少期のアイザィアは周囲のユダヤ人コミュニティから比較的離れた状態にあり，家庭では主にロシア語と，次いでドイツ語が話された（Ignatieff 1998: 14/ 15）[13]。彼は3歳までドイツ語で育ち，家庭教師が来てからはロシア語を話すようになり，以後は両親ともロシア語で会話していたという（B&P 164）[14]。これらは裕福な上位中産階級に属していたバーリン家が，リガにおける当時のブルジョワ文化の影響下にあったことを示している。ヘブライ語については，晩年のインタビューで「私はヘブライ語を自由に話せません」（B&J 87/ 132）と語っており，1959年のベン＝グリオン首相の質問状に対しても英語で返答している（L-II 671-673, 763-767）。ただし，彼がある程度はヘブライ語を解したことを示すエピソードとして次のものがある。彼は1961年に作曲家のストラヴィンスキー（Igor Stravinsky, 1882-1971）からある相談をもち

---

13)　「両親は彼ら〔木材工場の使用人たち〕とイディッシュ語で会話していたけれども，家庭内ではまったく話しませんでした」（B&L 56）。アイザィアの両親はいずれもリガのドイツ人学校で学んでおり，ロシア語と同じぐらいドイツ語が堪能であったという。また父親は材木商取引のために英語とフランス語も習得していた（B&P 164）。バーリンは「私はドイツ語が読めなかったので，ハイネのかわりにプーシキンを読んでいました」と幼少期を回顧している（B&L 59）。彼のドイツ語は生涯を通じて完全なものではなかったが（Ignatieff 1998: 31/ 34），しかしそれはのちに彼の思想史研究の中で重要なものとなる。
14)　バーリン家がロシア人の家庭教師をむかえたのは，学校教育への準備のためだったと考えられる。当時の学校教育政策についてベネディクト・アンダーソンは次のように記している。「ドイツ語はロシア帝国西部の多くの地域において「チェコ人」のボヘミアにおいてと同じぐらい，文明の言語であった」。「最初のロシア化政策は皮肉にも，それまでもっともツァーに忠誠であった「国民（nationality）」──バルト海沿岸地方のドイツ人のごとく──を対象に実施された。1887年，ロシア語が，バルト海地方のすべての国立学校において最低学年から授業の言語として義務づけられ，やがてそれは私立学校にも適用された」（Anderson 1991: 196, 87/ 322, 149）。

かけられるが，それは彼がイスラエル国から委嘱されたイェルサレム祭を祝した作品の題材についてであった。バーリンはヘブライ語の聖書を取り出して「アブラハムによるイサクの捕縛」を提案し，英訳からヘブライ語の音訳を作成してストラヴィンスキーに送った。ここから生まれたのが

写真 2　バーリンの生家（写真提供：大中真氏）

宗教的バラード『アブラハムとイサク』（初演 1964 年）である[15]。

　次に宗教的背景であるが，バーリン家はユダヤ教超正統派のハバド・ルバヴィッチ派（Chabad Lubavitcher）の創始者であるシュノー・ザルマン・リアディ（Shneur Zalman of Liadi, 1745-1812）を祖先にもつ家系であり，一族は当地のユダヤ人のあいだでも特別な存在であった（B&L 52-53）。アイザィアの血縁者のひとりであるシニアソン（Menachem Mendel Schneerson, 1902-1994）は，このルバヴィッチ派のレーベ（Rebbe, 世襲のラビ）であり，20 世紀におけるもっとも著名なユダヤ教指導者のひとりである（cf. Goldman 1994）。こうした宗教的背景に対するバーリンの姿勢について，イグナティエフは次のように記している。

　　現代のルバヴィッチ派ハシッド——七分丈の黒いフロックコートを着て，つばの広い帽子をかぶり，口ひげと巻き毛を生やした格好をした——を，彼〔バーリン〕は危ない狂信者だとみなしていた。ブルックリンの黒人との間で暴力沙汰を起こしたり，ヘブロンをめぐるパレスティナ人との死闘に支持を表明していたりした，ルバヴィッチ派ハシディムについてひとことでもふれると，彼は顔をしかめ，めったに見せることのない，また似つ

15）　Ignatieff 1998: 238/ 258. See also, L-III 62-63, 197-203.

かわしくもない嫌悪の表情を浮かべたが，その宗教的指導者であるラビの
シニアソンは，そういう彼のいとこだったのである。(Ignatieff 1998: 15/
17)[16]

このように，バーリンは濃厚な宗教的背景をもつ一族に生まれたのであるが，
彼自身はユダヤ教の信仰からは距離をおいていた。その理由は何よりもまず，
彼自身に宗教的なものに対する感覚が欠如していたからであった。「私は，こ
の世界にあるものは人と物と，人々の頭の中にある思想——目標，感情，希望，
恐怖，選択，想像で描いた世界，その他あらゆる形態の人間の経験——だけだ
と考えています。私が知っているのはそれだけです」(B&J 32/ 55)。エドワー
ド・ローベリー宛の 1989 年 4 月 12 日付の書簡における以下の一節は，この点
を彼がもっとも率直に語ったものであろう。

同じような宗教的感情をもつ資格が，私にもあると言いたいところなので
すが，——人格神なるもの——あごひげを生やした老人——「日の老いた
る者」——その他なんでもよいのですが，とにかくそのような，人間の姿
で思い描くことのできるある種の個体はまず存在しそうにないと確信する
ようになってこのかた，私は「神」という言葉の意味がわからなくなりま
した。無神論者や不可知論者であると言う資格さえ私にはありません——
私は音楽で言えば音痴のような人間 (a tone-deaf person)[17]です——宗教
によって精神を大きく高められる人もいることはよく承知していますし，
尊敬もしています。宗教的な儀式や芸術作品や詩には大いに共感を覚えま
す。しかし神となるとどうでしょうか。(Ignatieff 1998: 41/ 45-46)[18]

---

16) 家系図によれば，バーリンとシニアソンはともにザルマンの子孫であるが，文字ど
おりのいとこではなく，5 代さかのぼっての遠縁にあたる (Hardy 2009: 315-319)。
17) この宗教的「音痴」という言葉はマックス・ヴェーバーを連想させる表現である。
「私はたしかに宗教的な意味ではまったく音痴で (religiös absolut unmusikalisch)，宗教
的性格の何らかの霊的建築物を自分の内部に打ち立てる欲求も能力も持ち合わせてはいな
い。しかし精密に自己検討してみると，私は反宗教的でもなければ非宗教的でもない」
(1919 年 2 月 9 日付の手紙，Weber, Marianne 1950: 370/ 第 1 巻 257)。バーリンがこれを
意識していたかどうかは不明である。少なくとも，彼はヴェーバーの熱心な読者ではなか
った (B&L 102)。バーリンとヴェーバーの関係については，本書第 1 章注 41 を参照。
18) この手紙は書簡集 (L-IV) には収録されていない。See also, Birnbaum 2008: 244.

このように彼自身は宗教的経験に対する懐疑を告白しているが，他方で宗教抜きの世俗的で合理的な人間や社会を——現代の無神論者のように——積極的に主張するのでもなかった。晩年に行われたイラン出身の哲学者ラミン・ジャハンベグローとの対話のなかで，彼は，宗教的なものの理解は人間理解にとって不可欠であると述べている。「宗教的であるとは何であるかを理解しない人は，人間は何によって生きているのかを理解していないと，私は思います。ですから私には，徹底した無神論者はいくつかの形態の深い人間としての経験，おそらくは内面の生活について目も見えず耳も聞こえない状態にあるように思えるのです」（B&J 110/ 164-165）。このように彼は，他の人間が宗教的な確信を得ることについては肯定しており，そこから，人類が築いてきた多様な民族文化——しばしば宗教をその核とする——が人間的生に不可欠の要素であると主張する点で，彼の思想史上の教師であるヘルダーと見解を同じくしていた。つまり彼にとって宗教は自分自身のものであるというよりも，むしろヘルダー的な「共感的理解」の対象であったと言えるだろう。

　もうひとつの側面である民族としてのユダヤについては，彼自身シオニストであるとの態度を生涯にわたり表明している（B&J 85/ 129）。まず，上記の宗教的背景をもつ一家にとってシオニズムはごく自然なものであった。十月革命の推移はバーリン家に深刻な不安をもたらしていたが，翌月のバルフォア宣言の報道に一家は歓喜に沸いたことをバーリンは回顧している（Ignatieff 1998: 27/ 29）。彼のシオニズム支持は，彼の両親，特に母親からの影響が大きい。アイザィアの父メンデルは，その出自にもかかわらず，基本的に世俗的な考えをもつ人物であった。彼はパレスティナのユダヤ人国家建設についても懐疑的であった（Ignatieff 1998: 27/ 29）。しかしながら息子にあてたメンデルの自叙伝からは，一族のユダヤ的伝統に対する強い関心が読み取れる[19]。他方で母マリー（Marie Mussa Berlin, 1880-1974）は「生来のシオニスト（natural Zionist）」であり，メンデルよりも強固な信仰とシオニズムに対する信念を抱いていた

---

19)　Mendel Berlin, 'For the Benefit of My Son' (Hardy 2009: 263-314)．ユダヤ人の軍事組織ハガナー（Haganah）の司令官として知られるイッハク・サデー（Yitzhak Sadeh, 本名 Issac Landoberg, 1890-1952）は，メンデルの従兄弟にあたる（Hardy 2009: 318-319）。バーリンは子供のころに彼と会った印象をエッセイに記している。Isaiah Berlin, 'Yitzhak Sadeh' (PI 78-90)．

(Ignatieff 1998: 38/ 42)[20]。こうした両親の態度に対して，バーリンは「生涯を通じて過ぎ越しの祭りや贖罪の日（ヨム・キプール）といったユダヤ教の主要な行事を欠かさず行ったにもかかわらず，懐疑論者であり続けた。……それらは信条の確認というよりもむしろ，ユダヤ民族への忠誠を宣言するものであった。宗教としてのユダヤ教に対しては，彼は丁重ながらも断固とした懐疑の態度をとり続けた」(Ignatieff 1998: 41-42/ 46)。イグナティエフによるこの一節は，バーリンが「モーゼス・ヘスの生涯と意見」(1959 年) においてユダヤ民族をその文化的同一性に求める姿勢と一致しており，ヘルダーから受け継いだ彼の文化的多元論，すなわち，それぞれの文化は自身の重心をもち，人々はそれぞれの文化における客観的な価値を追求するという考えを裏づけている（本書第6 章参照）。このように彼の出自の民族的な側面は普遍的思想のレヴェルにまで昇華され，その価値多元論の重要な一要素となった。しかしながら他方，イスラエル国のパレスティナ人に対する苛酷な統治は彼のリベラルとしての良心を最後までさいなむことになる（本書第7 章参照）。

*

　第一次世界大戦勃発以降のバーリン家は不安定な状況に置かれた。1915 年のドイツ軍侵攻に伴うユダヤ人の強制移送を逃れるため，一家はリガから内陸のアンドレアーポリに避難し，さらに翌年にはペトログラードに移り住んだ。続く 1917 年の十月革命に際しては一家の住む住居も接収を受けた (Ignatieff 1998: 20-27/ 22-30)。渡英後の 1922 年に，少年アイザィアはこのロシアでの経験を「目的は手段を正当化する」と題した短い物語——チェカ（ソヴィエトの秘密警察）を題材とした，現存する彼の最古の作文——の中で用いている (FL 9-19)。また革命の際に 8 歳の彼は警官が暴徒に襲われる光景を目にし，それ

---

　20)　イギリス到着の翌朝，一家はユダヤ教の戒律を破ってベーコン・エッグの朝食をとった。しかしその数か月後，マリーはユダヤ教の精肉士と知り合い，以後食事における戒律を生涯にわたり守った (Ignatieff 1998: 39/ 43)。彼女は 1928 年にはブロンズベリー地区のシオニスト協会の会長になり，「同協会を完全に支配した」(Ignatieff 1998: 39/ 42, cf. L-I 9)。また彼女の姉妹のうち，イダ (Ida Volshonok, 1887-1985) は，シオニズム活動家のイッシャク・サムノフ (Yitzhak Samunov, 1886-1950) と結婚して 1930 年代にパレスティナに渡っている (Dubnov 2012: 31)。

以来，生涯にわたって物理的な暴力を恐れるようになったと回顧している
(B&J 4/ 15)。ここから彼は，このように暴力革命によって成立し，全体主義体
制の下で恐怖政治を行ったソヴィエト共産主義に対して一貫して反対を貫いて
おり，この姿勢は，西欧の社会主義者たちのソヴィエト礼賛の風潮の中にあっ
ても揺らぐことがなかった[21]。

　一家は一度リガに戻るが，革命により木材事業の継続は難しくなっていた。
また反ユダヤ主義をめぐって当局ともめごとが起こり，逮捕を懸念した両親は
――いくつかの候補を検討したのち――木材取引でつながりのあった英国への
亡命を決意する。「父は熱狂的な親英家で――私は，英国が悪をなすことなど
ありえないという信念を受け継いで育ちました」(B&J 6/ 17)。バーリンは父親
をやや距離を置いて眺めていたようであるが，しかし親英派である点は父親と
同じであった。イグナティエフによる以下の一節では，異邦人による英国の
「理想化」の視線が強調されている。

　　生涯を通じて，彼は自らの考える自由主義の叙述的内容のほとんどすべて
　　を英国らしさと結びつけた。……実際には，彼の自由主義にはまったく非
　　英国的な要素もいくらか含まれていた。なかでもアレクサンドル・ゲルツ
　　ェン，バンジャマン・コンスタン，ジュゼッペ・マッツィーニの思想など
　　がそうである。そして，英国的な要素はバラ色の色眼鏡を通して，良い面
　　だけが強調されていた。帰化した国を皮肉抜きに愛するのは亡命者の特権
　　であり，生粋の国民にはできないことである。英国人が信じたがった，自
　　国民についてのイメージ――実際的で，杓子定規でなく，風変わりで，フ
　　ェアで，理論より経験を重んじ，常識があり，そしてどこでも使われるあ
　　の言葉，「品位ある (decent)」を，アイザィアはほとんど全部真に受けた。
　　(Ignatieff 1998: 36/ 39)[22]

---

21)　幼少期の経験に加え，後述のように彼は 1945 年にもソヴィエトを訪問しており，そ
　の支配の内実を西欧の左翼知識人より多く知りうる立場にあった。またソ連に残された肉
　親の多くを戦争と粛清により失っている。バーリンのソヴィエト関連の文書は，ハーディ
　氏の編集により，*The Soviet Mind*（SM）と題して出版されている。
22)　See also, Bruma 2009, Hiruta 2017. バーリンの自由主義思想の由来とその特徴につい
　ては，本書の結論で考察を加えている。

016

こうした理想化という心理現象をバーリン自身は十分に認識しており，この観念を自身の思想史研究のなかで用いている。彼は，フランス革命後にゲットーから解放されたユダヤ人たちが，同化を望みつつ，彼らの属する社会の多数派文化を理想化したことについて考察している。多数派文化からの疎外は「故郷をもたない」ヨーロッパ近代ユダヤ人の共通の運命であり，バーリンはこれを現代シオニズム運動を擁護する論拠のひとつとした（本書第6章参照）。

　一家は亡命により故郷を喪失したが，郷愁の感情とは無縁であったという。「とにかく，郷愁というものは彼にはほとんどなかったし，はっきりとした喪失感もなかった。……過去は彼に心の痛みを残さなかった」(Ignatieff 1998: 11/ 12)。これは亡命先で一家が重大な困難に直面しなかったこととも関係があるだろう。まず，当時の英国は（大陸ヨーロッパ諸国と比べて）ユダヤ人に対するかなりの寛容が実現しており，上記引用にあるように，彼の英国に対する愛にはこの「フェア・プレイの精神」に対する感謝の念が含まれている。加えて，父メンデルは長年の木材取引により英国の銀行に資金を蓄えており，一家は亡命者に典型的な経済的没落を免れた (Ignatieff 1998: 35/ 38-39)。

＊

　渡英後，バーリンはまず家庭教師によって英語を叩きこまれる。言葉が不自由であるがゆえに，また英国生まれの子どもたちとの文化的背景の違いから，当初はかなりつらい思いをしたようであるが，他方で彼の「非英国的」教養は，のちにオックスフォードの学友たちを驚かせることになる。彼はロンドンの有名私立学校のセント・ポールズ（St. Paul's School）に入学し，そこで古典を学習し，同時にフランス語も習った。1928年にはオックスフォード大学に進み，コーパス・クリスティ・カレッジで哲学を専攻した（この時期に彼はコリングウッド（Robin George Collingwood, 1889–1943）の哲学史講義に出席し，ヴィーコの哲学に出会ったとされる）[23]。その後1932年10月にニュー・カレッジの個人指導講師，そして翌11月には（ユダヤ人として初となる）オール・ソウルズ・カ

---

23) コリングウッドが彼に与えた影響については本書第1章で考察する。

レッジのフェローに選ばれた。この快挙により，バーリンは英国のユダヤ人社会の上層部と交流をもつ機会に恵まれた（Ignatieff 1998: 63/ 70）。

このように彼はオックスフォードで最上の地位を享受するにいたった成功者であるが，そこに文化的摩擦やアイデンティティの危機が存在しなかったわけではない。アイザィアが通ったセント・ポールズは当時多くのユダヤ人子弟を受け入れていたが，彼はそこで高名な作家で文化的保守の論客でもあったチェスタトン（Gilbert Keith Chesterton, 1874–1936）と出会い，自分が「ロシア系のユダヤ人」というアウトサイダーであることを強く意識することになる（Dubnov 2012: 41）。オックスフォード入学ののち，彼は主専攻の哲学と並んで文芸批評の分野で活動するが，そこでも当時の英国文壇におけるアングロ・カトリシズム——その代表者はエリオット（Thomas Stearns Eliot, 1888–1965）であり，バーリンは彼が主宰する『クライテリオン』誌に寄稿していた——と，それに伴う文化統合主義の圧力を受けることになる（Dubnov 2012: 48–52）。ここから彼はオックスフォードのキリスト教「道徳陣営」とは距離をおき，かわりにバウラ（Sir Cecil Maurice Bowra, 1898–1971）の「不道徳陣営」にみずからの居場所を見出した。

> 1930 年代にバウラは，自らを好んで「不道徳陣営（immoral front)」，共産主義者とか同性愛者とか非国教徒など，要するに快楽と信念と真実に生きることを旨とし，オックスフォードの教官社交室にたむろする愚鈍で小うるさいお偉い方に反抗する，「不道徳陣営」のリーダーと称した。……のちに彼〔バーリン〕は，モーリスとの出会いはひとつの「解放」だったと述べているが，それはバウラが彼にありのままの自分でいてよいという自信……を与えたという意味である。バウラのおかげで，彼はその当時の社交室に掃いて捨てるほどいた，むっつりと押し黙った，いかにも大学教官然とした仮面を拒みやすくなった。……バウラはアイザィアのおしゃべりにお墨付きを与えた。彼は公的人格がそのような才能あふれる饒舌さを中心に築かれうることを身をもって示し，成功するのに自分のそういう一面を抑えこむ必要はないのだということをアイザィアにわからせた。
> (Ignatieff 1998: 51–52/ 57)[24]

この経験はおそらく，ロシアにおける一連の政治的出来事への反応と並んで，彼の反完成主義的信念——それはたとえば，自由を他の道徳的諸価値から区別する彼の消極的自由論にあらわれている——を形成する一因となった。

オックスフォード入学から 1940 年代にかけて，バーリンは哲学者としてのキャリアを歩んだ。そこにおいて彼は論理実証主義の批判者として頭角をあらわすのだが，そのきっかけとなるのが，カレッジの同僚たちとともに彼が開いた非公式の哲学サークルであった。これが，のちに「オックスフォード哲学」と呼ばれる哲学潮流の起源である。バーリンはこの時期に哲学論文を数本書いているが，やがてこの論争を不毛なものと考えるようになり，最終的には論理実証主義の根本的な問題点を「イオニア派の誤謬」と称して激しく攻撃し，純粋哲学から政治理論と思想史の研究へと転向することになる（本書第 1 章参照）。しかし，この時期に培われた経験論哲学の素養は「英国的なもの」として彼の精神に刻印された（PI 257）。

1930 年代は人びとの関心が政治と経済に向かった，あるいは向かわざるを得なかった時代であった。ファシズムと共産主義の台頭に伴い，英国の知識人層のあいだでも一方におけるソヴィエト支持者と他方における文化的保守主義者の存在感が高まった。バーリンはロシア革命の経験からソヴィエト熱に対する免疫があり（ソヴィエト支持へと傾いたラスキ（Harold Joseph Laski, 1893–1950）やカー（Edward Hallett Carr, 1892–1982）に対しては厳しい態度をとった），他方で移民であったので英国支配層の文化的保守主義や帝国主義的自由主義にも馴染まなかった。この時期，彼はギルド社会主義論で知られるコール（George Douglas Howard Cole, 1889–1959）が主催する「ピンク・ランチ」に参加していた（Dubnov 2012: 120）[25]。バーリンは経済的には中道左派であって，自由放任の擁護者ではなかった。G・A・コーエンによれば，彼は基本的に労働党支持者であり，米国のニューディール政策と英国の戦後福祉国家構想を支

---

24) Cf. L-II 318（モーリス・バウラ宛，1952 年 8 月 27 日付の手紙）。
25) ラスキとコールはしばしば思想的には同じグループに分類されるが，バーリンにとってコールは「人間味ある社会主義者」であったのに対し，ラスキは自己顕示的で表面的な「俗物」と映った（Dubnov 2012: 120）。『二つの自由概念』の冒頭部にはコールを賞賛する一節がある（TCL 5-6/ V 300-302）。これを前ية者に対する形式的な賛辞と受け取ることも可能かもしれないが，E・H・カーやラスキなど，先達に対しても歯に衣着せぬ批判をおこなったバーリンが，ここでコールを特別扱いしたというのは考えにくい。

持しており，のちにはサッチャリズムに反対した[26]。他方，アーサー・シュレ
ジンジャー・ジュニア（Arthur Meier Schlesinger Jr., 1917–2007）とは 1943 年
の冬以来長年の親交を保ち，いわゆる「反共左派（non-Communist Left）」[27]の
立場──強硬派ではなく，どちらかといえば「醒めた」態度ではあるが──を
共有していた（L–II 134, Cherniss 2013: 62, 71）。

　第二次世界大戦が勃発すると同僚の多くは戦時勤務に就いたが，バーリンは
英国生まれでないこともあり，しばらくは仕事を与えられなかった（B&L 78）。
しかし，いわゆるガイ・バージェス事件[28]ののち，英国情報省の命により戦
時勤務に就いている。1941 年から 44 年まで，彼はアメリカの世論調査報告を
ワシントンからロンドンに送り続けた[29]。この時期に彼はさまざまな政治指導
者や知識人と知り合う機会を得ており，彼らの印象を記した多数のエッセイを
遺している。ローズヴェルト（Franklin Delano Roosevelt, 1882–1945）やチ
ャーチル（Sir Winston Churchill, 1874–1965）といったカリスマ的な政治家に対
する彼の讚美[30]にも現れているところの，現実政治における政治家特有の資

---

26)　Cohen 2009: 152, Crowder 2013: 54. 彼はバーナード・クリックへの返答の中でハイ
エク主義者を批判している（1966 年 3 月 29 日付，L–III 271）。その後も，1980 年代のポー
ランド知識人層におけるハイエク熱に対して警告を発している（Walicki 2011: 30, B&P
156）。

27)　「Non-Communist Left（NCL）とは，アメリカ国務省と中央情報局（CIA）の内部で，
主にスターリンに幻滅した左派の知識人を指すために用いられた呼称である。アーサー・
シュレジンジャー・ジュニアはこのグループの増大する力を，「右でも左でもない，活力
ある中道〔Not Right, Not Left, But a Vital Center〕」と題した 1948 年のエッセイの中で
強調し，統一的なまとまりとしての左派に終止符を打つ主張を行った。……このグループ
の主要人物には，アーサー・ケストラー，メルヴィン・J・ラスキー，ドワイト・マクド
ナルド，シドニー・フック，スティーヴン・スペンダー，ニコラス・ナボコフ，アイザイ
ア・バーリンが含まれる。……NCL の力を味方につけ利用することは，冷戦初期における
ソ連邦とのプロパガンダ抗争の中核となった。この戦略は直接的には文化自由会議
（Congress for Cultural Freedom, CCF）の創設，また *Der Monat* や *Encounter* といった
雑誌の創刊を促し，*Partisan Review* のような既存の媒体にも影響を与えた」（Wikipedia,
‘Anti-Stalinist left’［https://en.wikipedia.org/wiki/Anti-Stalinist_left］, retrieved 26 March
2017）。バーリンと CIA との関係については，Saunders 2000: 381–390 を見よ。

28)　のちにソヴィエトのスパイであったことが判明したバージェス（Guy Francis de
Moncy Burgess, 1911–1963）は，英国情報省の指令という名目で 1940 年にバーリンを同
伴してのモスクワ行きを企てるが，途中で当局に呼び戻された。アメリカにひとり残され
たバーリンは，その後しばらくして当地で英国府の仕事を得た（Ignatieff 1998: 95–98/
106–109）。Cf. Lownie 2015: 108–109.

29)　この報告に関してはバーリン自身が，後日出版された報告集 *Washington Dispatch*
のための序文（WD）で論じている。この時期のバーリンの活動については，他に
Ignatieff 1998: ch. 8–9, 細谷 2005, Deighton 2013, Albert 2013 も見よ。

30)　‘Winston Churchill in 1940,’ ‘President Franklin Delano Roosevelt,’ ともに PI 所収。

質，すなわち状況に応じた適切な判断や決断力（彼はこれを「現実感覚」と呼ぶ）に対するバーリンの肯定的な考えが胚胎した理由を，こうした彼の現場経験に求めるのは正当なことであろう（cf. 福田 1983: 347）。「私は，歴史には個人や集団がものごとの方向を自由に変えられるような瞬間があると信じています。すべてが予言できるわけではありません。狭い限界の枠内ではありますが，人間は自由な主体なのです」（B&J 148/ 217）。彼が現実政治を目のあたりにしたのは，こうした「偉大な人物」たちの力量が，良くも悪くも大いに発揮された時代においてであった。それは同時に，パレスティナにおけるユダヤ人国家設立をめぐる紛争が深刻化する非常に重要な時期でもあった。彼は 1939 年にシオニズム運動の指導者ヴァイツマン（Chaim Weizmann, 1874-1952）と出会い，以後終生彼の政治的信念に忠実であった（本書第 7 章参照）。また 1945 年には戦後の米英ソ関係に関する報告書を書くために外務省から（モスクワ英国大使館臨時第一書記の身分で）モスクワに派遣される。彼はモスクワ郊外の芸術家村でパステルナーク（Boris Leonidovich Pasternak, 1890-1960）と出会い，スターリン体制下における芸術家に対する苛酷な支配を知る。彼はその足でレニングラードに向かい，そこでロシアの国民的女流詩人であるアフマートヴァ（Anna Akhmatova, 1889-1966）と「伝説的な」一夜の対話を経験している[31]。

*

　終戦とともに大学に復帰したバーリンは，その関心を政治理論と思想史に移し，これらに思索を傾注した。その理由として彼は，永遠の哲学的問題に一生をささげるよりも，世界や人間について「より多くのことを知りたい」という欲求があったと述べている[32]。もっとも，彼は哲学研究に従事する以前から広く文学や思想史上の著作に親しんでいたのであり，1950 年代以降に全面的に開花する彼の思想史への感性は，幼少期以来の彼の知的形成過程からすでに明

31）　Isaiah Berlin, 'Meetings with Russian Writers in 1945 and 1956,' in PI, pp. 156-210. See also, Dalos 1999, 米田 2010: 160-170. その後彼はソヴィエトにおける文化と芸術の現状に関する長大な報告書を書き上げている。'A Note on Literature and the Arts in the Russian Soviet Federated Socialist Republic in the Closing Months of 1945,' published as 'The Arts in Russia under Stalin,' in SM, pp. 1-27.

らかであった（B&J 11-12/ 25-26）。彼は 1933 年にホーム・ユニバーシティ・ラ
イブラリーの一冊としてマルクスの伝記執筆を依頼され，これは『カール・マ
ルクス』（KM）として 1939 年に出版された。同書執筆の過程で彼はマルクス
の思想を形成した啓蒙思想に関心をもち，続いてドイツ・ロマン主義研究へと
進んだ。そしてここから彼は，両者を土壌として生まれた 19 世紀ロシア思想
へと向かう（B&L 73-74）。1950 年前後を皮切りとして，彼は思想史的動機に基
づくエッセイを多数発表するようになる。現代世界において「思想（ideas）」
が持つ力について論じた「20 世紀の政治思想」（1949 年），全体主義の思想的
起源を論じた BBC ラジオ講演『自由とその裏切り』（1952 年），トルストイと
メストルを通じて歴史的な現実感覚について論じた『ハリねずみと狐』（1953
年），歴史的決定論の現実政治に対する悪しき影響を批判した『歴史の必然
性』（1954 年），啓蒙思想の主要なテクストの抜粋に解説を加えたコメンタリー
『啓蒙の時代』（1956 年）などがこの時期の業績である。1957 年にはコールの
後を襲ってチチェレ社会・政治理論講座の主任教授（Chichele professor of
social and political theory at University）に就任するが，翌年の就任講演は大
きな反響を呼び，同年『二つの自由概念』[33]として公刊された。この講演は政
治哲学と思想史を横断するかたちでその問題設定がなされている点で，1950
年代の彼の知的姿勢を象徴するものであった。またこの講演により，彼は 20
世紀英国を代表する自由主義者とみなされるようになる。加えて，1950 年代
は彼がシオニズムに関するエッセイを多数公表した時期でもあった。「ユダヤ
人の隷属と解放」（1951 年），「イスラエルの起源」（1953 年），「ハイム・ヴァイ
ツマンのリーダーシップ」（1954 年），「モーゼス・ヘスの生涯と意見」（1957
年）は，いずれもこの時期に書かれている。

　私生活に関しては，彼は 40 歳をすぎるまで独身であったが，1955 年には核
物理学者ハンス・ハルバン（Hans von Halban, 1908-1964）の妻アリーン

---

32)　B&L 86, Williams 1998: 750. この転向は，記号論理学者シェファー（Henry Maurice
Sheffer, 1882-1964）との 1944 年の対話がきっかけとされているが（Ignatieff 1998: 131/
144-145），それ以前にもたとえば，1940 年に彼がウィトゲンシュタインが同席する哲学セ
ミナーに参加した際にも，自分がいわゆる哲学者としては二流だという感覚を彼が抱いて
いたことがうかがえる（Ignatieff 1998: 94-95/ 104-105）。
33)　*Two Concepts of Liberty*（Clarendon Press, 1958）。これは，その後いくつかのマイ
ナーな修正を施されて *Four Essays on Liberty*（FEL）に収録された。

(Aline Elisabeth Yvonne de Gunzbourg, 1915–2014)[34]との不倫ののち結婚している（Ignatieff 1998: ch. 14）。その後，1960年代初頭には歴史学の本性に関する論考をあらわし，この主題をめぐってE・H・カーとの公開論争をおこなう（本書第3章参照）。1960年代以降はロマン主義を中心とする本格的な思想史研究に没頭し，『ヴィーコとヘルダー』（1976年）[35]をはじめとした成果を発表するにいたる。ヨーロッパ18・19世紀思想に対する彼の注目は，近代ユダヤ人をみまったナショナリズムの波と，それに対をなすかたちで登場した政治的シオニズムに対する彼の関心に由来している（本書第6章参照）。こうした学究活動のかたわら，彼は財界人のアイザック・ウォルフソン（Sir Isaac Wolfson, 1897–1991）との交友を通じて，オックスフォード大学ウォルフソン・カレッジの事実上の創立者となり，1967年にはその初代学寮長を務めるなどの活動にも従事している（Hardy, Hiruta, & Holmes 2009）。1977年4月には国際交流基金（Japan Foundation）の招聘により日本を訪れ，東京では「西洋におけるユートピア思想の衰退」と題した講演を，京都ではロマン主義に関する講演を行った（河合 2003：30–31）[36]。

　バーリンの知的業績は多岐の分野にわたり，その研究の広さに比例して23の名誉博士号を受けた。1979年には彼の思想の中心概念である自由への貢献に対するイェルサレム賞を，1983年には思想史研究に対するエラスムス賞を受け，1987年には倫理学分野への貢献によってアニエリ倫理学賞の第1回受賞者に選ばれた。また1971年には英国王室よりメリット勲章（Order of

---

34）　'Golfer and wife of Sir Isaiah Berlin dies at 99,' *The Oxford Times*, 5 September 2014 [http://www.oxfordtimes.co.uk/news/obits/obituaries/11450442.Golfer_and_wife_of_Sir_Isaiah_Berlin_dies_at_99/], retrieved 1 March 2015. 'Lady Berlin – Obituary,' *The Telegraph*, 26 August 2014 [http://www.telegraph.co.uk/news/obituaries/11056990/Lady-Berlin-obi tuary.html], retrieved 8 March 2015.

35）　本書のヴィーコ論の部分は1957年から58年のイタリア研究所における講演に由来し，1960年に次の題名で公刊された。'The Philosophical Ideas of Giambattista Vico,' in *Art and Ideas in Eighteenth-Century Italy* (Edizioni di Storia e Letteratura, 1960), pp. 156–233. ヘルダー論の部分は1964年のジョンズ・ホプキンズ大学における講演に由来し，1965年に次の題名で公刊されている。'Herder and Enlightenment,' in Earl R. Wasserman (ed.), *Aspects of the Eighteen Century* (Johns Hopkins Press, 1965). その後どちらの論文も改訂を施されて本書にいたる。彼のロマン主義研究の大部分は完成せず，膨大な草稿が残されることになったが，バーリン著作集の編集者であるハーディ氏の手により，現在までにかなりの部分が公刊されている（FIB, MN, RR, POI, PIRA）。

36）　'The Decline of Utopian Ideas in the West' (CTH 20–48/ III 1–42). Cf. L–IV 48–50.

Merit）を授与されている。彼は 80 歳を超えても自らの思想に対する批判や対談に積極的に応じており，そのおかげで彼の人生と思想に関する彼自身の説明が豊富に残されることになった[37]。彼は生涯にわたりシオニストであることを貫いたが，友人たちの誘いにもかかわらず，イスラエルに住むことはなかった。彼はイェルサレムを「精神的な中心」と考える文化的なシオニストであった（本書第 7 章参照）。1950 年代にはパレスティナ問題をやや楽観視していたようであるが，六日間戦争以降は悲観的な方向に傾いており，この問題はバーリンを生涯苦しめたと想像される。彼は死に際して「イスラエルとパレスティナ人」と題したメッセージを，友人であるヘブライ大学の哲学者マルガリート（Avishai Margalit, 1939–）に託した。これは彼の死が報じられた 11 月 7 日の『ハアレツ』紙に公開された[38]。彼は人生のほとんどをオックスフォードですごしつつ，1997 年 11 月 5 日，88 歳にして永眠の途についた。葬儀に際しては，英国の筆頭ラビ[39]を務め，哲学者でもあるジョナサン・サックス（Jonathan Sacks, 1948–）により弔辞が贈られ[40]，その後，オックスフォード郊外のウォルバーコート墓地に埋葬された。

第 3 節　本書の構成

　第 1 章「哲学的構想」では，バーリンの初期哲学研究の検討を通じて，彼の思想の「反基礎づけ主義的」性格を明らかにする。この作業により，初期の哲学的著作群をのちの政治理論・思想史研究と関連づけることが可能となる。

　まず，論理実証主義批判から出発したバーリンが，その哲学運動の背後に古代ギリシャにまでさかのぼることができる哲学的誤謬を看取し，それと決別す

---

37)　上述のジャハンベグローとの対談集『ある思想史家の回想』（B&J）が有名であるが，他にも政治哲学者スティーヴン・ルークスとの対談（B&L），ポーランド人研究者ベアタ・ポラノフスカ＝シグルスカとの対談（B&P）などがある。イグナティエフは，伝記執筆のために長期にわたるインタビューを行った（バーリンとイグナティエフの関係については，本書「補論」を参照）。また，2015 年には 4 巻からなる書簡集の出版が完結している（L-I, II III, IV）。

38)　Isaiah Berin, 'Israel and Palestinians,' in IBVL. 邦訳は本書第 7 章を参照。

39)　Chief Rabbi of the United Hebrew Congregations. 英国におけるアシュケナージ系のユダヤ・コミュニティを指導する立場にある。

40)　Cf. Birnbaum 2008: 243-244.

るまでの思想形成過程を検討する。彼の哲学的構想の源流は1930年代における哲学討論会の経験に求められる。1939年の論文「検証」において，彼は実証主義者の打ち立てた有意義性の基準である検証原理に攻撃を加え，所与の文の理解可能性がその検証可能性に先行することを明らかにしている。次に，1950年の論文「論理的翻訳」において，彼は古典期から現代にいたる哲学説に内在する三つの誤謬を批判しながら哲学的一元論と決別する。これらの批判は，のちの「プラトン的理想」に対する彼の反対論の基礎を構成している。

　次に，バーリンが1950年代に提示した哲学構想の断片を再構成したうえで，その意義を問う。彼は科学とは別に哲学固有の意義と方法を認め，論理実証主義者の哲学観を転換させる。彼の哲学構想はカントの認識論を言語論的に捉え返したものであり，言語論的，準―超越論的，歴史主義的特徴をもつ。言語論的転回を踏まえ，人間の認識と思考にはつねに言語が介在していると考えるバーリンは，哲学の問題を基本的に言語の問題と捉える。そして彼は言語のもつカテゴリー構成機能に注目し，カントの認識論と思想史研究を統合する視点を獲得している。つまり，人間の認識が歴史的に多様である言語の介在によってつねに歴史性を帯びているという前提のもと，所与の共同体における言語の基礎的諸カテゴリーを同定する学として思想史を位置づける視点である。かくして，彼の哲学構想は思想史研究を方法論的に基礎づけるものであることが理解される。

　第2章「価値多元論」では，彼の哲学的構想から帰結する道徳理論について検討する。価値多元論の中心的意義は，人間の活動を鼓舞する多様な理想や価値が相互に衝突する具体的様態を理解することに存する。価値の多元的状況は「両立不可能性」および「通約不可能性」の概念によって特徴づけられる。前者は，相異なる諸価値が衝突するとき，一方が真で他方が偽という関係にあるのではなく，むしろ異なる価値基準が相容れないかたちで作用している状況を意味する。後者は第一に，諸価値を架橋する共通尺度の不在，すなわち「比較不可能性」を意味し，第二に，各々の価値の「唯一性」を意味する。価値多元論は，単一の価値尺度をあらゆる人間や文化に適用する行為を，個々の人格や文化の尊厳を蹂躙する行為として批判する。

次に，価値的多元論から導出される倫理—政治的生活のヴィジョンが検討される。価値多元論は三つの哲学的問題を引き起こす。すなわち理解可能性，合理的判断の可能性，そして相対主義の問題である。まず，バーリンの多元論は，相互に通約不可能な諸価値を抱く人々も，人間生活において普遍的に使用される基本的な道徳的諸概念（善悪，正邪，幸福，等々）に該当するものを共有しているかぎり，相互の道徳的経験を理解できるとする立場である。次に，彼は科学的合理性とは区別される実践的な合理性を肯定し，これを政治における「現実感覚」論として展開する。第三に，相対主義の問題は自由主義と価値多元論の言説階層の相違を認識することで解消する。

　以上を踏まえ，最後にバーリンが示唆する自由主義の方向性を明らかにする。批判者たちによれば，自由主義による道徳の合理的正当化の企ては通約不可能性を伴う多元的状況において挫折し，相対主義とニヒリズムを招く。しかしながらこの問題は道徳における確実性の探究を放棄することによって解消する。そして通約不可能性を伴う多元性を肯定したうえでリベラルな諸価値を擁護するバーリンは，ポストモダンの思想状況にも応答しうる新しいタイプの自由主義者と考えることができる。

　第3章「価値多元論における自由と責任」では，価値多元論における個人の道徳性のあり方について考察する。

　『歴史の必然性』の中心的主張は，決定論が真であると想定される世界においては個人の自由と責任の概念が消失する，または無意味となるというものである。彼は決定論が誤謬であることを積極的に論証するのではなく，それを真と仮定した場合の実践的帰結を否定的なかたちで提示することにより，非決定論という常識的な立場を擁護している。つまり個人の行為に対して何らかの道徳的な評価をするためには，少なくとも人間には自由な行為の余地があると「想定する」必要があるということである。

　以上を確認したうえで，価値多元論における自由と責任の関係について考察する。チャールズ・テイラーは，バーリンの消極的自由の擁護論を「マジノ線メンタリティ」と呼んで批判した。テイラーは，人が有意味な選択を行うためには，選択に先立って価値判断の枠組が存在している必要があると主張してい

るが，こうした彼の目的論的想定は，価値の選択に伴う犠牲という問題に注意を払っていない。価値多元論が真であるならば，個人が直面する選択肢が相互に還元不可能な価値を有する場合があり，そのような場合には価値の「損失」や「犠牲」は避けられない。この価値の喪失は固有の道徳的意義を有する。価値の喪失は選択の結果に対する配慮を行為者に呼び起こし，道徳的な感情を発生させる。道徳的責任の条件は，自己の選択に伴う喪失を承認する態度に存するのである。

『歴史の必然性』における決定論批判は，『二つの自由概念』における彼の歴史主義的態度とも整合的である。彼が非決定論を「常識」によって擁護することからわかるように，彼にとって，選択の自由と責任の概念は合理的論証や超越論的な人間本性論に「基礎づけ」られるべき何かではなく，むしろひとつの歴史的生成物，すなわち「生きた隠喩」である。その意味で，個人の自由および責任の範囲自体が政治的な論争の対象なのであり，自由主義とはこうした隠喩の再生産を目指すひとつのイデオロギーであることを示している。

以上の理論的考察を踏まえ，第4章「リベラルな善の構想とその政治的帰結」では，「精神の自由」に関するバーリンの議論の分析を通じて，価値多元論を前提とする彼の自由主義に対する一解釈を提示する。

まず，バーリンの道徳的自由論を「リベラルな善の構想」の一種として提示する。彼は「悲劇」の両義的性格，とりわけその肯定的な側面を認識することの重要性を主張し，これを道徳的個人主義の根拠とする。この個人主義は人間の自由をめぐる現代的諸問題に対する「リベラルの処方」として展開される。次に，この善の構想を彼の価値多元論および寛容論と重ね合わせ，「品位ある社会」の政治的構想を導き出す。宗教改革以降の古典的な寛容思想は，何らかの真理が存在することを想定したうえで，そこから逸脱する諸教説を「許容する」という構えをもつ。他方で，価値多元論の普及とともにこの真理の唯一性という想定は徐々に後退し，そのかわりに寛容は，等しく妥当性を有する諸教説の共存の技法という新たな意味を獲得するようになる。加えて，バーリンの思想においては，多様な生と意見に対する肯定的な態度である「好奇心」を見出すことができる。

最後に，以上の議論に基づいて，アイデンティティをめぐる政治理論における
バーリンの位置を明らかにする。承認の消極的構想としての彼の「品位の政
治」は，一方においてアイデンティティの道徳的重要性を認めつつも，承認の
政治や多文化主義の議論が依拠する心理学的前提に一定の留保を付し，アイデ
ンティティの過剰な政治化に警鐘を鳴らす。他方でロールズを筆頭とする「政
治的自由主義」の立場に対しては，その認識論的に特権化された中立性の主張
に反論する。理論の歴史的偶然性と党派性を肯定し，特定の善の構想へのコミ
ットメントを表明するバーリンの自由主義思想は，ここでもリアリズム的な特
徴を示している。

　第 5 章「対抗的啓蒙」では，彼の思想史関連の著作群を彼の政治思想の重要
な一部として理解するための枠組を定める。
　バーリンは自由主義思想家の中でもナショナリズムの問題に対する関心にお
いて際立っており，しばしばリベラル＝コミュニタリアン論争の先駆者として
評価される。だが，そうしたもっぱら理論的な観点からの評価は，彼が置かれ
ていた歴史―政治的状況と，彼自身の知的・道徳的アイデンティティの側面を
捨象している。本章では，彼が B・クローチェと R・G・コリングウッドから
継承したと考えられる「実存的歴史観」に注目する。この視点の下で次の二点
が明らかとなる。第一に，バーリンの 18 世紀思想史理解は彼自身の知的履歴
と正確に対応している。哲学者として出発した彼は，論理実証主義批判を通じ
て現代哲学における「信念」の重要性を看取し，その後の思想史研究において
ヒュームの信念論を賞賛するハーマン，そして言語起源論争を通じてヘルダー
へと続くロマン主義思想の導火線を見出す。特に言語起源論争に対するバーリ
ンの関心は，この信念の問題および現代哲学における言語論的転回の問題と複
雑に絡まりあっており，20 世紀英米哲学の理論的布置と並行するかたちで捉
えられる。
　第二に，バーリン自身の（そしてユダヤ人一般の）アイデンティティに対す
る彼の省察は，彼の政治思想を理解する際の有力な参照項となる。彼は自由主
義とナショナリズムの関係という現代的問題を，フランス革命前後の時期にお
けるナショナル・アイデンティティをめぐる論争との類比の下で理解している。

彼は啓蒙の批判者たち，すなわち「対抗的啓蒙」の思想家たちに対する共感的な理解によって知られるが，その目的は啓蒙の理念を否定することにあるのではなく，その楽観的な想定に批判を加え，「より根源的な啓蒙」を目指すことにあった。

　第6章「ナショナリズムとシオニズム」では，ナショナリズムとシオニズムに関する彼の思想史関連の著作群を，上述の実存的歴史観に基づいて読解する。
　バーリンはナショナリズムを二種類に区別している。すなわち「良性の，穏当な」文化主義的なナショナリズムと，政治的な自己主張を帯びた「悪性の，危険な」政治的ナショナリズムである。まず，彼によれば，近代ヨーロッパにおいて前者の考えを最初に明確にしたのはヘルダーであった。彼はヘルダーの中心思想を「民衆主義」，「表現主義」，「多元論」の三つに求めている。民衆主義とは，集団への帰属が人間の本質的な必要のひとつであるという主張である。表現主義は，人間が相異なる風土と歴史の各段階において多様な生活様式を発達させることを意味する。そして多元論は，それぞれの文化が唯一性を帯びており，それらの優劣を文化横断的な基準で評価することが不当であることを表す。バーリンは，ヘルダーの多元論と相対主義を分かつ要素として「人間性」の擁護と「自己形成」の理念を挙げている。彼のヘルダー理解は，近年の標準的なヘルダー研究が示す解釈と大きく異なるものではない。
　他方で後者，すなわち政治的なナショナリズムは，文化の唯一性に関するヘルダーの洞察がロマン主義的な「意志の賛美」と交わるところに生まれたとバーリンは理解している。彼によれば，カントの道徳哲学は二段階の転換を経てナショナリズムへと変容した。第一の転換は，価値の基準が普遍世界から内面へと移行したこと，すなわち自我の道徳的特権性という考えが生み出されたことである。次に，この自我の特権性がフィヒテの言語論的な集団主義と結合しながら，民族＝国家に絶対的な忠誠を求める政治的ナショナリズムが形成される。これによりドイツ国民はフランス啓蒙主義に対する精神的な抵抗の支柱を獲得したというのが，彼の「曲げられた小枝」の理論である。
　次に，この文脈の下で近代ユダヤ人に関するバーリンの著作群を読み解き，彼がシオニズムを肯定するにいたる思想史上の根拠を示す。彼はフランス革命

後のユダヤ人の精神的境遇を，上述のヨーロッパ・ナショナリズムの台頭への多様な反応として描き出している。解放により，西欧のユダヤ人たちは自己のアイデンティティをめぐる選択に直面することになった。啓蒙の理念に共鳴する「父」の世代は同化を模索するが，その後のナショナリズムの昂揚の中で社会的にも精神的にも不安定な状況に置かれた。これに対し，父たちの選択に懐疑的な「子」の世代はこれとは異なる答えを示した。バーリンが特に注目するのがモーゼス・ヘスであり，彼はヘスを政治的シオニズムの創始者と考えている。ヘスは社会主義者であったが唯物論者ではなく，ヘルダーと同様にネイションの実在性を信じた。『ローマとイェルサレム』（1862 年）において，ヘスはユダヤ人の同化が原理的に不可能であることを論じ，ユダヤ人問題の解決をパレスティナにおけるユダヤ人共同体の建設に求めた。このように，バーリンによる 18・19 世紀思想史はヘルダーからヘスへといたるシオニズム思想形成の物語として理解することができる。

　第 7 章「現代シオニズム運動とパレスティナの問い」では，現代シオニズム運動とイスラエル国家に関する彼の一連の言動を整理したうえで，これと彼の自由主義思想との整合性を批判的に考察する。
　まず，20 世紀における政治的シオニズム運動の精神的基礎に関するバーリンの見解を整理する。彼によれば，この運動の推進に大きな役割を果たしたのが，二人の「偉大な人物」——テオドール・ヘルツルとハイム・ヴァイツマン——であった。ヘルツルは単一の大きなヴィジョンを提示する「ハリねずみ」であり，その熱意と驚異的な行動力が政治的シオニズム運動を現実のものとした。他方でヴァイツマンは東方ユダヤ人の心情を理解する民衆指導者であると同時に，「狐」の機知をそなえた現実政治の達人であった。ここからバーリンは，初期の政治的シオニズム運動を，当時の反ユダヤ的な社会状況に対する「現実主義的な」応答として理解しているが，当然のことながら，これに対する異論も存在する。
　次に，シオニズムの道徳的正当性（または必要）に関する彼の見解を検討する。多くの論者は，バーリンの自由主義とシオニズム支持のあいだに不整合を見出している。アクセル・ホネットは，バーリンが消極的自由と文化的帰属と

の適切な関係を論証することに失敗している点を批判している。しかしながら，第2章で考察した彼の反基礎づけ主義に鑑みるに，バーリンが文化的ナショナリズムの理論的「正当化」を試みたというのは正しくない。共同体への帰属は，良くも悪くも経験的に観察されるひとつの人間的欲求である。彼はそれが現実に存在することを前提として，普通の，特別でない人間にとって可能な自由主義のあり方を模索した。他方でシオニズムと自由との関係については，彼はヘスとともに個々のユダヤ人の選択を尊重する立場をとる。彼はイスラエルの存在自体が国内外のユダヤ人にとっての「幸福の中心」の役割を果たすことを期待した一方で，その市民権が人種や宗教によって制限されない世俗的な国家を望んだ。これはアハド・ハアムの文化的ナショナリズムの観念に通じる考えである。

　第三に，イスラエル国家をめぐる現代的論争におけるバーリンの立場について考察を加える。批判者たちの主張に反して，バーリンはしばしばパレスティナ・アラブに対するイスラエルの「犯罪」に言及しているが，エドワード・サイードのように彼らの側に立って積極的に行動することはなく，イスラエル国家の現状をラディカルに批判することもなかった。サイードの姿勢は，彼の文献学的コスモポリタニズム，および「故国喪失」という彼自身の境遇とも結びついたものであり，こうした立場からの批判は，たとえばコミュニタリアンによる自由主義の批判よりも強力である。しかしながら，ナショナルなものをめぐる両者の態度のあいだには共通点も見られる。サイードは故国喪失や周縁的存在に対する深い洞察で知られるが，それらを積極的に奨励したわけではない。ナショナルなものの暴力性を批判しつつも，彼はパレスティナの民衆が故国喪失状態から解放され，安楽を享受できることを望んでいた。

　以上を踏まえ，最後に，パレスティナに樹立されるべき政治秩序に関するバーリンの意見と展望を検討する。彼は文化的ナショナリズムの理念に基づき，パレスティナにユダヤ人共同体が存在することを望んだが，しかしそれが必ずしも国民国家のかたちをとるべきだとは考えおらず，むしろ政治的な枠組をもたない民族自決の必要性を説いた。それは諸民族を包摂する第三者的権威によって統合される帝国的な政治体か，あるいは，それが各民族による一定の自治の権利を含む場合には，諸民族の対等な地位の承認に基づく連邦国家のような

ものだと考えられる。他方で彼はパレスティナにおける積極的な民族共生の展望にはきわめて悲観的であった。そのリベラルな気質にもかかわらず、彼は両民族の相互不信を承認に転換させるための「勇気ある決断」に積極的ではなかった。こうした彼の態度は、現代のリベラルな政治思想がはらむ問題性を批判的に考察する際のひとつの試金石となり得る。

　結論においては、これまでの考察によって得られたバーリンの政治思想の特徴について整理する。

　彼の自由主義の思想的基礎は現代英米政治理論の主潮流（社会契約論、功利主義、自生的秩序論など）とは大きく異なる。彼の知的形成には、彼みずからが「三本の糸」と呼ぶところの複数の要素——すなわちドイツ＝ロシア的、英国的、そしてユダヤ的要素——が関与している。これらを検討してみると、彼の自由主義の源泉が英国的というよりもむしろ大陸的であり、そして啓蒙思想と同じくらい対抗的啓蒙思想からその知的資源を得ていたことが理解される。18世紀ドイツの対抗的啓蒙思想と19世紀ロシア自由主義思想を背景とした20世紀英国の自由主義者の名前を他に挙げることは——ジュディス・シュクラーを例外として——難しい。バーリンの政治思想は、現代自由主義の主要な諸潮流の中にあってきわめて独特のものであると言える。

　次に、彼が肯定するであろう社会構想の特定を試みる。彼の文化的ナショナリズム論は、民主的な国民統合の基礎を多数派文化に由来する「公共的文化」に求めるデイヴィッド・ミラーのリベラル・ナショナリズム論とは趣を異にする。加えて、それは「多文化社会」を志向するものでもない。そのおもな理由は、彼が異文化理解や相互承認よりも（ホッブズ的な意味での）「安全」を重視したことに求められる。彼の政治制度構想を考えるうえで、彼の下で博士論文を執筆したヤエル・タミールが、彼女の政治制度構想を国民国家にではなく、複数の民族集団を包摂する広域的な政治体に求めたことは示唆的である。彼女は、帝国的秩序にかわって優勢となった民族自決の原則が、必ずしも各個人の民族的・文化的な自己決定の助けとはならず、むしろ数多くの害悪を生み出してきたことを指摘したうえで、国民国家の枠組を、一方における民族横断的な広域秩序と、他方におけるローカルな民族共同体の自治に解体する構想を唱え

る。このようなタミールのポスト国民国家的な政治制度構想を，おそらくバーリンは肯定するであろう。彼はナショナルな理想が人々を鼓舞する力の「無視しがたい強さ」を強調する一方で，それを積極的に賞賛したり，普遍的妥当性を有する政治原理として主張することはなかった。彼が肯定したのはむしろ，ナショナリズムの暴力がヨーロッパを席巻した後で逆に明らかとなったところの，「自由主義，寛容，品位」の重要性であった。

第1章
哲学的構想

　本章では，バーリンの多様な思想的業績の基礎をなす哲学的諸前提を吟味する。まず，1930年代のオックスフォードにおいて分析哲学を受容した彼が，論理実証主義との批判的対話を通じて哲学的一元論と決別するまでの過程を検討する。その議論の筋道は，ネオプラグマティズムの哲学者として知られるローティ（Richard Rorty, 1931-2007）による「鏡の隠喩」批判を先取りするものとなっている。次に，1950年代以降に表明された彼の哲学的構想を検討する。それはカントの認識論を歴史主義的に捉え返したものであり，基本的には新カント派の文化科学論の延長線上に位置づけられる。加えて，バーリンは分析哲学に由来する言語論的な視点を有しており，その結果，彼の哲学構想は歴史主義的，多元論的，そして反基礎づけ主義的な性格を帯びることになる。最後に，この構想の政治理論上の含意を素描する。自由主義的態度に関するバーリンとローティの重なり合いは偶然ではなく，彼らの哲学的諸前提の類似に由来しており，それゆえ彼は反基礎づけ主義に立脚したポストモダン的な自由主義思想家のひとりであると理解される。

第1節　論理実証主義批判——哲学における三つのドグマ

　1928年にオックスフォード大学コーパス・クリスティ・カレッジに入学したバーリンは，ニュー・カレッジの講師を経て，32年秋にオール・ソウルズのフェローに選ばれた。当時のオックスフォードの哲学教育はいまだ古典学中心のカリキュラムであり，他方で英国観念論の影響も色濃く残っていた。ムア（G. E. Moore, 1873-1958）やラッセル（Bertrand Russell, 1872-1970）の著作は「どのシラバスにも載らなかった」（Ignatieff 1998: 50/ 55）。しかしながら，バー

リンと同世代の若い哲学者たちは，のちに分析哲学と呼ばれるこの新たな潮流に関心を寄せていた。36 年の夏の終わりに，バーリンはカレッジの同僚であったオースティン（John Langshaw Austin, 1911–1960），ハムプシャー（Stuart Hampshire, 1914–2004），エイヤー（Alfred Jules Ayer, 1910–1989）らとともに定期的な哲学討論会を立ち上げた。それは非常に少人数で[1]，二，三度中断しながら 39 年夏まで続いた（PI 137/ II 153）。この会合こそ，のちに「オックスフォード哲学」[2]と呼ばれる哲学潮流の端緒を開いたものである。それはラッセルを嚆矢とする新しい英国経験論と，ウィーン発祥の論理実証主義[3]の成果を承認しつつも，双方に対して「ラディカルな修正」（B&J 151/ 222）を迫り，最終的には独自の哲学的構想を提示することになる。

　この会合における議論の詳細は明らかではない。しかし，その様子はメンバーの回想録などからある程度推測することができ，そこでの議論の成果はのちに彼らが発表した哲学論文によって知ることができる。バーリンの回想によれば，そこでは先験的真理の存在，反事実命題の論理，知覚の本性，他者の精神などの哲学的諸問題が議論された[4]。ここから，論理実証主義に対するバーリンの批判的な態度はこの会合を通じて，特にエイヤーの立場を批判することを通じて生じたことが読みとれる。会合の中心的なメンバーであったエイヤーは，ライル（Gilbert Ryle, 1900–1976）の勧めでウィーンに留学し（Ayer 1977: 128），ウィーン学団のメンバーの下で研究を重ね，弱冠 24 歳にしてその成果を『言語・真理・論理』（1936 年）と題した著作[5]——彼を一躍有名にし，同時

---

1)　彼らの他にはマクナップ（Donald MacNabb, 1905-1991），ウーズレー（Anthony Douglas Woozley, 1912-2008），マッキノン（Donald M. MacKinnon, 1913-1994）らが参加した（PI 137/ II 153）。コリングウッドも招かれたが応じなかった（Ignatieff 1998: 85/ 94）。バーナード・クリックは，この会合はオースティンが始めたと書いているが（河合 1998: 43），バーリンは「私が始めたのです」と語っている。「私が書いたあの特定のグループは，私の部屋に集まりました。それは 1936 年に始まり，戦争が始まるまで続きました」（B&J 152/ 223）。メンバーの中では比較的年長であり，オックスフォードにおいて弁が立つことで早くから有名となっていたバーリンが，この会合を始めたとしても不思議はない。
2)　または「日常言語哲学」，「言語論的哲学」とも呼ばれ，とりわけオースティンに特徴的な「オックスフォード的分析」（PI 139/ II 156）と呼ばれる日常言語分析の手法を生み出した。
3)　この哲学運動の歴史については Kraft 1968，哲学説の詳細については渡邊 1991: 165-172 などを参照。
4)　'J. L. Austin and the Early Beginnings of Oxford Philosophy'（PI 130-145/ II 141-165）。See also, B&J 151-152/ 222.
5)　ここでは一般に普及している第 2 版を使用する（Ayer 1946）。

に英国に論理実証主義の学説を広く普及せしめた——によって披瀝した人物である。その意味で彼はオックスフォードにおける論理実証主義の代表者であった。

　同書の冒頭において，エイヤーは論理実証主義の基本的なテーゼを高らかに宣言している。彼によれば，「哲学者たちの伝統的な論争は，大部分が成果の少ないものであるのみならず，同様に根拠においても不確実なもの」である。なぜなら「多くの形而上学的な発言は，経験の限界を超え出ようとする著者の側の意識的な願望に起因するというよりも，むしろ論理的な誤りに起因する」ものだからである（Ayer 1946: 33/ 5）。論理実証主義運動は，概念の混同や言語の誤用に陥っている（主に観念論的な）形而上学を一掃しながら，新たに世界を科学的な方法によって客観的に把握することを目的とし，哲学を科学的方法論において統一する「科学哲学」の成立を目指した。エイヤーはスコラ的形而上学に対するヒューム（David Hume, 1711–1776）の攻撃を引用することによって，この哲学運動が英国経験論の伝統とその精神を共有していることを表現している[6]。

　　この書物には，量あるいは数に関する何かの抽象的推論が含まれているであろうか。否。この書物には，事実の問題と存在についての何らかの実験的推論が含まれているであろうか。否。それでは，その書物を焼き捨てよ。なぜなら，その書物には詭弁と妄想しか含まれていないはずだからだ[7]。

　しかしながら，この哲学運動は観念論に対する単なる経験論の反動ではない。彼らはフレーゲ（Gottlob Frege, 1848–1925）による「言語論的転回（linguistic turn）」の成果を踏まえている点で古い経験論者とは異なる[8]。論理実証主義

---

6)　当時のバーリンも，論理実証主義の中心的な教義を「ヒューム的教説」と形容する点で見解を同じくしている（JW 175）。彼はさらに，この運動がフランス啓蒙主義思想ともある種の類似性をもつことを指摘しているが，彼がこれを思想史の観点から本格的に論じるのは戦後になってからである（本書第5章を参照）。
7)　Hume, *An Enquiry Concerning Human Understanding*, ch. 12（Hume 2007: 144/ 154, Ayer 1982: 23/ 36）。ただし，フレーゲ以降のあらゆる経験主義者が形而上学全体の廃棄を試みたわけではない。たとえばラッセルは，彼自身の論理的原子論もまた一種の形而上学であることを認めていた（cf. Warnock 1969: ch. 3）。

の基本的な特徴は，哲学的問題を厳密な言語分析によって解決しようとする態度であり，その方法論は帰納法と論理学に基づいている。彼らによれば，有意義な（significant）命題には二つのクラスが存在し，それらのみが有意義である。それらはおおよそ，ヒュームにおける「事実の問題（matters of fact）」と「諸観念の関係（relations of ideas）」に相当する[9]。前者は経験に関する言明であり，それゆえ総合命題である。彼らは実質的な科学的言明の究極を「感覚与件（sense-datum）」に求め（この点で彼らは現象主義者とも呼ばれる）[10]，経験と言明の対応を「検証可能性原理（verifiability principle）」によって確定することを構想した。他方，ヒュームにおける諸観念の発生と結合の理論は「心理学的な要素」として一掃され，命題間の論理規則に置き換えられた。つまり，彼らによれば後者は分析命題であって，記号の使用を統制する論理規則から帰結するトートロジーであるがゆえに，ア・プリオリに真であるとされた（Ayer 1946: 46/ 28–29）[11]。

　周知のように，カント（Immanuel Kant, 1724–1804）は，われわれの経験の形式的条件である空間性をア・プリオリな総合的知識として挙げ，その真理性をユークリッド幾何学の必然性に求めた[12]。しかし論理実証主義者たちは現代幾何学の成果をふまえ，「幾何学はそれ自体では物理的空間に関するものではない」としてカントの見解をしりぞけ，かわりにア・プリオリな命題の真理性を「規約（convention）」に求めた（Ayer 1946: 82/ 88）。そして総合命題であるにもかかわらず検証可能でなく，かつトートロジーでもないものは，第三のクラス「ナンセンス」に類別される。彼らは，形而上学の命題のほとんどがこのクラスに類別される「字義上は無意味」な命題であると断じた（Ayer 1946: 34/

---

8)　Cf. Rorty 1967: 8.

9)　Hume, op. cit., ch. 4 (Hume 2007: 28/ 22).

10)　現象主義（phenomenalism）とは，物的対象をわれわれの感覚経験の言明（たとえば感覚与件言語）によって記述する試みである。『哲学の諸問題』（1912 年）におけるラッセルの立場が典型である。

11)　このことをローティは「ロックを現代化すること（updating Locke）」と表現している（Rorty 1979: 161/ 170）。

12)　カントの幾何学論の現代的評価とその批判については，たとえば P・F・ストローソンの著作を参照（Strawson 1966: 277–292/ 330–349）。後述のように，彼の議論はカントの認識論を言語哲学の観点から批判するという点でバーリンの哲学構想と方向性を同じくする。彼はバーリンよりひとつ下の世代に属するが，上述の哲学討論会のメンバーと知的交流があったことが知られている（cf. Ryan 2006）。

7）。また，ヒュームとムアにならって倫理的自然主義を否定する彼らは，「規範的な倫理概念は経験的な概念に還元することができない」（Ayer 1946: 106/ 128）とし，したがって経験的内容を認められない道徳的命令や倫理的判断は「検証不可能」として哲学の考察対象から外され，「単なる情緒の表現」（Ayer 1946: 103/ 122）とされた。

　このような論理実証主義の主張に対し，バーリンは——当時のオックスフォードの指導的な哲学者たちがこの状況にさほど注意を払わなかった中で[13]——この運動を「純粋に革命的な特徴」を備えた「現在においてもっとも顕著な知的現象」とみなしていた（JW 174-5）。しかし彼は，「常識的な用語法は原理的には常にある程度の科学的正確さを持ったものに還元できる」という，この運動の前提に基本的に反対していた（B&J 151-152/ 222）。バーリンによれば，論理実証主義はその前提自体に重大な誤謬を含んでいた。彼はエイヤーの著作を念頭に置き，まず(a)実証主義者が支持する検証可能性原理に攻撃を加える。次に彼は，(b)実証主義者のみならず多くの哲学者が前提としてきた「真理の対応説」を集中的に攻撃することで，その学説に内在する問題を暴露していく。

　(a)　1939 年に『アリストテレス協会雑誌』に発表された論文「検証」は，検証原理に対する最初の，かつ強力な論駁である[14]。そこにおいて彼は，論理実証主義は「混乱を除去し，主要な誤りを顕わにして，哲学者にとって何が問うべき適切な問題であり何がそうでないのかを示すことによって，現代哲学史上決定的な役割を果たした」と評価しつつも，彼らが採用する検証原理は「経験の有意義性の最終的基準としては受容し得ず」，「その治療的効果に対して相応の敬意が払われた後には，放棄されるか重大な修正がなされる必要がある」として，これを内在的に批判していく（CC 12）。バーリンによれば，検証原理の本質は，それが困難に直面するたびに「漸進的な修正」（CC 13）が加えられてきた様子を見ていくことで明瞭に理解される。彼の戦略は，検証原理という指し手による勝利の不可能性を論証するといったものではなく，むしろ実際に

---

13)　ただしコリングウッドは例外である。彼はエイヤーを，オックスフォードの経験論者の中でもきわめて「危険な敵手」であるとみなしていた（PI 132/ II 145）。
14)　'Verification,' *Proceedings of Aristotelian Society* 39, pp. 225-48. 以下，引用は CC から行う。この論文によって批判を受けたエイヤー自身，その破壊的な威力を認めている（Ayer 1982: 26-27/ 42）。

チェスを指して相手を手詰まりに追い込む類のものであった。

　まず，最も原初的な検証原理は《ある命題の意味はその検証の手段に存する》と定式化された[15]。この場合，われわれはまずその文の検証にふさわしい方法を見出し，その後でその文の真偽を調べることになる。しかし，そのためには「私が所与の言明を検証する可能な方法を考える前に，私はその言明が何を意味するのかを知らなければならない」。それゆえこの定式は「不当仮定の虚偽（*hysteron proteron*）」に抵触する（CC 14）。次に提示された検証原理は，《ある命題はその真偽が経験によって原理上検証可能な場合，そしてその場合にのみ有意義である》と定式化されたが（Ayer 1946: 37/ 11），この定式は，たとえば自然法則に関する諸命題には適用できない。周知のように，全称命題（あらゆる*p*は*q*である）は，いかなる有限個の事例（ある*p*は*q*である）をもってしても，これを検証することが原理上できないからである（CC 18）。この困難に対処すべく，次に（エイヤーが採用した）弱い意味における検証原理が提示される。それによれば，「いくつかの経験命題〔すなわち強い意味で検証可能な命題〕が他の諸前提との連言から演繹可能であり，しかもこれ以外の諸前提のみからは演繹されない」場合，それは「純粋な事実命題のしるし」である（CC 18; Ayer 1946: 38-39/ 15）。しかしながら，これは逆に「あまりにも寛大な」基準であるとして，バーリンはこの原理に抵触しない次のような三段論法を提示する。

　　　この論理学の問題は明るい緑色である
　　　私はあらゆる種類の緑色が嫌いである
　　　それゆえ，私はこの問題が嫌いである（CC 19）

この三段論法は形式上は妥当である。しかもこの大前提は「弱い意味での検証可能性の定義にかなって」おり，また「論理と文法の規則に則っている」。しかし「この推論は明らかに無意味」である（CC 19）。したがって，この定式は「事実上いかなる主張に対しても意味を与える」ことになってしまい，有意義

15）　これはシュリック（Moritz Schlick, 1882-1936）による定式である。

性の基準を提供することに失敗している[16]。エイヤーはその後もさらに検証原理を改良しようとするが，最終的に「検証原理そのものが，検証されえない」（Ayer 1959: 15）ナンセンス文で構成されているという事実が指摘されるに及んで，この原理の独断的性格は決定的となった。

　バーリンの主張は要するに，検証原理は文の「意味」に関する誤った理解に基づいているということであった。論理実証主義者たちの主張に反して，「所与の文の検証可能性はその理解可能性に依存しているのであり，その逆は真でない」（CC 29）。文の意味を把握することは，むしろ観察する，記憶する，想像するといった，行為に似たものである。たしかに形而上学の言明の中にはナンセンスなものもあるかもしれない。しかしそれは「検証できない」からではなく，その語彙によっては「コミュニケーションができない（incommunicable）」がゆえに無意味なのである。それゆえ有意味性とは検証可能性のような特定の基準によって判定される何かではなく，理解の「限界（limits）」というかたちで認識されるものである（CC 30）。コミュニケーション可能性による「意味の限界」というこの考え方は，のちに彼が展開する価値多元論における「人間の地平（human horizon）」という観念の基礎をなすものであり，この時点でそれがすでに萌芽を見せていたことは特筆に値する[17]。

　(b)　1930年代の終盤には，論理実証主義に懐疑的な哲学者たちはこの運動に対して旺盛な批判を開始し，そして1950年ごろには「現象主義は遂に終焉にいたったと断定することが経験主義者たちのあいだで流行となって」きていた。しかしバーリンによれば，仮に現象主義が終わったとしても，その「亡霊」は依然として現代哲学に付きまとっており，その誤謬がいまだ払拭されていない状態にある（CC 32）。最終的に，彼はこの亡霊を1950年の論文「論理的翻訳」[18]において同定し，実証主義のみならず，哲学史の大部分を支配して

---

16)　「すなわち，《O》が観察言明であるとすれば，《S》がいかなる言明であっても，《O》は，《S》と《SならばO》の連言から帰結するが，《SならばO》のみからは帰結しえない，という事実である」（Ayer 1982: 26/ 42）。

17)　もちろん，こうした批判によって論理実証主義の意義が完全に否定されたわけではないだろう。たとえばカルナップ（Rudolf Carnap, 1891-1970）は，この「規約による真」という考えに基づいて論理的文法や人工言語の観念の構築に寄与したことが知られている。しかしながら，ここでエイヤーは現実認識に関する過去の哲学説の全面的廃棄を試みたわけであるから，これに対するバーリンの批判は妥当なものであろう。

きた隠喩（メタファー）の正体をあぶり出していく。

　まず，バーリンによれば「今なお多くの卓越した現代哲学者たちの思考にとりついている根本的誤謬」とは，「多くの，一見して明白に相異なるタイプの命題を，あるひとつのタイプに翻訳しようとする願望」である。そこにおいて彼らは「あるひとつのタイプの命題または言明を明らかに好む」。たとえばアリストテレスの三段論法における「第一格第一式（Barbara）」は「科学的知識の理想的なパターン」であり，「明晰かつ判明な諸観念」は，「デカルトの知識理論において唯一特権化された地位を占める」。英国経験論における「直接的知覚」や，ラッセルの「原子命題」，論理実証主義の「プロトコル文」も同様である（CC 57）[19]。これらの命題ないし言明は，われわれに「不可謬の知識」を提供するとされる。文「今は午後三時，そしてその本は机の上にある」はその具体例である。それを検証するためには机の上の本を指し示せばよい。しかし，その否定「その本は机の上にない」は，同じようには検証できない。なぜなら，「明白に不在であるものは指し示すことができない」からである（CC 59）。このように，「好ましい」命題を同定すると同時に，それ以外の「厄介な」命題との間に差異が生まれる（CC 58）。そしてこの厄介な命題を好ましい命題に翻訳する方法として，さまざまな哲学説が提起されることになる。

　まず，この困難に対してあらゆる現象主義者の武装が投入される。たとえばラッセルはこの「非存在の指示」という問題を重要視し，それを文の論理分析によって解決しようとした[20]。エイヤーはこれを継承し，このような見かけ上の困難こそが悪しき形而上学の原因であり，それは論理的分析によって消滅すると考えた（Ayer 1946: 61/ 54）。いわゆるオッカムの剃刀によって厄介な命題を削ぎ落とす彼らの方法は「収縮的（deflationary）」である（CC 67）。すなわち，この方法を採る者は不可謬な知識をある特定の「好ましい」命題によって確保し，「全て他のタイプの命題はその論理的な活力（force）を，それら好ましい種類の命題からたどることのできるいくつかのタイプの関係づけからのみ導くことができる」（CC 60）という前提に立つ。だがこの方法は行き詰まりをみせ

---

18)　'Logical Translation,' *Proceedings of Aristotelian Society* 50, pp. 157-88. 引用はCCから行う。
19)　これらはローティが「特権的表象」と呼ぶものに相当する（Rorty 1979: 167/ 182）。
20)　Bertrand Russell, 'On Denoting' (1905), in Feigl & Sellars 1949: 103-115.

る。彼らは削ぎ落としに夢中になるあまり，現に在る豊富な意味の世界を看過する。そうして理論に合わせて言明を切りつめていくうちに，もとの言明の意味内容はどんどん失われ，最終的には「事実上何も残らない」(CC 78) のと同じことになる。この理論の還元主義的傾向は，恣意的な区別によってわれわれの言語活動を著しくゆがめていることが明らかになる[21]。

　これと反対の試みが「膨張的方法 (inflationary method)」である。収縮的方法におけるのと同じく，この理論の支持者は「問題のない」命題と「厄介な」命題が存在することを認めるが，後者は廃棄されるべき「残り滓」(CC 62) ではなく，「ある特別なクラスの存在者と関わりを持っている」(CC 65) とされる。たとえば論理実証主義者が手を焼いた全称命題の指示対象は，「普遍」と呼ばれる「それら自身の純粋な王国」において存立する存在者であるとされる (CC 66)。マイノング (Alexius von Meinong, 1853-1920) の指示理論がその一例である。ラッセルが言うように，マイノングの理論においては「文法的に正しい任意の指示句は，ある対象を表しているとみなされる。それゆえ，『現在のフランス王』，『丸い四角』なども正真正銘の対象と仮定される。このような対象が存立しないことは認めるが，それにもかかわらずそれらは対象であると仮定される」(Feigl & Sellars 1949: 106/ 55)。その帰結は存在者の過剰な増殖である。彼は——触れたもの全てを黄金に変えるミダスの手のごとく——言明に現れるあらゆる主語に対応する存在者を想定するために，最終的には理論そのものが破綻する (CC 67)。

　こうした欠陥はいずれも「対応モデル」の想定に起因する。つまり膨張的方法は「良い命題」が「現実世界と向かい合っている」と想定し，収縮的方法は「全ての命題が等しくその対象と相対している」と想定している (CC 68)[22]。

---

21)　これと関連して，バーリンと同様に論理実証主義に批判的であったコリングウッドの言語観が最も明瞭に把握できるのは，『芸術の原理』における以下の一節であろう。「これらの〔辞書編纂者の言う同義性という〕関係は，それらが関係している用語が作り話的 (fictitious) であるように，作り話的であり，そして良心的な辞書編纂者は直ちにこのことに気付くようになる。言語 (language) を諸々の語 (words) に分割することや，これら第一の分類を辞書編纂上の単位へと分けることが許されるとしても，これらの単位はいずれも，他の単位と全く同義であるということにはならない。〔中略〕文法学者は実在的な言語構造を研究する科学者の類いではない。彼は言語を有機的な組織から，市場性のある，食べられる切り身へと転換する一種の屠殺者である」(Collingwood 1958: 256-257/ 282-283)。

その結果，後者は存在者の不当な切りつめを，前者は増殖を引き起こし，双方とも人間の体を無理やり押し込んだり引き伸ばしたりする「プロクルステスの寝床（Procrustean bed）」（CC 64）の様相を呈するのである。この対応モデルは「言語が機能する仕方」に関するひとつの隠喩，つまり「一方で私は記号をもち，他方で世界をもっている」というイメージに由来する。そこにおいて「前者は後者を記述，表現，伝達，記号化するようにつくられている。この関係は，いわば，直示的（ostensive）である。もし，記号は何を意味するかと尋ねられたのなら，私は，私が記号を用いて意味しようとしている何かを指し示すことができる」（CC 59, 強調は引用者）。だが，言語が世界に対応している——言語の体系に対応する構造や規則性が実在する——という証拠はどこにもない。経験的知識は帰納諸科学の発達によって蓋然性を増すものの，それは「確実性」にも「無限の蓋然性」にも到達しない（IH 101）。したがって，哲学者が自然科学の成功から規則性の実在を推論するとき，そこには重大な飛躍がある。そのような飛躍を犯す理由が「論理的」ではあり得ないとすれば，それは「心理的」なものであることになる[23]。バーリンはこうした根拠のない推論が生じる心理的要因の考察を「哲学的思考に関する心理学」（CC 74）と呼び，その症状を三つの根本的な誤謬として提示する。

　第一の誤謬は「言語の対応理論（*the correspondence theory of language*）」である。これは一般に「真理の対応説」と呼ばれる。たとえば上述のように，論理実証主義者は経験的命題の真理性を検証可能性に求めたが，その際に単純な命題は単純な事実に対応していると考えられた。ここには「シンボルと事物の間の対応関係」を前提とする心理的欲求が存する（CC 74）。換言すれば，哲学者は，《われわれは言語を用いて世界について語る》ということから，《語や命題やシンボルの体系が自然の客観的構造や法則を表象している（あるいは世界には論理的構造が存在し，言語はそれを表象する）》と推論する傾向にある。だ

---

22)　ローティは両者をそれぞれ「還元主義（reductionism）」と「拡張主義（expansionism）」と呼んで批判している（Rorty 1989: 11/ 28）。

23)　ローティの次の一節と比較せよ。「われわれの言明や行為は単に他の言明や行為と整合的であるだけでなく，人々が言ったり行なったりしていることとは別の何ものかに『対応』していなければならないと言わせる衝動は，ほかならぬ哲学的衝動と呼ばれてよいであろう」（Rorty 1979: 179/ 195）。

が，先に指摘したように，そのような推論は飛躍であり，それゆえ「論理的誤謬」である（CC 75）[24]。

　二番目の「イオニア派の誤謬（*the Ionian fallacy*）」は，複雑な現象を単純な概念によって説明しつくそうとする哲学者の還元主義的傾向を指すが，この傾向はイオニア哲学の単純さを脱した「アリストテレスからラッセルまで」続く根強いものである。彼らは「世界の究極的な構成要素を，何らかの非―経験的な意味において」探究する。たとえば，《すべては出来事から成る》という命題は，世界を「出来事」という非経験的な要素に還元している。しかし，この命題はすべてを包摂できる代わりに「われわれに何の情報も与えない」。それは，経験によって「否定することも疑うこともできない」，それ自体無根拠な命題であることが暴露される。したがって，この試みは「単なる幻想」に終わる（CC 76-77）。

　第三の誤謬「安全性の追求（*the search for security*）」は，かつてデューイ（John Dewey, 1859-1952）が「確実性の探求」[25]と呼んだものに相当する。それは，「不変の命題に対する不可謬の知識」という絶対的な基礎を見出そうとする哲学者の心理的な欲求を指す。彼らは，絶対に安全な足場がなければ，われわれの構築する知の建築物は土台から崩れてしまうと恐れる。しかし収縮的方法と膨張的方法の直面する困難によって示されるように，（実在が言語に対応する構造をもたない限り）このような試みは原理的に不可能である。われわれは何らかの「リスク」を背負わないかぎり，何も言うことはできない。「絶対的に安全であるための唯一の方法は，絶対に何も言わないこと」である（CC 77-79）。

　対応説に基づいて確実な知識を探究する試みは，長らく真理への唯一妥当な途であると考えられてきた。しかしそう考えられてきた理由は，それが事物の本性に即した正しい方法だからというわけではなく，単に，多くの哲学者がそのように考えたからにすぎない。むしろそのような前提は，心理的傾向に起因する論点先取の循環論である。論文「検証」においてバーリンが指摘したよう

24）　ただし，彼がウィトゲンシュタインの『論理哲学論考』をその例としている点には疑問が残る。『論考』において「事実」とは物理的対象ではなく，あくまで言語を通した「出来事（occurrences）」の記述ないし報告とされるからである。
25）　Cf. Dewey 1929.

に，意味はその（指示）対象の存在と同一視できるものではない。オックスフォードの哲学者ストローソン（Peter Frederick Strawson, 1919-2006）は（バーリンの「論理的翻訳」と同じく）1950 年に発表した論文「指示について」の中で，ラッセルの確定記述理論における根本的問題を次のように指摘している。「指示することあるいは言及することが行われたならば，それは意味することでなければならないと考えたことがラッセルの誤りの原因であった。〔中略〕彼は表現を，特定の文脈におけるその使用と混同した。したがって意味と言及を，また指示と混同した」（Strawson 1950: 328/ 220）。これら誤謬の原因をたどっていくと，われわれは最終的にひとつの隠喩にたどり着く。ラッセルや論理実証主義者たちが直面した困難は，彼らがその下で思考しているところの「対応モデル」，すなわちローティの言う《鏡の隠喩》によってもたらされた。バーリンとストローソンはこの隠喩自体を明るみにさらし，それに基づいた意味理論の構築が実りの少ないものであることを示したのである。

　論理実証主義は英国経験論の基本的なアイデアを継承し，それを徹底的に純化することによって「正確な」世界像の把握を試みた。しかし彼らの努力は逆に，対応説に基づいた確実性の追求が「ある致命的な思い違い」から生じていること，それゆえ自らの企図が不毛なものであることを暴露することによって，自己破産に陥ったのである。科学史家クーン（Thomas Kuhn, 1922-1994）の言葉を用いれば，意味と指示のパラダイムは当初からあまりに多くの変則性に直面しており，それらを回避してパラダイムを維持するためにさまざまな補助仮説が導入されたが有効な解決にはいたらず，最終的にはそのパラダイム自体が放棄されるにいたった，と言うことができる。とりわけ検証原理の挫折は，哲学者のイアン・ハッキングによれば，科学的言明を「命題間の演繹関係と観察言明とによって規定しようとする一連の企て」にとって「弔鐘」とも言うべき出来事であった（Hacking 1975: 101/ 162）。彼らは，命題の（論理的）主語は実在を何らかのかたちで指示していなければならないと考えた。先に見たように，言語の構造が実在の構造に対応すると言えるのは，実在の構造が実際に存在し，かつそれが言語の論理構造と同じ構造を持つと前提されるときのみである（Hacking 1975: 93-94/ 151-152）。

　このような思考様式は「一元論的（monistic）」である。バーリンはこの一

元論に対する批判を随所で繰り返すのであるが[26]，晩年の講演「理想の追求」（1988年）において，この種の考えを「プラトン的理想（Platonic ideal）」の名の下に一括している。

> 私はある時点で，これらすべての見解は次のようなひとつのプラトン的理想を共有していることに気がついた。すなわち第一に，すべての真の問題には科学におけるのと同じくそれぞれひとつの真の答え，ただひとつの答えがあるはずであり，残りはすべて必然的に誤りである。第二に，これらの真の答えを発見するための信頼できる道があるはずである。第三に，そのような真の答えが発見されたならば，それらは必然的に互いに両立可能であってひとつの全体を形成するはずである。というのも，ある真理が他の真理と両立できないことはありえない——このことは経験以前に分かっている——からである。このような全知の観念が，宇宙的なジグソウ・パズルの解決策だったのである。（CTH 5-6/ IV 7-8）

このようにして彼は，論理実証主義のみならず伝統的な哲学にも広く存在する一元論の誤謬をしりぞけ，これに代わる新たな哲学説を構想していくのであるが，われわれはここで，はたして一元論は本当に「誤謬」なのだろうかと問うこともできるだろう。実際のところ，この種の基礎的な哲学説はいわゆる「世界観（Weltanschauung）」に属するものであって，その真偽を完全に論証することはできない[27]。その意味では，この時期における彼の一元論批判の論調には行きすぎた部分があったと言える。本書第3章以下で見るように，1950年代以降のバーリンは，決定論のような基礎的な哲学説の真偽に関する断定を避けている。多元論についても，それが「より真実で，より人間的な理想であるように思われる」（FEL 171/ V 389）という慎重な表現でこれを肯定したことが

---

26) その基本的な定式は，すでに『カール・マルクス』初版（1939年）に見出される（KM 35-37）。ほかには『歴史の必然性』（1953年）における決定論批判（FEL 55/ V 193），『二つの自由概念』（1958年）における価値一元論批判（FEL 167/ V 381），「自然科学と人文科学の分裂」（1974年）における方法論的一元論批判（AC 80/ I 99）などを見よ。

27) Cf. Connolly 2005: 81/ 138.

知られている。これは多元論が真であることの論証ではありえず，むしろひと
つの「賭け」であるとすら言えるだろう（杉田 1998）。より穏当な言葉を用いれ
ば，彼の多元論の肯定は，相異なるパラダイム間のプラグマティックな選択
──すなわち，どちらの思考枠組がわれわれにより有益な帰結をもたらすと考
えられるか──を意味している[28]。要するに彼は，一元論の立場は哲学的には
実りが少なく，政治的にはむしろ有害であるという信念のもと，多元論に立脚
してその哲学的，道徳的，政治的含意を生涯にわたり追究したのだと言え
る[29]。

第2節　哲学と信念

　前節で検討したバーリンの論理実証主義批判は，この哲学説に対する有効な
批判であるのみならず，古代ギリシャから現代にいたる哲学的一元論の伝統に
まで及ぶものであった。言語の対応説の放棄は，同時に確実性の探究──のち
に彼がハーマン研究の中で「賢者の石の探究」と呼ぶもの──の放棄を意味す
るが，これは「鏡の隠喩」の放棄が確実性とは無縁の哲学を生み出すという
ローティの主張とも一致する[30]。

　すると次に問われるのは，「認識が自然の鏡の中の表象とは見なされなくな
った場合にどのようなことになるか」（Rorty 1979: 164-165/ 172）という問いであ
る。鏡の隠喩を放棄した者はこれに代えて新たな隠喩を提示する責務を負うわ
けであるが，それは 1950 年代の半ば，オックスフォードの哲学者たちが新た
な構想を開示していく中で明らかにされる。彼らは現代哲学における言語論的
転回の重要性を肯定するが，他方で実証主義の狭い言語分析には強く反対した。

---

[28]　実のところ，このような姿勢はウィリアム・ジェイムズによる多元論の擁護ときわ
　めて近いのであるが，彼が自著の中でジェイムズに言及することはほとんどない。彼がジ
　ェイムズから何かを学んだのかについては別途検証が必要であるが，少なくとも 1933 年
　の時点で彼がジェイムズの思想に触れていたことは書簡から明らかである（L-I 78; cf.
　B&J 62/ 96）。ローティはジェイムズとともにバーリンを多元論的プラグマティズムの思
　想家に分類している。「人間の諸価値の通約不可能性というアイザィア・バーリンのよく
　知られた説は，私の言う意味での多神教宣言（polytheistic manifesto）である」（Rorty
　2007: 30/ 47）。
[29]　『二つの自由概念』の帰結主義的な側面については，森 2013 も参照。
[30]　Rorty 1979: 171/ 186; 1989: 44-69. Cf. Bok 1993, Gray 1995b: 85-96.

論理学と数学を合理性と有意味性の範型とした実証主義に対し，彼らは自然言語，すなわちわれわれが普段使用する日常言語でもって対抗した。したがって彼らの哲学的構想は，自然科学ではなく日常生活のイメージのもとに立ち現れてくる[31]。

1950 年代以降，バーリンはみずからの哲学的構想を積極的に展開していくが，その基本的な考えは 1962 年の小論「哲学の目的」と，これに先立つ 1955 年のシンポジウム記録「哲学と信念」[32]，論文「政治理論はまだ存在するか」（1961 年）などに見出される。

彼はまず，現代においていわゆる「科学」として承認されうる問題領域を，自然諸科学によって代表される「経験的諸問題」と，数学や論理学によって代表される「形式的諸問題」に大別する。これらが科学である理由は，「それによって答えられるべき方法の種類の示唆をそれら自体の内部に含んでいる」ことに求められる（PB 509）。すなわち，経験的問題は現実世界についての情報や説明を求めるものであり，その答えは（適切な手続きに基づく）観察ないし観察データから得られる。これに対して形式的問題は，公理と呼ばれる一定の命題から他の命題を演繹するための規則に基づいて答えられる。上述のように，論理実証主義者はこれらを科学的な問題として承認し，科学＝哲学の考察対象に据えた。しかしながら，バーリンによれば，これらは「哲学が扱わないもの」（PB 509）である。彼はまったく反対に，論理実証主義者がナンセンスとした第三のクラスに重要性を付与し，それに「哲学的問題」の名を与えるのである。彼は科学の哲学という実証主義者の哲学観を反転させる。すなわち，哲学は「ホッブズやヒュームやマッハが想定したような，そしておそらくかつてラッセルが考えたような，ある種の科学ではない」（PB 510）。彼らにとって哲学は，言語上の混乱を除去することで諸科学の活動を助ける「下働き」にすぎないものであったが（Ayer 1946: 52/ 39），バーリンにおいて哲学は，むしろそれ自

---

31)　ストローソンにとってそれは「記述的形而上学（descriptive metaphysics）」であり（Strawson 1959），オースティンにとっては「言語行為論（speech act theory）」であった（Austin 19€2）。
32)　このシンポジウムにはバーリンの他にクィントン（Anthony Meredith Quinton, 1925-2010），ハンプシャー，マードック（Dame Jean Iris Murdoch, 1919-1999）が参加している。

体において有意義な知的活動として認知されるのである。

　論理実証主義の崩壊によって，客観的世界の存在を個人の意識の私的与件から出発して正当化する企図の不毛さを確認したバーリンは，みずからの哲学的構想の出発点をカントの『純粋理性批判』に求める。「哲学の目的」（1962 年）において彼は，人間の経験と，その経験を可能とする諸条件（すなわちカテゴリー）との間に区別を立てた点でカントを評価している。

　　　カントは，事実——いわば経験的なデータ，つまり観察や推理や考察の対
　　　象となる事物，人間，出来事，性質，関係——と，この事実を感覚し想像
　　　し思考する際にに用いられるカテゴリーとの間に決定的な区別を立てた最
　　　初の人である。彼にとってカテゴリーとは，様々な世界観——さまざまの
　　　時代と文明に帰属する宗教的もしくは形而上学的な諸観念体系——から独
　　　立のものであった。(CC 7/ I 246)

カテゴリーとは，人間的経験それ自体の前提をなすものである。人間の経験の中には，「変わることなく遍在する中心的諸特徴，少なくとも種々雑多な経験的諸特性よりも変化することの少ない諸特徴が存在するのであり，そしてそのような理由から，それらはカテゴリーの名において区別されるに値する」(CC 164/ V 497)。それは「われわれの世界に統一を与え，コミュニケーションを可能にする」(CC 8/ II 247)。カントの哲学において，このカテゴリーはすべての人間に共通する不変の認識枠組とされた。すべての人間存在が同一のカテゴリーをもつがゆえに，われわれは経験的世界に関して同じ認識を得ることができるというわけである。しかしながらバーリンは続けて，「けれども歴史や道徳や美学について考察した人々のなかには，その変化と差異を実際に確認した者もいた」(CC 8/ II 247) と述べ，このカテゴリーの不変性を否定している。1953 年の講演『歴史の必然性』の以下の一節では，すでに同様のことが述べられている。

　　　われわれのカテゴリーはすべて，理論上は，変化するものである。物理学
　　　のカテゴリー——たとえば通常の知覚的空間の三次元・無限大とか，時間

的経過の不可逆性とか，物的対象の多様性・加算性とか——は，おそらく
いちばん固定的なものであろう。しかし，これらのもっとも一般的な諸特
性における変動すら，原理的には認められるのである。それに次ぐものと
しては，感覚的性質の秩序や関係——色とか形，味，等々——があり，さ
らに諸科学の基礎をなしている斉一性がある。だが，これらはお伽話や科
学小説においてはいとも簡単に無視される。価値のカテゴリーは，これら
のものよりもずっと流動的である。そのなかでも，趣味はエチケットの諸
規則よりも流動しやすく，またこの両者は道徳の基準よりも変わりやすい。
それぞれのカテゴリーのなかで，他のものよりも変化しやすい傾向の概念
があるように思われる。そういう程度の差異がはっきりして，いわゆる種
類の相異になるようにされたら，われわれは広くより安定した特性を「客
観的」，より狭くより不安定な特性を「主観的」と言うようになるであろ
う。それでもやはり，両者の間に明確な断絶が，境界線があるわけではな
い。諸概念は「永遠の」基準から浮動的・瞬間的な反応まで，「客観的
な」真理や規則から「主観的な」態度まで，連続的系列をなしており，多
くの次元で，時として思いがけないような角度で，相互に交叉しているの
である。(HI 56, FEL 94n/ V 259)

バーリンはここで，カントの同定した諸カテゴリーをより経験的なかたちで捉
え直している。彼にとって「主観的」および「客観的」という言葉は，われわ
れの認識の諸カテゴリーの固定性と可変性の度合い，また共通性と特異性の度
合いを相対的に区別するためのものにすぎなくなる。上述のように，論理実証
主義者はカントの言うア・プリオリな総合的知識の存在を否定したが，ア・プ
リオリな知識それ自体は「規約によって真」である分析命題のかたちで獲得さ
れると考えた。その意味で彼らは先験的／経験的という二分法を保持していた。
これに対し，バーリンはカント哲学の超越論的性格を肯定する一方で，ア・プリ
オリ概念それ自体は伝統的な意味においてはもはや成立しないと考えている[33]。

---

33)　実証主義者の《総合的／分析的》二分法に対する最初の攻撃は 1936 年にクワイン
（Willard van Orman Quine, 1908-2000）によってなされた（'Truth by Convention,' in
Feigl & Sellars 1949: 250-273）。この話題に関する歴史的考察として，ヒラリー・パトナ
ムの論考（Putnam 1983）が挙げられる。

したがって，カントの示したカテゴリー表も，文字どおりの意味で先験的なものではないということになる。上記引用にあるように，それらは文化的差異や時代の変化を完全に免れるものではない。それにもかかわらず，そうした何らかの認識枠組が存在し，それがわれわれの認識の様式を規定しているということである[34]。

したがって，彼の方法論は「擬似カント的（quasi-Kantian）」（Gray 1995a: 14）なそれであると言えるが，このような，経験的であると同時に超越論的であるような哲学とは具体的にはどのようなものだろうか。以下では，まず，こうした考えをバーリンがどのようにして得たのかについて考察し，次に，この構想の具体的内容の解明に歩を進めたい。

周知のように，このような自然科学と精神科学（あるいは文化科学）との区別や，カントのカテゴリー論の文化相関的な理解は，いわゆる新カント派の哲学者，特にヴィンデルバント（Wilhelm Windelband, 1848-1915）やリッケルト（Heinrich John Rickert, 1863-1936），またカッシーラー（Ernst Cassirer, 1874-1945）の教説に見出される。ほかにはたとえば，バーリンによる科学と哲学の区別は，クーンによる科学と非科学の区別に比することができ，カテゴリーの可変性という考えは，いわゆるパラダイム理論における認識のゲシュタルト転換（およびこれに伴う「通約不可能性」をめぐる諸問題）に関する議論を想起させるかもしれない[35]。しかしながらバーリンの議論はクーンのそれに先行している。ここから，バーリンの哲学説は新カント派から影響を受けたものであることが想像される。しかしながら，当時のオックスフォードにおいてそのよう

34）　バーリンはこの「カテゴリー」をしばしば「モデル」や「カテゴリー眼鏡（category-spectacles）」などと言い換えている（CC 8-11/ II 247-253, cf. Parekh 1982: 203）。これは彼がカントの教説を文字どおりに捉えていないことの証左でもある。
35）　モーゲンベッサーとリベルソンは，科学に対するバーリンの理解は皮相的であり，彼はあまりに単純に科学と人文学を区別していると批判している。彼らによれば，クーンやポパー（Karl Popper, 1902-94）らによる科学哲学における近年の成果に鑑みるに，科学的方法論すらも価値中立的ではなく，あらゆる観察は「理論負荷的」であり，それが真であるならば「バーリンによって描かれたいくつかの意味での科学の客観性は疑問を残す」と主張している（Morgenbesser & Lieberson 1991: 14）。しかしながら本文で論じたように，バーリンは自然科学におけるものも含むあらゆるカテゴリーの原理上の可変性を肯定している。加えて，科学と哲学に関する彼の一連の議論にはクーンのパラダイム理論との少なからぬ共通点がある。紙幅の都合もあり，この点をここで詳説することはできないが，私はこれを修士論文（森 1999: 第 2 章）で考察した。クーンのカント主義については，たとえば野家（1998: 280-281）を参照。

な哲学説が論じられる場はほぼなかった[36]。

　ひるがえって，ここでバーリンの知的履歴をさかのぼるとひとつの興味深い事実が明らかになる。それは以下のようなものである。彼のお気に入りのカントからの引用句に，「人間という曲がった木材から真直ぐなものはこれまで作られなかった（'out of the crooked timber of humanity no straight thing was ever made'）」というものがある。これは人間的経験の多様性を単一の普遍的な尺度で裁断することの誤りという彼の信条を象徴する語句であるが，バーリン著作集の編者であるヘンリー・ハーディは，この引用句が（多少異なるかたちで）コリングウッドの1929年の講義ノートに見出されると指摘している[37]。バーリンが1931年にコリングウッドの講義を受け，そこでクローチェのヴィーコに関する本を読むよう勧められたことはよく知られている（Ignatieff 1998: 58/ 64-65, CTH 8/ IV 12）。何人かの研究者はここから，バーリンの，特に思

---

36)　カッシーラーとバーリンの関係については本書第5章であらためて考察するが，ここでは以下の点を確認しておきたい。カッシーラーは『アインシュタインの相対性理論』の英訳によって英国でも知られており，1927年にはキングス・カレッジ・ロンドンからの招待を受けて講演を行っている。しかしながら，『シンボル形式の哲学』をはじめとした思想史に関する彼の著作が英国の学者に取り上げられるようになるのはそれよりも後のことである。オックスフォードに滞在した際，彼はしばらく思想史に関する研究を中断したが，その理由は，亡命によりハンブルクのワールブルク文庫が利用できなかったことに加え，オックスフォード大学のボドリアン図書館には近年のドイツ哲学に関する文献がほとんど所蔵されていなかったこと（そのため彼はロンドンに移転したウォーバーグ研究所（Warburg Institute）にしばしばおもむいた）にあるとされる（cf. Whitaker 2017: 343）。このことは，当時のオックスフォードにおいて新カント派研究の動きが乏しかったことを示している。

37)　ハーディによれば，コリングウッドの当該講義ノートには 'Out of the cross-grained timber of human nature nothing quite straight can be made' という語句が残されている。これはバーリンの引用句と異なっているが，彼が取り違えたのか，それともコリングウッド自身が講義中あるいは前後に変更を加えたのかは不明である（CTH xi-xii/ IV xiv）。これにもっとも近いカントの文章は，『世界市民的見地における普遍史の理念』における「人間が形成されているかくも曲がった木材から完全に真直ぐなものを組み立てることは不可能なのである（aus so krummem Holze, als woaus der Mensch gemacht ist, kann nichts ganz Gerades Gezimmert werden）」（Kant 1912-1922: IV 158/ XIV 12），および『単なる理性の限界内における宗教』における「しかしかくも歪んだ木材から完全にまっすぐなものが建てられると期待できるようになるには，どうすればよいのか（Wie kann man aber erwarten, daß aus so krummen Holze etwas völlig Gerades gezimmert werde?）」（Kant 1912-1922: VI 245/ X 133）である。加えて，T・J・リードによれば，バーリンはこの引用句の意味を取り違えている。カントの「曲がった木材」の比喩は，過去ではなく未来に関する言明である。それは，理想的な市民状態が現実には不完全にしか達成されないにもかかわらず，その状態に近づくべく努力するわれわれの義務をあらわす語句であって，必ずしも価値多元論（あるいは世界の原理的不調和）を含意するものではない（Reed 2016: 117）。

想史に関する諸研究に決定的な影響を与えたのはコリングウッドであると推論している[38]。たしかに，たとえば歴史的知識に関するバーリンの見解は，コリングウッドの「再―演（re-enactment）」理論とほとんど同じであるようにみえる。また，両者ともそのような考えをヴィーコ（Giambattista Vico, 1668–1744）の思想から引き出したとされる。

　しかしながらコリングウッドと出会う前に，彼はすでにこの種の理論に親しんでいた可能性がある。彼は 15 歳のとき，ロンドンの知人宅でラチミレヴィチ（Solomon Rachmilevich, c1892–1953）という名の人物と出会った[39]。イグナティエフが伝えるところによると，彼はそこでバーリンにカントの道徳哲学に関する私的な講義をおこなっていた。「アイザィアが最初にカントに接したのは，オックスフォードではなく，ラチミレヴィチがハイデルベルクで受けたカントの道徳哲学についての講義の大要を彼から聞いたのを通じてであった」（Ignatieff 1998: 42-44/ 47-49）。この人物の詳細はほとんど明らかでない。彼はロシア生まれのユダヤ人であり，ドイツのいくつかの大学で教育を受けた知識人であった。リガではメンシェヴィキ派の論客として活動し，英国に亡命してからは市井の哲学者として私的な研究に従事していたとされる[40]。彼がバーリンに教えた「カントの道徳哲学」が誰のものであったのかは不明であるが，それがハイデルベルクを中心とする当時の西南ドイツ学派の諸教説のいずれかであった可能性が高い[41]。バーリンはオックスフォードにおいて知的に孤立した存在であったと言われるが，それはこのラチミレヴィチの影響という観点から整合的に理解することができる[42]。そして長年にわたる彼との知的交流から得た

38）　Skagestad 2005: 99, Dubnov 2012: 68-72, Gray 2013: 4.
39）　1998 年に出版されたイグナティエフの伝記では 'Schmuel' Rachmilievitch' と表記されているが（邦訳の表記は「シュムエル・ラチミリエヴィッチ」），のちにヘンリー・ハーディは，バーリン宛の彼の書簡に付された署名にしたがって 'Solomon Rachmilevich' と訂正している（Hardy 2009: 285）。この書簡は 2015 年にインターネット上に公開された。'Letters from Solomon Rachmilevich,' ed. by Henry Hardy, in IBVL［http://berlin.wolf. ox.ac.uk/texts/letters/rachmilevich.pdf］, retrieved 25 January 2018.
40）　バーリンの『カール・マルクス』初版（1939 年）の序文には彼の名前が記されている（KM xii）。二人の親交は 1953 年のラチミレヴィチの死まで続いていたとみられる（L-I 141）。彼に関する資料は極端に少なく，インタビューに基づくイグナティエフの叙述のほかには，バーリンによるいくつかの書簡にその名前が見出されるのみであり，学術的な議論を記録したものは存在しない。また，この人物が書き残した論考等も上掲の数通の書簡を除いて現在のところ確認されていない。この点についてはアイザィア・バーリン・レガシー・フェローのマーク・ポトル氏から教示を得た。

大陸哲学の知識は，論理実証主義批判以降の彼が文化批判的な哲学構想へと向かう足取りを準備したと言える。

それでは，結局のところバーリンは英国における新カント派哲学の輸入者にすぎなかったのかといえば，そうではない。彼は上述の言語論的転回の成果を踏まえ，文化と価値の問題を言語の観点から捉え直す点で，先行する新カント派の哲学者たちと区別される。

ここでバーリンの思想史研究を俯瞰すると，われわれは彼のカント的構想の背後にひとりの人物を見出すことができる。それは，カントの友人であると同時に彼の最も鋭い批判者のひとりであったハーマン（Johann Georg Hamann, 1730-88）である。1956 年に出版された『啓蒙の時代』の中で，バーリンは彼の思想に一章を割いてこれを高く評価している。「彼〔ハーマン〕の最も偉大な発見は，言語と思考とは二つの異なった流れではなく，ひとつのものであるということである」。つまり，われわれが「概念や観念やカテゴリー」について語るとき，それは「実際には，人間の表現の手段——言語——」について語っているのである（AE 273）。われわれが思考する際にはその前提条件として言

41）　この点に関連して，バーリンの価値多元論とマックス・ヴェーバーの価値理論との関係について記しておきたい。バーリンは晩年のインタビューの中で，価値多元論を最初に構想したとき，自分は「ヴェーバーを全然読んだことがなかった」と告白している（B&L 102）。しかしながら，彼がラチミレヴィチの「声」を通してヴェーバーの基本的な考えになじんでいた可能性はあるだろう（ちなみに，バーリンがヴェーバーに明示的に（典拠を示して）言及しているのは，『自由論』序文の一箇所（FEL lvi (n)／V 85）のみであるが，ほかにいくつか典拠を欠いた言及がある）。これは，両者の理論のかなりの類似性にも関わらず，「彼〔バーリン〕の著作にヴェーバーに対する言及がほとんどないのは奇妙である」（Lassman 2004: 262）という，ピーター・ラスマンの疑問に対するひとつの答えになるかもしれない。もちろん，この推測を裏づける資料は今のところ存在しない。だが，もしこのことが正しければ，バーリンをヴェーバーとともに相対主義者として批判したレオ・シュトラウスは，両者に共通する哲学的諸前提を正しく捉えていたと言える（cf. Strauss 1961）。他方でテクスト外在的な推論としては，ヴェーバーがロシア革命に深い関心を寄せ，ハイデルベルク大学でロシアからの亡命知識人たちと交流していたことが挙げられる（cf. Weber, Marianne 1950: 373-375／第 1 巻 259-260）。しかしながら，ラチミレヴィチが実際にヴェーバーと会っていたかどうかは不明である。ヴェーバーと亡命ロシア知識人との交流については，広島国際大学の村上智章氏から有益な示唆を頂いたことに感謝したい。

42）　ピーター・スカゲスタッドが指摘するように，バーリンはコリングウッドの考えを評価する一方で，しばしば留保を加えている（Skagestad 2005: 103-104, cf. VH 95-96／196-197）。晩年のインタビューでは，彼はクローチェやコリングウッドのヴィーコ解釈に不同意を表明している（B&J 78／120）。ここから，バーリンはヴィーコに見られる解釈学的な考えを，ヴィーコを読む以前に（ラチミレヴィチを通じて）ディルタイ，リッケルト，ヴェーバーなどから得ていたと推測することもできる。しかしながらこの点に関しても資料が乏しいため，事実関係を確定することは現状では困難である。

語がつねにすでに介在しており，言語を分析することは人間の知的活動を分析することにひとしい。彼によれば，このハーマンの斬新な考えは 20 世紀になってようやく，特にウィトゲンシュタイン（Ludwig Wittgenstein, 1889-1951）の後期思想において現れてきたものである（AE 275）[43]。

　残念ながらバーリンはウィトゲンシュタインの哲学説に関するまとまった論述を残していないが，ストローソンがこの点を説明している。『純粋理性批判』の分析哲学的な読解で知られる『意味の限界』（1966 年）の中で，ストローソンはカントとウィトゲンシュタインを比較し，カントによる客観的世界の唯一性の想定に対して次のような論点を提起している。

> 　われわれはここで，カントの客観性の論述一切が無視できない制限，ほとんど不利益といってよい制限のもとで行われていることを想起しなければならない。カントはどこにおいても，たとえばウィトゲンシュタインが力説した，概念の社会的性格という要素に依拠していないし，それどころかこれに言及すらしていない。しかし，思考は言語と，言語はコミュニケーションと，コミュニケーションは社会共同体と連関しているのである。もし上述の如き想像が，多数の客観的世界の思惟可能性を何がしか承認させ得なければならないとすれば，それは，少なくともこの要素を考慮していなければならない，つまり客観的なものの別名は公共的なものであるという点を少なくとも考慮していなければならない。（Strawson 1966: 151/ 173）

カントが意識の超越論的分析を通じて人間理性の限界を画定したのに対し，バーリンはハーマン，ウィトゲンシュタイン，ストローソンとともに，言語の超越論的分析を通じて言明一般の有意味性の限界を画定することを試みる。論理実証主義者たちと同じく，彼は言語分析を哲学の主要な方法とみなす。しかし，有意味な言語（思考）活動を可能ならしめている条件を考察するという意味で，その哲学構想はある意味で超越論的な性格を帯びる。したがってカント

43）　バーリンは 1930 年代に開かれたいくつかの哲学討論会でウィトゲンシュタインと交流している（Ignatieff 1998: 94-95/ 104-105）。彼によれば，ウィトゲンシュタインのいわゆる『青色本』は，1937 年にはすでにオックスフォードでも回覧されていた（PI 139/ II 156-157）。

の「理性批判」は，彼においては「言語批判」というかたちで再定式化される。そして言語は歴史的偶然性――何らかの経験的要素――を内在するがゆえに，カントのア・プリオリ概念は，バーリンにおいては「超越論的事実性」あるいは「歴史的ア・プリオリ」と呼べるような，より弱い，より経験的なかたちで再定式化されることになる[44]。ここにおいて，伝統的な意味における《先験的／経験的》という二分法は崩壊する。なぜなら，自然諸科学や社会科学といった，人為的な理論モデル相互間の相異のみならず，人間の基本的な認識様式すら何らかの経験的性格を免れ得ないとなれば，超―歴史的という意味でのア・プリオリな知識というものは人間にとってまったく存在しないという結論にいたるからである[45]。

　加えて，理性批判に代わる言語批判という考えは，「記述的言明と価値言明との間のまったく論理的な差別に対する忠実な経験論者たちの確信をゆるがせ，ヒュームに由来するこの有名な区別に疑問を投じる」（FEL 166/ V 501）ものとなる。論理実証主義においては，事実と価値の区別が堅固に支持された。上述のように，彼らは道徳的命令や倫理的判断を，経験的内容をもたない単なる情緒の表現とみなして哲学の考察対象から外した。しかしこの区別は廃棄される。なぜなら，われわれが言語を介して認識を行う以上，いわゆる「事実」は「価値」を排した中立的なものではなく，個々の具体的生活と歴史的偶然性を内在する言語というカテゴリーによって構成されるものだからである[46]。そこにおいて認識・意味付与・価値づけは，分析不可能なほどに相互に浸透している。

　要するに，バーリンの哲学構想はカントの哲学説に対する二つの修正から成ると考えられる。ひとつは，彼が新カント派的な文化科学の考えを受け入れて

---

44)　Polanowska-Sygulska 2006: 228. Cf. 野家 1993: 174.
45)　数学が経験的性格を持つことを，バーリンはヴィーコに則って次のように述べている。「数学の命題が真実なのはわれわれ自身で作ったからである，と宣言するのは，実に重大な一歩であった」（VH 15/ 57），「幾何学でさえ，よく考えてみれば，もしそれが（純粋な数学としてではなく）空間の測定法として考えられる場合には，全く仮の結果を生む道具にすぎない」（VH 19/ 62）。この観点から，彼はヴィーコの命題「真ナルモノト作ラレタモノハ言イ換エラレル（*Verum et factum convertuntur*）」を重要視し，また評価する（VH 15/ 57）。彼のヴィーコ論に対しては生前から数多くの批判が寄せられ，彼自身もそのいくつかに応答しているが，その是非を十分に確定しうるような本格的な論考は未だ現れていない。
46)　言うまでもなく，これは現代の社会諸科学における構築主義（constructivism）に通じる考えである。

いたことであり，もうひとつは，彼が分析哲学の成果に基づいて文化科学を言語論的に捉え直したことである。

第3節　小括

　ここまでの議論から，バーリンの哲学的構想は次の三点において特徴づけられる。すなわち，その特徴は第一に疑似カント的，第二に言語論的，第三に歴史主義的である。

　バーリンの哲学的構想は，カントの超越論的議論を援用する点で，個人的知識の私的与件から出発するヒュームやラッセルの経験論とは異なるが，他方において，その超越論的手法を歴史的偶然性を内在する言語に対して適用し，その歴史的差異を主要な研究対象とする点でカントとも異なっている。したがって，カントにおけるカテゴリーの超越論的演繹は，所与の共同体における言語の基礎的諸カテゴリーを同定する作業となる (VH xix/ 18)。隠喩が世界を有意味なかたちで認識するカテゴリーの役割を果たすものであるとすれば，バーリンの思想史研究は概念枠組の複数性を前提とする多元論に裏づけられていると言える（同時に，ここからいわゆる相対主義の問題が生じることになるが，これについては次章で考察する）。これと並んで，彼が自然科学と人間諸科学の方法二元論を唱えたこともここから理解される。周知のように，こうした二元論はリッケルトの『文化哲学と自然科学』（1899年）に代表される新カント派的な考えである。「科学的歴史の概念」（1960年）の中で，バーリンはフランス社会学の実証主義と方法一元論をしりぞけ，ヴィーコ，ヘルダー，ディルタイ，ヴェーバーとともに，歴史学は人間的事象の個別的な理解に基づくと考える (CC 140/ VI 88)。このような見方は，のちの「自然科学と精神科学の分裂」（1974年）や『ヴィーコとヘルダー』（1976年）におけるヴィーコの知識論の肯定的評価へと続いている。加えて，彼の多元論が「価値の」多元論であることは，彼が新カント派的な立場に立つことの自然な帰結でもある。

　第二に，バーリンは言語論的転回の成果を踏まえ，言語を哲学的考察の対象に据える。しかし，文すなわち個々の命題を有意味性の単位としたフレーゲ，ラッセル，エイヤーらとは異なり，バーリンは所与の言語全体を有意味性の単

位とする全体論（holism）の立場に立つ[47]。なぜなら，所与の言語においては
「コミュニケーションの媒体をなす要素の全てが，互いに『有機的に』関連し
あって」おり，「意味とは，究極的に分析不可能な個々の全体の内にこそ存し
ている」からである（MN 130/ 184）。有意味性の限界は理解可能性，すなわち
コミュニケーション可能性によって画定される。

　したがって第三に，このような言語論的・超越論的な構想によって，哲学研
究は思想史研究を方法論的に基礎づけるものとなる[48]。バーリンにとって思想
史とは，デカルト（René Descartes, 1596-1650）やヴォルテール（Voltaire,
1694-1778）におけるような，単なる《死せる》歴史資料の記述・整理ではな
く[49]，またラッセルが『西洋哲学史』において示したような，ある同一の問い
に対するさまざまな答えの歴史，つまり「永遠の哲学（*philosophia
perennis*）」の歴史でもない[50]。むしろ思想史は，人間の認識様式を規定する言
語の諸カテゴリーの差異を時間軸上に展開した一種の哲学研究であり，所与の
時代の問題構制を理解することで，現在のわれわれの知的営為を歴史の側から
明るみにさらすという批判的機能を果たすものである。ここにおいてバーリン
は，ローティの言う「歴史主義的転回（historicist turn）」（Rorty 1989: xiii/ 2）を
果たしたと言える[51]。

　このような哲学構想から引き出される政治理論的含意は次の二点である。第
一に，価値多元論が肯定される。有意味な経験を可能にする言語が多様である
とすれば，言語を通じた世界の意味づけ（すなわち価値）が多元的であること
が論理的に帰結するからである。次章で見るように，価値多元論は一種の道徳
理論として読むことができるものであるが，それは同時に，彼の自由主義思想
の理論的骨子を構成するものでもある[52]。他方で思想史研究において，彼は多

47）　Cf. Quine 1953: 41-42/ 61-63.
48）　たとえばウィリアムズは次のように述べている。「彼〔バーリン〕の最も知られた著
作のいくつかは思想史のジャンルに属するが，しかし実際のところ，彼は哲学についての
著作を続け，彼の歴史に関する著作において哲学的問題を追究し続けてきたのである」
（Williams 1998: 750）。
49）　Cf. VH xxii-xxiii, 9-10/ 23, 47, AC 88-93/ I 111-119.
50）　Cf. B&J 33/ 56. バーリンは『西洋哲学史』の書評（BR）においてラッセルを批判し
ている。
51）　バーリンとジュディス・シュクラーの類縁性を指摘したリチャード・フラスマンの
論考も，ローティの解釈を踏襲するものと言える（Flathmann 1999）。

元論的な思想の系譜をマキァヴェッリからヴィーコ，ハーマン，ヘルダーとたどっていき，彼らの着想を現代的な相貌の下に再生していく。

　第二に，倫理―政治的な問題は哲学的考察の中心に返り咲くことになる。あらゆる概念が社会的な起源をもち，従来の意味においてア・プリオリなものではないとすれば，事実の問題と価値の問題を画然と区別することは困難になる。ここにおいてバーリンは『純粋理性批判』の枠組を超え出て，道徳的生活と認識活動の境界峻別を問いにかけはじめる。実証主義的潮流の中では吟味されぬままに放置されてきた価値に関する問題が，ここで再び哲学的議論の中心に据えられる。リチャード・バーンスタインによれば，20世紀後半の英米哲学は，以前の認識論的企てから徐々に政治や倫理に関する「ソクラテス的な問い」へと引き寄せられていく「弁証法的転回」を経験したとされるが[53]，バーリンは政治理論をこのような方向へと導いた人物のひとりであると考えられる。そして彼の思想における倫理―政治的諸問題の核は，価値多元論をめぐる一連の議論の中に見出される。次章ではこの価値多元論について考察する。

52）　彼はしばしばオールド・リベラルを自称するにもかかわらず，本章で確認した彼の哲学構想は，ロールズを中心とする現代政治理論におけるそれと比べても見劣りするところは少ない。ロールズは1952-1953年に在外研究でオックスフォードに滞在し，そこでハート（Herbert Lionel Adolphus Hart, 1907-1992），バーリン，ハムプシャーらと交流したことが知られている（Pogge 2007: 16, L-II 364）。
53）　Bernstein 1991: 11/ 15. バーリンとともに　哲学から道徳・政治理論への志向を強めていったのが，バーナード・ウィリアムズやスチュアート・ハムプシャーであった。彼らはのちにバーリンの価値多元論とその道徳的含意を高く評価している。

第2章
価値多元論

第1節　問題設定

　多元性（plurality, pluralism）の観念は，現代政治理論における基本的諸前提のひとつとなっている。それは一方で自由民主主義諸国の基本的な社会状況を概念化した「理にかなう多元性の事実」（ジョン・ロールズ）という観念によって知られており，他方で非西欧諸国を含む世界における文化および文明の複数性と，それら相互のラディカルな差異を表す「文化的多元論」として，しばしば議論の対象となる。両者はともに，現代世界における自由主義の正統性をめぐる議論の一部を構成している[1]。加えて，近年ではデモクラシーが成立するための基本的な要件として多元性の承認が論じられている[2]。

　バーリンはこうした一連の議論に先鞭をつけた人物であるとされる[3]。もちろん彼以前に多元論を唱えた思想家がいないわけではない。彼自身，この考えは自分が発明したものではないと明言しているし，周知のように，価値多元論の系譜は彼の思想史研究における主題のひとつでもあった。しかしながら，この考えが現代政治理論分野に普及する過程における彼の影響力を無視することはできないだろう[4]。

　この過程において中心的な位置を占めてきたのがジョン・グレイである。

---

1)　「理にかなう多元性の事実」と価値多元論との関係については，本書第4章第4節で考察する。
2)　Cf. Connolly 2005. さらに最近では，自由民主主義からポピュリズムを区別する要素として多元性の承認が挙げられている（cf. Müller 2016）。
3)　Cf. Baghramian & Ingram 2000: 2.
4)　この研究史については本書序論第3節を参照。

バーリンの思想を「ラディカルな選択」を基礎に据える「闘争的自由主義 (agonistic liberalism)」に要約し，現代政治理論におけるその意義を問うグレイの解釈は，冷戦下の自由主義イデオロギーに対する知的奉仕者としての役割からバーリンを解放し，その思想をポスト冷戦期の政治的諸問題に積極的に奉仕せしめるものとして評価されており，以後の研究にも大きな影響を与えている (Gray 1995a)。しかしながら，このような彼の解釈には厳しい批判が多数寄せられている。たとえばアーネスト・ゲルナーは，グレイの解釈はバーリンという「リベラルな鷽鳥」に自分好みのソースをかけた料理のようなものであると評している (Gellner 1995)。同様に，マイケル・ケニーは，グレイの解釈は「今日の知的嗜好と政治的考察に合わせたバーリン思想の微妙な『再―創造』」にすぎないのではないかと疑問を投げかけている (Kenny 2000: 1027)。

　バーリンの価値多元論の適切な理解に手がかりを与えるのは，合理性や啓蒙に対する彼の態度であるように思われる。ロバート・ウォクラーは，グレイを「啓蒙哲学を無差別に批判する者（wholesale critics）」と批判し，バーリンの多元論思想がむしろ「対抗的啓蒙（Counter-Enlightenment）の解釈においてより豊かに描かれている」と指摘する (Wokler 2001: 12)[5]。啓蒙の批判者たちに対する卓越した共感的理解の能力ゆえに，バーリンは啓蒙の敵ではないかとしばしば誤解されてきた。しかし彼自身が明言しているように，彼は基本的に啓蒙の側に立っている (B&J 70/ 108)。彼の著作を読む際に重要なのは，われわれが誰の声を聞いているのかということである。この点に注意すると，彼の著作における啓蒙主義の対抗者たちは，啓蒙の理念を全面的に否定する者としてではなく，その楽観主義や傲慢さに対する批判を通じてその進歩を助ける者として現れてくる。

　本章では，グレイの解釈に一定の修正を施しつつ，バーリンの価値多元論のより十全な像を提示することを試みる。次節ではまず多元性に関するバーリンの考えを，彼の「リアリズム」を手がかりにして分析する。彼の多元論は，多様性が支配する世界における理解と判断の問題を中心に据えた，倫理―政治的生活に対する哲学的考察である。続く第3節では多元的状況における道徳的実

---

5)　ウォクラー氏の報告原稿をお見せいただいた松本礼二氏に感謝したい。「対抗的啓蒙」の理念については，本書第5章で考察する。

践の可能性を検討する。彼の多元論は道徳的な対話を許容しない多元的絶対主義（pluralistic absolutism）ではなく，基本的な道徳的諸概念の共有を通じて他者の理解を可能とする立場である。そして多元的状況における判断を「ラディカルな選択」と同一視するグレイの解釈に対し，バーリン思想における知識の二元論に注目することによって，そこにおける理性的な価値判断の可能性を提示する。第4節ではバーリン思想における多元論と自由主義の関連を，いわゆる相対主義批判に応答しながら考察する。この議論は自由主義の弁証それ自体ではないものの，その弁証の可能性を確保するために解決を要するものである。そして最後に，そのように再構成された彼の価値多元論が啓蒙の全面的否定に帰着するのではなく，むしろその理念を肯定し，理性に基づく文明的な社会改革を――その達成の困難を認識しつつも――志向するものであることを明らかにする。

第2節　価値多元論の分析

　人間的事象の豊饒さや多様性に関する議論はバーリンの著作群のいたるところに見出される[6]。それゆえ，彼の思想における多元論とは何かという問いに直接答えることは難しい。しかしながら，多元性に関するバーリンの叙述は，彼の自由論や幾多の思想史研究からある程度区別されたかたちで抽出することができ，それらはひとまとまりの道徳理論として扱うことができる。その場合，彼の多元論は「諸価値の衝突」，「理解」，「判断」といった概念を中心とした，倫理―政治的生活に対する哲学的考察として現れてくる。彼にとって政治理論は道徳理論の一分枝であり，道徳理論は哲学的研究の一部を構成する下位カテゴリーである[7]。政治理論の目的は，政治と呼ばれる特定の領域において人々を鼓舞してきた多様な理想や目的（これらは「価値」のラベルの下に一括される）を理解すること，また，それらの前提となる概念とカテゴリーを吟味することに存する。したがって政治理論は行動主義的なアプローチとは異なり，人間を

---

6)　多元論（pluralism）についての一般的な説明は，森 2007b を参照。政治社会における団体や利益の多元性を論じるラスキやロバート・ダールとは異なり，バーリンの多元論は価値をめぐるものである。第1章で見たように，そこには新カント派の価値哲学の影響が見られる。

単なる「行動 (behavior)」の観点からではなく，その「思想と行為 (thought and action)」の観点から把握することを要求する（CC 167/ V 503）。「20 世紀の政治思想」（1949 年）においてバーリンは，のちにダニエル・ベルが「イデオロギーの終焉」と呼んだものを先取りしながら，諸々の政治的・道徳的目的の間の原理上の不一致を，手段に関する技術的な不一致に置き換えることに一貫して反対した（Ignatieff 1998: 198/ 216, cf. FEL 23/ V 136-137）。

多元論は人間的事象に対するバーリンのリアリズムの表れであると同時に，彼自身の哲学的立場からの自然な帰結でもある。前章で見たように，彼は哲学による経験的世界の暴力的な単純化を「プロクルステスの寝床」になぞらえて批判した。そうした還元主義的な立場に安んじることができない彼は，哲学もまた「経験的観察と日常的な人間的知識という，ごく日常的なリソースを拠り所とする他はない」として，日常的経験の世界を考察の出発点に据える。それは，「ひとしく究極的であるような諸目的，ひとしく絶対的であるような諸々の主張のあいだで選択を迫られているような世界であり，それらの一方を実現すれば不可避的に他を犠牲にしなければならないような世界」である（FEL 168/ V 383）。バーリンは一元性と調和の支配する形而上学の世界を抜け出して，多様性と諸価値の衝突が支配する生活世界へとわれわれを導き，そこにおいて見出される，乱雑ではあるが豊かな経験の諸様相に注意を促す。これら事物の具体的な相においてこそ，われわれは人間的生の意味，価値，目的について語ることができるのである。ここで価値という言葉が指すものは，人間の思考や行為から独立して存在する何らかの存在物ではなく，人間の具体的な活動の過程において見出される観念，目的，理想，等々である。多元論への彼のコミットメントは，このような彼のリアリズム——ナボコフ（Vladimir Nabokov,

---

7) FEL 120/ V 301, CTH 2/ IV 2. 政治理論が道徳理論の一分枝であるという見方に対しては，近年の政治理論における「リアリズム」の立場（国際関係論におけるそれとは区別される）からの批判があることが知られている（cf. Williams 2005, Geuss 2008, 乙部 2015, 山岡 2017）。しかしながら，この点における相違にもかかわらず，以下で検討するように，バーリンの価値多元論にはこのリアリズムに通じる側面が数多く存在する。その理由の一部は，第 1 章で確認したように，バーリンの政治理論が（リアリズムの論者がしばしば依拠する）ヴェーバーの社会理論と少なからぬ共通点を有することに求められる。また晩年のウィリアムズが友人であるバーリンの価値多元論の評価から社会・政治理論へと進んだ点も考慮すべきであろう。他方で彼がヴェーバーと異なる点として，政治的現実をもっぱら価値の観点から扱い，権力の問題を深く論じなかったことが挙げられる。

1899-1977）のいう「一般的なものに対する細　部の優位」（Nabokov 1980: 373/
472）——に由来するものである[8]。

　多元論の基本的な想定は一元論のそれを裏返したもの，すなわち「人間の目
標は多数であり，それらの全てが通約可能であるわけでなく，相互に絶えず競
合しているという事実」（FEL 171/ V 389）である。一元論においては単なる誤
謬や偶然によるものとされた諸価値の衝突は，反対に「人間生活に内在的な，
除去できない要素」となる（FEL 167/ V 382）。ここで，もし価値多元論が真で
あるとすればそこから抽出可能な要素は何かと問うてみよう。先の言明から，
われわれは多元論の基本的枠組を構成する二つの概念，すなわち諸価値の「両
立不可能性（incompatibility）」と「通約不可能性（incommensurability）」を見
出すことができる。

　人生の目的や生の様式は多様であり，それぞれの生はそれ自体に特徴的な美
徳や理想をもつ。たとえば科学者の才能と政治家のそれとのあいだには本質的
な違いがある。前者に必要とされるのは「調査，分析，解明」の能力であり，
後者に要求されるのはむしろ「特定の状況を構成する独特な諸特徴の組みあわ
せを把握すること」である（SR 45-48）。そして，これら多様な目的や価値が要
求するものに互いに衝突することがある。たとえば「芸術家が傑作を生み出そ
うとして，家族を不幸で悲惨な目にあわせるような生活を送る」とき，芸術と
家族の幸福はどちらも究極の価値を体現しており，「衝突したからといって，
必ずしも一方が真で他方が偽ということにはならない」（CTH 12/ IV 17）。この
状況には芸術的卓越性と家族の絆という二つの価値基準が相容れないかたちで
作用している。ここから第一の概念「両立不可能性」が導かれる。この概念が
意味するのは，人はあらゆる価値や理想を同時にもつことは原理上できないと
いうことである。そこでは衝突する要求は両立できないか，または両立したと
しても必ず「損失（loss）」をともなう——すなわち一方を追求すれば他を犠牲
にせざるを得ない——関係にある[9]。

　8）　バーリンはナボコフのいとこにあたる作曲家・作家のニコラス・ナボコフ（Nicholas
Navokov, 1903-1978）と交友関係があり，ロシア文学や音楽について彼と意見を交わして
いた（cf. L-II 795-796, L-III 639）。
　9）　ピーター・ウィンチはこの種の道徳的葛藤が示す諸特徴を，メルヴィルの小説『ビ
リー・バッド』を素材として詳細に描いている（Winch 1972: 151-170/ 211-240）。

文化や文明のレベルにおける両立不可能性のあらわれを，バーリンはマキァ
ヴェッリ（Niccolò Machiavelli, 1469-1527）の思想から引き出している。マキ
ァヴェッリは一般に政治を道徳から区別した人物，すなわち国家の存続のため
には非道徳的な政治的手段を使うこともやむなしと唱えた人物であるといわれ
る（AC 44/ I 26）。しかしバーリンはこのような通説に反対し，彼が樹立した区
別は「二つの両立不可能な生活の理想，したがって二つの道徳の区別である」
（AC 45/ I 27）と唱え，古代からの価値一元論を打ち破った思想家として彼を評
価する。

　　もしマキァヴェッリが正しいならば，もし道徳的に善良であり，通常の
　　ヨーロッパ的，特にキリスト教の倫理の判断に従って為すべき義務を果た
　　しながら，同時にスパルタやペリクレス期のアテナイ，共和政ローマ，さ
　　らにはアントニウス帝下のローマさえも建設するのが原理的に（あるいは
　　実際に――この両者の境界はあまり明瞭でない）不可能であるならば，そこ
　　から第一の重要な帰結が導き出される。すなわち，いかに生きるべきかと
　　いう問いに対して正しい，客観的妥当性を持つ解答が原理的に発見できる
　　という信念自体，原理的に正しくないのである。（AC 66-67/ I 63-64）

ギリシャ・ローマの異教の徳（ヴィルトゥ）とキリスト教道徳の両立不可能性を――つまり，
われわれは同時に二つの生活様式に服することができないということを――
「図らずも」明るみにさらした点で，マキァヴェッリは価値多元論の端緒を開
いた思想家として位置づけられる[10]。
　第二の概念「通約不可能性」は非常に論争的な概念であるが[11]，バーリンの
価値多元論においてこの概念は少なくとも次の二つを意味すると考えられる。

---

10)　バーリンはマキァヴェッリを道徳的な二元論者と呼んでいる（B&J 44/ 72）。ここで
は彼のマキアヴェッリ解釈の妥当性には立ち入らないが，これに関連する議論として，ク
エンティン・スキナーによる（より弱い形ではあるが）次の一節がある。「キリスト教は
単に市民的栄光を促進することに失敗したばかりでなく，彼らの共同生活を堕落させるこ
とによって偉大な諸国民の衰退と没落を引き起こすのに手を貸してきたのである」
（Skinner 1981: 63-64/ 115-116）。ここではキリスト教道徳はヴィルトゥを促進するよりも
むしろ弱めるということが指摘されている。両者のマキァヴェッリ解釈を比較した最近の
論考として，Robertson 2016 がある。

すなわち諸価値の「比較不可能性（incomparability）」と「唯一性（uniqueness）」である。まず，通約不可能性は諸価値を架橋する共通の尺度の存在を否定する。先の芸術家の例における芸術的卓越性と家族の絆という二つの価値尺度は，一方を他に還元することができない性質のものである。もし両者が両立不可能なかたちで衝突し，選択が避けられないとしても，両者を高次の基準——たとえば「理性的自己支配」（FEL 154/ V 383）という基準——に照らして比較可能な場合，それらは何らかの意味で計算可能であり，それによって「合理的な」選択が可能となる。しかし通約不可能性によって「すべての人，すべての時と場所において要求されるものを客観的に決定するような，何らかの包括的な基準」の存在が否定される（RHM 557）。重要な点は，通約不可能性は「不完全性（imperfection）」を意味するものではないし，状況に対する無知が引き起こす欠陥でもないということである（VH xxiii/ 24-25）。ジョセフ・ラズが言うように，もし通約不可能性が不完全性を意味するのであれば，現在において通約不可能と思われている諸価値の背後にはひとつの真なる価値（基準）が隠れていることになり，そこにおける選択は（高次の基準に基づいて機械的になされうる）技術の問題に還元されることになる。多元論はこのような隠れた尺度の存在を否定する（Raz 1986: 335-345）。バーリンは「もし目的に一致・合意が得られたならば，残る問題はただ手段の問題であるに過ぎない。手段の問題なら，これは政治の問題ではなく技術の問題である」と述べ，この点を強調している（FEL 118/ V 297）。

　多元論の思考は普遍的な尺度を要求するプラトン的な道徳の科学とは正反対のものであり，道徳における功利主義的思考をラディカルに批判する[12]。たと

---

11)　通約不可能性は科学哲学や言語哲学において数多くの論争を生んできた概念である。ウィリアムズによれば，認識に関する多元論と価値に関する多元論を区別することは可能であるが，しかし両者は必ずしも関係がないとは言えない（cf. Williams 1981: 132/ 328）。バーリン思想において通約不可能性は思想史研究の分野で再び重要な概念として現れる（本書第5章）。

12)　マーサ・ヌスバウムは，「有理数（rational）」と「無理数（irrational）」という言葉に注意を促しながら，ギリシャの倫理思想と功利主義との類縁性を指摘している。「数えること（numbering）と知ること（knowing）の間の結びつき，すなわち数え，測定する能力と，把握し，理解し，制御する能力との結びつきは，人間の認知能力についてのギリシャ思想の非常に深いところを流れている」。そして「測定可能な，通約可能なものは，把握可能であり，知ることができるもの，換言すればよいもの（good）である。そして尺度がないものは茫漠とした，捉えどころのない，混沌とした，脅威であり，悪いもの（bad）である」（Nussbaum 1986: 107）。

えば，自己の価値と他者の価値は，いずれか一方の基準によって客観的に比較できるものではない。バーナード・ウィリアムズが言うように，そのような場合，功利主義が理想とするような価値の計算可能な状態が否定されることになる（Williams 1985: 86-89/ 143-148）。しかしながら，このような計算不可能性は道徳的判断を危機に陥れるものではなく，逆に，道徳的諸カテゴリーの成立条件を構成するものである。すなわちそれは差異が差異として把握されるための条件であり，われわれが自由な道徳的行為者であることの条件である。「選択は道徳的価値の源泉である」という命題はこの文脈の下で適切に了解される。またここから，諸価値の調和ではなく「衝突」によって「彼が何であり，われわれが何であるかの本質」が理解される，という主張が導かれる（CTH 13/ IV 18）。このような衝突こそがいわゆる価値負荷的な自己を形成し，またそれを表現しているのである。ウィリアムズが言うように，「価値の衝突は必然的に病理的なものでは全くなく，むしろ人間の諸価値に必然的に関わってくる何かであり，それら人間的諸価値の十分な理解によって中心的要素と捉えられるところの何かである」（Williams 1979: 222）[13]。

　このような道徳的主体の還元不可能性は，通約不可能性の第二の側面である「唯一性（uniqueness）」を表現している。ある状況において諸価値が単に両立不可能であり，一方の選択が他方の損失を意味するのみであれば，問題は倫理的というよりはむしろ論理的であろう。たとえば，ある商品を私が破損してしまった場合，私は通常，当該商品と同一またはおおよそ同等の代替物を提供するか，あるいは商品代金相当額を支払うことでこれを補償する。そこには社会的に合意された共通の尺度（通常は金銭的な尺度）が存在する。しかしながら他方，ひとりの人間の生命が損なわれた場合，これを商品と同様な仕方で埋め合わせることは——やむを得ず「補償」がなされるとしても——不可能である。アヴィシャイ・マルガリートはこれを「内在的価値」と呼び，『ヨブ記』を例

13）　グレイは，バーリンの思想体系には最小限の人間本性論が潜在しており，それは多元的な価値状況におけるカント的な「選択の自由」や「自己—創造」の観念を中心に構成されていると述べる（Gray 1995a: 15/ 18）。ここから彼は，バーリンがしばしば「ヒューム的な思想家」と称されることに留保を付している（Gray 1995a: 4/ 5-6, cf. Wollheim 1991: 78）。しかしながらP・J・E・カイルによれば，ヒュームの人間本性論は必ずしもバーリンの価値多元論と原理的に対立するものではなく，グレイは両者の相違を過度に強調している（Kail 2016）。

に次のように説明している。

> 内在的価値はこれ〔交換価値〕とは対照的に，価値あるものは取り替えが
> きかないという考えにもとづく。神は，ヨブが失った財産の埋め合わせを
> することができるかもしれない。だが神が，死んだ子どもたちの二倍の数
> の子どもをヨブに与えたとき，これは埋め合わせや取り替えとなるもので
> はありえない。ヨブの子どもたちは内在的価値をもっていた。神でさえも，
> ヨブに新しい子どもを与えることでは元どおりにできないのである。
> (Margalit 1996: 67-68/ 75)

ひとりの人間を他の人間で完全に埋め合わせることはできない。この代替不可
能性は，個々の人間が唯一無二の存在であり，他の人間や物と共通の価値尺度
をもたないこと，つまりそれらが通約不可能であることを含意している。

　この唯一性という側面においては，比較と選択の無意味さ，さらには比較し
ないことの重要性が指摘される[14]。通常，価値の比較はそれを手段とする目的
との関連から行われる[15]。他方，人格や文化に対する手段的考察をバーリンは
無意味かつ危険とみなし，それらはそれら自体が価値の源泉であると考える点
においてカントとヘルダーに同意する[16]。「カントは言った。『その人のやり方
で私が幸福であることを強いることは誰にもできない。パターナリズムは想像
しうる限り最大の専制主義である』。なぜなら，それは人間を自由なものとし
てではなく，自分にとっての材料——人間という材料——であるかのごとく取
り扱うからである」(FEL 137/ V 329)。またヘルダーが強調したように，多様な
文化はそれぞれ固有の価値尺度をもつがゆえに，「古代ヘブライ人を古典ギリ
シャ人の基準で判断してはならないし，ましてヴォルテール時代のパリや，ヴ

---

14)　この点は目的論的決定論との関連の下で再度考察する（本書第3章）。
15)　たとえば《チーズとチョークはいずれが優れているか》という問いは，それ自体と
しては無意味である。その問いは特定の文脈（たとえば《私はいま空腹である》）の中で
はじめて意味をなす。つまり「それらの品物の内在的な長所（intrinsic merit）は比較で
きない」(Chang 1997: 7)。
16)　このような見解は，ジョセフ・ラズが「おおよその同等性（rough equality）」と呼
んだ考えに近い。それは，「どちらが選択されるかが意味のある重要なことではなく，両
者の間で無差別な態度を取ることが正しいような場合」である（Raz 1985-1986: 125/ 121-
122)。

ォルテールの空想した中国士大夫の基準で判断してはならない」（VH xxiii/ 23）。このような，自分自身の価値尺度をあらゆる人や文化に適用する考えは，人間論においてはカテゴリー錯誤，思想史においては「時代錯誤（anachronism）」（VH xviii/ 15）であり，個々の人格や文化の固有性と尊厳を蹂躙する行為として多元論者の批判対象となる。価値多元論は道徳における合理主義的思考に根本的な疑問を投げかけ，他者の唯一無二性に注意を向けるよう促す。

　ここからバーリンは，相互に他に還元できない「客観的な価値」が複数存在するという主張をおこなう。「いわば客観的諸価値の世界がある。客観的価値とは，人々がそれ自体のために追求する目的であり，他のものはそのための手段となるような目的である」（CTH 11/ IV 16）。上述のマキァヴェッリ論におけるキリスト教文明と古代ギリシャ・ローマ文明はいずれも客観的価値を体現している。互いの文化的意味内容を論理的に完全なかたちで翻訳する（つまり一方を他方に還元する）ことができないという意味で，両者はともにユニークな文明である。こうした考えを，道徳的主観主義や懐疑主義から区別するために「客観的多元論（objective pluralism）」（Gray 1995a: 41/ 48）と呼ぶことは理にかなっている[17]。

　この「客観的価値」という言葉は誤解を招きやすい。論理実証主義の問題点を「言語の対応理論」に見出したバーリンは，客観性を《人間の主観的な認識・判断とは独立に存在すること》とは見ず，むしろ再現性や恒常性として扱う。「道徳的判断の客観性は，人間の反応にどの程度の恒常性（constancy）があるかによる（ほとんど恒常性の程度そのものである）ように思われる」（FEL xxxii/ V 46-47）。このように彼は客観性という観念を経験的な相の下に捉えている。客観的価値とは，それ自体目的として人々に追求される価値を指すが，しかしそれは絶対的な，批判の余地なきものであることを意味しない。いかなる文化や文明も変化を免れるものではありえず，その下に服する人々の生を完全に拘束するほどに硬直したものでもありえない。また以下で見るように，相異なる文化や文明相互の理解がまったく不可能になることもない。われわれはこ

---

17)　Cf. Rawls 2001: 155n/ 385-386.

こで，バーリンの価値多元論は「多元的絶対主義」ではないのかという，ビーク・パレクの疑問（Parekh 1982）に応答することができる。

第3節　多元的状況における理解と判断

　以上がバーリンの価値多元論の概要である。次に行うべきは，このような考えがもたらす諸々の問題を検討しながら，多元論がわれわれに与える倫理—政治的生活のヴィジョンを検討することである。価値多元論は大きく言って三つの哲学的問題を引き起こす。すなわち理解可能性，合理的判断の可能性，そして相対主義の問題である。この三つの問いは相互に絡まり合っているため別々に論じることが難しいが[18]，以下ではまず三者に共通する知識論的前提を明らかにする。これは人間的事象に関する理解可能性の問いに対する応答を構成するものでもある。次に，この理解可能性と規範的なものとの関係を考察する。そして最後に，価値多元論と相対主義の相違を明らかにする。

　上述のように，バーリンは倫理—政治的領域においては個別的なものに対する「理解」の契機が重要であると説く。他者や他文化の尊重に必要な条件は，それらの理解である。彼の多元論は，相互に通約不可能な価値体系の下で生きる人々も，ある基本的な条件を共有しているかぎり「充分に合理的かつ人間的であり，互いを理解し，共感し，そこから学ぶ能力がある」（CTH 11/ IV 15）とする立場である。ここから第一の問題，価値多元論における理解可能性の問題が生じるが，これは「理解」の一側面である道徳的コミュニケーションの問題系に属する。ここで想起すべきは，前章で確認した知識の二元論（あるいは多元論）である[19]。科学の哲学という論理実証主義者のプログラムを反転させ，彼らが「無意味」として放置した領域に哲学固有の役割を見出したバーリンは，そこにおいて可能な知の様態に関心を向けた。BBC 放送講演「政治的判断」（1957 年）には次のような一節がある。

18）　第 1 章で確認したように，バーリンは事実の問題と当為の問題を完全に区別することはできないとしているが，ここでは理解可能性の問題と規範の共有の問題を便宜上区別して順番に論じる。
19）　Cf. Galipeau 1994: 16.

いかなる領域においても，合理的であること，そこにおいてよい判断を示すこととは，その領域において最もよいということが明らかになっている方法を適用することである。したがって科学者にとって合理的なものは，しばしば歴史家や政治家にとってはユートピア的なものとなる（つまり，望むような結果を得ることに体系的に失敗する）。この逆もまた真である。(SR 52)

科学的合理性によって政治生活を指導することに反対する彼の姿は，人間的領域に固有の合理性に対する彼の肯定的評価と表裏一体である[20]。それでは後者はどのようなものであるのか。講演「現実感覚」(1953 年) の中で，彼はこれをライル (Gilbert Ryle, 1900-1976) による知識の類型論[21]と対比しながら次のように説明している。

この種の知識，あるいは実践的な智慧——もし政治家や歴史家が，彼ら自身の社会，あるいは他の時代の，過去ないしは未来の社会を理解したいのであれば等しく必要とされるような——は，ギルバート・ライルによって描き出された「内容を知ること (knowing that)」と「やり方を知ること (knowing how)」との有名な区別において言及されるものと同じものではない。何かを行うやり方を知ること——ある技能や，こつ (knack) を所有したり獲得したりすること——は，ある人がそれをそのように行っているのはなぜかを記述する能力を含意しない。〔中略〕しかし，重大な状況に直面し，諸々の選択肢の間で選択を強いられた政治家，あるいは過去の出来事に関する一定の説明を幼稚で皮相的なものとして退ける歴史家……は，ある意味ではまさに判断を行っているのであり，彼が反対者に答えることができるようにそれを調査するのであり，他の解決法を退けるための理由を与えることができるのである。(SR 33n, 強調は引用者)

---

20) 実践的合理性に関する一連の論考は，1996 年に出版された『現実感覚』(SR) に収められている。1995 年に上梓されたグレイの著書はこの論点に関する議論を欠いている。
21) Cf. Ryle 1945-1946. バーリンの議論はいわゆる「暗黙知 (tacit knowledge)」の議論とは異なることに注意されたい。

このようなタイプの知の様態，あるいは合理性の概念を，バーリンは「実践的叡智（practical wisdom），「実践理性（practical reason）」，あるいは「現実感覚（sense of reality）」などと呼んでいる。科学的知識が普遍性と斉一性を志向するのとは反対に，実践的知識は「ある特定の状況……すなわち特定の人と出来事と危機，特定の場所で特定の時に活発に作用している特定の希望や恐怖，これらをその全面的な唯一性において理解する」（SR 45）。換言すれば，この知識は行為の普遍的な格率を導くもの——カントが試みたような——ではなく[22]，むしろアリストテレスにおける思慮の能力と同じく，出来事の特殊個別的な側面を把握する能力であり，それゆえア・プリオリな知識ではなく，人間的事象に関する経験的な知識を得る能力である[23]。

　論文「歴史と理論——科学的歴史の概念」（1960 年）において，バーリンはこの「理解」の能力を歴史学の方法として説明している。歴史的な出来事に対する「なぜ」，「どんな規則にしたがって」，「どんな目的にむかって」，「どんな動機から発して」といった問いは，出来事を人間的な諸カテゴリーに基づいて把握するときに発せられるものである（CC 137/ VI 82）。これらの問いは，人間を「単に空間内で因果法則に従う生体組織として捉える」のではなく，「他の人々との不断の相互行為やコミュニケーションの中で目的を追求し，彼ら自身や他者の生活を形成し，感じ，考え，想像し，創造する活動的な存在として」捉えることを前提としている（CC 133/ VI 72）。すなわち歴史家は，行為者の目的・意図・理由（バーリンはこれらを互換可能な言葉として用いる）を問うことによって，歴史的出来事の人間的な理解を達成することが求められるわけである。このような理解の方法は，彼の思想史研究において（帰納と演繹に次ぐ）「知識の第三のカテゴリー」（VH 108/ 218）として登場し，ヴィーコの「想像力（*fantasia*）」からヘルダーの「感情移入（*Einfühlen*）」を経て，シュライエルマッハー（Friedrich Schleiermacher, 1768-1834），ディルタイ（Wilhelm Dilthey,

---

22)　このような意味での実践理性とカントのそれとの違いに関しては，Anderson 1997 を参照。

23)　Cf. アリストテレス『ニコマコス倫理学』1142a. 理論知と実践知のカテゴリー上の区別は，1950 年代に後期ヴィトゲンシュタイン哲学を社会科学に応用したいわゆる「新アリストテレス主義者」たちによって展開された（cf. Anscombe 1957, Winch 1958）。バーリンは論文「政治理論はまだ存在するか」（1961 年）の中で暗に彼らに言及し，好意的に評価している（CC 166/ V 501）。

1833–1911），リッケルト，ヴェーバーへと続く解釈学（あるいは理解社会学）の系譜を形成している[24]。

　したがって，理解という行為は次の二つの側面から構成される。ひとつは人間を人間的カテゴリーのもとに把握すること，もうひとつは人間の行為を有意味ならしめる多様な個別的規則を把握することである。前者は人間を道徳的存在として尊重することにかかわり，後者は人間社会における具体的状況の理解と価値判断にかかわる。

　まず前者を検討する。ここで鍵となるのは，道徳的コミュニケーションの条件としてバーリンが挙げる，基本的な「道徳的諸カテゴリー」や「人間の地平（human horizon）」（CTH 11/ IV 16），「人間性の限界（the limits of humanity）」（CTH 80/ IV 72），「普遍的倫理法則（universal ethical law）」（CTH 204/ IV 241）といった一連の観念である。彼によれば，「最小限の共通な道徳的基盤，相互に関連している諸々の観念やカテゴリーは，人間のコミュニケーションに内在している」（FEL xxxii/ V 47）。つまり，ここで他者を理解するということは，彼らを自分たちと同じ道徳的な存在として認識し，コミュニケーションを行うことを意味しているのだが，これはどのようにして可能なのだろうか。

　まず第一に，基本的な道徳的カテゴリーとは，現実の多様な道徳的実践から抽出された諸々の普遍的概念（バーリンは「苦悩，幸福，生産性，善悪，正邪，選択，努力」（CC 166/ V 500）などを挙げている）を指している。これらの概念は個々の道徳的コミュニケーションから抽象されたものであると同時に，相異なる価値体系の下で生活する人々のあいだの道徳的コミュニケーションの可能性（すなわち理解可能性）の条件を構成する「準―経験的な」（あるいは準―超越論的な）要素である（FEL liii/ V 80）。つまり，それらは「非常に多くの場所で，非常に多くの人々によって共通して追求された」という意味において普遍的ではあるが，（カント的な意味で）ア・プリオリなものではなく，「ひとつの経験的な事実，基本的ではあるが，しかし依然として経験的な事実に過ぎない」（RHM 557）。上述のように，彼は客観的／主観的という区分を，その普遍性の

24）　バーリンはこの能力の理論的源泉をヴィーコの著作に求めているが，歴史の方法論としての共感的理解という考えをヴィーコに帰することには少なからぬ異論がある（cf. 上村 1988: 43）。

度合い，つまり人類の歴史上それらがどれほど恒常的にみられるかの程度とみなす。そして，これら普遍的な（ただしそれら自体はほとんど空虚な）概念を共有することによって，個々の道徳的経験を何らかの一般的なカテゴリー（善悪，正不正，等々）の下に区別すること——それらの経験が何であるかを理解すること——が可能となる[25]。「一般的な命題は，極めて目の粗い籠である。それらの籠は，数多の事物に共通なもの，さまざまな種類の多くの人間に共通なもの，さまざまの時代に共通なものを区分する諸々の概念やカテゴリーである」(RR 41/ 63)。したがって，普遍的な道徳的諸概念は道徳的コミュニケーションの可能性を構成するものではあっても道徳的一元論を導くものではなく，ある特定の道徳教説を特権化するものでもない。

このように，他者の理解とは他者の言動を人間的な行為のカテゴリーのもとで理解することを意味するが，そこには最小限の道徳的な意味内容が入り込んでくる。つまり，人間を人間とみなすことと，彼らを道徳的に扱うこととのあいだには概念的関係があるということである。これはバーリンが自然主義的誤謬論を退けて事実と当為の厳格な二分法を否定したこと（本書第1章参照）から導かれる。

ここで鍵となるのが第二の「人間の地平」ないし「人間性の限界」という観念である。バーリンはこれらの言葉を理解可能性の限界を指し示すときに用いる。ストローソンの言う「意味の限界 (the bounds of sense)」にも通じるこの考えは，バーリンのヴィーコ解釈において重要な役割を果たす概念でもある。ウィンチ (Peter Winch, 1926-1997) はこれを「限界観念 (limiting notions)」と呼んで次のように説明している[26]。

---

[25]　リチャード・ノーマンの次の一節が示唆的である。「純粋に特殊主義的な説明では不十分である。第一に，われわれは適切な普遍的概念を所有し理解している場合にのみ，ある行為を残酷な行為であるとか寛大な行為であると認識したり，忠誠や叛逆の例であるとか正義や不正義の例であると認識したりすることができるという明白な論点がある」(Norman 1998: 212/ 365-366)。

[26]　ジェイソン・フェレルが指摘するように，バーリンの「人間の地平」とウィンチの「限界観念」はおそらく同一の事柄を論じている (Ferrell 2008: 50)。しかしながら，彼が両者の相違を「他の諸文化はそれら自身の言葉によってのみ理解されうるとウィンチが言う一方で，バーリンはそう言わない」(Ferrell 2008: 51) 点に同定するとき，彼はウィンチの「限界観念」が普遍的であり，かつ，それが「明白に倫理的次元をもつ」という点を看過しているように思われる。

人間の生活という考え方それ自体が，ある根本的に重要な諸観念を含んで
いることを私は指摘したい。それらを「限界観念」と呼ぶことにするが，
それらは明白に倫理的次元をもち，また人間生活における善悪の可能性が
働く場である「倫理空間」を，ある意味で実際に決定するのである。これ
らの観念……は，ヴィーコが自然法に関する彼の考えの基礎においた諸観
念，すなわち，それらに拠って人間の歴史を理解することが可能だとヴ
ィーコが考えた誕生，死，性的関係といった諸観念と密接に対応している。
(Winch 1972: 42-43/ 57)

誕生・生殖・死は，人間存在の物理的性質とその限界を画定するものであると
同時に，それらにともなう人間の基本的な文化実践（そこに道徳と儀礼は包含さ
れる）の存在を含意している。つまり限界観念とは，物理的かつ倫理的な存在
である人間の基本的な存在様態を指し示すものであり，われわれはこれをいわ
ば解釈のための一番外側の枠として用いながら，異なる時代や文化の下にある
人間の営為の理解を試みるのである[27]。

　他方で，そうした基本的な解釈枠組によって他者の言動を把握することがで
きないとき，理解の限界があらわれる。バーリンは，人間の身体にピンを刺す
ことがテニスボールにピンを刺すのと何の違いもないと考える人間を例に挙げ，
こうした人間は「人間の地平」の外側にあると論じている (RVJ 222)[28]。この

---

27)　Cf. Bok 1993: 356, Ferrell 2008: 47. ドナルド・デイヴィドソンが言うように，「解釈
が目指すのは一致ではなく理解である」(Davidson 1984: xviii/ x)。共通の道徳的基盤は，
一方を他に還元することを可能にする媒介物ではない。通約不可能性に関する最近の研究
が示すように，共通基盤の存在と通約不可能性は矛盾しない。普遍的なメタ言語を媒介と
した論理的な翻訳の可能性を否定するバーリンは (CC 180-186)，クワインの言う翻訳の
不確定性テーゼに同意するであろう（彼は 1940 年代からクワインと親交があった (cf. L-I
572)）。しかしクワインによるこの問題の行動主義的解決を，デイヴィドソンが「全体的
枠組（ないし言語）」と，解釈されていない内容との二元論」という「経験主義の第三のド
グマ」として批判するとき，バーリンはこれに同意するであろう (cf. CTH 87/ IV 81,
Davidson 1984: 187/ 197)。バーリンいわく，「とりわけ，形式と内容を分離することはで
きない──コミュニケーションの媒体をなす要素のすべてが，互いに『有機的に』関連し
あっている。そして意味とは，究極的に分析不可能な個々の全体のうちにこそ存してい
る」(MN 130/ 184)。このことは，彼が「今日のアメリカで最も影響力のある哲学者」と
してデイヴィドソンの名前を挙げていることからもうかがえる (B&J 14/ 29-30)。他方で
バーリンが彼と異なる点は，文の解釈可能性（理解可能性）を，解釈の対象となる言語に
第一階の論理構造を読み込むことに求めず，共通の言語論的基盤（基礎的諸カテゴリー）
に求める点である。このようなバーリンの立場は，共通の「文法（grammar）」に理解可
能性の条件を据える最近の研究の方向性にも合致するものである (cf. Halliday 1999: 89)。

ような人は，《人間が肉体をもち，肉体が傷つけられることによって苦痛が生じる》という基本的な認識を欠いているがゆえに，それを前提とした道徳的なコミュニケーションを行うことができないのである[29]。他方で，たとえば精巧なアンドロイドはわれわれには人間であるかのように，つまり意識や感情をもつかのように見える。これは，われわれが人間の姿をした物体を人間として見る強い傾向（認知のカテゴリー性）に由来する。それでもわれわれは，「これは人間ではなく機械である」という信念のもとでこれを破壊することができる（ただし，少なからぬ精神的苦痛を伴うかもしれない）。

　ここから，バーリン研究者がしばしば提起してきた《ナチス（あるいはファシズム）は「人間の地平」の外側にあるのかどうか》という問いに答えることができる[30]。ナチスはユダヤ人を組織的に殺害した。それはしばしばひとつの「狂気」であると言われる。彼らはユダヤ人を単なるモノや動物のように扱った。しかしながら，彼らが（上述のピンを刺す人間のように）ユダヤ人を人間と認識していなかったと考えるのは誤りであろう。彼らはあくまでユダヤ人を人間以下の存在であるかのように扱うことを主張し，実際にそれを行った。そのとき，彼らは生身の人間を自分の手で殺害するという経験に直面しており，それは少なからぬ精神的苦痛を彼らの胸中に引き起こしたことが想像される。この意味で彼らは人間性の限界内にあると言えるが，この「人間性の限界内にある」ということは，「道徳的に許容される」ということを含意しない。前者は人間の認知的 相 に関するより基礎的な現象を指すものであって，特定の道徳的判断の是非と混同されてはならない[31]。

　そして最後に，この「人間を人間として扱う」ことの条件をなす基本的な義務が，バーリンの言う「普遍的倫理法則」の内容となる。それらは互いをモノ

28）　他の例として彼は，樹木が（神聖であるとか神秘を感じるとかではなく）「ただ樹木であるという理由」で礼拝をする人間（CTH 11/ IV 16），や「無実の者を処刑したり友人を裏切ったり子どもを拷問したりすることは一向に悪くないと思っている人」（CTH 204/ IV 240）などを挙げている。

29）　これは単なる思考実験ではなく，（きわめて稀ではあるが）実際に存在するケースでもある。マルガリートは，こうした「人間の人間的な相が見えない（blind to the human aspect of persons）」という事態を，一種の病理的な状態として考察している（Margalit 1996: 91-93, 101/ 96-98, 105）。Cf. Ferrell 2008: 45.

30）　Cf. Ignatieff 1991, Crowder 2004: 120-121, 132-134.

31）　Cf. Crowder 2004: 120.

や動物ではなく人間として扱うのに最低限必要な（あるいはしてはならない）行為のリストである。

　　　いかなる法廷，いかなる権力も公認の手続きによって人に偽証を許したり，自由に拷問を許したり，慰みに人を殺すのを許したりはできない。われわれは，これらの普遍的な原理ないし規則が廃止されたり変更されたりするのを想像することができない。言い換えれば，それをわれわれの祖先が自由に採択したものとは扱わず，むしろそもそも人間であること，他人と共にひとつの共通の世界で生きること，他人を他人と認め，他人から人間と認められることのいわば前提条件と見るのである。(CTH 204/ IV 241)

　　　普遍的な価値ではないとしても，ともかくも最小限共通の価値，それがなければ社会が存続していけないような価値がある。今日，奴隷制や儀式としての殺人，ナチ流のガス室，慰めや利益や政治的善のための人間にたいする拷問——フランス革命やロシア革命が要求したような，義務として子が親を密告すること，あるいは非情の殺人等々を擁護しようとする人は，ほとんどあるまい。この点については妥協は正しくない。しかし他方，完璧を求めることは流血への道であると，私は思う。(CTH 18/ IV 27)

こうした義務のリストを普遍的なものとみなすことを，彼は「古来の自然法への一種の回帰」と称しているが，しかしそれは「経験論的な衣装をまとっての回帰であり，もはや必然的に神学的ないし形而上学的な基礎にもとづくものではない」(CTH 204/ IV 241) と但し書きをしている。上述の「客観的価値」と同じく，この「普遍的倫理法則」もア・プリオリなものではなく，幾多の歴史的経験を通じて広く認識され，合意されてきたという意味で経験的なものである。それにもかかわらず，これらの義務は，それなくしては人間を人間として尊重することがほとんど不可能であるという意味で，通常の社会生活の可能性の条件という一種のカテゴリー的な地位を有するものとみなされる。このような道徳的義務のリストは，彼がしばしば用いる「まっとうな，品位ある（decent）」という観念と重なり合う。彼にとって品位ある社会とは，人間に対

するこれら最低限の尊重が肯定されている社会のことである。それは特殊リベラルな観念ではなく，人間の平和的共存を実現するあらゆる社会にあてはまる観念である[32]。

　第二の問題は多元的状況における合理的判断の可能性である。この問題に関してグレイは，バーリンの多元論は——価値判断に関する一元的な基準の存在を否定するがゆえに——合理的な道徳的・政治的判断を不可能にし，そこにおける選択を不可避的に「ラディカルな選択」にすると解釈する（Gray 1995a: 62）。しかしながら，われわれはこの解釈を受け入れる必要はない。これは「理解」のもうひとつの側面，すなわち価値多元論における規範的なものの位置に関する問題である。

　「政治的な言葉，観念，行為は，それを使用する人々を対立させている問題の文脈の中においてでなくては理解できない」（FEL 121/ V 302）という彼の主張は，さまざまな政治的価値の理解が，われわれの日常的実践の個別的な文脈に対する理解を要請することを示唆している。上述のように，バーリンは「理解」の方法を解釈学の伝統から導き出しているが，彼自身は言語論的転回の成果を踏まえ，これをウィンチやアンスコム（G. E. M. Anscombe, 1919-2001）に似たやり方で捉え直している。つまるところ，それはウィトゲンシュタインの言語ゲーム論に似た次のような議論である。まず，行為の理由を知るということは，その行為が服している規則を知ることである。社会的行為の理解において重要なことは，個人の内面における意志作用それ自体の把握ではなく（そもそもそれが可能であるかは疑わしい），所与の状況において行為を導き，正当化する個別的な社会的文脈を把握することであり，行為者が「どの規則にしたがって」発話または行為をなしたのかを特定することである。この社会的文脈を成り立たせているものはJ・L・オースティンが言うところの「慣習（convention）」，すなわち人々の有意味な行為の網の目として複数の人間に共有された諸々の言説である。バーリンは「いずれの宮廷，いずれの学校，いずれの職業，いずれのセクトも，それぞれ固有の言語を持っている」（VH xxii/

---

32)　基礎的自由を含む人間の道徳性のミニマムな条件という考えは，H・L・A・ハートの「自然法の最小限の内容」の考えと部分的に重なり合うが，同じものではない（cf. Zakaras 2004: 508-511, Riley 2013: 68）。

22-23) というハーマンの言葉を引用しつつ，集団ごとの異なった規則の総体が
それら独自の集団的理想を表現していると述べる。

　次に，この言語＝生の様式は，「二階（second-order）」の哲学的な活動に対
して「一階（first-order）」の実践である（CC 169/ V 506）。言語ゲーム論の要点
のひとつは，一階の実践に対する特権的な外部視点の存在の否定であるが，
バーリンは次の一節でこの点に同意している。「いかなる言語もひとつの生の
様式であり，ひとつの生の様式は，それ自体批判され得ない経験のパターンに
基づいている。なぜならわれわれは経験のパターンの外部に，そうした批判的
吟味を行うためのアルキメデスの点を見出せないからである」（MN 130/ 184）。
したがって，ここでは実践の外部からの（文脈を無視した）介入の無意味さ
（あるいは暴力性）が確認されるとともに，種差的な活動をそれ自身の語彙のも
とで把握する「理解」の態度が要請される。その際に重要なのは，特定の状況
において何が問題となっているのか，また多元的なかたちでその場に存在する
諸規則の中でどの言説の「力（force）」[33]が優勢で，どの価値尺度を選択する
のが相対的に有益であるのか（あるいは危害が少ないか），等を把握し，複数の
言説や価値尺度のあいだでそのつど優先順位をつける能力である[34]。バーリン
が道徳的普遍主義をしりぞける理由は，マイケル・オークショットによる「政
治における合理主義」批判と同じく，法則的知識を扱う理論理性に個別的実践
に対する特権的裁定者としての地位を与えることを拒否することにある。

　したがって，具体的状況における道徳的ディレンマは純粋な理論的考察によ
っては解決できない。「このディレンマから逃れる道は，論理的にはしまりの
ない，柔軟で，曖昧でさえあるような妥協にこそなければならない」（FEL 39/
V 163）[35]。バーリンは，政治における科学的合理主義と決断主義——トーマ
ス・ネーゲルの言う「排他的な過度の合理化」と「ロマンティックな敗北主
義」（Nagel 1979: 137/ 215）——という両極を排し，道徳的・政治的葛藤の解決を
「トレード・オフ」あるいは「妥協」に求める[36]。具体的な状況においては，

---

33)　Cf. Austin 1962: 100/ 174.
34)　言語行為論の観点からすれば，それらの言説を行為者が時に無視し，時に戦略的に
　　利用することもそこに含まれるだろう。政治的行為を言説的場の力の側面から分析する試
　　みとして，Butler 1997 が挙げられる。
35)　See also, FEL 39/ V 163.

すべての主張が等しい力を有しているわけではない。それゆえ，状況を理解しながら諸々の要求のあいだにバランスをつくり，妥協に到達することは可能である。「理想の追求」（1988年）におけるバーリンの結論は次のようなものであった。

　　一般原則としてなし得る最善のことは，絶望的状況の発生を防ぎ，耐え難いような選択は避けられるような均衡状態を，たとえ不安定なものであっても維持していくことである。それこそが品位ある社会を作り出すための第一の必要条件である。（CTH 17-18/ IV 24-26）

この「不安定な均衡（precarious equilibrium）」という言葉には，倫理―政治的領域における均衡の壊れやすさが示されていると同時に，（事物の抽象的な相の下で思考する）政治理論の限界に関する認識が含まれている。「政治理論はまだ存在するか」（1961年）において，彼が政治理論の持つ一定の可能性を示したことはよく知られているが，その限界もまたこのようなかたちで厳しく定めていたのである。

　こうした結論を受けて，バーリンは結局のところ何ら有効な規範的原理を提出できなかったのだと失望する人もいるかもしれない。しかしながら，こうしたディレンマは価値一元論的な規範理論のもとではそもそも認識されないのである。一元論批判の中で彼が強調したのは，一般原理や究極的解決の観念がはらむ暴力的な側面であった。

　　求められているのは，たとえどれほど合理的な，ないしは正常な原理であるにしても，一般的原理を応用するときには，あまり機械的にならぬよう，熱烈に過ぎぬようにすることであり，たとえ是認せられ，科学的にテストされた解決であっても，一般的な解決を，まだ試したことのない個々の場合に適用する場合には，より深い思慮をもって，自己を過信しないことで

36）　同様の解釈として，Riley 2013 がある。ライリーによれば，バーリンは過度の合理主義による人間的自由の抑圧と，ロマン主義的な無秩序の論理的帰結としての狂気と戦争状態をともにしりぞけている。

ある。(FEL 40/ V 164)

一般原理という安楽椅子に寄りかかった（一見すると合理的な）決定が，経験的現実の複雑さを見ず，そこにおける多様な価値の関係を無視することで，かえって不合理で残酷な結果を生み出すことを知り，そして最低限の人間的尊重を基本的義務としながら，状況の理解と熟慮に基づいて判断を行うことこそ，われわれが人間的事象に向かう際の理性的な（あるいは文明人の）態度である。具体的な状況におけるこの実践的合理性の発揮を，バーリンは政治家や小説家などの人物評を通して描き出している[37]。

第4節　価値多元論と自由主義

バーリンによれば，文化的多元論とは「相異なる文化や社会の諸価値の単なる複数性のみならず，通約不可能性に対する信念であり，加えて，それぞれ等しく妥当な理想が両立不可能であることに対する信念」である（VH 153/ 295）。ジョージ・クラウダーは1994年の論考で，通約不可能な諸文化が対峙する世界における対立は「絶対的なもの同士の衝突」であり，そこにおける自文化の肯定は非合理的なコミットメントでしかあり得ないと論じた（Crowder 1994: 294）[38]。すなわち，一方で自由主義が他のさまざまな文化の中で特権的な地位を占めるわけではないと認めながら（価値多元論の容認），他方で自由主義に対する支持を表明することは明白な自己矛盾であるということである。ここから第三の問題，すなわち文化相対主義（とりわけ価値多元論と自由主義との関係）の問題が生じる。

一部の解釈者たちは，上述の「普遍的倫理法則」によって自由主義に対するバーリンのコミットメントを論証しようとしてきた。たとえばジョナサン・ライリーは，バーリンが信奉する最小限の道徳的諸価値をもっともよく保護するのが自由主義の政治制度であるという推論によってこれを試みた（Riley 2000;

37）　この実践的判断の能力は，彼がトルストイ論のなかで展開した「ハリねずみと狐」の類型論における後者のタイプに通じている。この点については本書の結論部で考察を加える。

38）　Cf. Gray 1995a: 168.

2001)[39]。しかしながらグレイがすでに指摘しているように，この最小限の価値は非自由主義社会においても擁護されうるものであって，自由主義社会にのみ特徴的なものではない。「人間に共通な道徳的地平によって，最も極端な形態の特殊主義は除外されるかもしれない。しかしながら，それは自由主義を基礎づけたり特権化したりはしない」(Gray 1995a: 158)。上述のように，普遍的倫理法則は特定の道徳規範や政治体制を特権化するにはあまりに弱い規範なのである[40]。加えて，自由主義文化と非自由主義文化を基本的諸自由それ自体の価値の観点から比較するライリーの試みは有意義とは言えないばかりか，逆に（多元論の倫理に反して）非自由主義文化の尊厳をおとしめることにつながりかねない。他方でロバート・コチスは，消極的自由を他の諸価値の条件となる「基底的な価値」として解釈することで諸価値の「弱い階層化（weak hierarchy）」を図るが（Kocis 1989: 140-149），この解釈も基本的諸自由の特権化という同様の問題に直面する[41]。

　他の論者は，価値多元論と自由主義（とりわけ消極的自由の優先）が何らかの特別な関係にあることを論証しようとしてきた。この「包含説（entailment claim）」に基づく議論を展開したのは上述のクラウダーである。もし価値多元論が何らかの自由主義的原理をすでに含んでいるのであれば，価値多元論の弁証はそのまま自由主義の弁証になるはずである。この包含説には論理的なものと心理的なものがある。

　論理的包含説は，『二つの自由概念』（1969 年版）の結論部における「多元論と，それが包含する程度の『消極的』自由（Pluralism, with the measure of 'negative' liberty it entails）」(FEL 171) という言明に着目した解釈である。この一節は，1958 年版の「彼らがその実現につとめている『消極的』自由（The 'negative' liberty that they strive to realize）」(TCL 56/ V 388) から変更された箇

---

39)　同様の解釈として，Galipeau 1994: 112-118，渡辺 1996: 274，濱 2001。ただし，ライリーの最近の論考（Riley 2013）では自由主義の優越に関する議論は展開されておらず，最小限の品位ある社会の擁護にとどまっている。
40)　Cf. B&P 91.
41)　普遍的価値を肯定する「弱い価値多元論」によってリベラルな諸価値を擁護するやり方は，価値多元論自体の意義を後退させる（cf. Cyrenne 2003）。ジェラルド・ガウスが言うように，それは相互に還元不可能な諸価値の選択における「悲劇的な」側面を無視するものである（Gaus 2003: 46）。

所である[42]。ここからクラウダーは両者の包含関係に基づく自由主義の弁証を試みた。すなわち，価値多元論は多様な価値の促進を善とする「多様性のエートス」を含意しており，この善をもっともよく実現するのが消極的自由を保障するリベラルな多文化社会である，という推論である（Crowder 2002: 135-157)[43]。しかしながら，もし価値多元論が非自由主義社会に対する自由主義社会の道徳的優越を保証する内容を含んでいるとすれば，結局のところそれは比較不可能性という価値多元論の中心命題をみずから否定していることになる（Myers 2010: 607)。加えて，価値の多元性という事実から「多様性の促進は善である」という当為を導くクラウダーは，いわゆる自然主義的誤謬を犯している（Talisse 2010: 318)。そして最後に，アレックス・ザカラスが指摘するように，バーリンはこれ以降この主張を繰り返さなかったし，のちのインタビューでは彼自身がこれを明確に否定している（Zakalas 2013: 70)[44]。

　他方で心理的包含説は，バーリンが晩年のインタビューの中で次のように述べたことに注目する立場である。「そこ〔価値多元論と自由主義のあいだ〕に論理的な結びつきはありません。私が言っているのはただそれだけです。心理的な結びつき，政治的な結びつきはありますが，論理的な結びつきはありません」[45]。しかしながら，この「心理的な結びつき」に基づく具体的な議論は今のところ展開されていない[46]。そもそも，バーリンはここで特定の心理学説を展開しているわけではない。「心理的」という言葉は，ここでは「論理的」以外の関係を意味する程度のものと解するべきであろう。つまりそれは何らかの「経験的な支え」を必要とするということである（Talisse 2010: 309)。加えて，心理的包含説は個人の気質に依拠する議論であって，自由主義の優先性を公共的に（つまり万人にあてはまるかたちで）正当化するものではない。たとえばマイケル・ウォルツァーは，「価値多元論を信じていながらリベラルではない人間を私は知らない」と述べたうえで，両者の関係を「リベラルな価値の受け入

---

42) 『二つの自由概念』のテクスト上の変更箇所については，山下 2016: 304-305 を参照。
43) Cf. Galston 2002: 48-64.
44) ライリーは，この「包含」という言葉が多くの混乱を引き起こしてきたと述べている（Riley 2013: 63)。クラウダーはその後，「バーリンを超えて」という表題のもと，価値多元論と自由主義の関係について独自の考察を展開している（Crowder 2007)。
45) 1995 年 5 月 24 日付のポラノフスカ＝シグルスカとの対談（B&P 226)。
46) Cf. Polanowska-Sygulska 2006: 290-291, 濱 2008: 409-429.

れを可能ならしめる精神的資質」の問題と捉えている（Walzer 1995: 31）[47]。

　この問題は，自由主義と価値多元論との関係にまつわるいくつかの誤解を取り除くことで解消するように思われる。まず，以下のバーリンの言明を想起することが重要である。「多元論と自由主義は同じ概念ではないし，重なり合うものでさえありません。多元論的でない自由主義理論も存在します。私は自由主義と多元論の両方を信じていますが，両者は論理的に結びついているわけではありません」（B&J 44/ 71）。「多元論はあらゆる種類の非自由主義，すなわち消極的自由の抑圧をも許容します」（B&P 86）[48]。これらの言明は自由主義と価値多元論の言説階層の相違を示唆するものとして解釈できる[49]。価値の性質に関する二階の哲学的言説（つまりメタ言説）である価値多元論は，一階の政治的実践の言説である自由主義の実践可能性とは論理的な関係をもたない。関係があるとすれば，それは価値多元論が含意する最小限の道徳的義務を自由主義もまた前提とするという点であるが，これは自由主義の優先性を弁証するものではない。両者の関係は，たとえば自由主義と人権との包含関係や，自由主義と社会主義との対立関係とは異なるのである。

　次に，「規範の正当化」という観念にまつわる混乱を除去すべきである。第1章で確認したように，バーリンは反基礎づけ主義を肯定する思想家であった。彼は人権の哲学的基礎について尋ねられた際に次のように答えている。「規範は正当化を必要としません。規範は基礎的であって，それゆえそれが他のものを正当化します」（B&J 113/ 169）。これは規範に関するポスト構造主義的な見方である[50]。それは以下のように説明できる。自由主義の言説は，自由主義的な生活様式を規定する一組の言語ゲームとみなすことができる。このゲームの

---

47)　論理的包含説や自由主義の道徳的優越を正当化するタイプの議論を批判したうえで，価値多元論と自由主義が広い意味で「心理的」関係にあると考えたのがアレックス・ザカラス（Zakaras 2004）であるが，彼の議論は両者の関係の厳密な論証に重きを置いていない。彼はこの考えを基礎としてバーリンとミルの関係を論じているが（Zakaras 2013），この論考はむしろ本書第4章で考察する「リベラルな善の構想」にかかわる内容を含んでいる。

48)　バーリンは，この点に関して「グレイは完全に正しい」と繰り返している（B&P 91, 225-227）。加えて，この主張は，「実際のところ，恐怖の自由主義（the liberalism of fear）は道徳的多元論の理論に依拠しない」というシュクラーの主張とも（彼女のバーリン理解とは相反するものの）一致する（Shklar 1998: 10/ 128）。

49)　Cf. Gunnell 1998.

50)　Cf. Giddens 1993.

ルールは，基本的人権の尊重や権力の制限などの規範的命題から構成されている。これらのルールは，このゲームの当事者がそれらを実際に使用する（すなわち主張，言及，適用する）ことによって，当事者を拘束するそのパフォーマティヴな「力」を自己言及的に維持するのであって，価値多元論からの演繹による哲学的な正当化は，もしあるとしても副次的な効果をもつにすぎない。言い換えると，われわれは人権が主張可能な場ないし文脈において人権の尊重を主張するが，この主張の成功によって人権という観念の規範的効力は公共的に確認され，そこにおける人権の主張可能性は存続する。このような循環関係の（およびそれに安定性を与える制度の）内部においてのみ，自由は存続可能である。反対に，人権への言及が特定の行為や主張を正当化する力を持たない状況が到来すれば，それは《生きた実践としての自由主義》の死を意味し，そこにおいて自由主義は過去の遺物となり，純粋に歴史的な関心の対象となるであろう。「論理的可能性についての討論」ではなく「社会的・歴史的な現実から，われわれは自由主義の強度を教えられる」という，クラウダーに対するバーリンとウィリアムズの応答が，この解釈の妥当性を裏づけている（B&W 309）[51]。

　ここにおいて関わってくるのが，道徳的判断における「非対称性（asymmetry）」の存在である[52]。これによって，生活様式全体に対する（第三者的）選択という考えが否定され，他者や他文化の理解可能性と実践可能性が明確に区別される。バーリンは次のように述べている。

　　私は，ギリシャ人が価値としているものを理解していないわけではない。彼らの価値が私の価値ではないとしても，それによって生きるのはどんなことかを，私は理解できる。私はギリシャ人の価値に感心し，それを尊敬することができるし，さらには私自身その価値を追求していると想像することもできるであろう——実際にはギリシャ人の価値を追求しているのではなく，そうしたいと願っている訳でもなく，また願ったとしてもおそらくできないことではあろうが。（CTH 11/ IV 16）

---

51)　このような反基礎づけ主義的な考え方は，たとえばイグナティエフの人権論に継承されている（Ignatieff 2001）。
52)　Cf. Williams 1981: 140/ 342.

ギリシャ人の生活とわれわれの生活は，論理的には「おおよそ同等の」選択肢であるかもしれないが，われわれにとって彼らの生活は実際に可能な選択ではない[53]。失われた実践の絆（行為を正当化する規範の力）は，恣意的な方法によっては回復できない。それは両者を隔てる——それぞれの生の唯一性を示す——ものであると同時に，特定の共同体に属することが（よき生の理想とアイデンティティの源泉であるという意味でも）「人間の本質的なニーズ」であることを示している（PI 258）[54]。ここに，古代人の生を現代に復興しようとする人々とバーリンとの決定的な相違がある[55]。自由主義は幾多の存続可能な政治的伝統のひとつにすぎないかもしれないが，その中で自己を形成し，かつ現に生きているわれわれの伝統であるという意味では，他に比類のないものなのである。バーリンによる自由主義の弁証の基盤は，このような彼の現実感覚の中にこそ見出されなければならない。

第5節　小括

　以上の考察を踏まえ，ここで自由主義をめぐる二つの論争を検討して本章を閉じる。ひとつは自由主義の哲学的正当化をめぐる論争であり，もうひとつは啓蒙と自由主義の関係をめぐる論争である。

　まず価値多元論と自由主義の正当化との関係について考えてみよう。アラス

---

53)　「実際に」の意味するところは，われわれがギリシャ人の生きた規則・規範を鼓舞し再生産している「超越論的実践」を自らの中に復元するというレベルにおいて，あるいはウィトゲンシュタインの言う「判断における一致」（Wittgenstein 1953: §242）のレベルにおいて，ということである（cf. 入不二 2001: 261 注 11）。この見解はバーリンのヘルダー論とも符合する。「ヘルダーがたったひとつ断固として敵視したコースがある。それは過去に帰ろうとする試みであった。そこには何の救いもあり得ない。ギリシャ人を憧れてギリシャに帰りたいと願う，ヴィンケルマンにその傾きありと彼は考えるが，それは馬鹿馬鹿しくかつ不可能である」（VH 179/ 340）。
54)　善＝財（goods）が共同体における解釈の対象であるという指摘に関しては Walzer 1983, Sen 1992 を参照。アイデンティティが共同体に由来するという指摘に関しては Taylor 1989 を参照。また，権利ではなくニーズの側から政治と倫理を論じるものとして Ignatieff 1984 が挙げられる。
55)　ただし，バーリンは過去の思想がわれわれと無関係であると考えるわけではない。われわれが時と場所を隔てた人々と「問い」を共有している場合，その思想はわれわれにとってリアルなものである。ここにはコリングウッドの「問答論理学」の影響が見られるとともに，バーリンの価値多元論と思想史とのひとつの接点が存する。Cf. Collingwood 1939, Skagestad 2005, Dubnov 2012: 68-75. この点は本書第 5 章以下において「実存的歴史観」とのかかわりで再度考察する。

デア・マッキンタイアは，諸徳に先行する合理的な規則や原理を発見・正当化する企てに，近代自由主義の中心的教説を見出す。彼によれば，ロナルド・ドゥオーキンや（初期の）ジョン・ロールズに代表されるこの啓蒙主義的な企ては，通約不可能性をともなう多元性の発見と同時に挫折する運命にあった。その帰結として現代に生じた「情緒主義（emotivism）」とニヒリズム——それはいわゆる相対主義を含意する——を看取したマッキンタイアは，これをもって自由主義の終焉を宣告し，アリストテレス徳倫理学への回帰を唱えた（MacIntyre 1984）。マッキンタイアの議論に依拠しつつ，グレイは自由主義を「道徳の合理的正当化」という意味での「啓蒙のプロジェクト」と同一視し（Gray 1995b: 85），ポストモダン的多元社会へと突入しつつある現在において，自由主義はもはや有効な政治理論たりえないと主張する（Gray 1995b: ix）。彼は自らの立場を「ポスト自由主義」（Gray 1993）と位置づけ，自由主義は哲学的基礎から社会経済政策にまでわたる包括的ドクマを脱ぎ捨て，「闘争的多元主義（agonistic pluralism）」に道を譲るべきであると主張する（Gray 2000a; 2000b）。他方でレオ・シュトラウスは，自由の優先性に関して哲学的・絶対的な基礎づけを回避するバーリンの態度が，現代自由主義における相対主義とニヒリズムの顕著な表現であると言う（Strauss 1961）。マイケル・サンデルも同様の趣旨で，「もし自由が何ら道徳的に特権的な地位をもたないとすれば，それが多くの価値のひとつにすぎないとしたら，自由主義を擁護する上で何が言えるというのか」（Sandel 1984: 8）と述べ，これを彼の自由主義批判の出発点に据えている。

　この種の自由主義批判に対して，われわれはどのように応答しうるだろうか。彼らが指摘するとおり，バーリンの価値多元論は消極的自由に対していかなる特権的な地位も与えておらず，さらには，消極的自由の理想は「没落しつつある資本主義文明末期の所産に過ぎないのかもしれない」（FEL 172/ V 390）とも述べている。一見するとこれは自己矛盾であるように見える。しかし，そこからは「何ら懐疑的な結論は出てこない」。今や歴史主義的転回によって，われわれは道徳においても確実性の探究——すなわち道徳規範を超歴史的な正当化の企てという「深く，治癒しがたい形而上学的欲求」（FEL 172/ V 390）——から解放された。バーリンにとって消極的自由は「特権的表象」ではなく，それによ

って現在のわれわれの自由主義的な生活様式が可能となるところのカテゴリカ
ルな条件として捉え返されているのである[56]。

　上述のように，バーリンは相対主義の問題が回避可能であると考えてい
た[57]。彼の歴史主義的立場からすれば，相対主義は似非問題（pseudo-
question）である。合理主義的な道徳理論の支持者とその批判者は，相対主義
の問題を可能にするひとつの共通の前提に立っている。それは，道徳規範は普
遍的・超歴史的な何かに基礎づけねばならないという信念である。前者はこれ
を追求し，後者は前者の失敗を批判する。前者の試みが徒労に終わることを指
摘した点で，後者は正しい。しかし，後者が前者とは別の何かに道徳を基礎づ
けることで，現在のわれわれが投げ込まれている歴史的状況とはかけ離れた世
界への回帰を訴えるとき，彼らもまた誤っていると言わねばならない。他方，
確実性の探究を放棄した者にとって相対主義の問題は真でも偽でもなく，端的
にナンセンスである。エラ・マイヤーズはその優れた論考の中で，バーリンは
すでに「相対主義パラダイム」の外側に位置していると結論づけている
（Myers 2010: 610）。またマッキンタイアによる情緒主義批判は，価値や道徳の
問題を単なる情緒の問題とする論理実証主義に対しては効果的であるかもしれ
ないが，その議論を全面的に転回することで獲得されたバーリンの立場に対し
ては妥当しない[58]。

　諸価値の通約不可能性を前提とし，それらのあいだに発生する衝突を緩和す
るためにリベラルな諸価値にコミットするバーリンの自由主義はむしろ，偶然
性と通約不可能性がもたらす「土壌喪失（rootlessness）」（Rorty 1989: 75/ 157）
の結果として肯定されるローティの自由主義と類縁性をもつ。その意味で，諸
価値の衝突のあいだで許容可能な妥協点を探り，通約不可能性を前提としなが
ら人間相互の理解可能性を肯定するバーリンの態度を，「ポストモダン倫理」

56）　ローティの言葉を借用すれば，「この歴史主義的転回のおかげで，われわれは真理
（Truth）のかわりに自由（Freedom）を，思考や社会進歩の目標とすることができるよう
になったのである」（Rorty 1989: xiii/ 2）。

57）　彼自身はインタビューで次のように答えている。「この〔相対主義の〕命題それ自体
を客観的なものとして主張することはできません。相対主義は主張しえない。なぜなら，
相対主義を説明する命題それ自体は相対的ではありえないから。あなたはそれを絶対に真
であると主張できます」（B&J 107/ 160）。

58）　この点で本書のバーリン解釈は濱（2008）の解釈とは異なる（cf. 森 2009）。

(McKinney 1992) と形容することは妥当であろう。

　次に，啓蒙と自由主義との関係に目を向けよう。自由主義はしばしば啓蒙思想の子どもであるといわれる。もしそうであるならば，啓蒙の一元論的合理主義を批判するバーリンはどのようにして自由主義を擁護できるのだろうか。

　マイケル・オークショットは，短いが示唆に富む論文「バベルの塔」(1948年）の中で，「理想の追求（pursuit of the ideal）」に基づく道徳的生活や社会構築の愚かさと危険について語っている。それは「嘆かわしい不運」であり，「西洋道徳の苦境プリディカメント」を体現している。ライルの「方法を知ること」という概念を援用しながら，彼は，確立した行動習慣の破壊を招く「理想の追求」という多元的・闘争的な道徳的生活様式に対して「振る舞いの習慣」を尊重すること，すなわち「反省的な道徳」に対する「習慣としての道徳」の優位を回復することが，西洋文明の危機を回避する道であると示唆している（Oakeshott 1991: 487/ II 79）。これに対してウィンチは『社会科学の理念』(1958年）において，安定した行動様式を脅すものとはむしろ「不安定な環境」であり，「環境の変化に対応して有意味な発展をなしうる唯一の生活様式は，生活様式それ自体の内にそれが命じる行動の意義を評価する手段をもつものである」として，オークショット批判を試みる（Winch 1958: 64/ 79-80）。ウィンチが重要視するのは伝統に対する内在的批判の契機，すなわち新しい個別的な問題に対して現在の行動規則を適用する試みの中で行動規則自体が変化するその過程である。そこにおいて変化の契機は習慣それ自体にあるのでなく，あくまで習慣を解釈・実践する人間の行為にある。つまり彼が明らかにしたのは，規則への服従と反省とは相互に対立しないばかりか，一方は他を論理的に必要とするということである[59]。そして人間の歴史を単なる習慣の変遷の物語とはみなさない点で，ウィンチはオークショットを好意的に評価するローティとも一定の距離を取る

---

59)　バーナード・クリックはこの点について次のように書いている。「政治は単一の理想を保持することではないという点でオークショットは正しい。というのも，真の政治とは複数の理想の間で調整を行うべきものだからだ。しかし伝統が失敗するときには，政治はそれ自体，あらためて立案し，遂行せねばならないひとつの道徳的活動である。『伝統に導きを求めよ』というのはあまりにも偏った助言である」(Crick 1972: 134/ II 26)。ただし，このような批判はオークショットの後期著作である『人間行為論』(1975年）においてある程度応答されているとも言える（cf. Oakeshott 1975: 165/ 86）。See also, 森 2013: 235-238.

かもしれない[60]。

　伝統と反省に対するこのような理解こそ，バーリンがウィンチと共有するものである。バーリンは日常的な経験世界への回帰を唱えるが，そこに向かう態度は常識への埋没といったものではない。むしろ彼の価値多元論は，われわれに繊細さと道徳的感受性，最大限の想像力を要求する。彼は現代世界の特徴である多元性を自らの問題として引き受けながら（つまりその内部に留まりつつ），そこにおいて可能な批判の契機を探究している。たしかにグレイもある意味でこの苦境を見据え，それを彼なりの仕方で引き受けようとしている。彼が唱道する「闘争的多元主義」は，この「理想の追求」を極端なかたちで展開したロマン主義的な世界像である。そこでは，これまで自由主義者が想定してきたような普遍的諸価値は存在せず，非自由主義文化は自由主義文化と同じ妥当性でもってみずからの正当性を主張し，衝突する。彼によれば，こうした闘争的状況において唯一可能な秩序の形態は，最小限の平和的共存を維持するための「暫定協定（*modus vivendi*）」である（Gray 2000a: 99）。つまり，ロマン主義的な「理想の追求」を一方の極とすれば，その反対側には「伝統の道徳」があり，グレイは前者に，オークショットは後者に傾倒している。これに対してバーリンは，こうした苦境を認めつつも啓蒙主義の中心的理念——すなわち自由，寛容，品位——を促進しようとする。彼はむしろ啓蒙の批判者たちの思想の中に現代の自由主義者が学ぶべき知恵を見出していた。本書第4章で考察するように，彼が示す道は，一方で個人の道徳的自律の諸条件を制度的に保障しながら，他方で異質な他者に対して文明的な態度を保持すること，すなわち「品位ある社会」の探求である。これはバーリン思想に通底する自由主義文明の擁護であると同時に，諸価値の深刻な紛争状況に対処するための現実感覚の端的な表明であると言える。価値多元論から自由主義へといたる道は，この「理想の追求」という道徳的状況に対するひとつの応答として開かれているのである。

　たしかに，グレイの言うように，自由主義はその合理主義的・進歩的・普遍的と形容されるところの諸特徴を失いつつあるかもしれない。しかし彼は，自

60）　ローティは『哲学と自然の鏡』の結論部でオークショットの「人類の会話」の隠喩に好意的に言及している。上述のように，バーリンがいわゆる暗黙知の議論に依拠しないことも，彼がオークショットと異なる態度をとる理由のひとつと考えられる。

由主義は単一の原理による統一体ではなく，「緩やかな家族的類似性」によって同定可能な一群の原理であるという，彼自身のウィトゲンシュタイン的な言明を再考すべきであるように思われる（Gray 1986: xi/ 5）。多元性と通約不可能性を肯定し，自らの生活様式の歴史的偶然性を認めるバーリンの思想が依然として自由主義の相貌の下に同定可能であることの意味について，グレイは明確に論じていない。ルークスが言うように，グレイの放つ啓蒙―自由主義批判という「散弾銃」は不発に終わっているのではないのか（Lukes 1994: 687）。目下の問題は自由主義原理の同一性と理論の首尾一貫性の確保にあるのではなく，むしろ，過去の歴史的諸状況において人々が希求してきた自由主義的諸価値をわれわれがどのように継承していけばよいのかという点にあると考えられる。

第3章
価値多元論における自由と責任

第1節　問題設定

　1958年10月31日に行われたオックスフォード大学チチェレ講座就任講演
『二つの自由概念』は，同年にクラレンドン・プレスから出版されて以来，現
在にいたるまで数多くの論争を呼び起こしてきたテクストである。二つの自由
の区別とそれぞれの政治的含意めぐるバーリンの考察は，政治的自由に関する
その後の議論に対して「共通の出発点」としての役割を果たしてきた。同書は
すでに政治的自由論の古典としての地位を確かなものとしている[1]。それゆえ
『二つの自由概念』は，J・S・ミルの『自由論』に匹敵する，現代における
最良の自由主義擁護論と評価される一方で，それ以上に多くの，そして徹底的
な批判にさらされてきた。その批判の種類も多岐にわたるが，とりわけ政治的
諸実践における自由の行使可能性の条件をめぐって，以前から多くの論者が
『二つの自由概念』に批判を加えてきた[2]。

　なかでもチャールズ・テイラーによる次のような批判は有名である。すなわ
ち，バーリンによる消極的自由と積極的自由の区別は，選択の自由それ自体と
選択の諸条件との区別として解釈できる。自由を自由の諸条件および他の政治
的諸価値から厳格に区別し，「機会概念（opportunity concept）」としての消極

---

1)　関口 1991: 1. 20世紀の英国哲学における言語論的転回から『二つの自由概念』登場
にいたる流れについては，森 2013: 219-225 を参照。
2)　自由の行使に関する行為論的な（目的論的，実存的，あるいは現象学的な観点から
の）記述の不足に重点を置いた批判として，以下が挙げられる。Spitz 1962, Sen 1990,
McBride 1990. 他方，自由を行使するための経済的・社会的条件の側面からバーリンを批
判したものとして，以下が挙げられる。Cohen 1960, Kaufman 1962, Macfarlane 1966.

的自由に固執するバーリンの態度は，自由概念の内容を最小限まで切り詰める「マジノ線のメンタリティ」によって支えられている。この態度は，自己支配としての積極的自由の概念が全体主義的支配に転化する危険を回避するという目的との連関においては無意味ではないが，いかなる「行使概念（exercise concept）」——とりわけ各人の生の目的，あるいは「本来性（authenticity）」に鑑みて選択肢を評価する能力——も含まない自由概念への固執は，有意義な選択，換言すれば「真の，あるいは完全な自由」の実現をむしろ妨げている，というものである（Taylor 1979）[3]。

　一見したところ，この批判は説得的であるように思える。また，後に確認するように，実際に重要な論点である。しかしながら，そのような批判をもって『二つの自由概念』がその政治理論史上の使命を終えたと宣告するのはいささか性急であろう。その理由は次のとおりである。第一に，テイラーをはじめ多くの批判者がこの問題を論じる際に参照するテクストは，『二つの自由概念』および『自由論（Four Essays on Liberty）』の「序論」の一部分のみであるが，自由の条件および自由な選択の具体的様態に関しては，むしろ他のテクストにおいて豊富な素材が提供されている。それらは特に，決定論と責任の問題を論じた『歴史の必然性』（Historical Inevitability, 1954），実践的判断の問題を論じた『ハリねずみと狐』（The Hedgehog and the Fox, 1953），および論文集『現実感覚』（The Sense of Reality, 1996）所収の1950年代の諸論考に見出される。これらと『二つの自由概念』とを併せ読むことによって，われわれはバーリンの自由論のより完全な像を得ることができる。そして第二に，バーリンの積極的自由批判は彼の価値多元論の文脈の中で語られているにもかかわらず，既存の研究においてはそれが充分に考慮されているとは言えない。彼が自由とその条件との区別に固執する理由は，多元論と目的論のあいだに存在する特殊な関係に求めることができ，その関係は特に道徳的責任の概念に重要な意義を与え

3）　大澤真幸は，現代社会における自由の実践可能性を論じた一連の論考の中でこれと同じ論点に言及している。彼はバーリンの積極的自由批判の意義を認め，自由を選択の可能性とする定式に賛成しつつも，「自由のための余地を消極的に用意するだけでは，必ずしも自由（選択の可能性）は保証されないように見える」として消極的自由の構成の不十分さを指摘し，選択が可能となる条件の探究，すなわち「消極的自由はいかにして真の自由たりうるか」という問いに進んでいる（大澤 1999）。

第3章　価値多元論における自由と責任 | 093

るものである。以下では主に『歴史の必然性』を取り上げ，このテクストを行
為論の側面から読解することを通じて[4)]，彼の考える自由の条件および責任の
概念を明らかにし，その見解の妥当性を検証していきたい。

第2節　決定論と責任の両立不可能性

　『歴史の必然性』の中心的な論争点は，同書に寄せられた批判に応答した
『自由論』の「序論」において端的に示されており[5)]，次のように要約されてい
る。まず，この講演は決定論あるいは自由意志それ自体の真偽ではなく[6)]，「自
由意志と歴史における因果性の考えとの関係」を論じたものである。「道徳的
責任と決定論，両者の存在の可能性は相互に排他的であり，いずれの信念も無
根拠であることはありうるが，両方が真ではあり得ない」。そして，「人々は昔
からずっと普通の談話では選択の自由を当然のこととして」おり，「決定論を
支持する議論は確定したものではなく，もし決定論がついには広く受け入れら
れた信念となり，それが一般的な思考と行為の織物のうちに織り込まれるよう
になったとすれば，人間の思考の中心に位置する一定の概念や言葉の意味と使
用は廃れてしまうか，あるいは劇的に変更されねばならなくなるだろう〔強調
は引用者〕」と述べ，選択の自由と責任についての常識的な考えを擁護してい
る（FEL x-xii/ V 10-13）。つまり，この講演の中心的な論点は人間の道徳性，具
体的には自由と責任の可能性であり[7)]，バーリンの主張は次の二点に整理でき
る。すなわち第一に，決定論と責任（および自由）概念の両立不可能性であり，
第二に，人間的事象における自由と責任の擁護である。本章では，この両立不

---

4)　もちろん，テクストの解釈に際して執筆当時の歴史的文脈を無視することには一定の
リスクを伴う。しかし本章の目的は『歴史の必然性』を自由の条件の側面から解釈するこ
とにあるので，論争の時代背景および歴史哲学の側面については大部分を省略した。*The
Listener* 紙上に連載されたE・H・カーの歴史学講義『歴史とは何か』は，バーリンをは
じめとする多くの知識人を歴史学の本性をめぐる論争に巻き込んだ。『歴史とは何か』を
めぐる当時の論争状況は Metha 1962: ch. 3，半澤 1963 を参照のこと。後者は，『歴史の必
然性』における歴史叙述の問題をわが国においていち早く取り上げた研究でもある。
5)　アリストテレス協会雑誌に掲載された 1964 年の論文「希望と恐怖から自由に」（CC
173-198/ II 254-300）は，その議論の少なからぬ部分が『自由論』（FEL）の「序論」の
それと重なっており，「序論」は主にこの論文を下敷きとして執筆されたと考えられる。
6)　バーリンは決定論や両立説（compatibilism）に明確に反対する一方で，自分の議論も
また決定論問題の解決であることを否定している（FEL xiii/ V 14）。この点は次節で検討
する。

可能性について最初に考察し，そこから決定論批判，最後に自由と責任の概念の擁護へと進みたい。

　この問題を考えるにあたって，まずE・H・カーによる有名な批判から始めたい。彼は講演『歴史とは何か』においてバーリンを批判し，因果的なものと道徳的なもののカテゴリー上の相違を指摘したうえで，それらの両立可能性を肯定している。カーによれば「人間のあらゆる行為はその行為を考える視点によって，自由でもあり，同時に決定されてもいる」。なぜなら「原因と道徳的責任は相異なるカテゴリーに属」しているがゆえに，「自由意志と決定論のディレンマは現実の生活では起こらない」。つまり，人間の行為は自由にも決定論的にも記述でき，日常の道徳的実践および歴史叙述に際して，われわれはこの問題について何ら実践的な困難を覚えないというのが彼の結論である（Carr 1986: 88–89/ 139）[8]。

　しかしながら，この立場の困難はすぐに明らかになる。カーは続けて次のように述べる。「スミスの行為にはひとつの原因，あるいは幾つかの原因があった。しかし，それが外的な強制によって生じたのでなく，彼自身の人格の強制によって生じた限り，彼には道徳的責任があったのである」（Carr 1986: 89/ 139）。そうすると，われわれはその行為が「外的な強制」によるのか「彼自身の人格

---

7)　これが歴史家の理論枠組の域を出ないものであれば，カーが言うように，それほど重大な問題とはならないように思える。カーが歴史的決定論を「死んだ馬」と称してカール・ポパーとバーリンを揶揄した一節は有名である（Carr 1986: 87/ 136）。しかしながら，これを批判するバーリンの口調は，単に自分と異なる理論的立場に立つ歴史家に対する批判としては，あまりに荒々しいものである。実際に彼は次のように述べている。「歴史家にとって決定論は深刻な問題ではない。しかし，人間行為の理論としては考え難い」（FEL 73/ V 221）。

8)　類似の見解として，ローティの言う「非還元的物理主義」を応用するものがある。すなわち，物理的記述と道徳的記述は，ひとつの対象に対する二つの相互に還元不可能（あるいは通約不可能）な，等しく妥当な言語ゲームであるという見解である。しかしローティの主張は，決定論と自由意志論の存在論的差異を否定するという消極的なものであり，「ローティの存在論的原理が，3000年論争の一端を成す『自由意志論』と『決定論』の対立を解消してしまう」（渡辺 1999: 134）とは思えない。この問題は単なる形而上学的論争ではなく，存在論的差異を否定しても両立不可能性をくみ尽くしたことにはならない。また他方，この問題は物理現象の決定論的確実性を否定しただけでも解決しない。物理学者のイリヤ・プリゴジンは，個々の分子運動の非決定性とマクロな物理現象における統計的法則性の両立可能性を論じ，この非決定性の存在によってエピクロスのディレンマは解消すると述べる（Prigogine 1997）。しかしこれは因果関係の空白地帯を作り出しただけで，われわれの考えるような自由の条件を積極的に構成するものではない。バーリンもこの点を認識している。「しかし，ランダムな行動とは，まさに自由・合理性・責任の反対物ではないだろうか」（FEL xxxvi/ V 53）。この点については，大澤 1996: 145 注2 も参照。

の強制」（つまり彼の選択）によるのかを現実問題として判断しなければならない。この区別は，道徳的実践にとって決定的に重要である。なぜなら，それがなければ「なぜある場合には非難し，他の場合には非難しないのが合理的なのか」（FEL xxi/ V 28）を説明できなくなるからである。しかしこの判断の基準についてカーは何も答えていない。

カーが──ひょっとすると意図的に[9]──看過しているのは，二つの記述が相互に関係する場面である。バーリンは次のように応答している。「理解し説明することは歴史家たちの仕事である。ただ，説明することがそれ自体で（ipso facto）正当化すること，あるいは説明し尽くす（explain away）ことになると考えるならば，彼らは誤っている」（WH 1048）。彼が問題とするのは行為の説明と正当化の関係である。すなわち，ある行為の記述の種類がその行為の正当化可能性，すなわち道徳的評価の可能性を左右するのである。因果的な決定論とは，「全ての出来事が他の諸々の出来事によってその現状のように完全に決定されている」（FEL xi/ V 11）という主張である。もし，スミスの行為が先行する諸原因によって生起したと説明されるとすれば，「彼自身の人格の強制」を主張する余地はない。そのような場合，われわれは彼に行為の責任を負わせることを躊躇するであろう。このように因果言明は道徳的言明に少なからぬ影響を与え，さらに決定論は道徳的主張の可能性を完全に奪ってしまうのであり，このことはカーの最初の言明と矛盾することになる[10]。

他方で哲学者のモートン・ホワイトは，この両立不可能性の意味に焦点を定めてバーリンを批判している。この点についてバーリンの主張は必ずしも明確ではない[11]。ホワイトはこの曖昧さを衝き，バーリンの言う両立不可能性が「論理的」（分析的という意味での）ではなくむしろ「道徳的」であると指摘する（White 1979: 211）。そのうえでホワイトは，決定論的世界観における自由と

---

9)　あるいは，問題の焦点が共有されていなかったとも言える。この点は，歴史叙述の目的に関する両者の見解の相違にも大きく関係しており，この観点からすれば，両者の議論はすれ違いに終わったと言うこともできる（cf. Ignatieff 1998: 236/ 256）。

10)　「実は歴史におけるこの反事実的仮定の問題こそ，カーがずっと悩んでいて，結局満足のいく解決には至らなかった問題であり，バーリンはそこを突いたのだった」（Haslam 1999: 202/ 297）。

11)　「これがどのような種類の両立不可能性なのか，論理的，概念的，心理学的，あるいはその他の種類のものなのか，私は進んで答えようとは思わない」（FEL xii/ V 13）。

責任の概念の使用可能性を肯定し，決定論と自由な行為の双方を両立させる道徳規則が，われわれとは異なる他の一連の価値をそなえた共同体において支持される可能性を示唆している（cf. White 1993）。

　バーリンはたしかに，道徳的非難の可能性は別様にも行為しうる可能性を前提とするという常識的な立場に依拠している。彼は日常言語分析を援用し，道徳的諸概念の使用に考察を加えることで，自由および道徳的責任という概念の「通常の」使用を提示する。

　　　人々の行為に道徳上の賞賛や非難を加える，あるいは祝福し断罪する習慣は，自分が為した行為に責任があることを含意している。というのも，それらの人々が別様にも行為し得た（could），換言すれば彼らが現に為したように振る舞う必要はなかった（need not）（純粋に論理的あるいは法的な意味での "could" や "need" ではなく，普通の人々や歴史家たちによって普通の談話において用いられる意味において）からである。決定論に対する信念によって，この習慣は覆されてしまうだろう。(FEL xii/ V 12)

ホワイトが言うように，「すべき」と「できる」の言語使用が決定論と両立するとすれば，バーリンの主張は無効となるであろう。単に常識的な言語使用を主張するだけでは，この批判に応答することはできないように思われる。

　しかしながら，バーリンは次のようにも言っている。この両立不可能性は単なる「倫理的命題」ではなく「概念的真理（conceptual truth）」であって，「特定の一群の道徳的価値（他の文化なら拒否するかもしれない）に依るのではない」。むしろそれは，「われわれの通常の道徳の基本概念を使用するあらゆる思考体系が，何を許容し何を排除するかについての断言」であると（FEL xxii/ V 31）。ここで，先のカーに対する応答を思い出してみよう。彼の立場の困難は，自由な行為とそうでない行為を区別する基準が消失してしまうところにあった。二つの記述を同時に受け入れることは，道徳的判断そのものを不可能にしてしまう。したがって，たしかにこの両立不可能性は論理的な（あるいは分析的な）真理ではないが，単に道徳の種類に関するものでもない。なぜなら，仮に決定論的説明において道徳的な言語が使用可能だとしても，その説明は非

難すべき行為とそうでない行為をその言語によって区別できないがゆえに，道徳的実践を困難に陥れるのである。もしこの区別が行われず，行為が自由であると同時に決定されていると主張されるならば，われわれの選択肢は三つである。すなわち，行為者は常に道徳的責任を負うか，どのような場合でもまったく責任を負わないか，あるいはそれ以外の基準において責任の有無を判断するかである。最後の判断は，もはや道徳的なものとは言えず，おそらくは「擬似美学的判断」（FEL xiv/ V 17）となるであろう[12]。いずれの場合においても，道徳的責任がひとつの社会的実践としてもはや機能しないことは想像に難くない。この両立可能性の問題は，ホワイトが言うようなあるタイプの道徳的実践に特有なものではなく，およそ「道徳的判断そのものの本性から起こる」（Nagel 1979: 36/ 57）問題なのである。

このように，バーリンはこの両立可能性の問題を——ある種の分析哲学者のように——純粋な概念上の問題としては捉えず，むしろ日常生活における行為の正当化，すなわち行為の正誤，善悪，有責性の判断の条件に関心を向けている。たとえば，スミスがガラスを割ったという出来事に対してわれわれが下す判断について考えてみよう。われわれは彼がそれを「意図的に」，「不注意によって」割ったと主張できるし，あるいは「強制によって」，「不可避的に」割ったとも主張できる。決定論はその行為に先行する原因を無限にたどることによって，行為者の責任をつねに解消する。他方で完全な自由意志論者は，あらゆる行為に対して帰責可能性を主張するであろう。ここで二つの記述は相互に還元不可能であるうえに，同一の行為に対して両立不可能な評価（あるいは処置）を要求している。仮に両者が理論上問題なく両立できたとしても，それらの言説が実際に出来事に対する判断のために持ち出されるや，衝突が避けられない。決定論と自由の問題は，相異なるカテゴリーが実践的な場面で相互に抵触する特異な問題である。「自由と因果法則との境界がどこに決められるべきか，これは決定的に重要な実践的問題である」（FEL 74/ V 223）。道徳的実践においては両方の思考が不可欠であるにもかかわらず，そこにおいて両者はそれ

---

12) トーマス・ネーゲルもこの点に同意している。「こうして道徳的態度は追放されることになる。道徳的態度の美学的その他の評価的類似物を問題とすることは，なお可能であるかもしれないとしても」（Nagel 1979: 35/ 56）。

098

ぞれ相異なる規範として作用し，同一の行為に正反対の判定を下すがゆえに，規範の適用をめぐる政治的なディレンマをもたらす（たとえばわれわれは，重度の精神障碍者や子どもの行為に対する道徳的責任の適用をめぐってしばしば意見が一致しない）。バーリンはこの問題の単なる理論的解決を求めているのではない。「カントは問題となっていることについて，少なくとも深い洞察をもっていたように思われる。彼の解決法は曖昧であり，おそらく支持し難い。しかし，それを拒否しなければならないとしても，問題は依然として残っている」（FEL xxxv/ V 52）。ここから，「バーリンはカントの諸原理を『純粋に』道徳的な王国から，歴史の経験的な領域へと移し替え」（Rotenstreich 1976: 107），そして理論ではなく実際の人間生活の場で原理の実践可能性を見極めていると理解できる[13]。

第3節　隠喩の具象化としての決定論

　次に，決定論を批判するバーリンの手法について検討しよう。『歴史の必然性』において，バーリンは決定論それ自体の真偽に関する判断を留保している。「私はここで，決定論が必然的に偽であると言いたいのではない」（FEL 71/ V 219）。彼は決定論を批判するが，しかし非決定論が真の説明であるとも述べておらず，どちらの立場にも特権的な地位を与えていない。さらには両者が共に「無根拠（groundless）」（FEL xii/ V 13）である可能性をも示唆している（その後の論争においてもこの見解は変化していない）[14]。カーはこの点にも批判を加え，「仮にバーリンの議論が『決定論は誤っているに違いない』という結論に至らないとすれば，それが一体どこに至るのか，私には判らない」[15]と述べている。この留保の理由は何だろうか。

　ここから見て取れるのは，バーリンの決定論批判の手法である。彼は決定論や自由意志論自体の（「非決定論は真である」という命題）証明を目論んではい

---

13)　自由とそれに伴う責任の割り当てという問題は，現代正義論における主要な論点のひとつである。たとえばロールズの『正義論』，およびドゥオーキンの『平等とは何か』は，自由意志／決定論の対立図式とは異なる方面からこの問題にアプローチした著作であると言える（cf. Rawls 1999, Dworkin 2000）。

14)　「決定論は偽であるに違いないと私が言わない理由は単純である——私はそれが偽であるか否か知らなかったし，今も知らないからである」（WH 1048）。

15)　*The Listener*, June 1 (1961), p. 975.

ない。ここには反本質主義の見方が垣間見える[16]。彼によれば，決定論とは「理論でも仮説でもなく，その言葉遣いによってすべてが把握され記述される，あるいはされるべき，カテゴリーないし枠組である」(FEL 53/ V 189)。つまり，決定論がそれによってわれわれが個々の経験的現象を真または偽と判断するところの枠組であるとすれば，われわれはそれ自体として決定論を検証も反証もできないがゆえに，その真偽を問うことはできない。

このように，決定論はそれ自体「きわめて反経験的な態度」(FEL 53/ V 188)である。しかしながら，バーリンはこれを——論理実証主義者のように——単なるナンセンスとしては退けない。なぜならこの考えに従えば，行為の自由もまた，経験によってその存在が検証できない性質をそなえているからである。自由と責任によって構成される道徳的概念枠組もバーリンにあってはひとつの隠　喩となり，決定論と非決定論はそれぞれ対等の資格をもつ二つの隠喩あるいはモデルとして捉えられる。「たとえ自由に対する信念……が，ひとつの必然的な幻想であるとしても，それは極めて根深く，あまねく浸透しているがゆえに，幻想とは感じられない」(FEL 71/ V 219)。この言明から，バーリンは選択の自由を特権的な真理として語っていないことがわかる。道徳的実践のこのような捉え方は，ウィリアムズが「擬制（fiction）」と呼ぶものに相当する[17]。ここから，彼は存在証明の問題を回避し，むしろ決定論にしたがってわれわれが思考し行為する場合のさまざまな（特に倫理的諸問題に関する）帰結に注意を喚起することによって，選択の自由を擁護したと理解できる。そして彼が決定論を分析する方法が，言語批判の方法である。

『歴史の必然性』におけるバーリンの叙述には，しばしば「隠喩」という言葉が登場する。別のテクストでは，「言語の発達は，大部分において諸々の隠喩の発達である」とも書いている (CC 187-188)。彼によれば，われわれが世界

---

16)　バーリンはポパーの歴史主義および本質主義に対する批判に好意的に言及している (FEL 48n, 49n/ V 180, 185)。

17)　「非難の制度は……別の行為をすべき理由が行為主体にあったという見解と何か特別な結びつきがあるように見える。ところが……実際にはそうでないことが多い。非難の制度は，擬制を含むものとして最もよく理解される。その擬制の下では，理由こそが行為主体に関連する倫理的考慮であるとされ，行為主体はそういう存在として扱われることになる。〔中略〕この擬制はいろいろな機能を果たす。われわれが行為主体を倫理的理由に重きをおく人として扱えば，この扱いが行為主体を実際にそのような人物としてしまうかもしれない。これが擬制の果たす機能のひとつである」(Williams 1985: 193/ 319)。

を語る一群の隠喩は，われわれの世界認識を規定するカテゴリーとして機能する。したがって，彼の言う決定論とは世界についてのひとつの隠喩，つまりわれわれが世界を見，語り，思考する仕方，換言すれば世界観を導く象徴形式の一種であると考えられる[18]。

　ここまでの議論は決定論と非決定論の両方にあてはまる。彼は日常生活や科学的探究の発話において隠喩を用いてはならないとは言わないし，それなしで済ますことができるとも言っていない。おそらくわれわれの言語活動の中には無数の隠喩が存在する。彼が問題とするのはその次のプロセス，すなわち「不法な『具象化』(illicit "reification")——語を事物と，隠喩を現実と取り違えること」(FEL 54n/ V 191) である[19]。ここから，決定論が「広く受け入れられた信念となり」，「一般的な思考と行為の織物に織り込まれる」という表現の意味するところが理解される。彼は決定論という言説がわれわれの「思考と行為」に作用する仕方，換言すれば，決定論という言説と，われわれの日常的な道徳的実践——つまり所与の行為を自由と責任の語彙の下に把握すること——との関係を，相互の影響の観点から分析し，われわれの道徳的実践に対して決定論の言説がもたらす変化を問題としているのである。決定論に基づいて認識される規則性やパターンが，隠喩によって「創造された」のではなく「字義通り発見され，見分けられた」ものであると信じられるとき，その規則性は実体的なものと信じられ，その結果，「個人の責任という観念は『結局のところ』ひとつの幻想である」という見方にいたるおそれがある (FEL 54/ V 190-191)。決定論が問題となるのは，その「具象化」が，選択の自由と責任という一連の人間的行為の了解枠組を弱め，さらには消失させるような，パフォーマティヴな　力
 フォース
を備えている場合である。したがって，そこに共通する特性は，「個人の選択の自由（とにかくこの地上における）が究極的には幻想であり，人間が現に為したのとは別様に選択することもできたと考えることは，通常は事実の無知による，とする暗黙の前提である」(FEL 58/ V 197)。

---

18)　Cf. Black 1962, Pepper 1966. スティーヴン・ペッパーは，われわれの世界認識の様式をその根底において規定する一群の隠喩を「根源的隠喩（root metaphor）」と呼んでいる (Pepper 1966: 3)。
19)　Cf. West 1993, Rorty 1991. この「具象化」に対する批判は，言語の対応説を批判するバーリンの姿勢と一致する（本書第1章参照）。

第 3 章　価値多元論における自由と責任　　101

　この具象化が個人の自由と最も明白に衝突するのは，物理的決定論の場合である（FEL 56-57/ V 194-196）[20]。物理法則を拡張し，最も強い意味での機械的決定論のように，個人の行為が法則論的に決定されていると想定する場合，われわれが現に為したのとは別様に行為し得たと考える余地はない[21]。また，その必然的法則が歴史社会学的なものである場合，人間の歴史は個々人に降りかかる運命に近いものとなる。これらの考えを歴史叙述に適用すれば，「ある事件，行為，性格が必然的なものとして提示できるほど，それはよりよく理解されることになり，研究者の洞察はより深いものとなり，われわれは究極的な真理に近づいたことになる」（FEL 53/ V 188）。そのような歴史観の下では，ひとつの社会，さらには世界全体が法則体系に包摂され，「国家や運動や階級や個人の『興隆』と『没落』」，あるいは「不可抗的なリズム，宇宙的な流れの興亡の波，人間世界の干満」が描かれることになる。そして「歴史は喜劇的あるいは悲劇的な一作品，または幾つかの作品の連続，または歌劇台本のようなものであって，そこにおける主人公や敵役，勝利者や敗北者は，脚本通りに台詞を喋り，運命に悩むことになる」（FEL 53/ V 190）。このような世界観を文字どおりに受け取れば，そこに個人の責任が入り込む余地はない。「生起する出来事に対する究極的な責任」は個人の手を離れ，「非個人的，『個人を超越した』，『超個人的』実在ないし『諸力』」（FEL 45/ V 176-177）に移されることになる。

　この点は全体主義との関連でさらに掘り下げることが可能である。ラカン派精神分析をイデオロギー研究に応用するスラヴォイ・ジジェクは，全体主義をこの隠喩の具象化の観点から描き出している。彼によれば，全体主義とは何らかの隠喩を文字どおりに実現することを目指す運動なのであり，それは「隠喩的圧縮（metapholical condensation）の状況」と呼びうる（Žižek 1989: 3-4/ 11-13）。これまで数多くの批判者たちがバーリンの普遍主義と特殊主義のあいだの矛盾を重要視し，また論難してきた。しかしながらジジェクに従えば，バーリンは問題をこの上なく正しく捉えている。一方でバーリンは，理想的対象の追求をロマン主義の精神に見出してこれを評価するが，その具象化，すなわち

---

20)　Cf. Dennett 1982.
21)　また，蓋然的な法則言明が決定論的信仰と結びつくことを，バーリンは「統計の『具象化』」（FEL xxxiii/ V 49-50）と呼んでいる。

理想的対象との完全な同一化に対しては，これを批判する。後述のように，彼にとってユダヤ性（Jewishness）とは，そうした対象との同一化とその断念をめぐる問いでもある。彼が理想的同一化の断念を肯定している点こそ，彼を多元主義者とし，同時に自由主義者とするところのものである。後に第6章で検討するように，もし，こうした矛盾の抱え込みこそが現実的な態度であるならば，バーリンのイデオロギー批判に対する評価，そして彼の曖昧な自由主義に対する評価は大きく変わることになるだろう。

　次に，目的論的な決定論について考察する。バーリンによれば，目的論とは「人間および全ての生けるものは，さらにおそらくは無生物も，ただ単に現にあるように存在するだけでなく，諸々の役割を持ち，目的を追求しているという信念」である。目的論の下では，それぞれの存在は与えられた目的——外在的であれ内在的であれ——を追求し，それらの「完成の尺度はそれらが目的を達成した程度に存する」（FEL 51/ V 186）。このような信念は最終的にひとつの世界観に結実する。それぞれの存在が追求する目的は「単一の，全てを包摂する階層秩序（a single all-inclusive hierarchy）」をなしており，それゆえ，「ある物や人間の『宇宙的な』位置を知ることは，それが何であり何をなすかを言うことであり，そして同時に，なぜそれが現にあり現に為しているように，あるべきであり，為すべきであるのかを言うことである」（FEL 52/ V 187）。

　他方，これを個々の存在（行為者）の側から眺めてみれば，目的論は一種の行為論として捉え直すことができる。行為者はこの目的論的宇宙における自己の位置を知ることによって，自分が何者であり，また何者であるべきかを知ることができる。そして個々の場面において，行為者は自己の目的に照らして何をなすべきかを決定することができる。そこにおいて目的体系は，行為者の選択の正しさを保証する参照項として機能する。

　一見すると，このような目的論は，機械的および歴史社会学的な決定論とは異なり，個人の選択の自由と両立するように見える。というのも，そこにおいて個々の行為や出来事は先行する諸々の出来事によって必然的に決定されているとは言えないからである。与えられた目的に向けて行為することは，行為の正しさという概念を含んでおり，正しい行為は誤った行為の可能性を含意するとすれば，そこにはある意味における選択が存在していると言える。さらには，

このような説明は選択という行為をきわめてよく説明するように見える。通常，価値の比較はそれを手段とした目的との連関から行われる。たとえば黒板に字を書こうとするとき，われわれはチーズよりもチョークを選ぶ。《チーズとチョークはいずれが優れているか》という問いは，それ自体としては無意味であるが，目的との関係の下では意味をなす（Chang 1997: 7）。しかしながら，バーリンによれば，決定論に共通する特性は，個人の選択の自由が究極的に幻想であるということであった。目的論においてそれはどのようなかたちで現れるのだろうか。

　目的論における決定論的問題を，ウィリアムズは「実践的必然性（practical necessity）」と呼んで次のように説明している。

　　熟慮の結果が，最優先の，しかも（少なくとも行為主体にとって）最も重要な考慮を取り込む場合，この結論は特殊な形を取ることがある。この場合，人はあることをすべきである（should），というような結論が出されるだけではない。人はあることをしなければならない（must），しかも，他のことをすることはできない（cannot），という結論が出されるのである。これを実践的必然性の結論と呼んでもよいだろう。（Williams 1985: 187–188/ 310）[22]

つまり，与えられた目的であれ，内在的な目的であれ，ある目的を絶対的なものとして設定し，選択に際してそれ以外の目的ないし価値を無視する——あるいは，他の目的と必然的に調和すると想定する——とすれば，それまで複数存在した選択肢はひとつに収束してしまう。具象化され固定化された目的論は，選択肢を拘束する外的な統制原理として作用するのである。ここにおいて，選択を有意義なものにしていた目的は，選択それ自体を否定するものへと転化する。選択は目的に対して有意味となるが，選択それ自体の意義は完全に失効してしまうのである[23]。

---

22)　See also, 'Practical Necessity,' in Williams 1981, pp. 124-131.
23)　大澤も言うように，「自由の構成条件となりうるどのような拘束でも，それが実体化され固定化されてしまえば，自由に対する，単なる，外的な脅威へと転じてしまう」（大澤 1998: 98）。

こうした批判は,『二つの自由概念』における積極的自由批判と同じ図式を
共有している。絶対的な目的の参照によって正しい選択肢を同定する目的論的
決定論は,自己の選択を超越的な存在（上位の自己,理性,最高善）のそれと同
一視する積極的自由の構想と厳密に対応している。そしてその場合,責任は個
人にではなく,その超越的な存在や上位の自己,あるいはそれらを体現する社
会のほうに向けられることになる。なぜならその場合,「われわれが何者かで
あり,価値あるものであるのは,われわれがわれわれ自身よりも大きい何らか
の実在に属し,したがって『それ』の価値の担い手,『それ』の目的のための
道具となり,『それ』の生命を生き,『それ』のより豊かな自己実現のために悩
み,死する限りにおいてであるに過ぎないから」（FEL 48n/ V 180）である。目
的論はわれわれの選択の正しさを保証すると同時に,われわれの行為の責任を
——目的に対して正しい行為であるかぎり——担ってくれるものとなる。

このように,具象化された目的論は選択の自由および個人の責任と両立しな
い。しかしながら,目的の存在は選択という出来事にとって本質的な要素であ
るようにも思われる。選択と目的に関するこの困難な問題を繙き,自由と責任
を可能とする条件を提示することができなければ,バーリンは「この種の形而
上的構築物が信用に値しない」（FEL xxxiv/ V 49-50）と断言することはできない
であろう。以下ではこの問いに関するテイラーの見解を取り上げ,選択の自由
と目的概念との関係を,価値多元論における道徳的責任の可能性という観点か
ら考察したい。

第4節　価値多元論と責任

テイラーは「自己に対する責任」と題した論考の中で,選択の自由に対する
実存主義的なアプローチの難点を指摘している。彼によれば,絶対的な主張の
あいだのラディカルな選択という実存主義の考えは,一方で「道徳的ヴィジョ
ンの多元性」を表現するものとして評価できる。しかし他方,ラディカルな選
択それ自体は「ある選択肢の他の選択肢に対する優越性を分節化しうる言葉を
何ら持ち合わせていない」がゆえに,行為者は「ただ一方へと身を投じるだ
け」であり,その「選択の理由」をまったく説明できない。ここで彼はジャ

ン＝ポール・サルトルの『実存主義とは何か』（1946 年）における有名な例
——母親の看護とレジスタンスへの参加との選択に立たされる青年[24]——を引
用し，それを別の事例——母親の看護と保養地への旅行との選択——と比較し
ている。この比較を通じてテイラーは次のように主張する。すなわち，ラディ
カルな選択理論は後者の場合でさえ適切な選択肢——母親の下にとどまること
——を同定し得ず，ただ一方に身を投じるだけという結論を避けることができ
ない。したがってラディカルな選択理論は選択を取り巻く状況に対して無差別
である（Taylor 1982: 120）。この点は道徳的な選択理論として致命的な欠陥であ
り，ラディカルな選択理論は「その議論の射程を超えるような，強い評価
（strong evaluation）を密かに想定することによって，もっともらしい外観を保
っているに過ぎない」。ここからテイラーは，「行為者とその経験に関するわれ
われの構想において，強い評価がいかに避けられないものであるかを見ること
ができる」と結論づけている（Taylor 1982: 119-122）[25]。

　上述のように，テイラーにとって選択を有意味ならしめるものは選択肢の比
較可能性である。「強い評価」とは，量や強度の観点からは比較できない多元
的な諸価値を，さまざまな評価語（誇らしい／恥ずかしい，勇敢な／臆病な，
等々）によって二値的に序列化する方法（あるいは評価枠組）であり，これによ
って行為者は自己の選択の理由を説明し，責任を負うことができるとされ
る[26]。しかしながら，テイラーがこの「強い評価」をあらゆる道徳的判断の基
礎的条件として想定するとき，彼の主張は多元論の中心的主張のひとつを無化
するように思われる。それは選択肢の比較不可能性，さらには比較しないこと
の重要性である。テイラーは，通約不可能な選択肢に直面した行為者は，望ま
しい選択肢を——自己の目的に照らした「強い評価」にしたがって——選択に
先立って（暫定的なものにせよ）確定できると想定している（あるいは確定でき
ない場合を想定していない）。彼はラディカルな選択理論が選択の状況と理由を
分節化する語彙をもたない点を批判するが，価値多元論の主張に忠実であろう
とするならば，まさにそのような言葉が存在しない状況を可能性としてつねに

---

24)　Cf. Sartre 1962: 40ff／33 頁以下。
25)　この立場はその後も基本的に変化していない（cf. Taylor 1997）。
26)　テイラーの責任概念については，田中 1994: 130-135 も参照。

考慮に入れておくことが必要である[27]。ジョセフ・ラズが言うように，多元的価値の世界においては「どちらが選択されるかが意味のある重要なことではなく，両者の間で無差別な態度を取ることが正しい場合」が存在する（Raz 1985-1986: 125/ 121-122）。ルークスはさらに，優劣の比較が「無意味」であるのみならず「不適切」となる場合を指摘し，通約不可能性は単なる尺度の不在ではなく，それ固有の倫理的な問題圏を構築することに注意を喚起している（Lukes 1997: 185）。

　ここで，われわれは選択という出来事のもうひとつの側面，すなわち選択が行われた後の事態に注意を向けなければならない。バーリンが選択にともなう「犠牲（sacrifice）」を力説するとき，そこにおいて暗示されているものは，失われたものに向けられるまなざし，すなわち，選択に伴う喪失に対する配慮（care）である。実践的判断論は，選択肢の比較と選択後の状況をともに記述してはじめて完結した倫理学説になり得るように思われる。

　ルークスは価値の「トレード・オフ」と「犠牲」を区別し，倫理的考察における後者の重要性を論じている。トレード・オフは商業的な隠喩であり，ある価値と他の価値のあいだに交換（あるいは等価関係）が成立することを暗示している。他方，犠牲は宗教的な隠喩であり，そこにおける喪失は根本的に回復不能であることを示唆している（Lukes 1997: 187-188）。ルークスはこの「犠牲」の隠喩を日常的な経験世界に見出す。もし選択されなかった価値がトレード・オフを通じて元どおりに回復されるとすれば，道徳的な痛みや悲劇的な感情は発生する余地がない。しかし，たとえば友情や個人の名誉，自由な言論などは，他の価値，たとえば金銭によって回復されることはありえない。彼はこのような価値を「神聖な価値（sacred value）」と呼び，その神聖さの源泉を通

27）　バーリンは1994年に出版されたテイラー記念論集に短い序文を寄せているが，その中で次のように述べている。「私の見解とチャールズ・テイラーのそれとの主要な相違は，彼が基本的に目的論者——クリスチャンとして，またヘーゲル主義者として——である点です」（Tully 1994: 1）。バーリンは，テイラーが諸価値の究極的な調和を肯定する本質論者である——すなわち，突き詰めれば価値多元論者ではない——と考えている。「私が思うに，テイラーは本質というものを信じているが，私はそうではない」（Tully 1994: 2）。他方でテイラーはこれを受けて，現実世界において諸価値の深刻な衝突が存在することを承認しつつも，（ニーチェ的な意味での）「再評価＝価値の顚倒（transvaluation, *Umwertung*）」を通じて諸価値の両立可能性を模索する努力を放棄すべきでないと信じる，と応答している（Tully 1994: 213-214）。このやり取りは，本章で考察している価値多元論と責任の関係をめぐる両者の見解の相違を裏書きしている。

約不可能性の認識に求める。

　価値多元論によれば，われわれは客観的な諸価値が衝突する世界を生きている。そこにおいて「われわれは選ばねばならない運命にある。そして全ての選択は，取り返しのつかない損失（irreparable loss）を招く可能性がある」（CTH 13/ IV 19）。これらはルークスの言う犠牲の概念を端的に言い表している。バーリンのまなざしにおいては，選択の後にあっても二つの価値は二つのままであり，綜合され宥和されることはない。選択されざる価値は犠牲にされる。彼にとって宥和への欲求はむしろ「深く，治癒し難い形而上学的欲求」（FEL 172/ V 390）ですらある。それにもかかわらず，われわれは，たとえば，「自由も，自由の擁護やまた最小限の福祉に必要とされる組織も，いずれも犠牲にできない」（FEL 39/ V 163）。このディレンマをどう考えればよいだろうか。

　前章で確認したように，多元的価値の世界における道徳的生活のありさまを，バーリンは「現実感覚」論として展開している。そこにおいて彼はアリストテレス的な実践的推論——具体的状況の把握と選択肢の比較考慮に基づく意思決定——を重視するが，しかし，それは必ずしも所与の状況に対して理想的な解決を与えてくれるものではない。バーリンの力点はむしろ，実践的判断が必要とされる場面においてはしばしば犠牲が避けられない——たとえ状況を顧慮した最善の判断であっても——ということである。多様な価値のあいだでバランスを取ることは，それらが極大化する理想的な均衡点に到達することではなく，それらをそれぞれある程度において犠牲にすることである。「社会福祉の余地を残し，飢えた者に食を与え，裸の者に衣服を着せ，家のない者に住居を与え，他人の自由に余地を残し，正義や公正が行われるようにするためには，自由……を削減しなければならない」（CTH 12-13/ IV 18）。多元論の承認は，諸価値の宥和されざる現実を直視することにかかっており，またその実践は，このような価値の喪失に対処できるか否か——自己の選択がラディカルなものであった場合ですら，なお個人は自己の選択を引き受け，選択によってもたらされた状況に応答できるか否か——にかかっている。

　価値の喪失に直面した自己は不安定な心理状態に置かれる。「神経症（neuroses）は選択肢の中からどれかを選ばなければならないという恐怖から生じる。選択のないところには，不安もない。責任からはきれいさっぱり解放

される」(FEL 111-112/ V 285)。果たして，諸価値の深刻な両立不可能性を肯定しつつ，自己の選択に伴う責任を引き受けることはできるのだろうか。一見したところ，この課題は解決困難である。選択に先立って確定的な見通しが与えられていない状況における選択は，行為者に対する責任の適用を拒むように見える。しかしながら，このような状況こそが問題解決の鍵となりうる。先に見たように，テイラーはラディカルな選択理論を，選択肢を評価する語彙の不在という側面から批判し，評価可能性と責任の可能性を不可分のものとして結びつけた。しかしバーリンやルークスが指摘するような，多元的状況における説明語彙のラディカルな不在は，評価可能性に基づく責任の適用を困難にする。というのも，この説明に従えば，選択の理由が説明できない場合に，個人は責任を引き受けられないことになってしまうからである。したがって，もし価値多元論を深刻に受け取るのであれば，責任は選択肢の評価可能性ではなく，むしろ選択それ自体，および選択がもたらした結果の側面と本質的なかかわりをもつと考えるべきである[28]。ここで「後悔（remorse）」についてのバーリンの見解を引用してみよう。

> せむし（hunchback）が自分のこぶ（hump）恥ずかしく思うことがあるであろうように，われわれは自分の行為あるいは心の状態，さらには他人のそれを恥ずかしく感じることはある。しかし，後悔を覚えることはありえない。なぜなら，後悔を覚えることは，われわれが別様にも行為し得たという，そして自由にそうする選択をなし得たという信念を含意するからである。(FEL 65/ V 209)[29]

バーリンによれば，道徳的責任は自分が別様にも行為し得る（し得た）という信念——ラディカルな選択に対する信念——によって生じる。このような信念は，選択が別様でもありえたと行為者が反省する可能性を前提としている。選

---

28) 大澤も基本的にこのような方向性で現代社会における責任の実践可能性を検討している（大澤 2000）。
29) このバーリン議論は，後悔（regret）についてのウィリアム・ジェイムズの議論を踏襲している（cf. James 1910: 160ff/ 209 以下）。後述のように，この「せむしのこぶ」のたとえは，ユダヤ人のアイデンティティに関するバーリンの説明の中で頻繁に登場する。

第3章　価値多元論における自由と責任　109

択による犠牲や価値の喪失は，別様にも行為し得たことへの反省とあいまって，犠牲に対するまなざし——たとえば後悔の感情——を発生させる。そのような感情は，自己の選択がもたらした結果に配慮する感覚を呼び覚ます。他方，選択によって重要な価値が犠牲とならない（と感じられる）場合や，トレード・オフを通じて元どおりに回復できる（と感じられる）場合，それらの感情は発生する余地がない。行為者が絶対的な目的から理想的な選択肢を導き，「正しい」判断を行う場合，嘆くに値する価値の喪失は存在せず，そこにおいて悔恨の感情が存在する余地はきわめて小さくなる。また，選択が自分以外の何か（誰か）によって強制された場合，それが自己の選択として重くのしかかってくることはない。道徳的責任の条件は，安定的な目的体系や価値判断の基準——それがいかに全体主義に転化する危険が少なかろうと——があらかじめ与えられていることではなく，自己の選択に伴う喪失と向き合う倫理的な態度に存すると考えることができる[30]。

　ここまで来てわれわれは，バーリンが数々の批判に抗して「自由」と「自由の行使条件」との区別（FEL liii-lv/ V 81-83）に固執した理由のひとつを理解することができる。責任は，選択肢を序列化する評価枠組とではなく，選択それ自体と本質的なかかわりをもつ。この評価枠組を自己の選択と常に同一視し，さらには自由それ自体と同一視すれば，むしろ自由に伴うべき責任を個人が承認する契機を奪ってしまう。もちろんテイラーの言うように，自己の統合（インテグリティ）は重要な価値であり，犠牲を伴わず，ディレンマに陥ることなく選択できることは望ましいことであろう。しかし，つねにそれが実現されるとはかぎらない[31]。価値多元論における責任の問題は，理由に関する完全な説明が存在しない場面においてもっとも先鋭的なかたちで発生するのであり，テイラーの見解はこの困難を除去しないように思われる[32]。

　もちろん，行為者がつねに責任を引き受けられるわけではない。先に見たように，自由と責任をめぐる道徳的実践が一種の「擬制」に支えられているとすれば，行為は時に自由な選択によって，ときに先行する諸原因によって引き起こされたものとみなされる。後者の場合，行為に責任のカテゴリーは適用され

---

30)　結果に対する責任を強調する点で，この態度とマックス・ヴェーバーの「責任倫理」との類似性を指摘することもできる（cf. Weber 1991: 58/ 89）。

ない。バーリンは次のように述べる。「自由な選択の範囲が，過去に考えられ
ていたよりも，またおそらく現在もなお誤って信じているよりも，はるかに狭
いという見解には，多くの経験的証拠がある。〔中略〕〔しかし，〕そうした法則
やパターンでも，幾らかの選択の自由を残していると考えられるのでなければ
……われわれは現実についての見方を，そうした法則に沿うかたちで再構築し
なければならないだろう」（FEL xxxv/ V 51.〔 〕内は引用者）。われわれの社会的
実践が自由な行為と自由でない行為の境界の存在を前提としているという事実
は次のことを意味する。すなわち一方で，選択と責任の概念が行為にまったく
適用されないならば，われわれの道徳的実践は消滅してしまうが，他方で，そ
の逆もまたわれわれの基本的な信念に反し，おそらくは現在の社会的実践の破
綻を招く，ということである。この点において，バーリンの議論は無限責任論
とは区別される。完全な自由と責任というサルトルの責任論は，ウィリアムズ
の言う「道徳の純粋さ（the purity of morality）」というひとつの価値を表現し
ているが，このような見方はそのまま受け取れば「幻想」であり，また「哲学
的誤謬」である（Williams 1985: 195–196/ 322–324)[33]。この境界は時代と場所に応

31）　行為に先立つ評価および理由づけは，行為から発生する予期せぬ帰結（あるいはリ
スク）を包摂できない。デイヴィドソンが言うように，行為者が述べる行為の理由は，
「競合する理由の比較考慮が含まれた具体的な実践的推論を再構成するほど緻密なものと
はなりえない」。「説明や正当化の事後的な（ex post facto）背景の中で，しばしば唯一の理
由として現れてくるものは，行為の時点における行為者にとっては，多くの考慮すべき要
件の中のひとつ，すなわちひとつの理由に過ぎない」のである（Davidson 2001: 16/ 21)。
またアンソニー・ギデンズは次のように述べている。「行為の再帰的モニタリング
（reflexive monitoring）は，行為者が自分自身の行動を，過去を振り返るかたちで調べる
ときか，あるいは，より一般的には，他の人々によってその行動についての質疑がなされ
るときに，はじめて意図の言明に，つまり，理由の提示になる。行為の合理化は，行為者
が互いの行動について行う『責任』の道徳的評価と，それゆえ，道徳規範や，道徳規範を
犯す人々が被る制裁と密接に結びつく」（Giddens 1993: 165/ 267)。彼らの考察によれば，
選択の理由は選択に先立って確定的に与えられるものではなく，むしろ行為者が選択に
よって生じた結果を引き受ける過程においてしばしば紡ぎだすものである。
32）　もちろんテイラーの構想は，バーリンの批判する目的論的決定論の図式にそのまま
あてはまるわけではない。テイラーの構想において，自己の評価枠組は歴史的諸条件およ
びこれまでの自己の諸経験によって織りなされており，不断の経験に伴って不断に織り直
される「自己解釈」の過程を表現している。したがって彼は評価枠組の固定化を批判し，
「開かれた態度」必要性を唱える（Taylor 1982: 125)。しかし他方，彼にとって自己の統
合は人間の根源的欲求であり，自己解釈の実践は，多元的世界において統合を目指す実践
である。ここにテイラーが直面する多元性と統合とのディレンマがある。彼自身，この開
かれた態度というものが非常に困難であることを認めている。
33）　この点は道徳における運（moral luck)，および偶然性（contingency）の観念と深い
かかわりをもつと思われるが，本書で考察することはできない。

第3章　価値多元論における自由と責任 | 111

じて変化する。しかし，この境界の存在それ自体は，人間の社会的実践にとってもっとも普遍的な前提のひとつであり，その一方の側に自由な行為のカテゴリーが存在しなければ，われわれの道徳的実践は不可能になってしまうであろう[34]。『歴史の必然性』においてバーリンが言わんとしたのは，このことであったように思われる。

第5節　小括

　以上において，『歴史の必然性』がもつ，主に道徳理論上の意義を考察してきた。最後に，政治的自由を論じた『二つの自由概念』との関係を見ておきたい。一般に，自由意志論と政治的自由論は別個の問題として扱われる。周知のように，J・S・ミルは『自由論』の冒頭で両者を区別している。他方でバーリンは，両者が完全に区別可能なわけではなく，概念上の重なり合いがあることを指摘している。

> 道徳的自由と物理的自由，政治的ないし法的自由は，同じく自由であっても別のものであると考えてはならない。何らかの共通する意味の核——単一の共通する特徴であるか，いわゆる「家族的類似性」であるかはともかく——を心に留めておかなければ，どれかひとつの意味が基本的であるとされ，他のものは無理やりそれに同一化されるか，些細ないし浅薄なものとして無視されてしまう危険がある。(CC 193/ II 291-292)

上述のように，彼はこの重なり合いを「隠喩の具象化」という現象に見出した。それは彼が繰り返し強調した「観念が現実を動かす力」の一例でもある。自由な行為者という観念は道徳的主体の条件をなす基本的カテゴリーに属するものであるが，それでも，この観念は完全に不変のものではない。『自由論』の序論で彼は次のように書いている。

---

34)　ネーゲルは，この境界が自己の道徳感覚，さらには自己と自己でないものの区別にとって本質的であると指摘している（cf. Nagel 1979: 36-37/ 58-59）。

112

　非決定論は，人間が実際に動物や物のように扱われ得ないことを含意しない。政治的自由も，選択の自由と同様に，人間という観念に内在する（intrinsic）ものではない。それはひとつの歴史的生成物であり，境界によって区切られたひとつの領域である。(FEL xxxvii/ V 55)

　彼の反基礎づけ主義の観点からすれば，人間行為における選択の自由と責任の概念は，他の存在者から区別される人間の本性という観点から説明される形而上学的概念ではない[35]。責任と自由はむしろ，われわれが人間行為を了解する際の日常的な語彙に含まれている隠喩であり，行為を判別し評価するための道徳的カテゴリーを構成する概念である。他方，人間が物のように扱われ得ないわけではないという指摘は，人間の行為を法則論的な行動とみなす決定論も，非決定論と同様に，人間の行為に対して適用可能であることを暗示している。それは上述の「隠喩的圧縮の状況」を指しており，これを実際に行ったのがマルクス主義の階級決定論であり，ナチスの人種的決定論であった。そうした理論のとおりに社会を完全に制御することはまず不可能であるとしても，それらは人間の自由な選択の範囲に関するわれわれの考えに深刻な影響を与えるかもしれないし，ときには具体的な法制度（たとえば刑罰にかんする）の変更を促すかもしれない。このことは，選択の自由と責任の範囲それ自体が政治的選択の対象——その境界をどこに定めるかという意味で——であることを示している。

　自由な行為とそうでない行為との境界はどの社会にとっても基本的なものであるが，その中でも自由主義社会は，個人の自由と責任に比較的高い価値を置く社会と考えることができる。非常に単純化して言えば，自由主義社会における中心的な原理は自己責任である。この原理は，行為者の自由と責任との対称性を前提としている。つまり，この社会において行為者は自由な活動を行う代わりに，自己の行為の結果を引き受けることを期待されている。もしその行為が他者や社会に損失を与えた場合，行為者は損失を補償できなければならない（もちろん実際の政治制度においては，こうした個人の責任はさまざまな理由で減免されているのであるが）。

35）　Cf. Rotenstreich 1976: 109. バーリン思想においていわゆる人間本性論に相当するものがあるとすれば，それは第2章で見た価値多元論であろう。

第3章 価値多元論における自由と責任 113

　自由主義の社会的実践を支えるそのような隠喩は，自律的な主体という概念の後退とあいまって，後期近代と呼ばれる現代において衰微しつつある——その実践的な力，行為を正当化する力を弱めている——ように見える[36]。たとえば，原子力発電所の事故や遺伝子操作などの社会問題において顕著にあらわれているところの，人間の行為能力と責任能力の著しい不均衡は，古典的な責任概念の適用可能性を根底から脅かしている[37]。そうした状況の中で，われわれは自由な社会のために何ができるのだろうか。一方で，社会的実践の可能性を支えるそのような隠喩は，個々人が任意的に変更しうる類のものではない。しかし他方，その実践はわれわれ自身の日常的な実践でもある[38]。行為を評価し責任を主張すること自体が，われわれが自由を享受するための条件を再生産しているのである。「自己の確信の妥当性が相対的であることを自覚し」，「にもかかわらず断固としてその信念を表明すること，これこそ文明人と野蛮人から区別するものに他ならない」（FEL 172/ Ⅴ 390）。『二つの自由概念』の中でも有名なこの一節は，ここでは次のように読み替えられるだろう。「自由と責任という社会的実践のラディカルな偶然性を自覚し，にもかかわらずそれをわがものとして引き受け，実践すること，これこそ自由な社会が存続するための条件である」と。ロシアの詩人アンナ・アフマートヴァとの対話を報告する文章の中で，バーリンは彼女の印象的な発言について次のように記している。

　　私は彼女に『英雄のいない詩』の注釈を書くつもりはないかと尋ねた。その詩にまつわる生活を知らない者には，詩の暗喩（allusions）は理解できないであろう。それとも彼女は，暗喩が暗黒の中にとどまることを望んでいるのか？　彼女は，自分の語っている世界を知る人々が老齢と死に追い越されたときには，その詩もまた死ぬであろうと答えた。それは，彼女と彼女の世紀とともに埋葬されるであろう，それは永遠のために書いたので

36）　自律的な主体という観念の後退を，カントの人間学に光を当てながら象徴的に示したのが，ミシェル・フーコーであった（cf. Foucault 1974）。
37）　Cf. Beck 1986, Scheffer 1995.
38）　ローティは人間の思考と行為を規定する隠喩（あるいはパラダイム）の変化をほぼ全面的に偶然性に帰しているが，他方で「新しく魅力的な隠喩を創造する」人々の役割も認めている（Rorty 1979: 264, 365-372/ 302, 425-432）。

114

はなく，後世のために書いたものでもない……。(PI 248/ II 230-321)

詩の生命力はその詩を理解する者に依存する。さらには，所与の人間的生の根底を流れる隠喩ですら永遠のものではない——バーリンはこのことを深く認識していたように思える。それでもなお，彼は自らが価値ありとするものを支える隠喩が一日も長く続くことを願い，その持続のために主張し続ける態度を失わなかった[39]。アフマートヴァに詩の注釈の執筆を提案するバーリンの姿は，決して静寂主義にとどまることがない彼の活動的な精神を象徴しているようにも思える。「われわれは新たなモデルを，伝統的な重苦しい議論の枠組でできたプロクルステスの寝床から道徳意識の明証を救い出せるような図式を必要としているようだ」(FEL xxxvi/ V 54)。バーリンがわれわれに求めているのは，神話的世界への回帰による確実性の回復ではなく，変化する社会環境に応答し，そこにおいて人間の自由を可能にする新たな倫理学および政治理論の構想と実践であろう。

---

39) この点に鑑みれば，「人間はたとえ自由でないとしても自由でなければならないという恐るべきディレンマを，バーリンはいっさいの和解を拒否して，たじろぐことなく見つめている」(河合 1973: 174) という指摘は適切である。

第4章
リベラルな善の構想と
その政治的帰結

第1節　問題設定

　政治理論という研究領域には，自由に関するいくつかの言説——完全に区別
することはできないが，それぞれ重心の異なる——が存在するように思われる。
第一に，バーリンの『二つの自由概念』（1958年）に端を発するところの，政
治的自由概念に関する言説がある。それは哲学的自由論と規範的政治理論の中
間に位置して両者を媒介する役割を果たす[1]。第二に，自由主義の理論と実践
に関する言説がある。これはリベラルな政治経済体制や法権利の諸制度に関す
る経験的研究と，そのような政治社会を支える規範的諸前提に関する議論を含
む[2]。よく言われるように，両者の区別を自由の「概念（concept）」と「構想
（conception）」の区別として考えることもできる[3]。

　本章ではこれらとは異なる側面に光を当てたい。それは現代自由主義研究の
一分野としては比較的論じられることが少ない主題ではあるが，他の二者とは
異なる固有の意義を有すると考えられるもの，すなわち「リベラルな精神
（liberal mind）」[4]をめぐる問題圏である。これは政治的権利や制度に関する構

---

1)　Cf. Miller 1991, 川本 1996, Carter, Kramer & Steiner 2007, 山岡 2014 など.
2)　Cf. Ruggiero 1927, Manent 1995, 佐々木 1995, Mulhall & Swift 1996, Rawls 1996,
Dworkin 2000, Gaus 2003, Kelly 2005. 両方の側面に言及するものとしては，Cranston
1967, Pelczynski & Gray 1984, Gray 1986 など.
3)　政治理論において concept と conception の区別はロールズによって始められたという
見解が一般的であるが，すでに1966年に，この区別はL・J・マクファーレンによるバー
リン批判論文に現れている。彼によれば，バーリンが『二つの自由概念』で示したのは積
極的自由と消極的自由の衝突ではなく，むしろ「それら概念のうち二つの特定の構想
（two particular conceptions）の衝突にすぎない」（Macfarlane 1966）。バーリンもこの点
を認め，のちに『自由論』序論で conception という言葉を用いている（FEL iv/ V 7）。
4)　Cf. Stefan Collini, 'Liberal Mind: Isaiah Berlin,' in Collini 1999.

想というよりも，むしろ「ひとつの態度ないし心の状態」（Walzer 1997: 10/ 25）であり，個人の「道徳的性格」（Minogue 1999: 2），あるいはオークショットの言う「気質（disposition）」（Oakeshott 1991: 407/ II 171）をめぐる一連の議論から構成される。

　周知のように，ルソー（Jean-Jacques Rousseau, 1712-1778）は『社会契約論』の中で自由を三種類に区別している。すなわち「個々人の力以外に制限をもたない自然的自由（*liberté naturelle*）」，「一般的意志によって制約されている市民的自由（*liberté civile*）」，そして「人間をしてまことの主人たらしめる唯一のもの」であるところの「精神の自由（*liberté morale*）」である（Rousseau 1962: 37/ 37）。彼がこの第三の自由を示して以来，政治理論において自己の本来性という問題は自由の問題と切り離せないものとなった。この精神の自由は近代自由民主主義を支える中心的理念のひとつとなり，後期近代と呼ばれる時代にあってなおいささかも重要性を失っていない（cf. 千葉 2000: 61ff）。

　現代政治理論においてこの課題を引き継いでいるのは，いわゆる差異とアイデンティティの政治を論じる人々であろう。彼らは，近代自由主義（およびそれを体現する法的・道徳的・政治的諸制度）が依拠する人格の構想が普遍的妥当性をもつものではなく，むしろ歴史的な偶然性を帯びていること，またしばしば社会における特定の集団や階層に有利な構想であることを指摘してきた。バーリンの自由論に関して言えば，「承認の政治」論を展開するテイラーが，その批判にあたってこのルソー的な問題構制を導入したことが知られている（cf. Taylor 1979）。だが，こうした観点からバーリンの自由論を批判する論考は多数存在するにもかかわらず，精神の自由という主題をバーリン思想のうちに見出す試みはきわめて少ない。

　したがって，バーリンにおけるこのリベラルな精神，あるいは精神の自由の議論構成を明らかにすることが本章の中心的な課題となる。以下ではまず，彼の自由主義におけるこの問題の相対的重要性を確認し，そのうえで「リベラルな善の構想（liberal conception of the good）」の一種としてこれを提示する。次に，この善の構想を彼の価値多元論および寛容論と重ね合わせ，そこからある種のリベラルな政治的構想を導き出すことを試みる。そして最後に，これらの考察をもとに，現代政治理論——とりわけ自由主義とアイデンティティの政

治との関係をめぐる問題圏——におけるバーリンの位置を明らかにしたい。

第2節　後期近代における自由の問題

1　自由主義の偶然性／自由の普遍性

　本書のこれまでの部分では，哲学的一元論と基礎づけ主義を批判したバーリンが，価値多元論と歴史主義の立場に与していることを確認してきた。彼によれば，自由主義政治体制はあらゆる理性的存在者が最終的に肯定する最善の統治形態といったものではなく，むしろ特殊な社会的諸条件の産物であり，歴史的偶然性によって縁取られている。「諸目的の永続的妥当性を主張することなく，それらの目的を選択する自由という理想[5]——およびそれに関連する価値の多元論——は，没落しつつある資本主義文明の末期的な所産に過ぎないのかもしれない」(FEL 172/ V 390) という一節に，それは端的に示されている[6]。また前章で確認したように，保障されるべき政治的自由の範囲についても，それはア・プリオリな論証によって決着のつくものではなく，むしろ政治的決定の産物であると考えている。ここから，バーリンの自由論を 20 世紀後半から現在にかけての，いわゆる「後期近代」をめぐる問題圏と相関的に捉えることが可能となる。この問題圏は，アンソニー・ギデンズやウルリッヒ・ベック，ジグムント・バウマン，ウィリアム・コノリーなど，現代の社会理論家の多くが共有するものである[7]。

　他方でバーリンは，同じく前章で確認したように，選択の自由およびそれに伴う責任という一連の実践それ自体は後期近代の社会生活にのみ特有のものではなく，およそ道徳的と呼ばれる生活を送るうえでほとんど不可避的に含まれるとも主張している。「自由な選択を許されない人々を非難することが非合理

---

[5]　原文は 'the ideal of freedom to choose ends without claiming eternal validity for them.' 1958 年版『二つの自由概念』(TCL) では，この部分は 'the ideal of freedom to live as one wishes...' (欲するがままに生きる自由という理想) となっている。日本語版『自由論』収録の「二つの自由概念」(生松敬三訳) は，この 1958 年版を収録している。

[6]　これをバーリンの引用にちなんでシュンペーター (＝ローティ)・テーゼと呼んでもよいかもしれない (cf. Schumpeter 1950: 243/ 388, Rorty 1989: 46/ 100)。

[7]　Cf. Connolly 1991, Beck, Giddens & Lash 1994, Bauman 2000. コノリーは次のように述べている。「後期近代の自己が獲得可能なアイデンティティは，自己責任，自己規律，自由に関する歴史的に受け継がれてきた基準と結びついている」(Connolly 1991: 20/ 36)。

的であるという命題は，特定の一群の道徳的価値（他の文化なら拒否するかもしれない）に依るのではなくて，われわれの言語と思考を支配する記述的概念と評価的概念との特殊な連関に依存しているのである」（FEL xxii-xxiii/ V 31）。ここでは彼は「意志から自由を全く奪い去ることは，おこないから道徳性を全く奪い去ることである」（Rousseau 1962: 28/ 22）というルソーの言葉に同意するであろう。

　この一方における自由および自由主義の歴史的偶然性と，他方における選択の自由および責任のカテゴリー性という区別を確認することは重要である。というのも，この区別によって，現在行われている自由主義的実践が別様でもありうることを確認しつつ，リベラルの主張の中には，それなくしては道徳的生活が送れないような最小限の自由という要素もまた含まれていることを理解できるからである[8]。したがって自由の問題の普遍的側面を踏まえつつ，後期近代におけるその現れ——そこにおいて自由の問題はかつてないほどに表面化され，かつ先鋭化している——を歴史的な視点から批判的に検討することが，ここでの基本的な姿勢となる。

2　生の根源的な偶然性と予定調和の不在

　まず，この自由の問題の普遍的側面に目を向けたい。バーリンにおけるそれは，世界に関するある基本的な見解を前提としている。それは多元論から導かれる人間生活の悲劇的な側面である。彼は一元論が示す予定調和的な世界観を拒絶し，諸価値の衝突によって特徴づけられる日常的経験の世界を肯定した。アメリカの政治理論家ウィリアム・コノリー——彼もまた多元論者として知られる——は，この予定調和の不在を『アイデンティティ＼差異』の主題としている。「人生の根本的な不公平さ。罪もないのに死んでゆく子供，知性を男性にしか認めない世界にいるきわめて思慮深い女性，戦士の本能をもちながら行

---

8)　ここでもコノリーとバーリンの問題認識は一致している。「責任は，単純な普遍概念ではないとしても，大まかな普遍概念や人間生活の基本的な要素に類するようなものだと思われる。〔中略〕これまで知られているどのような文化であれ，責任の概念を全く欠いたものはなかったし，それだけでなく，われわれになじみのある責任概念に類する一定の観念を含んでいないような生活様式……を想像することは，おそらく不可能であろう」（Connolly 1991: 96/ 180）。

政組織の中にいる男，悲惨な生活を送ることが予定されている階級，宗教的ないし政治的なアイデンティティゆえに虐殺の対象となるある一団の人々などに接するとき，誰もがそうした不公平さに直面する」(Connolly 1991: 1/ 1)。またこうした「理想主義」と対立する「現実主義的」ヴィジョンは，オークショットが提示する保守主義的な世界観とも共通している[9]。

　このような世界において，自由はどのような位置づけを与えられるだろうか。バーリンの多元論に即していえば，まず，諸価値の調和ではなく衝突ないし葛藤によって，「彼が何であり，われわれが何であるかの本質」が理解される (CTH 13/ IV 18)。これは価値多元論における道徳性の条件であり，ここから選択の自由の本質的重要性が了解される。再びコノリーを引けば，「自由な死すべき人間とは，それがXをしたりXになったりすることを選んだときに，他の可能性をあきらめる者である。したがって，あらゆる自由な行為は，それが断念しなければならない諸々の可能性と結びついている」(Connolly 1991: 18/ 32)。これは特殊リベラルな主張ではなく，先に述べた人間的自由の普遍的条件を価値多元論の観点から示したものと言える。

3　後期近代における自由の問題

　こうした世界観をひとまず受け入れつつ，今度は後期近代において自由がおかれた状況に目を向けることにしたい。ここでは先に挙げた社会理論家たちの洞察が助けとなる。バウマンによれば，後期近代という時代状況における自由の実践にはさまざまな困難が存在する。「宿命として誕生した個人と，自己実現能力を現実に有する個人のあいだの距離は，確実にひろがっている」(Bauman 2000: 35/ 45)。自由な社会に生きる人々は，かつてないほどの選択の機会を与えられながらも，さまざまな理由により，それらをうまく行使できない状況にある。それはたとえば，ミヒャエル・エンデが『自由の牢獄』の中で示した寓話のように，多すぎる自由を前にして逆に自由を喪失する個人の姿に象徴される（cf. 大澤 1998）。

　消極的自由の熱烈な擁護者という外見に反して，バーリンがこの種の問題を

---

9)　Cf. Oakeshott 1991: 436-437/ II 209.

認識していることは以下の一節において明らかである。

> ミルとカーライル，ニーチェとイプセン，左派の人々も右派の人々もより広い空間，より多くの光を求めた。これに対し，現代のマス・ノイローゼ（mass neurosis）は広場恐怖症（agoraphobia）である。人々は解体（disintegration）と指導の不足に恐怖している。〔中略〕人々は巨大で友人のいない真空，道や道しるべや目標のない砂漠の中に人を置き去りにする，多すぎる自由を前に恐れおののいている。(FEL 198/ V 436-437)

選択肢の増加は個人が引き受けるべき責任の増加を含意し，また選択に伴う価値喪失を認識する機会の増加も含意する。「われわれは選ばねばならない運命にある。そして全ての選択は，取り返しのつかない損失を招く可能性がある」(CTH 13/ IV 19)。

　これらは現代自由民主主義社会の人間が直面する周知の状況であり，その一般的な帰結は（エーリッヒ・フロム流にいえば）自由からの逃走であり，国家からの自由に代わる国家への請求であり，第一次的な絆からの解放ではなくそれを執拗に求める傾向である。近年の，特に日本の社会理論家たちは，こうした状況の原因を自由主義の行きすぎに求め，「自由主義の限界」の表題のもと，より多くの自由を求めるのではなく，むしろ限られた能力をもつ個人が適切に行使できる自由の範囲と程度を見極めるべきであると主張している[10]。

　そのような洞察が重要であることは間違いない。しかしながら，そうした議論において見落とされている点があるように思われる。それは，後期近代における自由の問題に対して，伝統的なリベラルの思考が示唆を与える可能性である。バーリンは先の一節を次のように続けている。「しかし，新しい技術的・心理的学知識や巨大な新しい力をもっている現代でも，人文主義(ヒューマニズム)の創造者――エラスムスとスピノザ，ロックとモンテスキュー，レッシングとディドロたちの古くからの処方，理性，教育，自己についての知識，責任感，なかんずく自己についての知識，これ以外に一体どのような解決法が存在するのか。人間に

10）Cf. 大澤 1996, 立岩 2000, 数土 2005.

とって他にどんな望みがあるのか，あるいはあったというのか」(FEL 198-199/
V 437)。この自由の問題に対する人文主義的処方，とりわけその遺産相続人の
ひとりであるバーリン自身が提示する処方とは何か。それによって，個人の自
由および責任の実践はいかに救出されうるのか。

　その処方とは，バーリンにおける「リベラルな善の構想」である。ロールズ
に代表される政治的自由主義は——もちろん理由あってのことだが——，一貫
して「善の構想」の内容について沈黙してきた。しかし，あらゆる自由主義が
善の内容について沈黙しているわけではない。自由とアイデンティティとの具
体的な関係づけは，政治の実存的側面を説くタイプの理論家の議論に見出すこ
とができ，バーリンもそのひとりに数えられる。彼におけるそれは価値多元論
における悲劇の両義的性格に見出される。

4　悲劇，現実感覚，多元論の肯定

　一般に「悲劇的（tragic）」といえば，人間生活の否定的な側面を表現するよ
うに思われるが，そこには同時に肯定的な側面も存在するという点にも注意を
向けるべきである。つまり，諸価値の「悲劇的」衝突には両義性が存在すると
いうことである。ジョージ・オーウェルによる，トルストイとシェイクスピア
の人間観を比較したエッセイが，この点を明らかにしてくれるだろう。「これ
ら〔シェイクスピア〕の劇はすべて，人生は悲哀に満ちてはいるが，なお生き
るに値する，また人間は気高い動物なのだという——これはトルストイが老年
には持てなくなっていた信念なのだが——人間主義の前提から出発している」
(Orwell 1968: 298/ 192)。ここで言う人間主義とは世俗主義の一種，つまり予定
された調和や救済が存在しないこの世界を認識し，それを肯定的に受け入れる
姿勢であり，文学的ではあるが現実主義的な態度である[11]。コノリーが言うよ
うに「悲劇のヴィジョンは，ある人々に，生の核心にある悲劇的な可能性を経

---

11)　こうした態度はオークショットが保守的な気質として描写するものに近い。「自分の
信念や欲望を制御すること，現行の物事の形状を容認すること，物事のバランスの感じを
つかむこと，吐き気を催すほど嫌なものを寛容に扱うこと，犯罪と罪のあいだに区別をつ
けること」(Oakeshott 1991: 436/ II 208)。グレイがオークショットを彼独自の刷新された
自由主義の一員とみなす理由は，こうしたバーリンとオークショットの類縁性にあると理
解できる (cf. Gray 2000b: 28)。

験した後ですら生を肯定するすべを教える」（Connolly 1991: 169/ 314）ものでもある。

　そうした肯定を支えるものは何だろうか。バーリンの場合，それは人間世界の豊かさ，汲み尽くしがたさに対する好奇心である。イグナティエフはこれを「世間的（worldliness）」という言葉で表現している。「彼〔バーリン〕は，世間的であること，権力の影響力の内側で働いているものを把握すること，ゴシップを耳にすること，いかに低俗な動機が現実に世界を動かしているかを理解することを喜びとしたのである。彼の辞書の中では，この『世間的であること』は『現実感覚』とほぼ同義になったのであり，それはほとんどの知識人や教授たちに際立って不足していた感覚であった」（Ignatieff 1998: 63/ 70）。「彼は人生という劇場に少しも退屈したことがなく，その明るく照らされた舞台を永遠に見続けることを夢見る人物なのである」（Ignatieff 1998: 8/ 9）。この態度はオーウェルの描くシェイクスピアと共通している。「シェイクスピアは哲学者でも科学者でもない。しかし，彼は好奇心をもっていた。彼はこの地上とその生活の過程そのものを愛したのである」（Orwell 1968: 300/ 196）[12]。そこには，人間世界の悲劇的性格，つまり価値の多様性と両立不可能性，自己の偶然性と世界の予測不可能性を肯定する契機が存在する[13]。これはバーリンの価値多元論における「理解」の側面に対応するものでもある。

12）　シェイクスピアに対する評価をめぐって，トルストイとトゥルゲーネフの意見は相違していた（Orwell 1968: 302/ 200）。そしてイグナティエフによれば，バーリンの自己イメージに最も近い人物がトゥルゲーネフであった（Ignatieff 1998: 71/ 79-80）。周知のように，バーリンは『ハリねずみと狐』の中でトルストイを高く評価しているが，それは彼の現実描写の鋭さに対してであって，晩年の「世捨て」と「無抵抗の思想」に対してではない。「トルストイの現実感覚は最後まであまりにも破壊的であった。彼の現実感覚は，自分の知性が世界を粉砕し，そしてその粉砕した断片を材料に彼がやっと構築した道徳的理想と両立することができなかった。そして彼は，この事実を生涯を通じて否定し通すことに，彼の巨大な精神と意志の力のすべてを捧げたのである」（RT 81/ VIII 146）。トルストイ晩年におけるこうした人間主義の否定に，バーリンはオーウェル同様，共感を示していない。

13）　ハンナ・アーレントもこれと近い問題認識を有しているが，彼女の場合，その契機は好奇心ではなく会話，ポリスという公共空間がもたらすコミュニケーションの喜びであった。「ソポクレスは……テセウスの口を通じて，何が老若ふつうの人びとを生の重荷に耐えさせたのか，ということも私たちに教えてくれている。それはポリス，人びととの自由な行為と生きた言葉の空間であった。それが生に輝きを与えることができたのであった，と」（Arendt 1961: 281/ 443）。バーリンもこの「人々のあいだに生きる」喜びを否定しない。しかし，彼は私的生活の喜びもまた真正なものとして肯定したのであり，それゆえ共和主義的な政治構想からは距離をおく（FEL xlii-xliii/ V 63-64）。Cf. Galipeau 1994: 131.

加えて，価値の多元性と自己の偶然性を認めることは，「われわれの支配力
に属さない事柄とは関係を絶つこと」によって逆に「自由を保証する」という，
（ミシェル・フーコーが『性の歴史』の中で論じた）ストア派的な考えをある程度
受け入れることを意味している（Foucault 1984: 80/ 85）。バーリンが『二つの自
由概念』の第3節「内なる砦への退却」の中で述べているように，自己の欲求
を抹消することによって自由を得るというストア派の考えにはパラドクスが含
まれているが，それとは反対側の極，つまり世界に存在するあらゆる欲求を肯
定してそれが平等に満たされない状態を不正義とする考えもまた破綻する運命
にある。この両極のあいだ，つまり「主体の行う自由な分別ある選択に属する
ことのできる事柄だけを，自己との関係の中で受け入れる」（Foucault 1984: 81/
85-86）ことが，現実感覚を伴った自由の実践にとって本質的なことであると思
われる。マイケル・ケニーは，コノリーの差異の政治を自由主義の一種と規定
しつつ[14]，この点を次のように要約している。

　　悲劇的な妥協の必要性とともに，競合する諸価値の衝突から生じる緊張に
　　対処することを，各人は学ばねばならない。通約不可能性が含意するのは
　　このことである。（Kenny 2004: 145）

ここで重要なのは，個人が世界と和解する多様な方法と，自由の制度的保障と
の区別である。周知のように，バーリンはストア派の自己抑制を個人の道徳的
理想としては否定しないが，政治制度への直接的適用を批判している。

　　ストア派の人々の自由の意味は，いかにも崇高なものではあるが，抑圧者
　　や抑圧的な制度上の慣行によって，削減されたり破壊されたりする自由
　　（freedom あるいは liberty）とは区別されねばならない。〔中略〕欲するも
　　のを獲得できないなら，獲得できるものだけを欲しなさいと教えることは，
　　ある意味で確かに，人の幸福や安寧に貢献するかもしれないが，人の市民
　　的自由や政治的自由を増すことにはならない。（FEL xxxviii–xxxvx/ V 57-58）

─────────
14）　コノリー自身も，自らの立場を「急進化された自由主義（radicalized liberalism）」
　と呼んでいる（Connolly 1988: 174/ 321）。

リベラルな善の構想（ここでは幸福や安寧と表現されている）は，リベラルな政治的構想とは——完全にではないにせよ——区別されねばならない。

　他方，第3章で見たように，人間の自由と責任という観念は必ずしもア・プリオリなものではなく，したがって原理上は抹消不可能なものではない。もし「神経症が選択肢の中からどれかを選ばなければならないという恐怖から生じる」とすれば，それを放棄するのもまたひとつの回答でありうる。それは自分のコントロールの及ばない諸力や他者に責任を帰属させることを意味する。「選択のないところには，不安もない。責任からはきれいさっぱり解放される」（FEL 111-112/ V 285）。しかしながら，権威への全面的服従や決定論的世界観の文字通りの受容は，自由な道徳的主体という観念とは相容れない。周知のように，バーリンは両者を「自由の敵」として批判した。そうした態度は何らかの幸福をもたらすかもしれないが，しかし自由をもたらすものではない。したがって，仮にわれわれが何らかの形で自由を求めるとすれば，この神経症的傾向は多かれ少なかれ受け容れねばならないということになる。イグナティエフはこれらを次のように要約している。「彼〔バーリン〕の政治哲学の根源的な特徴は，人間の分裂した自己についての彼の心理学，道徳的選択の重荷からの解放を約束するユートピアへ人間が傾斜する傾向についての，彼の洞察にあった」（Ignatieff 1998: 231/ 251）。

　自由の問題に関するバーリンの「リベラルの処方」は，以上のように捉えることができる。だがここで終わりにするわけにはいかない。というのも，彼の思想が何らかの意味で政治的であると主張するためには，「もしAが自由を肯定するならばXをなすべきである」という仮言命題以上のもの，つまり「リベラルな善の構想」と対比されるところの「リベラルの政治的構想」が必要であり，それこそが自由をめぐる現代的状況に対する公共的な応答となるべきものだからである[15]。それは，いわゆるアイデンティティの問題としてコミュニタリアンや多文化主義者たちが積極的に論じてきた問題領域にバーリンの応答を投げ入れることを意味する。この応答の第一は価値多元論における寛容の問題として提示でき，第二は品位ある社会の構想として提示できる。以下，これらを順に検討していきたい。

第3節　価値多元論と寛容

　伝統的に，寛容の概念には「許容・我慢（forbearance）」という否定的な側面が含まれている。それは第一に，寛容の対象は寛容の実践者からみれば明らかに誤った，適切でない，不快なものであることを示している。自己の信念の絶対性あるいは普遍性を信じ，相手の信念を否定して自己の信念を強制することを神聖な義務とさえ考える者にとって，寛容はそれ自体において積極的な価値をもたない。したがって第二に，そこにおける寛容の実践者は自己の道徳的優位（すなわち相手の道徳的劣等性）を前提としている。これを歴史的に見れば，寛容は権力者の裁量によって上から下へと一方的に与えられる「下賜」の性格をもつものであった（大澤 2004: 89）。

　バーリンによれば，こうした価値一元論と結びついた寛容概念に変容の兆しが見られるのは18世紀後半のことである。

　　多様性が望ましく，画一性は単調で物淋しく退屈である……という見方は，真理はひとつ，誤謬は多数という伝統的な見方と鋭い対照を示している。17世紀以前……には，後者の見方に異議を唱える者はほとんどいなかった。寛容の観念，破滅的な闘争を避けるための功利的な便法としての寛容ではなく，内在的価値としての寛容という考え……は，18世紀の西欧思想，感情の転換の中で生じた要素である。（AC 333/ I 408-409）

彼はここで，ヨーロッパにおける寛容という考えが──他の諸々の思想的変化

15）　したがってもちろん，これとは異なる処方が可能であるし，現に主張されている。たとえばジェシカ・ベンジャミンの諸論考は，自由と服従の対立をフロイト理論の修正を通じて承認の間主観的構想へと転換させるフェミニズム心理学の注目すべき試みである（Benjamin 1988; 1998）。ただし政治理論におけるその評価は未知数である。たとえばバトラーによるアンビヴァレントな応答を見よ（Butler 2004: 131-151）。だが政治理論において，そうした間人格的構想と政治的構想との関係を論じるものとして，たとえば以下で検討するアクセル・ホネットの社会理論は，非フロイト派の心理学者ドナルド・ウィニコットの学説を援用している。以下の私の考察は，人格に関するリベラルな回答の真理性を弁証するものではなく，人格（あるいは善）の構想と政治的構想との関係から自由主義の意義と問題点を読み解く試みと受け取っていただきたい。

とあいまって——18世紀後半から19世紀に生じた「新しい価値の配置状況」[16]の中で根本的に変化したことを示している[17]。

　レオン・ウィーゼルティエールは，寛容思想の歴史的転換とバーリンの価値多元論との関係を以下のように論じている。彼は世俗主義という概念を二種類に区別する。まず，「硬い世俗主義 (hard secularism)」は，ある未知の真理を前提とし，そこへいたる道が不確定であるがゆえに多様な意見や信仰を許容するというものである。これは合理主義的な自由主義の系譜，すなわちロック (John Locke, 1632-1704)，ミルトン (John Milton, 1608-1674)，ジェファソン (Thomas Jefferson, 1743-1826)，メンデルスゾーン (Moses Mendelssohn, 1729-1786) らの寛容論を貫く考えであるとされる。これは逆から見れば，真理に通じる見込みのない立場，すなわちロックに見られるように「無神論者」，「ムスリム」，「ユダヤ教徒」，「カトリック」に対しては寛容の余地が存在しないということも表している。つまり彼らの寛容論は多様性それ自体の受容ではない。これに対し，「柔らかい世俗主義 (soft secularism)」は，多様な信仰・信念を，こうした真理請求から切り離す。そこにおいて「真理は意見へと転換され」，寛容の実践はより「民主的な」形態を取ることが可能となったのである (Wieseltier 1991: 89, 98)。

　この「硬い世俗主義」と「柔らかい世俗主義」の両方を兼ね備えているのがミル (John Stuart Mill, 1806-1873) である。「Ｊ・Ｓ・ミルと人生の諸目的」(1959年) において，バーリンはミルの議論にみられる真理請求の要素（科学的合理主義，功利主義，進歩思想）を捨象し，多様性それ自体の称揚というロマン主義の系譜上に位置づけている。「ミルが真に求めていると思われるのは，意見の多様性それ自体である。彼は『真理のあらゆる側面に対するフェア・プレイ』の必要を説いているが，この言葉は，もし初期の功利主義者のように，

---

16)　「その後，前の時代には美徳と見なされていなかった特徴——例えば誠実さ，一貫性などに敬意が払われるようになって，新しい価値の配置状況が現れるようである。私の知るかぎり17世紀末以前の西欧では，誰ひとりとして，観察者としての自分には偽りと信じられる意見を誠実に奉じたとして他人を賞賛したという記録はない。この点について，私が誤っているかもしれないが，もしこの一般的命題に例外があるとしても，ごく少ないだろうと信じている」(III 2)。これはバーリンが1977年に東京で行った講演「西洋におけるユートピア思想の衰頹」の冒頭部分であるが，この箇所は英語版選集の ‘The Decline of Utopian Ideas in the West’ (CTH 20-48) では削除されている。

17)　バーリンが指摘するヨーロッパ18世紀の思想的転換については，本書第5章を参照。

単純で完全な真理というものを信じていたならば，おそらく使うことができないものであろう」（FEL 189-190/ V 421）[18]。この解釈は，上述の18世紀後半における価値状況の転換というバーリンの思想史理解に対応している。

　そしてバーリン自身の思想において，伝統的な寛容論の要素はほとんど見えなくなる。上述のように，価値の多元論的な世界に向き合う際の彼の姿勢は，現に存在する多様な生のあり方に対する（不承不承の）許容ではなく，むしろ好奇心をもってそれらを理解しようとするものであった。アレックス・ザカラスが言うように，「価値多元論者は，他の諸々の生き方が……堕落しているとか罪深いとか疑うことなしに，彼ら自身の生き方を客観的に価値あるものだと信じることができる」（Zakaras 2013: 90）。これに対し，価値一元論と相対主義はいずれも他者への好奇心をどちらかといえば抑制する方向に作用する。あらゆる価値が主観的であると考える相対主義者は自己の価値と他者のそれが無関係であると考え，価値一元論者は自分と異なる価値を抱く人々を端的に誤っていると考える（逆に，彼らが正しければ自分は誤っていると考えざるをえない）からである（Zakaras 2013: 87）。これに対してバーリンは，異質な他者に関心をもち，互いに学び合うことは可能であると考える。

> 「私はコーヒーが好き，あなたはシャンパンが好き，二人の好みは違っており，それだけのことだ。」これが相対主義である。しかしヘルダーの見方，ヴィーコの見方はそうではない。それを私は多元論と呼びたいと思っているが，それは，人の求める目的は数多く，かつ多様であるが，人々はそれぞれ十分に合理的かつ人間的であり，お互いに理解し共感し学び合うことができるという考え方である。（CTH 11/ IV 15）

それゆえマイケル・ジンキンスが指摘するように，「バーリンの多元論は許容

18）　もちろん，このようなミル解釈は標準的なものではない。少なからぬ研究者が，彼の解釈はあまりにも多元論に傾いている——そもそもミルは一元論者を自認している——と批判している。バーリンのミル解釈をめぐる論争については Gray & Smith 1991 を参照。他方でザカラスは，このミル論の中にはバーリン自身の主張が多分に含まれているという理解のもと，これをバーリンの自由主義論の一部として解釈している（Zakaras 2013: esp. 82-92）。これは本書第5章以下における，バーリンの思想史的業績に対する解釈の方針と基本的に同じである。

としての寛容〔という考え〕を掘り崩し，寛容という言葉を問題含みのものにする」(Jinkins 2004: 172)。なぜなら，それはマイケル・ウォルツァーによる寛容の5区分，すなわち (1) 黙従による差異の受け入れ，(2) やさしさをもった無関心，(3) 原理に基づく承認，(4) 異なった生に対する好奇心，(5) 差異の熱狂的な是認，のうちの4番目に相当し，すでに寛容の伝統的な意味を逸脱しているからである。つまり，「私が現に是認しているものを寛容に受け容れていると，どうして言えようか」(Walzer 1997: 10-11/ 25-26) ということである[19]。

　もちろん，その実践は言うほど容易なものではない。イグナティエフが言うように，差異に対する好奇心以上に，現実にはナルシシズムと敵意が存在するのであり，「われわれ」と「彼ら」の差異は，人類に共通の特徴と比べれば明らかに些細なものであるにもかかわらず，自分が何者——他人と違う「誰か」——であるかを規定するためには，この「些細な」差異を拠り所とせざるを得ないがゆえに，寛容にはディレンマが伴う (Ignatieff 1999: 78-79)。だが，そうであるからこそ逆に，この好奇心をひとつの道徳的態度として評価することの意義が生じるのも事実であろう。寛容思想の転換はこのディレンマを緩和する方向性を示唆している。自分とは異なる他者への好奇心は，われわれを，「われわれのナルシシズムを保護している繭から解き放つ」ことに寄与するかもしれない (Ignatieff 1999: 81)。実際に彼は，リベラルな個人主義的文化の普及に期待を寄せてきた。以下の一節は，20年近くを経てなお，現在におけるイグナティエフの立場とそれほど異なるものではないだろう。

　　私が思うところ，個人主義の文化は，集団的アイデンティティとそれに伴う人種主義の威力に関して唯一信頼しうる解決策である。……「寛容」を教えることの本質的な役割は，人々が自分自身を個人として見，そうして他者をも個人として見ることができるように助けることである。(Ignatieff 1999: 102)

───────────────

19)　アンソニー・アッピアの『コスモポリタニズム』は，こうした好奇心による多様性の肯定から異文化間の理解と共存の可能性を展望した著作である (Appiah 2006)。世界政治学会大会 (2006年，福岡) で私がこの主題について報告した際に，アッピアの立場との類似性を指摘していただいたロドニー・バーカー氏に感謝したい。

しかしながら，バーリンはこの問題に関してイグナティエフとは異なる意見を抱いていたように思われる。この点は本書第6章以下であらためて考察することにしたい。

第4節　自由主義とアイデンティティの政治

1　品位の政治

　最後に，現代政治理論の中でバーリンの自由主義が占める位置について考えたい。上述の「リベラルな善の構想」から導かれる寛容論に加え，価値の悲劇的な衝突が避けられない人間世界において個人の最小限の自由を要請する彼の自由主義は，しばしば「品位（decency）」という観念と結びつけられる。本章の主題であるアイデンティティの政治の観点からすると，バーリンの品位の政治は，一方における承認の政治と，他方における政治的自由主義との中間に位置するものと考えられる。「理想の追求」（1988年）の結論部で彼は次のように述べている。

　　衝突が避けられないとしても，それを和らげることはできるであろう。さまざまな主張の間にバランスを作り，妥協に到達することができるであろう。具体的な状況では，すべての主張が同じ力を有しているわけではない。……第一の公的な義務は，極端な苦しみを避けるということである。……一般原則としてなし得る最善のことは，絶望的状況の発生を防ぎ，耐え難いような選択は避けられるような均衡状態を，たとえ不安定なものであっても維持していくことである。それこそが品位ある社会を作り出すための第一の必要条件である。（CTH 17-18/ IV 24-26）

積極的な社会構想に基づく善の実現ではなく，所与の社会における耐え難い状況（つまり悪）の回避に努めるこのような考え方は，一般に「消極的な政治」と呼ばれる[20]。これに類するものとして，ジュディス・シュクラーの「恐怖の自

---

20)　Cf. Walzer 1989, Flathman 1999.

由主義 (liberalism of fear)」やジェイコブ・レヴィの「恐怖の多文化主義 (multiculturalism of fear)」，マルガリートの「品位ある社会」および「妥協」の政治学，イグナティエフの「まだましな悪 (lesser evil)」アプローチなどを挙げることができる[21]。

ここで疑問が生じる。バーリンにとって「品位ある社会」とは，諸価値の最小限の要求が満たされ，成員が互いに穏健な，「文明的な態度」をとる社会であるといえる。しかし，このような最小限の道徳的要求を満たす社会は，われわれが「リベラルな社会」と呼ぶものの十分条件であるかといえば，そうとは限らない。第2章で見たように，非リベラルな社会においても最小限の人道的諸価値は尊重されうる。これが正しいとすると，われわれはバーリンの政治的構想をリベラルたらしめる他の側面を見つけ出す必要があるが，それはアイデンティティの両義的な性質に対する彼の応答の中に見出されるというのが以下本章における私の主張である。いわゆる承認の政治と品位の政治との相違は「尊重の欠如」という事態に対処する仕方にあるのであり，それは先に示したリベラルな善の構想と深いかかわりを有している。そこで以下ではまず，この品位の政治と承認の政治との違いについて考察したい。

2　承認の政治との対話

バーリンの言うさまざまな「衝突」のなかでも最も有名なのは消極的自由と積極的自由の衝突であろう。そして，特に本章とのかかわりでは，いわゆる内面的障碍の問題，つまり自己の葛藤と統合の間に存在する緊張が重要である。二つの自由概念の区別において，自由の内的次元に注意を喚起したのがテイラーであった。彼によれば，バーリンをはじめとする消極的自由論者たちは「マジノ線メンタリティ」——すなわち，「干渉の不在」という自由の最小限の内容に固執する戦略——に陥っている。しかし「自由とは，単なる外的障碍の欠如ではありえない。なぜなら，内的な障碍も存在するからである」(Taylor 1979: 193)。単なる外的障碍の不在は，自由な自己の形成にとって十分ではない。機会を与えられ，かつそれを行使する心理的能力（テイラーの場合，それは目的

---

21)　Shklar 1990; 1998, Margalit 1996; 2010, Levy 2000, Ignatieff 2004.

の設定と価値判断を可能にする「本来性（authenticity）」の獲得を意味する）があってはじめて，人間的自由は十分な意味で実現することになるだろう。

このテイラーの意見を敷衍しながら，ドイツの社会哲学者アクセル・ホネットは次のように論じる。「『強制されないこと』や『自由』とは単に外的な強制や影響がないことを意味するだけでなく，同時に内面的に遮断されないこと，心理的な妨害や不安がないことをも意味するものでなければならない」。そしてこの「自由の第二形式」は，「一種の内面に向けられた信頼」であり，「不安を抱かずに自分自身とつきあう方法は，承認という経験のまわり道をとることによってのみ達成できる積極的な自己関係の次元をなしている」（Honneth 1994: 278/ 232, 強調は引用者）。こうした積極的な自己関係を損なうものは「尊重の欠如の経験」であり，「承認をめぐる闘争の動機づけとなるきっかけを与える可能性があるのは，こうした恥（Scham）という感情反応においてである。なぜなら，辱め（Demütigungen）を被ることで個々人が強いられる情動的な緊張は，能動的に行為できる可能性をふたたび取り戻すことによってしか，そのつど解消することはないからである」（Honneth 1994: 224/ 186）。

こうした尊重の欠如の経験が承認をめぐる闘争の原因であり，それゆえ何らかの仕方で是正されねばならないという点については，バーリンと彼らの意見は一致しているように見える。バーリンは，承認の欠如とは「無視されたり，恩人ぶられたり，軽蔑されたり」すること，つまり「ひとりの個人としての取り扱いを受けないこと」であり，それは「人間としての品位の低減（degradation）」を意味すると述べている（FEL 151/ V 361-362）。だが問題は，そうした屈辱の感情とのかかわりでどのような政治が行われるかである。先の洞察との関連で，ホネットは「あらかじめ病気を気遣い，避けることは，尊重の欠如を被らないように主体を広く保護することができる承認関係を社会的に保障することに対応するだろう」（Honneth 1994: 219/ 182, 強調は引用者）と述べ，ここから積極的な社会的連帯の構想を展開する。それは，少なくともバーリンのそれと比べると明らかにコミュニタリアン的である。ホネットによれば，「ポスト伝統的な人倫の構想は，外部からの強制や影響によって愛の根本的な平等主義を守りぬくことができるものでなければならない」（Honneth 1994: 282/ 235）のであり，彼はみずから区別した「愛・法・連帯」という三つの承認

形態すべてに政治的な重要性を付与する。こうした考えは，スーザン・メンダスが寛容の社会主義的な解答と呼ぶもの——「寛容の問いに対する自由主義的な回答では満たされないもの」を満たす要求——に相当する[22]。これを「尊重」の政治的構想と呼ぶことができるだろう。

　他方，バーリンはこうした積極的な承認の政治に留保を付している。この問題は『二つの自由概念』の第6節「地位の追求（search for status）」の中で論じられている。彼によれば，承認には大まかに言って二つの側面がある。ひとつは上述の「品位の低減」という消極的な側面である。これはホネットやマルガリートのいう恥や屈辱の観念に相当するものであり，彼はこの意味での承認を人間の基本的な必要のひとつとして認めている。承認のもうひとつの側面は，「結合，より緊密な理解，利害の統合，共同の依存と犠牲の生活への欲求」である（FEL 158/ V 366）。承認欲求はアイデンティティの社会的性質を経由して，自己を特定の社会集団と同一視する心理的傾向と結びつく。彼はこれを集団的自己支配（つまり積極的自由）の変種と位置づけ[23]，一方でそれが集団への帰属という人間の本質的ニードから派生するものであることを認めつつも，他方でその政治的含意として，旧植民地諸国における民族自決運動がしばしば指導者と国民の精神的一体化を通じた民主的独裁と消極的自由の否定に帰結することを指摘している。

　ここで彼は承認を人間の基本的な欲求として認めながらも，承認欲求の政治化が自他の区別の消失（これに伴う個人の自由の否定）にまで到達することには反対している。つまり，承認の要求と個人の自由との間には妥協がなければならないということである。これは承認論の図式を社会生活に全面的に適用することに対する牽制とも読める。上述のように，バーリンは現実世界における根本的な偶然性を「悲劇」の隠喩を用いて肯定し，不安や神経症的傾向を自由の

---

22)　「人々が自分の善と他人の善を同一視することができ，そして自分たちは社会を通じて語り，社会は自分たちのために語るのだと感じられるような社会，そんな社会を作り出したいと望むならば，われわれには寛容が，しかも寛容以上のものが必要である」（Mendus 1989: 162/ 226）。
23)　彼はこれを「第三の意味における自由」，「社会的自由」，「自由の混合形態」などと呼びうるとしているが，自由それ自体との同一視には否定的である（FEL 158-160/ V 366-370）。ここから，彼はホネットの言う「自由の第二形式」の存在を看過していたのではなく，その存在を認識した上で，これに「自由」の名を与えることに躊躇したと理解できる。

行使に必然的に伴う現象であることを認める。これは自己の問題に対する個人主義的な回答である。のちに確認するように，バーリンはユダヤ人の民族的帰属の問題についてもその集団主義的な解決を否定し，各人が自由にその精神生活を選ぶことができるべきであると論じた（本書第7章）。

　ここから次のように考えることができる。ホネットの言う「愛の根本的な平等主義」や，テイラーの言う「異文化に対する積極的な評価」は，アイデンティティの問題に対する公共的な解決を志向しているが，もしわれわれが承認の価値を過度に強調するならば，それは逆に承認の欠如に関する人々の認識を先鋭化させ，承認をめぐる闘争を激化させるおそれがある。コノリーは，「今日，国家とは，一般化されたルサンチマンの政治による集合的な救済官庁である」(Connolly 1991: 207/ 385) と述べ，この危惧が現実のものであることを指摘する。テイラーの承認の政治を批判して，レヴィは次のように述べている。「あらゆる宗教に対して同時に寛容であることが可能なのは間違いない。しかし，それぞれの宗教の積極的な価値を同時に肯定することは可能ではない」(Levy 2000: 31)。バーリンはユートピア的な思考，つまり《これさえあれば社会はよくなる》という思考の下に人々を動員することに対して強い警戒感を示した人物であった。レヴィが言うように，アイデンティティの問題についてはある程度の醒めた態度，つまり差異を「賞賛すべき美徳でもなく，非難すべき悪徳でもなく，世界におけるひとつの事実として取り扱う」(Levy 2000: 7) 態度が重要ではないだろうか。したがって，自由の内的次元の問題に対する公共的な取り組みと，その個人的な取り組みとのあいだに選択の余地を残しておくことが，ここでの結論ということになるだろう[24]。

　次に，「品位」の経済的な側面について考察したい。ここまでのバーリン解

---

24)　岡崎晴輝はホネットの承認理論の難点を次のように指摘している。「フロムが描き出したように，現代人が他者の承認をひたすら追い求めているとすれば，ホネットの承認理論は，現代人の病理をえぐり出す批判的な理論にはなりえないであろう。それどころか，現代人の病理を理論的に支える役割さえ演じることになるであろう」（岡崎 2004: 71）。ここから彼はフロムへと進むが，この受動性に対する能動性・肯定の契機は，上述のリベラルな善の構想の中にも（フロムとは異なる形で）含まれている。また，心理学者のウルズラ・ヌーバーが提起する，「『子どもの頃のトラウマを中心に考えるという強力な傾向』は，なぜこの数十年間に生まれたのか」(Nuber 2000: 173/ 184) という問いは，単なる心理学の問題である以上に，承認の政治の普遍性を批判的に考え直すための手がかりを提供しているように思われる。

釈にしたがえば，われわれは「負担や責任の社会的な分配のレヴェル」と「実存的な不正という捉えがたい経験のレヴェル」（Connolly 1991: 166/ 309）とを，たとえ容易ではないとしても，どこかで区別しなければならない。クラウダーが指摘するように，諸価値の選択（およびそれに伴う喪失）という個人の道徳的生活の自律性を一定程度確保することは自由主義の基本的な要請のひとつである（Crowder 2004: 163-165）。そして，自由とその諸条件との区別を保持するバーリンの姿勢は，この文脈において理解することができる。

　　教育，健康，正義を促進したり，生活水準を高めたり，芸術と科学の発展に機会を与えたり，反動的な政治的・社会的・法的政策や恣意的な不平等を抑止したりする義務は，それが自由そのものの促進に必ずしも向けられず，自由をもつことが価値あるものとなるような条件とか，あるいは自由から独立しているらしい諸々の価値とかに向けられたからといって，義務としての厳しさが減るというものではない。しかも，自由とその条件とは別物である。（FEL Liii/ V 81）

しかしながら，これは単純な自己責任論を含意するものではない。ここで確認しておくべきことは，彼が精神の自由に関して個人主義的な回答を示している一方で，リバタリアンとは異なり，平等主義的な社会保障政策を肯定していたことである。本書序論で見たように，バーリンは経済的には中道左派であって自由放任の擁護者ではなかった。あまり強調されない点であるが，消極的自由の一元論は『二つの自由概念』の論旨に反する（FEL lviii/ V 89）。彼はソヴィエトのような管理主義・全体主義社会が「真の自由」（積極的自由）の名のもとに「ブルジョア的自由」（個人の自由，消極的自由）を抑圧することに反対したが，他方で完全な自由放任社会もまた「ブルジョア的自由」以外の他の諸自由を損なうことを指摘していた（FEL xlvi/ V 70）。価値多元論の立場から，自由と並んで平等，デモクラシー，福祉，正義なども真正の，自由に劣らない価値であることを彼は認めており，消極的自由をある程度削減して他の諸価値を保障する必要を肯定している（ただし，それをラスキのように「経済的自由」と呼ぶことには反対した）。したがって彼が肯定するのは，ある程度の平等な物質的福祉が

保障された個人が自由な選択によって自己形成を行うことができるような社会のあり方であろう[25]。

　まとめると，品位の政治は，人格に屈辱を与える社会的・経済的要因の抑制に努めることで，承認をめぐる闘争の回避を模索する。言い換えれば，それは差異の倫理的重要性を認めつつ，承認への渇望と反動に対して消極的なかたち^{ネガティヴ}で対応することで，その過剰な政治化およびそれがはらむ残酷さと暴力を回避しようとする。たしかに，「民族政治に恒常的に伴う暴力，残虐さ，屈辱は，民族性を攻撃することでは避けられない」（Levy 2000: 27）という点に，多くの者は同意するであろう。しかし他方，人々が抱く多様な承認欲求の直接的な解決には限界があるばかりか，あまり強力に推し進めれば，各人がそれぞれの仕方で世界と和解する努力を否定し，望みのない政治のインフレを引き起こす可能性がある[26]。バーリンの自由主義は，人間生活の悲劇的性格の認識を通じて過剰なルサンチマンを抑制し，個人の道徳的自律の可能性を模索するための善の構想を備えている。政治による積極的・全面的救済に対して懐疑的である点で，それは古典的なリベラルの特徴を受け継いでいる[27]。

3　政治的自由主義との対話

　それでは他方で，品位の政治はいわゆる政治的自由主義とはどのように異なるのであろうか。ロールズの『政治的自由主義（*Political Liberalism*）』（Rawls 1996）において，多様な善の構想，文化的生活様式，そして諸々の道徳・哲学教説は「包括的教説」として政治的な言説の領域から構成的に区別される。つまり，一方でアイデンティティを含む各人の善の内容は政治的なものの外側に

---

25)　この結論は，「再分配か承認か」をめぐるホネットとナンシー・フレイザーの論争において，「品位の政治」が後者に与することを意味している（cf. 木部 2015: 280）。

26)　トラウマ理論の流行に対するウルズラ・ヌーバーの次のような判断は示唆的である。「犠牲者というステータスを断念し，過去から距離をとり，ユーモアや空想を失わないことが……現在と未来がよりましになるための前提である」。「それを実現するために必要なのは，心理療法の各派が，なかでも精神分析が，〔トラウマ理論という〕『イデオロギーじみた確信』を捨てることである」（Nuber 2000: 212, 220/ 228, 237）。

27)　したがって，本章で考察したバーリンの「リベラルな精神」は，かつてケネス・ミノーグが批判したところの，現代の「リベラル」の精神的特徴——自己憐憫の傾向を示すロマン主義的な自己，善悪二元論の世界観に基づくユートピア主義，それに伴う現実への無理解——とは反対の方向を指し示している（cf. Minogue 1999: 172ff）。ステファン・コリーニは，バーリンの「リベラルな精神」を，そうしたユートピア主義を牽制する知的な謙虚さの中に見出している（Collini 1999: 209）。

おかれ，他方で社会的協働の基礎は公共的な政治文化に立脚した正義の構想に求められる。そこにおいて各人の善の構想は正義の政治的構想と何らかの仕方で両立可能な（つまり理にかなっている）かぎりにおいて許容されるのであり，したがって，差異の積極的な承認や自由の相互承認による人格的な連帯は政治的には不要なものとなる。これを，先の「承認の政治的構想」に対して「寛容の政治的構想」と呼ぶことができるだろう。本章の議論との関連では，バーリンの多元論的自由主義とロールズの政治的自由主義は次の三つの観点から比較することができる。すなわち，多元性の理論的位置，両者の理論的射程の相違，そしていわゆる中立性をめぐる両者の立場の相違である。

　まず第一の点を検討したい。チャールズ・ラーモアは，政治的自由主義が依拠する「理にかなう多元性の事実（the fact of reasonable pluralism）」という観念を，バーリンらが依拠する価値多元論から区別している。

　　ロールズ（および他の人々）が多元論と呼ぶものは，理にかなう人々が善に関する包括的構想について——予期しうるかたちで——合意できないというものである。しかしながら，バーリンが多元論として生き生きと描き出したものはまさしく，善の本性に関する深遠な，かつ確実に論争的であるところのひとつの説明であり，それによれば客観的な価値とは究極的には単一の種類ではなく多くの種類があるというものである。〔善の本性に関する〕教説と，教説についての理にかなった不一致とは，まず同一の事柄ではありえない。（Larmore 1996: 154）

ここから彼は，もしバーリンの言う価値多元論が政治的自由主義の本質的な構成要素であるならば，それは善の本性に関する論争を免れることはできず，したがって共通の政治的原理に関する合意には到達できないであろうと述べ，この区別が政治的自由主義にとって本質的なものであると強調している。

　ラーモアの主張は，両者が異なる位相にあるということである。しかしながら本書のこれまでの議論に照らせば，両者の相違は包括的教説と政治的教説との相違ではなく，むしろ多元性の強度をめぐる相違であると思われる[28]。このことを理解するためにはまず，バーリンの価値多元論とリベラルな善の構想を

区別することが重要である。価値多元論は価値の性質に関するメタ言説であり，最小限の人間的諸価値の擁護を除けば，特定の善の構想を特権化したり優遇したりする内容をもたない。他方でリベラルな善の構想やそこから導かれる寛容論は個人の生き方に関する特定の主張を伴っており，その意味でロールズの言う包括的教説に相当する。

　ロールズは『公正としての正義——再説』において政治的自由主義と包括的自由主義の相違を論じているが，その中で次のように書いている。

> ……政治的正義のどのような見解であっても，それがその社会的影響力を通じて，いくつかの教説を他の教説よりも優遇するということは避けられない。いかなる社会もそれ自身の内部にあらゆる生き方を含むことはできない。〔中略〕アイザィア・バーリンが長らく主張してきたように（それが彼の基本的なテーマのひとつであった），損失のない社会的世界は存在しない。つまり，一定の根本的な諸価値を特別な仕方で実現するいくつかの生き方を排除してしまうことのないような，いかなる社会的世界も存在しないのである。(Rawls 2001: 154/ 272)[29]

ここでロールズがバーリンの「基本的テーマ」として言及しているのが諸価値の両立不可能性の観念であることは明白である。そして彼はこれを世界の基本的な事実として肯定している。したがって，諸価値の両立不可能性は「理にかなう多元性の事実」の一部を構成する命題であると言ってよいだろう。たとえばクラウダーはラーモアの見解に対して，「多元論それ自体は諸価値の地位に関するメタ言明であり，実質的な道徳的見解ではない」(Crowder 2004: 160) と反論している。第2章で見たように，価値多元論は多様な生活様式（そこには自由主義も含まれる）が成立するためのカテゴリカルな条件に関する議論であり，その中心的な議論は人間生活の経験的観察から一般化された事実命題から

---

28)　ただしそれは通約不可能性の観念の是非をめぐる相違ではない。ロールズは「理にかなう多元性の事実」の内容として「〔それぞれが〕理にかなってはいるが実際に通約不可能かつ有和不可能であるような，相異なる包括的教説を市民たちが支持している」という事実を挙げている (Rawls 2001: 84/ 149)。

29)　See also, Rawls 1996: 197.

構成されている。したがってそれは「理にかなう多元性の事実」と認識論的に異なる位置にあるわけではない。

　両者の相違は，第二の論点である両者の理論的射程の相違から，つまり両者が異なる領域を議論の対象としていることから説明される。『政治的自由主義』におけるロールズの関心は，あるひとつの多元的社会において合意可能な正義の諸原理の特定であるが，他方でバーリンの価値多元論から導かれる品位の政治は，そうした社会内部における多元性だけでなく，複数の社会や文明のあいだのラディカルな差異をも視野に入れる議論である。したがって，品位ある社会の外延は正義にかなう社会のそれよりも広く，前者における政治的合意の内容は後者のそれより「薄い」ものとなる[30]。バーリンの教説は立憲主義や分配的正義の原理に関する議論を含んでいないという理由でしばしば批判されるが[31]，それは彼の価値多元論がロールズの言う「重なり合う合意」の担保を欠いていることの自然な帰結でもある。したがってたとえば，多元性に関する両者の見解のいずれが真であるのかといった立論は適切ではないように思われる。

　この点を踏まえると，われわれはジョン・グレイの「闘争的多元論」の理論的な位置を明瞭に把握することができる。周知のように，彼は1990年代後半の諸論考において，ロールズの政治的自由主義を合理主義的なリベラルの寛容論の伝統を受け継ぐものと解釈し，それはポスト冷戦期における諸価値の（あるいは諸文明の）ラディカルな衝突を前に無力であると断じた（Gray 1995b, 1997, 2000a）。これは上述のロールズの企図の理論的射程をめぐる議論に対応する。そのうえで，2000年以降のグレイは政治的自由主義にかわる「暫定協定（*modus vivendi*）」というホッブズ的な考えを，ラディカルな価値の対立状況における「ひとつの政治的な企図」として提示した（Gray 2000b: 25/ 36）。価値多元論と暫定協定の関係について，彼は次のように述べている。

　　暫定協定は，多元性という歴史的事実に適合するリベラルな寛容である。
　　暫定協定を下支えする倫理理論は価値多元論である。〔中略〕価値多元論
　　は，倫理的懐疑主義，主観主義，相対主義よりも，むしろ道徳的知識の可

---

30)　Cf. Margalit 1996. 特に序論と結論部を参照。
31)　Cf. Waldron 2016.

能性を肯定する諸々の倫理理論により近い。(Gray 2000b: 6/ 8-9)

価値多元論を価値に関するメタ言明とみなす点で，彼の理解は本書のそれと一
致している。そしてこの暫定協定は，バーリンが諸価値の「不安定な均衡」と
呼んだものに相当する。それらはともに，互いに両立不可能な善の構想を抱く
諸個人や諸集団間の実践レベルにおける妥協を指しており，その目的は相互の
平和的な共存を通じた最小限の品位ある生活の確保である。この品位ある生活
には上述の最低限の物質的福祉の保障とともに，マルガリートが言うように，
他者を人間以下の存在として扱わないという尊重の消極的義務が含まれる（cf.
Margalit 1996: ch. 6）。そのうえで，バーリンとグレイの相違は，こうした品位
ある生活の普遍的確保に加えて，（主としてヨーロッパの人文主義思想に由来す
る）リベラルな善の構想をこの土台の上に据えるかどうかという点にあるだろう。
　さらに，その後グレイが展開した新保守主義批判も価値多元論の図式の下で
了解される。『ユートピア政治の終焉』（2007年）の中心的主張は，イスラーム
文明圏における政治のあり方が欧米の自由民主主義的なそれとはラディカルに
異なっており，前者に対する後者の強制的適用がイラクやアフガニスタンにお
ける悲劇的状況を生み出したというものである。

　　自由民主主義は，中東の大部分の国では確立されえない。多くの国では，
　　世俗主義的な専制か，イスラーム主義による支配か，の選択である。中東
　　で強制的な民主化を試みる際に，ブッシュ政権はアメリカ合衆国のような
　　体制をその帰結として想定していたが，非自由主義的な民主国家となる可
　　能性を見過ごしていた。(Gray 2007: 207/ 210)

中東地域において自由民主主義の実現が不可能であるという彼の主張の是非は
ともかくとして，ここでは，バーリンとグレイの議論もまた，ロールズのそれ
とは異なる射程を有する政治的構想として，一定の意義をもつことが確認され
れば十分であろう[32]。

---

32)　Cf. Crowder 2004: 160.

そして第三に，ここから政治的自由主義の中立性（あるいは非包括的教説としての地位）に対して疑問を提起することができる。コノリーは，単純な公と私の区別を信奉する「世俗主義者」や，包括的教説と公共的正義の言説とのカテゴリカルな区別に立脚するロールズ的自由主義は，実際には公的制度と市民的道徳の両面において，政治や道徳に関する多数派集団の理解（すなわち近代のキリスト教精神）を密輸入していると述べる（Connolly 2005: 58-60/ 95-98）。この主張は論争的なものであるが，もし彼の指摘が正しいとすれば，ここから帰結するのは，品位の政治が政治的自由主義と同じ認識論的地位に「格上げされる」ことではなく，むしろ政治的自由主義の特権性が放棄されるという事態である。その問題性が広く認識されてきている現在の議論状況に鑑みれば，政治的自由主義もまた広い意味では「戦う一宗派」であるとの抑制された主張を支持することが妥当ではないだろうか[33]。

以上の議論を通じて，われわれは政治的自由主義と品位の政治を，それぞれ射程は異なるものの，いずれも一定の意義をもつ政治的構想として理解することができる。バーリンの自由主義は，上述の「リベラルの処方」という善の構想を備えており，それによって党派性を肯定し，善の構想を含む他の政治的立場と同じ地平に立つ。そして差異の倫理的重要性を認識しつつ，消極的な政治的構想である「品位」の理念によって，差異がはらむその攻撃性を緩和しようとするのである[34]。

33) レイモンド・ゴイスは，政治的自由主義を自由主義の系譜の中で歴史的に相対化する必要を強調している。彼は自由主義を〈古典的自由主義〉と〈カント＝ロールズ的自由主義〉とに区別し，両者の相違に注意を喚起しつつ後者を批判し，可能な自由主義の構想に向けた簡潔な指針をもって論を閉じている（Geuss 2002）。これ以降，彼はロールズの構想を応用倫理学の一種として批判し，政治的領域に固有の諸現象に着目する「リアリズム」の立場に立つ。
34) ここでバーリンとコノリーの見解を簡単に比較しておきたい。バーリンの価値多元論に基づくリベラルな寛容から，コノリーのポスト寛容論である「アゴーン的敬意の政治的倫理」（Connolly 2005: 123/ 203）まではあと一歩であるように思われる。しかしながら，両者は同様の結論にいたるわけではない。コノリーは，社会における多元性の深化により，多数派＝中心と少数派＝周縁という構図は徐々に解体され，最終的にはすべての個人や集団が「ひとつないし複数の次元でマイノリティになる」という展望を示している（Connolly 2005: 62/ 101）。これはボヤーリン兄弟がユダヤ思想の文脈の下で展開する「ディアスポラ」の議論に近い（cf. Boyarin 2008）。他方でバーリンは，ユダヤ人がマイノリティとして被ってきた苦難に共感しつつも，その解決をシオニズム──彼らがマジョリティになることができる共同体の創設──に求めた（本書第6章）。彼はまた，コノリーが「多元化のエートス」と呼ぶところの差異を尊重する道徳的姿勢が，「普通の人々」の間に浸透する可能性についても悲観的であった（本書第7章）。

第5節　小括

　自己が世界と和解するやり方はひとつではない。コミュニタリアン的思考が相互承認を通じて統合と連帯を目指し，政治的自由主義が各人の善の構想を括弧に入れるのに対して，バーリンはアイデンティティの深い分裂と偶然性を是認することを通じて自己を肯定する道を示す。もちろんここで述べた「リベラルの処方」は，他の処方と比べて何ら特権的な地位を有してはおらず，それゆえその美徳と同時に固有の難点もそなえている。繰り返すが，バーリンの主張には明確な党派性が見て取れる。彼が提示するリベラルな善の構想は，自己の偶然性と和解することが容易な人々に有利な政治的構想を導きやすく，アイデンティティの問題を個人の問題と捉えることで抑圧の社会的側面を曖昧にする危険を伴うであろう。しかしそれは自覚的な党派性でもある。ここで確認したいのは，たとえひとつの問題状況が存在することに双方が同意するとしても，その回答は唯一ではないということである。社会の調和と自己の統合が実現していない状況にどう対処するかという問いに対して，リベラルの回答というものが確かに存在するのであり，かつ，それはコミュニタリアンのそれに比べて劣るものではない。

　どの回答をどれくらい採用するかという選択は，最終的にはそれぞれの社会の当事者に任されていると言える。リベラルな社会においては，ある人々は個人的なやり方で自己との和解を目指すかもしれないし，他の人々は親しい他者との連帯によって実存的不安を和らげようとするかもしれない。重要なのはそうした選択ができることであり，そのイデオロギー的立場や自己アイデンティティに対する姿勢がいかなるものであれ，万人が平等な市民的自由と最低限の福祉を享受できる制度が存在することである。バーリンによる「消極的な政治」の擁護は，「できるだけ多数の個人が，相互に他人の目的を妨げることがないかぎり，その目的そのものの価値を評価することなく，できるだけ多数の目的を実現しうるような状況を待望する」（FEL 153n/ Ⅴ 358n）というリベラルな価値多元論の要請に対応している[35]。より悪いのはおそらく，そのイデオロギーが自己の難点を隠蔽しつつその美徳を吹聴することで問題の所在が不明瞭

になること，さらにはそれが「唯一の」解答であると信じ込むことであろう。周知のように，国家との自己同一化が奨励・強制されたことが全体主義の災厄を生み出したと強く批判したのがバーリンその人であった。ここにおいて彼はリベルテ・モラルのルソー主義的解決を拒否する（FIB 27-49）。みずからの立場の価値を強調すると同時にその悪徳を隠すことがなかった彼の態度には，少なくともそうした健全さが宿っている。

　ただしこの点については例外があるように思われる。後述のように，エドワード・サイードはバーリンの哲学と自由主義を賞賛しつつも，その「イスラエル例外主義」ともいえる態度を厳しく非難している。イグナティエフが言うように，ナショナリズムがナルシシズムの問題と結びあっているとすれば，バーリンはユダヤ・ナショナリズムの要求を助長するような態度を取るべきではなかったのではないのか。この矛盾を考察するためには，彼自身の個人史および政治的意見の検討と，シオニズムに関する彼の歴史認識の検討が必要となるが，これは次章以降の課題である。

---

35)　Cf. Galipeau 1994: 131.

第5章

対抗的啓蒙

第1節　政治理論と思想史研究の接点

　これまでの議論から確認されたのは，バーリンの思想において価値多元論と自由主義は論理的必然性の下に結合しているわけではなく，彼の自由主義はむしろ多元的価値の世界におけるひとつの実践的なコミットメントとして理解されうるということであった。そして実際に彼は，一方で過去におけるさまざまな政治思想が現実世界にもたらした政治的な諸帰結の観点から，他方で同時代における政治的出来事に直面するなかで，リベラルな諸価値を擁護してきた。したがって，彼による自由主義の弁証をより具体的に理解するためには，これまでの理論的考察をいったん離れ，彼が生涯にわたり格闘した思想史に目を向ける必要がある。

　1980年代以来，いわゆるコミュニタリアンの議論は，自由主義が前提とする人格と社会の構想が文化の固有性および多様性と衝突し，ときにそれらを抑圧し，政治の場から排除するという事実を明るみにしてきた。そうした批判に応答するため，特に1990年代以降，自由主義研究の内部においても文化的なものとの調和あるいは妥協可能性が盛んに模索されており，そこにおいてバーリンはこの種の議論の先駆者としてしばしば言及されてきた。こうした経緯から，彼の政治思想はリベラル＝コミュニタリアン論争の一変奏として理解されるのが一般的であった。しかしながら，彼の思想をそうした語彙の下で分節化する試みは，一方において現代政治理論への貢献という観点からすれば有益ではあるが，他方でそれは彼自身の置かれた歴史的・文化的・政治的諸状況，そこで育まれたアイデンティティに対する考慮を捨象することで可能となってお

り，さらに，歴史叙述に関する——政治的にも重要な——諸論点を回避するという犠牲を伴っている。

　ここでひるがえってバーリンの知的活動全般に対する評価を俯瞰してみると，政治理論家たちは彼の多元論および自由主義論の独創性を（否定的にせよ肯定的にせよ）おおむね評価しているのに対し，思想史に関する彼の著作はつねに厳しい批判にさらされてきた（Cracraft 2002: 279）。すでに1953年のオーギュスト・コント記念講座の際，紹介役であったオークショットに「思想のパガニーニ（Paganini of ideas）」と揶揄されていたバーリンであるが[1]，最近においても，たとえばピーター・ゲイは，バーリンの『ロマン主義講義』（RR）の書評において，同書に散見される数々の誤りを指摘し，彼の語り方が学問としての思想史から逸脱した「暴走」であると指弾している（Gay 1999: 3）。たしかに，しばしば史的事実に関する誤りを犯し，曖昧な引用を行うバーリンが，歴史家として非難されるのは当然であろう[2]。また，ヨーロッパ思想史研究それ自体がすでに高度に組織化され専門性を増している現在，かつてバーリンが「思想史は豊かであるが，本来の性質からしてあまり明確でない分野である」（AC 333/ I 408）と述べたような雰囲気はもはや失われているのかもしれない。しかしながら，批判者たちが指摘する「誤り」のなかには，検討すべき論点が少なくとも二つ含まれている。

　第一の論点は，近代ヨーロッパ思想史を捉える評価枠組自体の相違である。ゲイは先の書評において，ヒュームをドイツの「対抗的啓蒙（Counter-Enlightenment）」[3]の導き手とするバーリンの主張に対し，「ヒュームは啓蒙の転覆者などではなく，その英雄のひとりである」としてこれを真っ向から否定する（Gay 1999: 3）。言語思想史家のハンス・アースレフもバーリンの18世紀理解を全面的に批判している（Aarsleff 1981, 1996a）。これを受けてロバート・ノートンは，アースレフによってわれわれはついに「バーリンの誤り（the Berlin Error）」から解放されたと宣言している（Norton 2002）。しかしながら後

---

1)　Franco 2003: 485. これに先立つ1952年のBBCのラジオ講演『自由とその裏切り』（FB）を聴いたオークショットは，彼を「講壇のパガニーニ（Paganini of the platform）」と評した（Ignatieff 1998: 205/ 223）。
2)　アンソニー・アーブラスターも過去にこれと同じ趣旨の批判を行っている（Arblaster 1971）。

述のように，この論点は言語の本性をめぐる現代的論争への言及なくして評価
できるものではないし，アースレフの見解に対しては重要な反論が提起されて
いる。

　言語の問題に着目したバーリンのロマン主義理解は彼自身の知的履歴と正確
に対応しており，（本書第 1 章で考察した）20 世紀英米哲学における「信念」お
よび「言語」の問題と複雑に絡まりあっている。バーリンは論理実証主義批判
を通じて哲学における信念の問題の重要性を看取し，そこからヒュームの信念
論を高く評価したハーマン，そして言語起源論争を契機としてヘルダーへと続
くロマン主義思想の導火線を見出す。したがって，われわれはアースレフの批
判を受け入れる前に，まず両者が前提とする言語観を吟味する必要がある。そ
れとともに，ヒュームをめぐるゲイの批判も再考の余地を残すものとなる。

　第二の論点は，歴史叙述と政治思想をつなぐ環に関するものである。それは
Ｊ・クラクラフトが「歴史叙述に関するポストモダン」の問題（Cracraft 2002:
277）と表現したところのもの，換言すれば，『歴史の必然性』および E・H・

　3）　1973 年の論考「対抗的啓蒙」（'The Counter-Enlightenment,' in AC 1-24/ III 43-82）
によって，バーリンはこの概念の普及に貢献した人物であるとされる。本章で確認するよ
うに，彼の言う対抗的啓蒙とは，基本的にはヨーロッパ近代（特に 18 世紀後半から 19 世
紀初頭にかけての）における複数の思想の流れを示唆する言葉である。すなわち，啓蒙思
想の本流とされる科学的合理主義や進歩思想に見られる楽観的想定を批判し，そのさらな
る深化を目指す思想を指す言葉であり，しばしば「非合理主義（irrationalism）」と区別す
るために用いられているが，彼の用語法は厳密なものではない（なお，日本語選集におい
て Counter-Enlightenment は「反啓蒙主義」と訳されている）。See also, Mali & Wokler
2003. バーリンに先行する他の使用例として，アメリカの哲学者ウィリアム・バレットの
論考が挙げられる（Barrett 1949: 663-664）。彼は近代の啓蒙主義における理性とその反面
としての非合理的な衝動（instinct）との緊張関係をニーチェの思想に求め，後者の観点か
ら前者を批判的に捉える（主に 19 世紀後半から 20 世紀初頭にかけての実存主義的な）思
想潮流を Counter-Enlightenment という言葉で表現している。したがって，両者がこの言
葉を用いて論じる対象は（部分的に重なるものの）異なっている。他方で，イスラエルの
歴史家シュティルネル（Zeev Sternhell, 1935-）はその著書を『反啓蒙主義』（仏語版原
題：Les anti-Lumières; 英訳版：The Anti-Enlightenment Tradition）と題しており，こ
の語（ドイツ語で Gegen-Aufklärung）がニーチェによって考案されたものであると書い
ている。彼はこの「反啓蒙主義」という言葉によって，啓蒙主義の哲学に対する「反動
（reaction）」の側面を強調している（Sternhell 2010: 3）。バーリンは，現実が（啓蒙主義
者が想定するような）理性的に把握可能な調和的全体であることを否定する点でニーチェ
に同意するが，第 4 章で確認したように，現実世界の不条理や残酷さを（貴族的道徳とし
て）そのまま肯定するのではなく，それらを可能なかぎり緩和しようとする試み（品位の
政治）を是認する点でニーチェと異なる（cf. Garrard 1997: 289）。したがって，この点に
おいて，バーリンが評価する対抗的啓蒙思想の内容は，バレットやシュティルネルが注目
する内容からある程度の区別が可能である。シュティルネルのバーリン批判については次
章で検討する。

カーとの論争の中でバーリン自身によってなかば意識的に導入されているところの「実存的歴史観」[4]の問題である。歴史に対するこの態度は，バーリンからコリングウッドを経由してクローチェ（Benedetto Croce, 1866-1952）の歴史哲学にさかのぼることができる。バーリンは 1931 年にコリングウッドの歴史哲学講義に出席し，そこで彼に自ら翻訳したクローチェの『ヴィーコの哲学』を読むよう薦められる（CTH 8/ IV 12）。そしてのちにはクローチェの道徳・政治論集の英語版出版に際して書評を書いている（BC）。

　クローチェは歴史叙述における古典的なアポリア，すなわち普遍性と個別性，あるいは客観性と主観性のあいだに存在してきた深淵を克服すべく，歴史に実存の問いを導入した。すなわち「現在の立場に立脚した歴史」の提唱である。ニーチェ（Friedrich Nietzsche, 1844-1900）に由来するこの考えによれば，過去の出来事に対するわれわれの関心は，現在のわれわれ自身の生に対する特定の関心から生じる。膨大な出来事が日々紡がれているこの世界において，およそ歴史叙述と呼ばれるものが著者自身の関心と価値判断に基づく取捨選択に依存することは不可避である。つまり，自然科学の知識のような，いつ誰の目から見ても同じに映るという意味での「客観的」ないし「実証的」歴史叙述というものは成立し得ない。さらに，歴史家は世界の外側に立って出来事の総体を眺めるのでもない。そのような「超越的」視点の想定は，歴史家自身が世界の出来事のただなかに生きる存在であることを忘却している。クローチェによれば「およそ現在の生に対する関心こそが人に過去の事実を調査せしめることができる」のであり，その意味で，著者にとって有意味な歴史的過去はつねに生きたもの，「同時代的」なものである。「もしそれが真に歴史であるとすれば，すなわち，それが何かを意味し，空虚な残響ではないとすれば，それは同時代的（contemporary）でもある」。ここから彼は「あらゆる真の歴史は同時代史である」と宣言するにいたる（Croce 1921: 12）。

　クローチェのこうした見方をバーリンも共有している。Ｅ・Ｈ・カーの『歴

4）『歴史とは何か』においてカーは歴史叙述の三つの類型（超越的歴史観，内在的歴史観，実存的歴史観）を挙げ，彼自身は最終的にはそのどれにも決定的にはコミットせず，他方でバーリンがそのひとつである実存的歴史観に過度にコミットしているとして批判している（Carr 1986）。このカーの主張，および実存的歴史観の詳細な検討については，渡邊 1999 を参照。

史とは何か」をめぐる論争に見られるように，彼はあるタイプの歴史叙述（すなわち歴史的決定論）が直接的に人々の道徳的・政治的態度に影響する点を一貫して問題視しており，したがって，歴史叙述のもつ倫理─政治的含意を因果関係や客観性の問いよりも優先させている。もちろん，歴史を過度に実存的に捉えるこのような彼の見方には多くの反論がある[5]。しかしながら，ひるがえってこの歴史観をバーリン自身の著作に対して適用してみるとき，われわれは思想史に関する彼の著述を彼自身の倫理・政治的関心とその問題構制の端的な表明として読むことができる。すなわち，この歴史観によってバーリンは，語る主体の位置に言及することでみずからの歴史叙述に政治性を導き入れると同時に，政治を思想史から語ることでみずからの政治理論に歴史性を導入していると言えるのである。

　より具体的には，こうした歴史観の導入によって，「啓蒙に関するバーリン自身の物語は，人間的自由に対する彼のこだわり，彼の人生の特殊な状況，彼の知的環境……によって形成された」（Blockliss 2016: 13）という解釈や，「バーリン自身のアイデンティティ，そしてユダヤ人のアイデンティティ一般に対する彼の省察は，彼の哲学を理解する際に中心に置かれる」（Tamir 1991: 146）という見方が正当化されることになる[6]。これをバーリンの思想史研究と重ね合わせると，自由主義とナショナリズムの問題は，フランス革命後に解放されたユダヤ人たちの心理的葛藤と対応するものとして理解できる。彼は 19 世紀のユダヤ知識人たちを描きながら，あらゆる同化の努力によってもユダヤ人がその固有のアイデンティティを完全には消し去ることができなかった事実を指摘しつつ，コスモポリタニズムの脆弱さからひるがえってナショナリズムの強力さに注目し，その思想的源泉をドイツ・ロマン主義運動の発生地点へとさかのぼっている。したがって，価値多元論に対するバーリン自身のコミットメントの源泉は，近年の政治理論の文脈よりも，むしろ彼の思想史研究に多く見出されることになる。

　5）　『歴史の必然性』に対するさまざまな批判は，『自由論』の序論においてバーリン自身によって言及され，応答されている（FEL x-xxxvii/ V 10-55）。
　6）　ローレンス・ブロックリスはこの観点からゲイとバーリンを比較し，両者がそれぞれ異なる方法と関心の下で──ゲイは歴史的な文脈に即しつつ，啓蒙の理念を再発見するために，そしてバーリンは実存的関心のもと，現代の政治的諸現象を理解するために──啓蒙研究に取り組んだと評している（Brockliss 2016: 6-11）。

148

　本書の後半部はバーリンの思想史研究をこうした関心のもとで読み解き，それらが彼の同時代的な自由主義とナショナリズムの理解に反映される仕方を明らかにすることを課題としている。本章ではまず，バーリンが捉える 18 世紀ヨーロッパにおける思想的転換の一端を，ひとりの人物に対する彼の注目を中心に見ていき，そこから啓蒙思想とその対抗者に関する彼の基本的見解を明らかにすることを試みる。

第2節　理性，信念，言語

　バーリンは折りに触れ，ドイツの反合理主義者（anti-rationalist）に──より広くは 18・19 世紀のヨーロッパにおける対抗的啓蒙の思想潮流に──多大な影響を与えた人物としてヒュームの名前を挙げている。彼らは「ヒュームが信じ，また拠って立っていたあらゆるものを，大部分においてはっきりと拒絶した」にもかかわらず，ヒュームは彼らにフランス啓蒙主義者から身を守りまた攻撃するための「武器を提供」し，さらには 18 世紀後半における大きな思想的転換に際して決定的な役割を果たしたという（AC 162）。そして興味深い一致であるが，バーリン自身もまたその哲学的経歴をヒュームとのかかわりで開始している。

　第 1 章で見たように，1930 年代にはウィーン発祥のラディカルな哲学運動である論理実証主義がオックスフォードにも本格的に上陸するが，この哲学運動の基本的精神を代弁するのがヒュームの形而上学批判であった。ワインバーグ（Julius R. Weinberg, 1908–1971）によれば，ヒュームは従来の形而上学に対する徹底した懐疑的態度にゆえに「最初の偉大な実証主義者」である（Weinberg 1936: 3）。しかしながら他方で彼らが不満をおぼえるのは，ヒュームが自己の懐疑論を埋め合わせるものとしてしばしば「信念（belief）」を持ち出す点であった。「ヒュームの批判原理の徹底した適用が必ずしも懐疑主義にいたるわけではないことを示すのは難しくはない。懐疑主義がヒュームの批判原理の不可避的な帰結でないとすれば，信念を導入する必然性は何ら存在しないことになる」（Weinberg 1936: 3）。こうして信念に関する問いは彼らのアジェンダから除去される。

第 5 章　対抗的啓蒙 149

　バーリンは 1937 年にこのワインバーグの著作の書評を書いている。その中
で彼は，論理実証主義運動の精神とフランス啓蒙思想のそれとの類似性を指摘
するなど，思想史的文脈に触れているものの，この点は深く追究されていない
（JW 177）。また，この時期の他の著作は（マルクス研究を除いて）もっぱら哲学
的なものであり，「信念」に関する思想史的な問いは（戦時活動ともあいまっ
て）しばらくのあいだ彼の著述に現れることはない。しかしながら，この時期
に彼が行った論理実証主義批判は，その後の彼の思想史研究のいわば背骨とな
ってその関心の一貫性を支えるものとなるのである。以下，彼の哲学的主張と
その思想史研究を比較しつつ，両者の並行関係，あるいは相補的な関係を見て
いくことにする。

　1956 年，バーリンは 17・18 世紀の代表的な思想家に関するコメンタリー
『啓蒙の時代』（AE）を出版するが，そこにおいて一章を与えられたのが「北方
の博士」ことハーマン（Johann Georg Hamann, 1730-1788）であった。バーリ
ンは 1930 年代から 50 年代にかけて，論理実証主義批判を通じて哲学における
信念の問題の重要性を看取し，その後ヒュームの信念論を高く評価したハーマ
ン，そして言語起源論争を契機としてヘルダーへと続くロマン主義思想の導火
線を見出す。その意味でハーマンは，バーリンの哲学的経歴と思想史的関心の
結びつきをもっともよく映し出している人物と考えられる。カント，ゲーテ，
ヘルダーの友人にして強力な批判者でもあるこの哲学者は，その後 1965 年に
コロンビア大学ウッドブリッジ講義においてメストル（Joseph Marie comte
de Maistre, 1753-1821）とともに取り上げられている[7]。ハーマンに対するバー
リンの関心は次の三点に要約できる。

(a)　言語と世界
　彼がまず注目するのは，ヒュームの懐疑論へのハーマンの共感である。第 1

---

　7)　Henry Hardy, 'Editor's Preface'（MN ix）。以後，ハーマンについてまとまった記述が
含まれるのは 1965 年のハーマンに関するウッドブリッジ講義 'The Magus of North'（出
版は 1993 年），同年のロマン主義に関するメロン講義 'The Roots of Romanticism'（出版
は 1999 年），同年のヘルダーに関する 'Herder and the Enlightenment'（1965），'The
Counter-Enlightenment'（1968-73），'Hume and the Sources of German Anti-Rationalism'
（1977）である。このように，1965 年から 1977 年にかけて（彼の思想の成熟期と言えるだ
ろう），バーリンは精力的にハーマンの思想の重要性を説いている。

150

章で確認したように，バーリンはいわゆる真理の対応説を批判したが，これと
並行関係にあるのが次のヒュームに関する一節である。

　　ヒュームの原理によれば，ある事実から他の事実を演繹することは不可能
　　である。必然性は論理的関係に過ぎない。つまり記号相互の関係であって，
　　世界のうちにある現実の事物相互の関係ではない。経験に基づかない存在
　　命題を知ることができるとか，純粋な思惟の方法によって別の存在命題を
　　推論できるなどという教説の支持者はすべて自分か他人を欺いているか，
　　あるいはその両方である。(MN 33/ 45)

ヒュームをきわめて熱心に読んだハーマンはこの原理を生涯にわたって守りと
おした（MN 33/ 45）。「『原因』，『根拠』，『普遍性』のような言葉は，チップに
過ぎず，事物に対応していない。この世で犯しうる最大の誤りは，『言葉を概
念と，概念を事物そのものとみなすこと』である」(MN 40/ 54; cf. Hamann 1955:
V. 264. 36)。こうした語と事物を同一視する傾向はまさに言語の対応理論の特
徴であり，『歴史の必然性』の中でバーリンが「隠喩の具象化」と呼んで批判
したものである。「ハーマンにとって大敵は必然性——形而上学的あるいは科
学的な——である」(MN 44/ 60)。「抽象概念を求める哲学者たちの情熱によっ
て，関係の具象化が起こる。たとえば時間や空間といった関係である」(MN
41/ 55)。「生粋の唯名論者」であるハーマンは，「永遠の本質が論理的関係ない
し存在論的紐帯によって内在的に結び合っている世界」というものをまったく
信用せず，そして「世界の連結構造は，理想的なまでに明晰な言語によって映
し出す (mirror) ことができる」という考え〔強調は引用者〕を激しく批判す
る (MN 45/61)。ここにおいてバーリンは自身と知的立場を同じくするひとり
の友人を得ると同時に，ローティのいう「鏡の隠喩」ないし「特権的表象」を
追求する哲学的企て——ハーマン流に言えば「賢者の石の探求」(MN 129/ 184)
——に対する近代哲学史上最初の批判を見出したのである[8]。
　ハーマンにとって拠りどころとなるのはむしろ人々が現実生活の中で用いる

────────────────

8)　礒江影孜氏は，ハーマンの哲学スタイルとローティの言う「啓発的」哲学との関連を
　指摘している（礒江 1999: 143）。

生きた言語であり，ハーマン研究者のJ・C・オフラエティはこれを「自然言語の先行性 (the primacy of natural language)」と表現している (O'Flaherty 1966)。「自然の言葉は数学ではない。神は詩人であって，幾何学者などではない」(MN 40/ 54)。合理主義は現実を正しく認識するどころか，逆に哲学者による人工的な概念を尺度としてあらゆるものを裁断していく専制にいたるという。「普遍主義とはあだなる望みに過ぎず，世界の豊かな多様性を寒々とした画一性に還元する試みであり，現実逃避の一形式である」(MN 38/ 52)。こうした考えを 20 世紀哲学の文脈に即していえば，メタ言語に対する日常言語の先行性，あるいは信念の総体としての世界観 (*Weltanschauung*) の基底性という主張となり，バーリンが論理実証主義運動を人工的な普遍言語を構築する試みとして激しく批判した事実と重なり合う。第 1 章で見たように，彼は帰納と演繹のみを哲学＝科学の方法とする論理実証主義のプログラムを反転させ，反対に彼らがナンセンスとした第三のクラスに重要性を付与する。そしてこの信念あるいは理念を含む第三の問題群が，帰納と演繹という他の二つの知の前提条件となることを，後期ウィトゲンシュタインを中心とする 20 世紀中庸の「哲学の革命」のなかに見出す。そしてこの「信念」の基底性が第二の要点である。

(b)　理性と信念

　ヒュームの懐疑論をあらゆる合理主義哲学に対する強力な武器として受け取ったハーマンは，「ヒュームの懐疑論を（経験的知識への）信頼の肯定へと大胆に転換させる」(MN 34/ 46)。すなわち，われわれの認識を支えているのは言語と事物との対応ではなく，外界が存在するというわれわれの信念それ自体である。P・メルランが言うように，「カントにおいてまさに躓きの石であったものが，ハーマンにおいては礎石となる」(Merlan 1951: 14)。同様に，「われわれ自身の存在，およびわれわれの外側のあらゆる事物の存在は，信じられねばならないのであって，それ以外のいかなる方法によっても確定され得ないのである」(AE 272)[9]。ここにおいてハーマンはヒュームの意図を超え，哲学を含めたあらゆる人間活動の基礎に信念＝信仰 (*Glaube*) を据えることになる。これを端的に示すのは 1759 年のカント宛手紙における次の一節である。

一個の卵を食し，一杯の水を飲むのにもヒュームは信念を必要としています。しかし，もし食べることや飲むことにさえ信念が必要であるならば，なぜヒュームは飲食よりも高次の事柄を判断する際には彼自身の原理を裏切るのでしょうか。(Hamann 1955: I. 379. 35)

ハーマンにとって信仰＝信念は「非認知的なプロセス」(Merlan 1951: 15) であり，啓蒙思想家たちのあいだに流布していた「合理的な宗教」という考えは矛盾した観念である (MN 35/ 48)。信仰を合理的に弁証するのではなく，信仰のうえに合理性が存する。それゆえ彼は，合理的な宗教が可能であるとしたモーゼス・メンデルスゾーン (Moses Mendelssohn, 1729-1786) のような当時の啓蒙主義者たちを激しく攻撃した (MN 46-48/ 62-66)。彼はユダヤ人のあいだにハスカラーと呼ばれる啓蒙主義運動を広めたことで有名であるが，近代ユダヤ人と啓蒙の関係については次章で考察を加えるとして[10]，ここでは法と国家に関する両者の見方に注目したい。この点は，規範ないし規則に関する基本的な哲学的問題を含んでおり，政治思想にとって重要である。それは，「規範の正当化」という表現の矛盾についてである。

　ハーマンはメンデルスゾーンの著した『イェルサレム，あるいは宗教的権力とユダヤ教について』(1783 年) を激しく攻撃した。同書は，世俗権力と教会権力の穏当な均衡を志向しながら，道徳的・政治的義務を近代自然法論者の手法で基礎づける試みである (Mendelssohn 1969: 11)。国家は理性的かつ自由な統治者と被治者とのあいだで交わされる相互約束ないし契約に基づいており，この国家の基礎は自然法により制定される。しかしハーマンにとって，国家その

---

9)　『ロマン主義講義』の次の一節も参照のこと。「彼〔ハーマン〕はヒュームと共にはじめた。そして実際，ヒュームは正しいと言った。すなわち，あなた方が自らに，宇宙を知るのはどのようにしてであるかと問えば，それは理性ではなく，信仰 (faith, *Glaube*) によってであるということになる」(RR 41/ 62)。

10)　ここで指摘しておく必要があるのは，バーリンがハーマンの宗教論にほとんど関心を抱いていなかったということである。「思考，理性，完全には分節化されない感情的（そして精神的）生活，そうした生活が埋め込まれているところの文化的諸制度，そして人間の諸々の言語と象徴，これらのあいだにある関係について彼が抱いた考えの深みと独創性を認識するために，ハーマンの神学上の信念，また彼の反科学的な偏向を受け入れる必要はない」(AE 275)。したがって，バーリンの思想史的関心を剔抉することを目的とする本章においては，ハーマンの哲学，特にその言語思想をバーリンとのかかわりで検討し，ハーマン自身の信仰をめぐる諸論点については考察を省く。

他の人間の諸制度が「承認」や「約束」に基づくというのはばかげている。そもそも「国家は自然の必要から成長した人間の共同形態」であり，そして自然の必要そのものは「説明不可能」なもの，「創造に関する包括的な謎の一部」である（MN 49/ 66）。「社会を正当化するという考え」は「会話や愛や芸術，また世界に植物や動物が存在すること」を正当化する試みと同様に意味がない（MN 50/ 67）。

　メンデルスゾーンはまた，政教分離を基礎として「ユダヤ人がその隣人たちと同じ社会的，教育的，文化的水準に達すること，つまり他の人々と同じようになることを望んでいた」（AC 258/ I 270）。これに対し，ハーマンの目には，人間の公的側面と私的側面を区別し，民族的・文化的その他あらゆる差異を括弧に入れることで普遍的な寛容を実現しようとする啓蒙自由主義者たちは，「人間存在を死肉のようにずたずたに切り刻んでしまう」ように映った。彼にとって「人間は一なる存在である。そのことによってもたらされる不快な帰結のすべてをひっくるめて，ひとつである」。そして「こうした信念によって公私が混同し，干渉や非寛容が起きようとも，ハーマンは全然気にしない」（MN 47/ 63-64）。ここにはハーマンの非合理主義的な側面が認められる。しかしバーリンは続けて次の一文を付け加えるのを忘れなかった。「差異への寛容とは，差異の重みの否定にほかならないからである」〔強調は引用者〕。彼は必ずしもハーマンの意見に全面的に賛同しているわけではない。しかしながら，この一節は自由主義とナショナリズムの関係について重要な洞察を含んでおり，ある程度においてバーリン自身の意見を代弁してさえいる。

　こうした保守・反動主義的な思考の根底にあるのもやはり信念の問題である。「伝統は過去の信念の堆積物」（MN 34/ 46）であり，「信念は理性の所産ではない。それゆえ理性からの攻撃に敗れることもありえない。というのも信念は味覚や視覚と同じく，根拠を通して生まれるわけではないからである」（MN 32/ 43, cf. Hamann 1949: II. 74. 2）。「もし望むのであれば，その上に合理的な建築を築くことができるが，もちろんこの建築物の確実性が本来の土台の確実性にまさることはありえない」（MN 35/ 48）。これはまさに，後期ウィトゲンシュタイン哲学とその周辺において徹底的に考察された《規則に従うとはいかなることか》という問題である[11]。バーリンは他の機会に「規範は正当化を必要としな

い。規範は基礎的であって，それゆえそれが他のものを正当化する」（B&J 113/
169）と述べており，この点に関しては一貫している。

　ハーマンによれば，時間と場所を超越した普遍的な規範は存在せず，特定の
話者を欠いた言葉——たとえそれが神のものであっても——というものも存在
しない。「神は同定可能な時間，特定の場所において人間に語りかけた。イエ
スは特定の時と所において十字架にかけられた」（MN 36/ 49）。この歴史主義
的・特殊主義的態度は，過去にバーリンが発表した哲学論文とその主張を同じ
くしている。「経験命題と仮言的言明」（1950 年）において彼は，個々の観察命
題を全称命題へと完全なかたちで翻訳することは論理的に不可能であると主張
した[12]。個別的存在に関する言明を一般的な法則言明に翻訳することは，不可
能なはずの「観察者の解消」（CC 35）を無理に行うことである。それは，ある
発話の固有性——必ず，ある特定の人物によって特定の時と場所においてそれ
はなされたはずである——をその発話から抜き取ろうとする試みに等しい。し
たがって，この翻訳は「通常の用語法に暴力を加えずして」（CC 47）なしえな
いものである。ハーマンはこの真理をわがものとし，カントの『啓蒙とは何
か』に対する批判の中で，彼はカントが「啓蒙の後見人」と称する者の認識的
特権性を疑問視しながら，むしろこの「後見人」（すなわちカントとフリードリ
ヒ）こそがみずからの「未成熟」に対して盲目であることを喝破したのである
（Hamann 1955: V. 289–292, MN 107/ 152, Bayer 1988: 139/ 174）。

　11）　ソール・クリプキは次のように述べている。「ある規則に訴えることから，それとは
別のより一層『基本的な』規則に訴えることに移ることによって，懐疑論者に答えるとい
うことは魅力的である。しかし懐疑的な問題提起は，このより一層『基本的な』レベルの
規則にもまた，同様に適用され得る。結局のところ，このより一層『基本的な』レベルに
訴えてゆくという過程は，どこかで止めなければならない。——『正当化はどこかで終わり
になる。』——そして私には，何らかの他の規則に還元されることの全くない規則が残され
るのである。〔中略〕このようなとき私は，いかにしてそのような規則の現在の私の適用
を正当化できるのであろうか。そのような規則の私の適用は，暗黒の中における正当化さ
れないひと突き（unjustified stab in the dark）であるかのごとく思われる。私はそのよう
な規則を，盲目的に適用するのである〔『哲学探究』§198-219; 485〕」（Kripke 1982: 17/
31-32, 強調は引用者）。ピーター・ウィンチも，ルイス・キャロルの「アキレスは亀に何
と言ったか」を引用しつつ同様の指摘を行っている（Winch 1958: 55-57/ 68-71）。また野
矢 2002: 232-233 も参照。
　12）　バーリンのこの主張に対する肯定的な評価が Weitz 1953 に見られる。これが先に見
たヒュームの懐疑主義から着想を得たものであることは容易に推察できる。

(c) 言語と思考

ここまでの論点はおおよそ，既存のハーマン研究によって広く共有されているものでもある。1950 年代から 60 年代にかけては，英語圏においてもハーマン研究は少ないながらもすでに存在しており，バーリンもそのうちのいくつかを利用しているという点では，彼の研究は先駆的なものであるとは言えない[13]。しかしながらここで重要なのは，言語と思考に関する問題——彼がハーマンを最も高く評価し，そして現在においても最も論争的であるところのもの——である。この思想を端的に表現するのは次の一節である。

> ……言語，それは理性の唯一の最初にして最後の機 関（オルガノン）であり基準である。
> （MN 76/ 106, Hamann 1949: III. 284. 24）

「理性の純粋主義に対するメタ批判」（1784 年）におけるこのハーマンの考えは，言語に対する当時の啓蒙思想家たちの考えとは根本的に異なっており，それゆえ無視されていたが，長い時を隔ててふたたび評価されることになった。それは言語の公共性（publicity of language）という問題にかかわる。

周知のように，フランスに端を発し，その後ベルリンの王立学術アカデミーを中心に行われた言語起源論争に重要な一石を投じたのがヘルダー（Johann Gottfried Herder, 1744–1803）であった。彼は『言語起源論』（1772 年）において，当時支配的であった言語神授説や動物的起源説をしりぞけ，言語の人間的起源を提起した。それによれば，言語は動物的な叫び声から直接に導かれ得ず，人間固有の「内省意識（Besonnenheit）」すなわち理性をその条件として要請する（Herder 1964: 23/ 41）。それはまず「内面の標識語」を形成し，次いで音声に結びつけられて「外的言語（äussere Sprache）」となる（Herder 1964: 30/ 57）。

この論文は言語を人間に固有の能力とした点で非常に独創的と評価されたが，しかしハーマンはこれを厳しく批判した（MN 73–74/ 104–105）。なぜなら内的な思考の流れを外的言語と結びつけるという考えは，非言語的な思考を含意する

---

13) Unger 1905, Merlan 1951, O'Flaherty 1966（初版 1952 年）など。特にバーリンの『啓蒙の世紀』におけるハーマンの引用の大半がオフラエティの著作にそのまま依拠していることが草稿から明らかである（MS. Berlin 442）。

からである。「われわれは言語で思惟するのであって，言語へと翻訳するのではない」(MN 76/ 107)。17・18 世紀における言語に関する支配的な考えは，観念と記号（言葉）は別々のものであり，両者の結合は基本的には恣意的であるというものであった (MN 76/ 106-107)。上述のように，ヘルダーもこの考えをある程度共有している。だがハーマンはそもそも言語に先行する観念や思考というものを一切認めなかった。「理性とは言語，ロゴスである。……意識がある——識別する——ということは，記号 (symbol) を使用することである」(MN 85/ 118)。したがって「思考とは記号の使用であり，非記号的な思考……とは理解不能な考えである」(MN 75/ 106)。また，当時の大多数が言語の起源という問題を言語の歴史的・考古学的な意味での発生過程の問題として考察したのに対し，ハーマンは言語の存在論的次元，つまりわれわれの言語活動の「はじまり」ではなく，それを可能ならしめている条件を問うたと言える。したがって，彼の言う《言語なくして思惟なし》とは，言語からさらにさかのぼることのできる「根拠」は存在しないということ，すなわち「言語の背後遡行不可能性」を意味している (礎江 1999: 188-189)[14]。

　バーリンによれば，言語に関するこうしたハーマンの「独創的な理論」は「われわれの時代になって最大の勝利を収める運命」にあり (MN 91/ 126)，「20 世紀になってようやく，特にウィトゲンシュタインの後期思想において現れてきたものときわめて類似している」(AE 275)。第 1 章で見たように，それは 1950-60 年代の英米哲学界をにぎわせていた「言語論的転回」および「私的言語の不可能性」という考えである。

　ここでひるがえって，バーリンの 18 世紀思想理解に対する批判に立ち返り

---

14)　メストル (Joseph de Maistre, 1753-1821) についても，バーリンはその言語論に注目している。「メストルの言語についての関心と観念はとびきり大胆で鋭く，その行き過ぎた点においてすら，20 世紀思想を先取りしている。彼のテーゼは，あらゆる古い安定した制度，王政や結婚や礼拝の制度と同様に，言語は神に起源を有するひとつの神秘だというのである。言語を人間が工夫をこらして発明したもの，伝達を容易ならしめるために創られたひとつの技術だと考える人々〔たとえばライプニッツやデカルト〕がいる。そうした理論家によれば，思考はシンボルなしに考え出されることになる。われわれはまず考え，然る後に思考を言い表すのに適当なシンボルを，まるで手に合う手袋を求めるように見出すということになる。〔中略〕メストルとボナールの二人，特に後者はこれを断固として退ける。考えることはシンボルを用いること，分節化された語彙を使用することである。思考とは口に出されていないとしても言葉である。『思考と言葉は二つのすばらしい同義語に過ぎない (la pensee et la parole ne sont que deux magnifiques synonymes)』とメストルは宣言した」(CTH 140-141/ IV 147-148)。

たい。言語思想史家のハンス・アースレフは，折りにふれバーリンの思想史研究に批判を加えてきたひとりである。彼によれば，ロック (John Locke, 1632-1704)，ライプニッツ (Gottfried Wilhelm Leibniz, 1646-1716)，コンディヤック (Ètienne Bonnot de Condillac, 1715-1780) らを中心とする 17・18 世紀言語思想史の文脈において，バーリンが評価するヴィーコやヘルダーはまったく独創的ではなく，むしろありふれており，この誤った評価は，バーリンが「19 世紀における思想史の進路を過度に背負っている」(Aarsleff 1981: 7) ことに起因し，「クローチェによるヴィーコとヘルダーの並置」(Aarsleff 1996a: 176) に由来するとしている。つまり，ある革命的な出来事ないし思想が「1760 年代の終わりから 1780 年代の初頭のあいだ」に，「とりわけドイツにおいて」起こったというバーリンの主張 (RR 84/ 129) に対し，その時期のドイツには何ら目新しい出来事は存在しないというのがアースレフの見解である[15]。

　しかしながら問題は単に言語論的相対性あるいは言語の多様性ではなく，「言語の公共性」であるとしてアースレフに真っ向から反論するのが哲学者のイアン・ハッキングである。彼はハーマンの言語理論を正しく評価した人物としてバーリンを挙げ[16]，次のように述べる。ホッブズ，デカルトからコンディヤックまで，言語は自我の私的な表象として考えられていた。彼は『リヴァイアサン』から次の一節を引用する。「発話 (speech) の一般的用途は，われわれの精神の言説 (mental discourse) を口頭のものにすること，いいかえると，われわれの思考の連鎖を言葉の連鎖とすることである」(Hacking 1975: 15/ 39, Hobbes 1996: 21/ 69-70)。つまりこの考えによれば，われわれの心の中にはまず一連の非言語的な思考の流れが存在し，われわれはそれを最も適切と考える言葉を見つけて音声ないし文字にするというわけである。言語に関するこのよう

---

15)　ウンベルト・エーコもまた，言語の多元性に関してコンディヤックがヘルダーに先んじていたと指摘する。一方でコンディヤックはロックの経験論を徹底的な感覚論へと還元した (Eco 1995: 107/ 164)。他方，諸言語はそれぞれ独自の「精神」をつくりあげているため，相互の比較は不可能で，別々の世界観を表明しているという考え方が姿をあらわす。この考えは「コンディヤック」および「ヘルダー」に見出され，「さらに発展したかたちで，フンボルト……のうちにも再び姿を見せる」ことになる。「フンボルトによれば，どの言語も，それを話す民族に固有の世界観を表現した内的言語形式 (innere Sprachform) を所有しているという」(Eco 1995: 110-111/ 167)。
16)　「私はアイザィア・バーリンのものを読むことでこのことを学んだ」(Hacking 1994: 32)。

な考えをもつ者をハッキングは「私的言語論者（private linguists）」と呼んでいる。

　現代哲学においてこのような考えはいわゆる私的言語の問題として考察され，否定的な回答が与えられている（cf. Kripke 1982）。それに代わる考えは「言語の公共性」，すなわち言語は思考伝達の手段として考案されたものではなく，むしろ思考形成の可能性の条件であり，非言語的な思考は存在し得ないという考えである。こうした考えを抱く者をハッキングは「公共的言語論者（public linguists）」と呼ぶ。そして『言語はなぜ哲学の問題となるのか？』（1975 年）以降，一貫した彼の思想史的関心のひとつが，「言語はいつ，どのように，なぜ，公共的なものとなったのか」（Hacking 1994），あるいは《最初の公共的言語論者は誰か》という問題である。彼はバーリンと同様，20 世紀における言語論争と 18 世紀のそれとの並行関係を想定し，ウィトゲンシュタインからフレーゲ，パースにさかのぼり，さらに 18 世紀へと遡行する。

　多くの論者が同意するように，カントは公共的言語論者ではない[17]。この問題に関してハッキングはまずヘルダーの名前を挙げる。ひとつの言語は文化の根本的顕現であるという彼の思想の中に，われわれは「文化相対主義」や「通約不可能性」といった現代的議論の萌芽を見出すことができる（Hacking 1989: 13-14）。しかし最終的に彼はバーリンに同意しながら，言語の公共性という主題について決定的な役割を果たした人物はハーマンであるとし，その独創性と先駆性を高く評価している。その理由を彼は，「ハーマン以外の『H』たち——すなわち，ヘルダー，ヘーゲル，フンボルト——は，折にふれて自説から逆戻りし，あたかも私的な言語が結局は可能であるかのごとくに書いた」からであると述べる（Hacking 1989: 16; 1994: 40-42）[18]。

　17）「カント的思惟は言語をも排除しようとする……理性は言語を排除して純粋化を遂行しようとしても，自己否定に終わらざるを得ないだろう。その意味でカントの反省は不徹底である。もし言語を認めるとすれば，理性は『不純』になるか，『純粋言語』にならなければならない。こうして理性は，無前提性要求を放棄して，認識の不可欠な条件として言語を是認しなければならない。〔中略〕もちろんカントは，とりわけ前批判期の諸論文の中では哲学的言語の反省を試みていたが，それは数学的概念を基礎とした反省であり，言語の唯名論的記号概念に依存していた」（礒江 1999: 181）。他に Strawson 1966: 151/173, Rochelt 1969, Hacking 1994: 43 も参照。ロシェルトはカントの批判哲学とハーマンのメタ批判との関係を，ウィトゲンシュタインの『論考』における形式論理学的世界像と『哲学的探究』における言語ゲーム論との関係になぞらえている。

さらにハッキングは，アースレフの言語理解に対して次のような根本的な疑問を投げかける。「アースレフが書いたことすべては次の仮説と調和する。すなわち，彼自身が《意味の結び目と束理論 (knot-and-bundle theory of meaning)》，およびそれと不可避的に結びつくところの根本的に私的な言語の構想を信じているという仮説である。これにより，彼はドイツ・ロマン主義および文献学の伝統によって加えられた重大な変化を見分けることができないのである」(Hacking 1988: 152, 強調は引用者)。18 世紀言語思想の中でアースレフが最も高く評価する『人間認識起源論』(初版 1746 年) 序論において，コンディヤックはロックの言語理論を高く評価しつつこれを改良すると宣言しており，いわば彼が「ロックの現代化」(Rorty 1979: 161–162/ 170) を試みたことは明白であるように思える。ラッセルやカルナップを形容したこのローティの表現がまさにコンディヤックにあてはまるのは，論理実証主義から後期ウィトゲンシュタイン哲学への転換に比せられる転換がこの時期に存在したとするバーリンとハッキングの主張を裏付けはしないだろうか[19]。

第 3 節　思想と思想史家

　以上のように，バーリンによる思想史研究が「誤り」であるか否かはいまだ論争的であるうえに，18 世紀の言語思想に対する彼の分析哲学的な視点は，

---

　18)　この点については初期ヘーゲル研究で有名なホネットも同意見である。「ヘーゲルは，優れた間主観主義 (*Intersubjektivismus*) を放棄するという代償を支払って意識哲学 (*Bewußtseinsphilosophie*) への転換という見返りを得たのである」(Honneth 1994: 52–53/ 40)。またこの問題設定にしたがえば，フンボルト (Karl Wilhelm von Humbolt, 1767–1835) を最後のデカルト派言語学者と捉えるノーム・チョムスキー (Chomsky 1966: 2/ 3)，ボップの『比較文法』(1833 年) を近代言語思想の分水嶺とするフーコー (Foucault 1966: 292–307/ 30)–311) はこの転換を捉えていない。コンディヤックとフンボルトを連続的に捉えるアースレフ (Aarsleff 1982: 335–355) に対する反論として，Trabant 1986: ch. 5 も参照。

　19)　実際，コンディヤックは同書第 2 部第 2 章第 2 節において，「自分自身に対してだけの言語を作ることからはじめる人」を仮定し，これを肯定的に取り扱っている (Condillac 1994: 下 214)。アースレフはのちに，コンディヤックはロックの単なる継承者ではないと念を押しているが，ハッキングのテーゼに対する彼の応答は見出せない (cf. Aarsleff 2001)。われわれはここで，「前者 [コンディヤック] は動物を人間に，後者 [ルソー] は人間を動物にしてしまった」(Herder 1964: 15/ 24) というヘルダーの主張を再考すべきではなかろうか (cf. 齊藤 2011: 18)。チャールズ・テイラーも，アースレフがコンディヤックとヘルダーの間にいかなる重要な相違も見出していないという批判を行っている (Taylor 1991: 217 n10)。

むしろその着眼点の鋭さを印象づけるものとなっている。しかしながら彼らとの論争は、本章で最初に提起した「彼の思想史理解はその政治理論にどのようなかたちで反映されているか」という問いを積極的に映し出してはいない。以下ではこの問いに答えるためには、ハッキングは挙げていないが、18世紀における言語思想の転換をいち早く指摘した哲学者であり、またバーリンと同じくユダヤ人でもあるカッシーラー（Ernst Cassirer, 1874-1945）の研究に目を向けることにしたい。

18世紀における言語思想の転換に関するカッシーラーの記述は、早くも『シンボル形式の哲学』第1巻（1923年）に見出される。彼はフーコー、チョムスキー、アースレフがほとんど言及すらしないハーマンを複数の引用を含め明示的に取り扱い、みずからの言語思想史への位置づけを試みている[20]。いわく、「ハーマンの学説」は「その内在的体系にあって一定の中心点を持っている」。彼は「繰り返しそのあらゆる部分を言語というひとつの基本問題に関係づけ」る。すなわち「言語においてこそハーマンに、その統一性と内的対立性をそなえた理性の真の本質が開示されるのである」（Cassirer 1923: 92-93/ 160-161）。しかし他方で彼は、ハーマンの言語思想が「合理的な基礎づけを一切拒否している」という理由でその言語思想史上の重要性を棄却し[21]、言語の本質的重要性に関するハーマンやヘルダーの断片的な洞察は、のちにフンボルトによって十全なかたちで展開されたと結論づけている（Cassirer 1923: 98/ 169）。

こうした指摘――たとえハーマンに対して否定的な評価であるにせよ――にもかかわらず、カッシーラーに対するバーリンの言及は驚くほど少なく[22]、彼のハーマン論にカッシーラーの名前は一度も出てこない。さらにバーリンは1951年に英訳された『啓蒙主義の哲学』の書評を書く機会を得ているにもかかわらず、同書におけるハーマンやヘルダーに関する記述にもまったく触れて

20）　ハーマンに対する注目のみならず、啓蒙の時代におけるヒュームの非典型性を指摘する点でもカッシーラーはバーリンと共通性をもつ（Cassirer 1951: 178-182/ 上288-294）。
21）　日本における最近のカッシーラー研究書においても、ハーマンへの言及はきわめて少ない（cf. 馬場 2011, 齊藤 2011）。
22）　カッシーラーは1933年から35年まで亡命先としてオックスフォードに滞在し、バーリンをはじめ若い哲学者たちとも交流していたにもかかわらず、である。1933年10月26日付友人宛の手紙では、バーリンはこの人物について好意的に書いている（L-I 62-64）。カッシーラーのオックスフォード滞在についての詳細な記述は Whitaker 2017 を参照。

いない。こうした無視にもかかわらず[23]，その後ヘルダーやハーマンを重要かつ「忘れられた思想家」として強調したバーリンの態度には，カッシーラーに対してフェアでないと批判されてしかるべきものがある。それには何らかの理由があるのだろうか。

その理由はまさに，ハーマンを「非合理主義者」としてその重要性を棄却したカッシーラーに対するバーリンの批判的態度に見出されるように思われる。ともにハーマンの独創性に注目しつつも，彼の思想に対する二人の対照的な評価には，啓蒙と対抗的啓蒙に対する両者の姿勢，あるいはまさに両者の思想上の信念が反映されているのではないだろうか。以下ではこの仮定のもと，両者が（a）哲学と思想史の方法，とりわけ多様な文化，言語，価値を理解する仕方，および（b）18・19世紀思想史——とりわけ啓蒙と対抗的啓蒙——に対する両者の態度を考察し，そこから同時代的な自由主義とナショナリズムに対する彼らの意見と信念を探っていきたい。

（a）カッシーラーは『シンボル形式の哲学』の序論において，彼自身の哲学構想について語っている。本書全体における彼の試みは「精神の表現形式に関する一般理論」の構築であり，それは「哲学的観念論」の枠組の中で「言語」の「自律的な地位」を回復させる試みでもある（Cassirer 1923: vi-vii/ 10-12）。彼はその構想の端緒をカントによる「思考様式の革命」に見出すが，しかし「純粋理性の体系」は「精神の真の現実性，具体的全体性」を開示するには「あまりに狭すぎる」と認識した。彼の考える一般理論構築のためには，「純粋な認識機能と並んで，言語的思考の機能，神話的・宗教的思考の機能，芸術的直観の機能」についての理解もまた不可欠である。「こうして理性の批判は文化の批判となる」（Cassirer 1923: 9-11/ 29-31）。

第1章で見たように，こうした新カント派的な見解をバーリンも共有している。しかしながら，カッシーラーはこの文化批判によって単に諸文化・諸言語の多様性を提示したのではない。彼の目的は精神の一般的論理形式の発見にあ

23）　もちろん，バーリンが書評を書いた1950年代初頭の時期にはカッシーラーの思想に対する全体的な評価はいまだ始まってもおらず，また最近にいたるまで彼の思想は過去の遺物として無視されるか厳しく批判されるかであったことを考えれば（cf. 馬場 2011: 緒論），彼がここでカッシーラーに対して十分に公正な態度をとることを期待するのは無理があるかもしれない。

るからである。

　　……このように精神すべての形式が最終的にはひとつの論理的形式のうち
　　に中心を見出すということは，哲学の概念そのものによって，とりわけ哲
　　学的観念論の根本原理によって，必然的に要求されているように思われる。
　　なぜなら，もしこの統一を断念するならば，そもそもこれら諸形式の厳密
　　な体系という言い方をすること自体もはや不可能に思われるからである。
　　もし……普遍的法則が呈示されえないとしたら，この形態化の総体をひと
　　つの完結したコスモス（ein in sich geschlossener Kosmos）と考えること
　　はできなくなってしまうように思われる。(Cassirer 1923: 16/ 39)

ここで彼が「コスモス」という言葉を用いている点に注目したい。カッシー
ラーの哲学構想の最終目的は，言語，神話，そして科学的実践を含む人間の精
神活動全体の基底をなすところの「シンボルを操る精神の機能的普遍性」の探
究にあった（齊藤 2011: 189）。それは「人間文化の全体を論理的にカバーしつつ
も，現実の多様性を損なうことのない思惟形式の可能性を探求しようとする」
試みであった（馬場 2011: 47）。したがって，彼の言語論的構想の成否は，言語
一般の普遍的論理形式の発見に依存すると言える。このように，彼の構想は
マールブルク学派の形式主義から重要な一歩を踏み出したものではあったが，
依然として主知主義的かつ普遍主義的な側面を残していた。ハーバーマスは，
カッシーラーのオリジナリティはカント哲学の「記号論的転換」にあり，それ
はフレーゲの意味論を導入することで「言語論的転回」を果たしたウィトゲン
シュタインの『論理哲学論考』(1921 年)に比せられると述べているが
(Habermas 2001: 12)，この指摘は，カッシーラーの言語論的構想が形式主義的
な性格をもつことを示唆している。

　対照的に，バーリンはこうした形式主義に対してはつねに懐疑的であった。
まず，彼は本書第 1 章で検討した論文「論理的翻訳」(1950 年)の中で，言語
に対する形式主義的なアプローチの問題を以下のように論じている。

　　語は，現実の一片をピンで留めることによってではなく，ある認められた

使用をそなえることによって……意味をもつ。そしてそれゆえ、〔意味に関する〕網羅的な形式的規則は存在しないのである。言語の発達は、大部分において諸々の隠喩の発達であり、隠喩的な語の使用を隠喩的でないそれから区別する試みは、ばかばかしいほど衒学的であって、極端まで押し進めれば到底理解できないものになる。翻訳し、還元し、収縮させることは、明晰さ、単純さ、諸々の神話の破壊が実際に増進される限りにおいては、哲学的には称賛に値するものである。しかし、以前は慣用に則って何らかの想像上の基準である「論理的完全さ」に合致するように構築された人工言語に移し替えられていたものが、もはやかくも完全に、明晰に移し替えることができず、あるいは時に全然移し替えることができないということで、諸々のタイプの命題ないし文が、言語を歪めることなく「還元」あるいは相互に「翻訳」され得ないことが明白な場合、それら〔翻訳、還元〕の試みは誤った意味理論から生じているものとして暴露されなければならない。(CC 80)[24]

この一節は論理実証主義批判の文脈のもとで書かれたものであるが、同様の主張はのちのハーマン論にも見出される。

相異なる語彙、文法、語源的意味、構文の間において、完璧な翻訳は原理的に不可能である。何にもましてばかげた妄想とは、自然言語にみられる不合理な付着物や個別的な特異性を洗い流した普遍言語なるものを探求することである。(MN 130/ 184-185)

バーリンの価値多元論における通約不可能性の観念は、こうした言語の論理的翻訳の不可能性に関する洞察に由来すると考えられる。あらゆる言語を通約する普遍言語（メタ言語）の探求は不可能である。それは哲学の認識論的特権性——先の引用から、カッシーラーがこれを前提としていることは明白であろう

---

24) ここでバーリンは言語を論理的に把握可能な体系ではなく、多数の隠喩の不定形な歴史的堆積のようなものと考えているが、こうした見方は、カッシーラーの「シンボル」よりもむしろベンヤミン（Walter Benjamin, 1892-1940）の「アレゴリー」を想起させる（cf. Habermas 1981: 54/ 上 70）。

——を前提としなければ成立しない[25]。つまり普遍言語とは哲学側の都合によって生み出されるものにすぎないばかりか，文化の理解にとって有害ですらあるというのがバーリンの意見なのである[26]。

このようにバーリンは諸文化・諸言語間の単なる差異ではなく，通約不可能性を伴う多元性を主張している。それでは彼がカッシーラーの一般文化批判の構想に対置する方法論は何か。それは精神の一般形式や普遍文法による還元法ではなく，それらの「生きた内容」を捉える「理解」の方法であり，上述の「自然言語の先行性」という主張を伴う。第2章で見たように，バーリンの価値多元論は後期ウィトゲンシュタインの言語ゲーム論的な観点に立っている。カッシーラーの「前期ウィトゲンシュタイン的」構想とは異なり，言語ゲーム論において語の意味はその実際の使用を指すのであり，したがって語の意味は個々の言語ゲームに行為者として「参入」することではじめて十全なかたちで理解される。個々の言語実践に先立って，またその外側から，あらゆる言語実践の意味を把握できるような観点，あるいはメタ言語は存在しない。バーリンがヘルダーの「感情移入」という考えを重視した理由のひとつは，この「参入」という契機を重視していたことに求められる。

> 文法，論理ないしその他の規則を単に適用するだけでは，人々の語っていることを真に理解することはできない。人々の象徴の世界へと「入り込む」働き——ヘルダーの言う「感情移入（*Einfühlung*）」——によってのみ，それゆえまた，過去や現在における現実の用語法を守ることによってのみ，理解は可能となるのである。方言や専門用語でさえ，「生の刻印」を帯び

---

25) この態度は，諸学および日常的実践に対する哲学の認識論的特権性を否定したローティの態度と同じものであり，そして周知のとおり，彼はこのテーゼの主唱者としてハイデッガー（Martin Heidegger, 1889-1976）——「ダヴォス討論」におけるカッシーラーの討論相手——の名前を挙げている。

26) 加えて，バーリンの哲学構想が歴史主義的であることも両者の相違を際立たせる。カッシーラーのカント的構想にハイデッガーが対置したのは，人間のあらゆる知的活動が人間という存在のあり方によって拘束されているという洞察であった。バーリンは自身の実存主義的な見解をハイデッガーではなくサルトルから導いているが（L-II 467, L-IV 186, Cherniss 2013: 197），いずれにせよ，この点に関してバーリンはカッシーラーよりもハイデッガーに近い立場にあると言える。もちろん彼はハイデッガーを嫌悪しており（これはナチスとの関係を考えれば当然のことであろう），決して自分からすすんで読むことはなかったが，晩年には若い友人たちとの対話を通して，その哲学の大要を把握していたように思われる（cf. L-IV 186, 241, 411）。

ている限りは，生命や想像の様式の中心にある。こうした様式はしかし，言語が統一化され，ひいては生が画一化されると同時に，破壊されてしまうのである。(MN 130/ 185)

彼が生涯繰り返したこのフレーズはコリングウッドの「再演 (re-enact)」に通じる。再演とはつまり，理解すべき他者の信念や世界観をひとまず真と仮定し（あるいは受け入れ），彼らの語彙を用いて世界を解釈し行為してみることである。それはデイヴィドソンの言う「根源的解釈 (radical interpretation)」にも通じる。「理解」の方法は，「世界に関するわれわれ（あるいは彼ら）の信念の大部分は真である」という，まさに「信念」を基礎とした方法であるからである。

　(b)　そしてバーリンが，カッシーラーが擁護した「コスモス」という言葉を，価値一元論あるいは「プラトン的理想」と呼んで批判したことは有名である。「歴史上の大きな理想の祭壇において個人が殺戮されてきたことについては，何にもましてひとつの信仰に責任がある」。すなわち「どこかに，何らかの仕方で，これらすべての価値が共存することは可能である……もしそうでなければ，宇宙はコスモスではなく，調和でないことになるから」という信仰である (FEL 167/ V 381-382)。ここから，啓蒙と対抗的啓蒙に対する両者の評価の相違が浮かび上がってくる。

　『啓蒙主義の哲学』の書評において，バーリンは「カッシーラーの穏やかな夜光はあらゆる形象を幾分かすんだものにし，あまりにも容易に互いを溶け合わせてしまう」(EC 617) と批判を加えている。たしかに，カッシーラーは啓蒙主義とヘルダーとの連続性を繰り返し強調している[27]。その理由は次のように考えられる。すなわち，彼にとってヘルダーは啓蒙の理念を継承する人物でなければならなかった。なぜならヘルダーは，カッシーラー自身の哲学的構想で

---

27)　「しかしヘルダーの業績が孤立して見えるのは，単に表面上だけである。それは決して啓蒙主義との断絶を表すものではない。それはこの思想自体の中から徐々に，そして着実に進展して，この土壌で成長したものである」(Cassirer 1951: 195/ 上 315)。「だがヘルダーがどれほど啓蒙主義哲学の思想的世界を乗り越えた存在であったにせよ，にもかかわらずそれは彼が啓蒙主義を荒々しく振り捨てたことを少しも意味しない。彼のこの前進と飛躍は，啓蒙主義自身が開拓した道程で初めて可能であった」(Cassirer 1951: 233/ 下 64-65)。

ある「文化批判」，すなわち歴史と文化に対する洞察によって深められた理性批判の端緒をなす人物だからである[28]。こうした思想史理解によってカッシーラーは当時の民族主義的な雰囲気に反論し，真のドイツ的精神はむしろライプニッツからゲーテにいたる人文主義の伝統——そこからリベラルな寛容とコスモポリタンの精神が導かれる——に見出されることを示そうとしたのである[29]。『啓蒙主義の哲学』序論の次の一節は有名である。

> 哲学的過去に立ち戻ることは，同時に必ずや哲学的自己省察と自己反省という行為でなければならない。われわれの現代がこのような自己点検を遂行し，啓蒙主義が作り上げた明るい鏡に自らを映し出してみるべき必要性は，従来にもまして痛感されねばならないと私は確信する。(Cassirer 1951: xi/ 上 19)

ナチスの台頭を前にし，またそれによってみずからの民族的アイデンティティに対する反省を迫られることになったカッシーラーが，同時代における啓蒙の必要性をこのように痛々しく述べたのは，ハイデッガーとの論争から数年後，ヴァイマル共和国崩壊直前の 1932 年 10 月のことであり，同書の出版後まもなく彼は亡命を余儀なくされることになる。

　バーリンのヘルダー評価はこれとは正反対である。次章で確認するように，彼は共通性に関する記述を脇に置き，ヘルダーの「新しさ」とその後の 19・20 世紀の政治と思想に対するインパクトを強調している。このことが意味するのは，カッシーラーが 18 世紀啓蒙自由主義の理念をもって現代の「非合理主義」の諸力に対抗しようとしたのに対し，バーリンは，啓蒙主義の中心的理念によってすくい取られなかったが，その後ロマン主義の時代において前面に現れてきた諸力のユニークさと，20 世紀のヨーロッパ政治に対するその影響力を意識していたと考えられる。こうした仮定の下では，『啓蒙主義の哲学』に対するバーリンの次の批評——アメリカの思想史家ベッカー (Carl Lotus Becker, 1873-1945) の『18 世紀哲学者たちの天上都市』(1932 年) を意識した

---

28)　Cf. 齊藤 2011: 13.
29)　Cf. Wokler 2001: 8, 馬場 2011: 70-72.

と思われる――は興味深いものとなる。

> この本は全体として明晰で教養に溢れ，そして賛同できる点も多い。〔中略〕しかし，この時代に溢れていた諸々の激しい衝突や危機――水面下の神秘主義と狂信および破壊的な諸力，すなわち合理的，懐疑的，ロマン主義的―宗教的な諸力，それらに関して同時代の観察者たちがほとんど気づき得なかったような，そして時をおかずしてこの「天上都市（heavenly city）」を永遠に破壊すべく運命づけられていた諸力――を学びたいと思うものは誰でも，〔このテクストを離れて〕他に赴かねばならない。というのも，本書の中にはペシミズムの台頭する機運，あるいはその理由を跡づけるものは見出せないからである。(EC 619)

ウォクラーはバーリンとカッシーラーを次のように対照させる。「ユダヤ人の歴史という観点，および彼〔バーリン〕がつねに情熱をもって確信していた寛容の多元論的諸原理の観点からすれば，ヴァイマル共和国の敗北，そしてカッシーラーの敗北――それはまったくもって啓蒙のプロジェクト全体の敗北であった――は，彼らには同時代の野蛮（バーバリズム）を水際で食い止める集団的能力が欠如していた」という事実を端的に示しており，バーリンの哲学においてシオニズムは，「ユートピア的な同化」の可能性を楽観した啓蒙主義に対する「現実主義者の応答」であった（Wokler 2001: 18）。自由主義は民族的・文化的アイデンティティのもつ諸力に対処しなければ存続できないというバーリンの考えは，彼の政治理論の帰結というよりもむしろ――実のところ，そもそもバーリンにそうした純粋な「理論」的企図があったかどうかさえも不確かである――，近年の政治理論における「リアリズム」の立場と同じく，こうした歴史的な出来事からその着想と説得力を得ていると言える。

第4節　小括

　「差異への寛容とは，差異の重みの否定にほかならない」。フランス革命以来，人間の普遍的権利と平等が宣言されてきたにもかかわらず，「ハイフン付きの

集団——イタリア系—アメリカ人，ギリシャ系—アメリカ人など」，すなわち「外国の新しい生活に完全には統合されていない人々」（AC 256/ I 267）の存在は，今日にいたるまでわれわれに深刻な問いを投げかけ続けている。ハーマンを非合理主義者として退けたカッシーラーに対し，バーリンはハーマンの言葉に「より根源的な啓蒙（radikaler Aufklärung）」の必要性を見出していたと言えるのではないだろうか。そしてフランス革命以降のユダヤ人たちの境遇を見るかぎり，ハーマンの予言は実際にメンデルスゾーンのそれより正しかった。次の一節には，非合理主義者ではなく，むしろ啓蒙の深化を目指すハーマンの姿があらわれている。

> 18世紀の楽観主義者や自然主義者たちが人間の動物的で狂暴な本性を愛想よく見過ごしていたのに対して，ハーマンは反発した。『単なる理性の限界内の宗教』においてカントが，根本悪ということを言い，再生こそが必要であると呼びかけたとき，その真意は，ゲーテやシラーはおろか，ヘルダーにさえ，まったくはかりかねた。ひとりハーマンだけが，痛いほどわかっていた。……『神の下に至る小道を切り開くのは，自己認識の地獄落ちをほかにおいてないのだ』。まさしくこのハーマンの言葉を，カントは自書に引いたのである。（MN 116/ 164–165, cf. Hamann 1949: II. 164. 17）

バーリンは同僚のオースティンやH・L・A・ハートらの華々しい活躍にくらべ，壮大な体系や精緻な理論の構築に寄与することは稀であった。この彼の姿は，カントの批判者として啓蒙哲学に重要な一石を投じたハーマンのそれと重なり合う。ハーマンの「メタ批判」という言葉は，カントの『純粋理性批判』との対決を経てはじめて生み出された（Bayer 1988: 176/ 216）。「私の情けない頭などカントの頭脳に比べたら割れ鍋だ——鉄に比べて土」（ヘルダー宛，1783年，Hamann 1955: V. 108. 4f.）。バーリンもまた，論理実証主義のようなラディカルで強力な哲学運動の創始者となることはなかった。彼はむしろ20世紀の哲学と現実政治における合理主義の傲慢を批判し，その楽観的な展望を牽制する役割を引き受けた（Collini 1999: 209）。そこにおいて彼がハーマンやメストルのような人物に魅せられたのは自然なことであろう。いわばバーリンは「対抗的啓

蒙の自由主義者（a Counter-Enlightenment liberal）」であり，自由主義者であるからこそ，対抗的啓蒙の思想家たちとともに，啓蒙思想に内在する楽観主義に反対したのである（Garrard 1997: 282）[30]。ルークスが言うように，「啓蒙の諸理念を護る最善の道は，その最も強力かつ深刻な批判者である人々に対面することである」（Lukes 1995: 5）。ヒュームが啓蒙主義を批判的に深化させたという意味で，ピーター・ゲイは正しい。しかしバーリンによればハーマンもまたそうした人物のひとりなのである。

30）　ジェイ・バーンスタインは，バーリンとハーバーマスが啓蒙に対する態度において類似している点を指摘している（Pelczynski & Gray 1984: 398/ 478）。

第6章
ナショナリズムとシオニズム

自己を理解することは，人間の最高の必要である[1]。

第1節　問題設定とアプローチ

　バーリンの自由主義理論の中心的な特徴は，さまざまな思想をそれらがもたらす危害の多寡から評価する一種の帰結主義的な態度にある。彼はこれを「オムレツと卵」になぞらえている。すなわち，ある観念や思想は，特定の歴史的時点において人々にどのような活動を促し，最終的に何をもたらしたか——ある理想（オムレツ）のためにどれだけの人間（卵）を犠牲にしたか——という観点から比較ないし評価されうる，ということである（CTH 15/ IV 22）。彼の自由主義は，こうした「人的犠牲（human sacrifice）」を可能なかぎり回避することを政治的な善とする「品位ある社会」の構想であることが，本書の前半部で確認された。ここから，ナショナリズムに関しても同様にその政治的帰結から，すなわちそれが人間の生命と自由に及ぼす危害の観点から評価することができるだろう。後述のように，たしかにバーリンはそれを行っており，ナショナリズムがときに危険なものであることを認めている。にもかかわらず，彼はナショナルなものについて語ることをやめない。彼はしばしばネイションの観念を，人間精神から消去不可能な，いわば硬い岩盤のようなものと捉える傾向があり，またときには，それが何らかの積極的な価値を有するとさえ考えている[2]。

---

1)　Isaiah Berlin, 'Benjamin Disraeli, Karl Marx and the Search for Identity'（AC 286/ I 315).

ネイションの語彙は，それによって鼓舞される人々にとっては間違いなく
「公共的な」，「われわれの」語彙である。それは人々を（しばしばリベラルでな
い仕方で）連帯させ，政治に大きな影響力を行使する。バーリンの業績の大部
分はいわゆる思想史の分野に属するが，そこにおいて彼は繰り返し「観念が
人々を鼓舞する力」を強調した。たとえば彼は，思想史上に存在する多様な自
由概念が現代の日常的用語法から大きく逸脱するものであっても，それらが実
際に少なからぬ人々の思考と行動に影響を与えてきたのであれば真剣な考察に
値すると考えた。ナショナリズムに関しても，彼はそれをひとつの規範理論
（すなわちナショナリズムの正当化論）として構想するのではなく，この政治現
象の精神的起源を尋ね，その展開を物語ることによって，現実世界におけるそ
の「無視できない力」を示し，われわれにこれを考察するよう促す[3]。

　ここで問題が生じる。後述のように，バーリンは近代ヨーロッパにおけるナ
ショナリズムの物語をシオニズムのそれと表裏一体のものとして扱う。そこに
はナショナルなものに対する彼の強い関心がある。特に，シオニズムに関する
彼の諸論考を検討する際には，それに対する彼自身の政治的コミットメントを
無視することができない。彼は晩年の対談の中で，「私はシオニストに転向し
たのではありません。私は少年の頃からシオニストでした」（B&J 85/ 129）と回
顧している。個人的な談話のみならず，その思想史研究においてもしばしば，
彼がヨーロッパの知的遺産を相続するひとりの思想史家として語りながら，同
時に，20世紀を生きたひとりのユダヤ人として自己の政治的信条を語ってい
ると思われる箇所が多々ある。この点について，バーリンの友人でもある歴史
家のエリック・ホブズボームは以下の警告を発している。

　　ネイションやナショナリズムを真摯に研究する歴史家は，明確な政治的意

2）　この点でバーリンは，（ローティが言うところの）「リベラル」ではあるが「アイロニ
スト」ではない。もしアイロニストが「自分がいま使っている終局の語彙を徹底的に疑い，
たえず疑問に思っている」（Rorty 1989: 73/ 154）者であるならば，バーリンはアイロニス
トではないか，または「不徹底な」それであろう。
3）　ハムプシャーは，バーリンの歴史研究と規範的主張の区別が困難である理由を，「歴
史的な恒常性から道徳的な結論を導き出す」バーリンの思考法（上述の帰結主義的思考）
に求めており，ナショナリズムに関するバーリンの思考もまた「哲学的であると同時に歴
史的」であると述べている（Hampshire 1991: 129）。

志を持ったナショナリストではありえない。……私は，フェニアン派あるいはオレンジ党員であるということは，アイルランドのまじめな研究と両立しがたいと思う。それは，シオニストであることが，ユダヤ人の本当にまじめな歴史を書くことと両立しがたいのと同様である。歴史家は，書庫や書斎に入るときには，彼あるいは彼女の信念を置き去りにしなければならない。(Hobsbaum 1990: 12-13/ 15-16)

バーリンは（ヴィーコやヘルダーを通して）異文化理解における「感情移入」の重要性を唱えたが，それゆえ同時に，思想史の研究対象を通して自分自身の考えを語るくせがあり，この「腹話術 (ventriloquism)」的習慣はしばしば研究者を悩ませてきた。これは職業的な歴史家にとっては致命的な悪徳であろう。しかしながら，それは歴史家自身の知的・政治的信念を理解するための材料にもなりうる。シュロモ・アヴィネリによれば，バーリンの語り方は東欧地域のユダヤ啓蒙家 (maskil) が行う歴史物語の手法に似ている。この話法は，人々がユダヤの伝統との間に生き生きとした精神的結びつきを得ることができるように，歴史をその登場人物の生きた姿を通して描くというものであり，ユダヤ人の間で起こった独特の啓蒙運動であるハスカラー (haśkālāh) の実践の一部であるという (Avineri & Ryan 2009: 165)。この指摘が正しいならば，「自分がユダヤ人であることを自覚しているユダヤ人は，すべて深く歴史を意識している」というバーリンの言葉は，彼の言う「アイデンティティの探求 (search for identity)」との関連から理解することができる (AC 252/ I 261)。すなわち，こうした物語は，その読者ないし聴衆の胸中に過去の人々が生きた歴史風景を再現させるだけでなく，語り手と聞き手のあいだに共通の価値判断の枠組（すなわち共感的理解 (empathy) の土壌）を作り出すレトリカルな効果をもつ[4]。これは説得術の一種であり，客観的な歴史叙述とは言い難い。しかしながら同時に，われわれはバーリンの語る思想史物語から彼の自己理解を，またそこから

---

4) バーリン思想における「同感 (sympathy)」と「共感 (empathy)」の相違については，Reed 2016 を参照。前者は，対象となる他者の世界観を再構成して理解しようとする態度，つまりコリングウッドの「再一演」に通じるものであり，後者はこれに加えて，対象に対する肯定的なコミットメントを含む態度を指す。上述の「腹話術」という言葉は後者の態度を表している。

彼がシオニズムを擁護した理由ないし動機を垣間見ることができるわけである[5]。もちろんその物語は，より冷静な歴史研究との比較によって検証されるべきである。だが，彼の胸中にあった歴史的風景を再現するためにはまず，彼の言葉に耳を傾け，それがもつ説得力（あるいは正当化する力）を感じとることが必要である[6]。ここから得られるナショナルなものに関する彼の信念——主題の性質上，それは公共的な議論に開かれている——を，彼のリベラルなそれと突き合わせることで，われわれは彼の「リベラルな精神」の見取図を得ることができるだろう[7]。

　本章は，彼の自由主義とナショナリズムの関係を考察するための準備作業として，ナショナリズムとシオニズムに関するバーリンの議論を整理し，この主題に関する彼の基本認識を見定めることを目的としている。次節ではまず，彼のナショナリズム論の基本的な枠組を構成する彼のヘルダー論を検討したうえで，そこから導かれる彼の「二つのナショナリズム」の対比を確認する。第3節では，おもに19世紀のドイツにおけるユダヤ人の境遇に関するバーリンの叙述を，前節の議論に基づいて再構成する。最後に，彼が近代のシオニズム運動を肯定するにいたる思想史上の根拠について若干の考察を加えて結論に代える。

第2節　二つのナショナリズム概念

　本節ではナショナリズムに関するバーリンの議論を整理し，その特徴であるナショナリズム概念の複数性について考察する。結論から言えば，ある集団への帰属は，時代や場所を問わず人間存在にとって普遍的な特質のひとつである一方で，民族意識の覚醒と結びついたナショナリズム，およびそれに対するひ

---

5)　この傾向は，後述のモーゼス・ヘス論において顕著である（cf. Koltun-Fromm 2016).
6)　第5章で考察したように，このような読解法はバーリン自身の思想史理解とも符合するものである。
7)　バーリンのユダヤ・アイデンティティに対する注目は，追悼記念論集（Lilla, Dworkin & Silvers 2001）に収録されている「バーリンとシオニズム」と題したシンポジウムに端を発している。その後，シュロモ・アヴィネリ（Avineri 2007, Avineri & Ryan 2009），ピエール・ビルンボーム（Birnbaum 2008），アリー・ダブノフ（Dubnov 2012）といったユダヤ系研究者による優れた論考が上梓されている。

とつの特殊な反応であるシオニズムは，フランス革命以降のヨーロッパという特殊な状況の産物である。この現象の端緒は，18世紀末のドイツにおける思想史上の転換と革命後の政治的環境の変化が促した「帰属の自己意識化」であり，それが特定の社会秩序を正当化する言説を媒介として政治的ナショナリズムに発展したというのが，彼の基本的な認識である[8]。

　バーリンは1991年の対談「二つのナショナリズム概念」の中で，「良性の」ナショナリズムと「悪性の，危険な」それとを区別している。また1978年の論文「ナショナリズム」では，ナショナリズムを構成する四つの要素を指摘している。彼によれば，ナショナリズムには穏当なものから攻撃的・膨張主義的なものまでいくつかのバージョンが存在し，それらは緩やかな連続体を形成していると言う。すなわち，「民族に属することが他の何にもまして必要である信念，民族を構成するあらゆる要素が有機的関連にあるという信念，それがわれわれのものであるが故にわれわれ自身の価値であるという信念，そして最後に，権威ないし忠誠を要求する他の対抗勢力に直面させられた場合，その要求が至上であるとする信念」（AC 345/ I 428）である。以下，これらを彼の思想史研究の下で具体的に読み解いていきたい。

---

8)　ウォクラーは，思想史を大人物の列伝のようにつづるやり方を「オックスフォード的」と評し，よりコンテクスト主義的な「ケンブリッジ的」アプローチと対比させている（Wokler 2008: 346）。歴史をある特定の関心から眺め，それを比較的少数の思想家を中心に構成するバーリンの手法は，フリードリヒ・マイネッケが自身のそれを「山脈を尾根伝いに登りはじめ，ひとつの峰から他の峰へとわたりゆく」（Meinecke 1959: 6/ 上 8-9）と形容した手法と共通している。両者の関係については，バーリンがマイネッケの『歴史主義の成立』の英語版（1972年）に序文（FM）を寄せていることに加え，最近の研究においても，思想史に対する両者のアプローチの類似性が指摘されている（cf. Lifschitz 2016）。他方でこうしたアプローチに対しては，当然のことながら，そこで示される歴史の客観性あるいは十全さをめぐる批判が予想される。オリヴァー・ジマーが的確に整理しているように，バーリンの議論はナショナリズムの思想的側面に限定されたものである（Zimmer 2003: ch. 1）。これは彼が思想史家であることの自然な帰結であり，また彼の論考が包括的なナショナリズム論としては不十分なものであることを示しているが，本書ではそれを彼の個人的な関心を知るための材料として利用する。ナショナリズム研究における思想史的アプローチと政治社会学的アプローチの対立については，エリ・ケドゥーリとアーネスト・ゲルナーのあいだで行われた，通称「LSE論争」が知られている（cf. King 1999: 327-329）。近代ドイツ・ナショナリズム研究における思想史的アプローチの有効性について，マイネッケは，ことドイツにおいてはナショナリズム運動の展開において哲学者たちの言説が大きな影響力をもった点を挙げ，これを擁護している。これは，国民国家の諸制度が未発達であったドイツにおいて，国民統合が「上から」進められたこと，また，そこで統治にあずかる者たちが用いた言説資源が主として哲学者たちのそれであったことに由来する（cf. Meinecke 1969）。

1 帰属の必要——文化的ナショナリズム

　彼の言う「穏当な」ないし「文化的」ナショナリズムとは，人間が何らかの集団に帰属する（言語—文化を媒介として有機的に結合する）存在であること，またそれが人間の本質的な必要のひとつであること，すなわち上記の第一と第二の要素を指している。そうした自然な「ナショナルな感情（national sentiment）」やそこから生ずる「郷土愛（patriotism）」は，政治的な「ナショナリズム（nationalism）」から区別される（AC 341/ I 420）。彼によれば，近代ヨーロッパにおいてこのような考えを最初に明確にしたのは，彼が対抗的啓蒙の系譜の中心に位置づけるところの，18世紀ドイツの哲学者ヘルダー（Johann Gottfried Herder, 1744-1803）であった。バーリンの出生地リガと縁があり，彼がその知的態度を仮託していると思われるこの思想家に対する彼の考察は，本章の目的にとって重要である。しかしながら，彼はこの主題に関する中心的著作である『ヴィーコとヘルダー』（1976年）においてさえ，ヘルダー思想の体系的な理解を目指しておらず，その見解のうち（彼が考えるところの）「真に独創的なもののみ」を扱うと明言している（VH 146/ 283）。この点もまた，バーリンのヘルダー論が彼自身の関心を反映していることを示唆している。

　周知のように，バーリンが考えるヘルダーの中心思想は「民衆主義（populism）」，「表現主義（expressionism）」，「多元論（pluralism）」の三つである。まず民衆主義であるが，これは人間が集団に帰属する存在であることを表す言葉である。「ヘルダーの思想を支配していたのは，食物や生殖や交流の必要のような人間の基本的必要の中のひとつに，集団帰属の必要があるという彼の確信であった」（CTH 244/ IV 296）[9]。わが家で家族とともにくつろぐように，人は自分と同じ言葉を話す人々のあいだに生きることではじめて本当の安らぎを得ることができる（B&G 19/ 13）。彼はこのような帰属の感覚を，政治学で一般に使用される「ナショナリズム」と同じ言葉で名指すのは適切ではないと考え，これに民衆主義という言葉を与えている。「民衆主義。ある集団や文化に所属するのは価値あることだという信念。これは少なくともヘルダーにとっては非政治的なもの，それどころかある程度まで反政治的であり，ナショナリズ

　9）　Cf. AC 257/ I 269, PI 258.

ムとは異なり，対立さえしている」（VH 153/ 294）[10]。ここで彼が言う民衆主義は，土着的なもの，民衆的なものを指しており，必ずしも国家主権や特定の政治制度と結びつくものではない（VH 158/ 303）。またそれは人種的なものでもない。「ヘルダーは血の基準を用いないし，人種の基準も用いない。彼はネイションについて語るが，18世紀におけるドイツ語のナツィオン（*Nation*）には，19世紀の「ネイション（nation）」の含意はなかった」（RR 61/ 93）。後述のように，それは基本的に同じ文化を，とりわけ同じ言語を共有する人間集団を指している[11]。こうした考えは，ナショナルなものが時代と場所を問わずどの人間社会にも存在することを主張する点で，アンソニー・スミスの立場とも近い[12]。

　次に，ポリス的動物である人間は，相異なる風土と歴史の各段階においてそれぞれ異なる文化を開花させる。そこにおいて各々の集団は一連の習慣や生活様式，他に還元できない価値をもつ知覚や行動の様式をそなえており，その表現が「民族精神（*Volksgeist*）」あるいは「国民精神（*Nationalgeist*）」とされる（B&G 19/ 13）。これが上述の第二の要素，すなわち「表現主義」である（VH 147/ 284）[13]。それは人間が本質的に文化的存在（つまり文化なくしては十分な意味で人間ではありえないということ）であり，同じ文化を共有する他の人々との共同生活によってのみよき生を享受できるという，彼がヘルダーとともに是認する人間存在に関する基本的な洞察でもある[14]。「言語は意識の生長の自然な過程の，さらには人々のあいだのコミュニケーションに依拠する人間的連帯の本質的部分である。なぜなら完全に人間であることは考えること，考えることは

10)　Cf. RR 64/ 98.
11)　マイネッケにならって，これを国家国民（Staatsnation）と対比されるところの「文化国民（Kulturnation）」と呼ぶこともできよう（Meinecke 1969: 10/ I 5）。
12)　アンソニー・スミスもこのマイネッケの区別の有効性を認めている（Smith 1991: 8/ 30）。他方，バーリンはハンス・コーンの有名な二分法，すなわちエスニック・ナショナリズムとシヴィック・ナショナリズムの区別には注意を払っていない。それは彼が，ナショナリズムが「一貫した理論として出現したのは18世紀の最後の三分の一の時期のドイツ」（CTH 244/ IV 295）において出現した特殊な文化現象と見なすことに由来する。これはナショナリズムに関する一般論としてはかなり異論の余地があるが，ここで扱うべき主題ではない。Cf. Zimmer 2003: ch. 1.
13)　これは美術史におけるそれとは異なる概念である（VH 153n/ 295）。
14)　人間が本質的に文化的存在であるとバーリン自身が考えていたことは，たとえばクリフォード・ギアツの『文化の解釈学』に対するバーリンの好意的な言及（CTH 70/ IV 59）が例証している。

コミュニケートすることだからである」(VH 168/ 320)。第5章で確認したように、バーリンによれば、ヘルダーがハーマンから得た重要な洞察[15]は、人間にとっての言語の本質的重要性であった。「大小の人間集団は、気候風土、地理、物理的・生物的必要などの産物で、共通の伝統と共通の記憶から成立しており、その主要な結びつきの環、伝達の具——いや、伝達の具以上のもの、伝統の化身——は言語である。〔中略〕人々を互いに結びつける信念と行動の網の目の全体は、共通の、公共的な象徴作用、特に言語によってのみ説明可能である」(VH 165/ 316)。ここからヘルダーが民衆史ないし社会史的観点、いわゆる「発生論的（genetic）」研究を擁護したことが理解される[16]。歴史は大人物の超人的な活躍が前進させるものではなく、むしろ多数の人間が織りなす活動の総体——その表現が言語である——と見なすべきものである (VH 169/ 322)[17]。

　第三に、ここから「多元論」が導かれる。それは「相異なる文化や社会における諸価値の複数性のみならず、それらの間に通約不可能性が存在するという信念であり、加えて、等しく妥当な理想が互いに両立不可能であるという信念」である。そこには、「理想的人間や理想的社会という古典的な観念が内在的に不整合であり無意味であるという、革命的な推論が含意されている」(VH 153/ 295)。歴史的・地理的に多様な集団はそれぞれ固有のネイションを構成して独自の文化を発達させる。各文化は固有のナショナルな理想に基づく——それゆえ各文化に内在する——価値体系を有している。それゆえ文化横断的な、あるいは文化を超越した価値尺度というものは存在せず、ヴィンケルマン (Johann Joachim Winckelmann, 1717-1768) の芸術史のように、一方の文化の価値尺度を他方の文化に適用することは誤りである (cf. Herder 1967: V 491)。バーリンは、『人間性形成のための歴史哲学異説』(1774 年) の以下の有名な一節に繰り返し言及している[18]。

　　ある時代のある状況のもとで、どの民族 (Volk) にもそういう幸福な時代があった。でなければ、そういう幸福な民族は皆無である。つまり、人間

---

15)　この継承関係には異論もあるが、ここでは措く。Cf. Forster 2002: xi.
16)　Cf. Meinecke 1959: 378/ 下 91.
17)　Cf. Geertz 1973: 12/ I 20.
18)　VH 186/ 353, POI 9.

の本性が，哲学者（フィロゾーフ）の定義するような，絶対的で独自で不変な幸福を容れる器ではないとしても，それはいたる所で可能なかぎり幸福を引き寄せる。それは，きわめて多様な状態や必要に応じ，さまざまな圧迫を受けながら，きわめて多様な形を取る柔らかな粘土のようなものである。幸福の観念それ自体が，状態や風土とともに変わる……。結局のところ，比較することがそもそも困難なのだ。……どの球体にも重心（Schwerpunkt）があるように，どの国民（Nation）も幸福の中心（Mittelpunkt der Glückseligkeit）を自分の中にもっている[19]。

このような，それぞれ固有の風土と文化の内部における人間性の多様な開花こそ，ヘルダーの人間学（*Anthropologie*）の核心をなす主張である（VH 170/ 323）。またここから，普遍的な理性があまねく普及していくといった，フランス啓蒙思想におけるような「進歩」の観念が否定される。「ヘルダーの言う前進・進歩（*Fortgang*）とは，ある文化がその自生地において自らの目標を目指し内的に発展することである」（VH 192/ 364）。

　バーリンによるヘルダーの文化哲学はひとまず以上のように要約できるが，ここでヘルダーの思想にまつわるいくつかの問題に言及しておく必要があるだろう。まず，ヘルダーの民衆主義は人間の社会的本性を説いたアリストテレスの反復にすぎないのか，と問うことができる。バーリンはヘルダーの文化主義的側面を強調するためにこの点が明確でないという印象を受けるが，両者のあいだに重要な相違を認めている。それは帰属の自己意識化である[20]。この点は，バーリンが繰り返し言及するところの 18 世紀後半における思想史上の大きな

19)　Herder 1967: V 509. 小栗浩・七字慶紀訳「人間性形成のための歴史哲学異説」，登張正実編『世界の名著　ヘルダー，ゲーテ』（中央公論新社，1979 年）105 頁。訳文に一部変更を加えた。
20)　ナショナリズムをその自己意識化の有無から区別するやり方は，マイネッケの著作に先駆的なかたちで見られる。「……われわれは，近世の偉大な諸国民の，国家国民ならびに文化国民の発展における，ひとつの主要な切れ目に遭遇する。われわれは，比較的早い時期と後の時期を区別することができるのであって，その前期には，国民は全体としてむしろ植物的・非人格的な存在と成長のうちにあるが，後期には，国民の偉大な意志が目覚め，――かれらの指導者と機関を通じて行われるにすぎないにせよ――自己を偉大な人格であり偉大な歴史的統一体であると感じ，発展した人格のしるしと権利である自治を，要求するに至るのである」（Meinecke 1969: 13/ I 7）。ヘルダーのネイション論がアリストテレスの自然主義的な有機体説とは異なり，その自覚された精神性を中心原理とする点にカッシーラーも同意している（cf. 馬場 2011: 386）。

変化との関連から理解できる。たとえば「ヴェルディの素朴さ」と題した短い
エッセイの中で，彼はシラー（Friedrich von Schiller, 1759-1805）による素朴さ
（naiv）と情感（sentimentalisch）の区別に言及している。「詩人は……彼自身
が自然であるか，それともそれを求めるかである」（AC 288/ I 322）。ロマン主
義の特徴は，素朴さ，敬虔さ，伝統への自然な愛着が意識化され，主題化され
た点にあるとバーリンは説く。ロマン主義的人物はそうしたものを希求するが，
それが意識されているかぎり，それらに到達することは不可能である。ここか
ら，「青い花」や「聖杯の探求」がロマン主義的精神の基本的図式――「郷愁と
無限の憧憬」――を表現するものとなる（RR 104/ 160）。これらはバーリンがヘ
ルダー以降のロマン主義者の考えとして示したものであるが，彼はそれをヘル
ダーにも帰している。バーリンによれば，ナショナルな意識が「一貫した理論
として出現したのは……広大な影響力のあった詩人で哲学者のヨハン・ゴット
フリート・ヘルダーの著作」においてであった（CTH 244/ IV 295, 傍点は引用
者）[21]。『旅日記』を記すなかで，太古の伝説とそこに生きた人々に思いを馳せ
たヘルダーは，彼自身が太古の「野蛮人」ではないという点で，ここで言うロ
マン主義的精神の典型を示している――ただし彼は「過去に帰る」ことは可能
でないし，また望ましいとも考えなかったのではあるが（VH 179/ 340）。こうし
た憧憬はアリストテレスには見られない。

　次に，相対主義の問題が挙げられる。ヘルダーの文化的多元論はしばしば
「相対主義」として問題視されるが，バーリンによれば，ヘルダーは相対主義
者でも主観主義者でもなく，複数の客観的な価値が存在するという価値多元論
者であった（第2章で確認したように，これはバーリン自身の立場でもある）（CTH
11/ IV 14）。ヘルダーにおける相対主義と普遍主義の問題は，（レオ・シュトラウ
スが提起したような）哲学的ないし論理的な問題としてではなく，18世紀末の
知的環境のもとで理解されるべきであり，バーリンもこの点を明記している
（CTH 78fn/ IV 87 注 12）[22]。

　ヘルダーの多元論と相対主義を分かつものは何か。バーリンをはじめとする
解釈者の多くは，それをヘルダーによる「人間性（Humanität）」の擁護に求

---

21)　Cf. KM-IV 36-37/ 50-52.

めている。「この世に人が生きて達成すべき一般的目的があり，彼はこれを人間性と呼んでいる」（VH 193/ 365）。ヘルダーの言う「人間性」とは，人間存在の普遍的理想を表す——曖昧なことで悪名高い——言葉であるが，それは具体的な価値判断の内容（道徳的指令）を含まず，その実現のあり方が環境に応じて多様であるところの企てである。彼の考える啓蒙とは，フィロゾーフたちが考えるような理性の画一的な普及ではなく，同時代のドイツ人文主義者たちの思想に広く認められるような，すぐれて個別的（文化内在的）かつ自発的な企図——各々が与えられた社会環境の中で自己自身を知り，それにより精神の自由を実現すること——である。また「自己形成（Bildung）」とは，所与の環境において自己の心身両面における諸能力を開花させ，能動的で幸福な生を送る試みである。『人類歴史哲学への理念』第一部（1784 年）には次のようにある。「私は，理性と自由，洗練された感覚と欲求，極めて繊細でたくましい健康，地上の占有と支配，これらに向かう人間の高潔な自己形成についてこれまで私が語ってきたすべてが，人間性という言葉のもとで理解されうることを望んだ」（Herder 1967: XIII 154）。「人は人間性へと向かう能力を具えて世界に生まれるが，それは努力と勤勉によってはじめて彼の中で発達しうる」（op cit., XIII 196）[23]。そして個人やネイションは，各々の歴史的・地理的諸条件に応じて，それ自身の特異な人間性のイメージを抱く（Barnard 1965: 97）。このように，人間性の理想は具体的な地理的・歴史的・民族的文脈がそこに挿入されなければ空虚であり，ヘルダーの多元論はそのようなかたちで普遍的な理想と結び合う。したがって，あらゆる価値判断が主観的であるとする道徳的相対主義は彼にはあてはまらない。なぜなら第一に，具体的な価値判断は各文化の「幸福の中心」に根ざす価値尺度によって，いわば「内側から」，その規範的力を与えられるからであり，第二に，「人間性」という人類の一般的理念が，人間的理想

---

22) バーリンは『ヴィーコとヘルダー』（1976 年）では「相対主義」という語を用いているが，イタリアの歴史家モミリアーノ（Arnaldo Dante Momigliano, 1908-1987）の批判を受け（Momigliano 1976），のちに「18 世紀におけるいわゆる相対主義」（1980 年）の中で，ヘルダーの思想を「相対主義」という言葉で説明することが不適切であったことを認めている。しかしながらこれは名辞の問題にすぎず，彼がヘルダーに帰すところの思想内容自体に変化はない。その後 1988 年の講演「理想の追求」では，モミリアーノが相対主義という語の意味内容を誤解していたと述べることで，この点を再度確認している（CTH 10/ IV 14）。

23) Cf. Beiser 1992: 214/ 414, Barnard 1965: 93.

の多様性に一定の限界を与えるからである。

　他方，ヘルダーに対する認識的相対主義の嫌疑にバーリンは次のように応答する。すなわち，19世紀以降に登場した「近代的歴史相対主義」とは，認識の存在被拘束性という「知識社会学」的想定——すなわち「伝統，文化，階級などによって完全に拘束されて，他の世界観や理想を疎遠な，時には，理解不能なものとさえ思わせる特殊な態度や価値体系」——を伴う相対主義である（CTH 74, 82/ IV 64, 74)[24]。他方でヘルダーは「人間的感覚（*sensus humanitatis*)」の観念にもとづき，人間相互の理解可能性を肯定している。それは人間存在の普遍的特性を指すものであるが，それ自体は具体的な価値序列や道徳的規則を含まない（Barnard 1965: 93)。この普遍的条件は，人間が人間として互いを認知し，その生を理解するための必要条件（十分条件ではなく）として存在している（したがって，人間性と同様に，この人間的感覚も個々の人間やネイションの文化的ないし倫理的内容を具体的に特定するものではないし，これによって個々の文化的内容が通約可能になるわけでもない）。ヘルダーは「感情移入（*Einfühlung*)」によって他の人々や過去の民族が抱いた理想や世界観を理解できると説いたが，これは共通の人間本性や最小限の普遍的道徳規範から出発して特定の価値判断を演繹的に導出する作業ではなく，実際の発話や史料に照らして仮説的推論を繰り返す必要があることを認めている点で経験主義的な方法論である（VH 169, 174/ 322, 331, Forster 2002: xix)[25]。哲学的な相対主義の問題自体が以上の考察によって完全に解消するわけではない。だが本章の関心はヘルダーの思想の歴史的な理解であり，とりわけバーリンのヘルダー理解の妥当性である。結論として，彼の理解には致命的な誤りは認められず，現在のヘルダー研究における主流と大きな隔たりはないという点を確認すれば，本章の目的にとっては十分であろう。

---

24) 「これがもし真であれば……文明の歴史という考えそのものがひとつの解けない謎になる」（CTH 81/ IV 74)。
25) しかしながらヘルダーは実際の歴史研究においてはこの方法を十分に実践せず，むしろ自由な想像力によって各文明を語るがゆえに，彼の議論は資料的な裏付けを欠き，しばしば偏見を含む結果となっている。マイネッケはヘルダーに以下の評価を与えている。「生と歴史の形成物をその完全な明晰さ，その赤裸々な自然的＝精神的実在性において眺めるには，彼には少し感覚的なものが不足していたのである。要するに，ヘルダーは現実主義者と経験論者にはなれなかったわけである」（Meinecke 1959: 357/ 下74)。Cf. Herder 1967: IV 366.

第6章　ナショナリズムとシオニズム　│　183

　第三の問題はヘルダーの文化哲学の政治的含意である。バーリンによれば，このようなヘルダーのネイション概念は非攻撃的かつ文化的なものであって，それぞれの文化的理想が「等しく妥当」であるという意味で相互に対等であり，そこにはある民族が他の民族に優越するという考えは含まれていなかった。

　　しかし重大なことは，ヘルダーのナショナリズムは一度として政治的であ
　　ったことがない点である。彼は個人主義を攻撃すると，同じく国家をも忌
　　み嫌う。……ヘルダーは権力を求めもしないし，自分の属する階級や文化
　　や国民の優越性を主張しようとも願わない。(VH 180-181/ 343)

バーリンはこれを「文化的ナショナリズム」と呼び，後代の「政治的ナショナリズム」と区別している。ナショナリズムのこのような観念に基づくならば，それは民族自決の要求や国民国家の形成を論理的に導くものではないし，それを即座に正当化するものでもない (cf. B&G 19/ 14)。
　こうした解釈に真っ向から反対するのがジーヴ・シュティルネルである。著書『反啓蒙主義の伝統』において彼は，ヘルダーがむしろバーク (Edmund Burke, 1729-1797) とならぶ，19世紀のドイツのみならず全ヨーロッパにおける反合理主義の生みの親であり，さらには現代新保守主義の始祖であるとさえ述べる。彼は随所でヘルダー思想のリベラルな性格を否定している。たとえば，ヘルダーがドイツ啓蒙主義のキリスト教人文主義を決して手放さなかったというバーリンの理解[26]は「ほとんど擁護しがたい」(Sternhell 2010: 275)。彼はまた，ヘルダーが諸民族の対等性を唱えたという広く受け入れられた理解にも真っ向から反論している。「ヘルダー，メーザー，……そしてイエーナ以後のフィヒテは，あらゆる言語，時代，習俗，文化の平等という主張を実際には行ってい

---

26)　ヘルダーのキリスト教観について，バーリンは次のように書いている。「彼は説く，キリスト教は国境を超えた宗教である。あらゆる人々，あらゆる民族を包含する。すべての地方的一時的忠誠を乗り越えて，普遍，永遠なるものを崇拝するのである，と。このテーゼはドイツ啓蒙主義のもつキリスト教人文主義をきわめて特徴的に表しており，多くの否定的意見があったにもかかわらず，ヘルダーがこの観点を放棄したことは一度もない」(VH 157/ 301-302)。「ヘルダーの態度は明らかに当時の通常の開明的態度である。肝心な点は彼がそれを放棄せずに持ちこたえたことである」(VH 157/ 303)。ヘルダーがキリスト教普遍主義と人文主義の信奉者であったという見方は，マイネッケをはじめ多くのヘルダー解釈者の見解でもある。この点については Hilliard 2016 を参照。

184

なかった。反対に，純粋で根源的な言語に育まれ，外国の借り物を背負っていない人民であるゲルマン人の優越性を主張した」(Sternhell 2010: 280)。加えて，彼はヘルダーと軍国主義思想との親和性を指摘し，これがゲルマン民族の優越性神話に基づく全体主義体制の母型となったと主張する (Sternhell 2010: 307)。これらを総合すると，

　　ヘルダーの全著作が証明しているのは，タブーと神話に基づく文化的・民族的ナショナリズムが普遍的な諸価値と共存するのはきわめて困難であるということである。……かくしてヘルダーの最も独創的な達成と考えられてきたもの——特殊主義的な諸価値と普遍的なそれとの均衡——は，幻想であったことが明らかとなる。……19世紀末は言うまでもなく，その初頭においてもすでに，ヘルダー的な「人間性」の理想が存在する余地はほとんどなかったのである。(Sternhell 2010: 312)

　しかしながら，シュティルネルの解釈には過剰な読み込みが見られるのであり，バーリンは彼のヘルダー論の冒頭ですでにこの種の解釈をしりぞけている。「……ヘルダーがコスモポリタンとして始まり，ナショナリストとして終わったのは事実ではないか。〔中略〕だが，私にはこの見解は擁護できないように思われる」(VH 157/ 300)。第一に，ヘルダーがゲルマン民族の優越性を主張したという事実の強調は，フランス文化の覇権に対する防御的な反応という当時の文脈を無視しているように思われる。バーリンは，こうした「曲げられた小枝」としてのフランス嫌悪がヘルダーに始まったものではなく，すでにルイ十四世の世紀における敬虔主義的な精神運動の中に見られること，そしてカント，ハーマン，ヘルダーがこの土壌に育まれたことを指摘している[27]。またヘルダーの批判の対象は，固有の文化と歴史を忘却し，傲慢な普遍主義を唱え，自然科学のモデルによってすべてを説明することを夢想していた合理主義者たちであって，これをフランス人自体の否定と区別することは十分に可能であろう。ヘルダーは謙虚であることの重要性を唱えた。それは（たとえばエルネスト・

---

　27)　B&G 19/ 15, VH 152/ 292. Cf. Meinecke 1959: 359, 450/ 下 78, 171.

ルナンの『文明の使命』に見られるような）「傲慢な」自文化優越主義ではない。

　ヘルダーが民衆主義者であったのと同じくらいに，あるいはそれ以上に世界市民（Weltbürger）でもあったことは，すでに多数の研究者が認めるところである[28]。ただしそれはフィロゾーフたちが考えたような抽象的な理性的市民ではない。多様な環境の中でそれぞれに啓蒙され自己形成した人々の，あるいは諸民族の平和と協調が，彼の考える世界市民的な理想であり，その意味で彼はあくまで国際主義者（inter-nationalist）であった。彼は，「私は自分自身よりも自分の家族を，家族よりも祖国を，祖国よりも人類を愛する」というフェヌロン（François Fénelon, 1651-1715）の言葉に賛意を表している[29]。また，ヘルダーがバークやメストルと並ぶ保守主義の始祖であるというシュティルネルの主張に対しても，多くの解釈者たちの反論が見出される。バーリンはヘルダーをバークと同列には扱わない。「彼〔ヘルダー〕は啓蒙主義に対する最も深刻な批判者であり，バークやド・メストルに劣らぬ恐るべき強敵であるが，この二人のような反動的偏見や，平等・友愛への憎悪とは無縁である」（VH 165/315）[30]。またフレデリック・バイザーによれば，ヘルダーは同時代の保守主義者とは異なり，人間性が一部の階級や民族のためのものではなく，「万人の理念」であるべきだと主張している（Beiser 1992: 214/ 415）。

　第三に，シュティルネルはヘルダーが国民軍と権力政治を肯定し，古代の軍事国家を称揚する傾向があったと主張している（Sternhell 2010: 307）。しかしながら他方，ヘルダーが国家の官僚主義の「機械論的」性質を嫌悪したことは知

28）　ナショナルな精神と普遍主義との共存は，ヘルダーのみならずフンボルトやフィヒテの思想にも見られる当時のドイツ人文主義者の一般的な見解であった。マイネッケの言葉を借りるならば，カント，ヘルダー，ゲーテ，フンボルトに代表される18世紀末のドイツ人文主義において，「国民国家と世界市民主義は……フランス革命初期の精神において，相互に制約し支持し合う二つの力として，きわめて密接に結びつけて考えられている」（Meinecke 1969: 35/ I 32）。両者の相克はその後のアダム・ミュラー（Adam Heinrich Müller, 1779-1829）――彼はバークの熱烈な支持者であった――，グナイゼナウ（August Neidhardt von Gneisenau, 1760-1831），シュタイン（Heinrich Friedrich Karl vom und zum Stein, 1757-1831）の時代にはじまる。すなわち，ウィーン体制のもとでヨーロッパに国民国家の形成圧力が強く作用し，ドイツの統一が現実の政治的課題として認識されるようになる時代である。
29）　『人間性促進のための手紙』第十集（1797年）（Herder 1967: XVIII 241）。Cf. Forster 2002: xxxii.
30）　バーリンがファシズムの「起源」をむしろメストルに見出していることは周知のとおりである（CTH 91-174/ 89-200）。またバーリンは社会有機体説をヘルダーやバークの独創に帰していない（VH 149/ 288）。

られている[31]。ヘルダーの反権威主義，平和主義，諸民族・諸時代・諸文明の対等性の強調に鑑みれば，彼の思想に明瞭な人種主義や軍国主義を見出すのは困難である。シュティルネルはまた，近代的な国家制度をもたない原始的な社会をヘルダーが賞揚する点から原始部族社会の好戦性を推論したり，彼のパリ中心主義批判をドイツ民族中心主義の主張に読み替えたりしながら，ヘルダーがフランス革命の諸原理を実質的には否定していたと主張する。しかし実際にはヘルダーは革命の意義を十分に認めている（Barnard 1965: 104）。彼はフランス革命に幻滅はしたが，その敵対者にはならず，フランス革命の根本原理には忠誠を保ち続けた（Beiser 1992: 220/ 425）。彼を幻滅させたのはむしろ，革命が暴力と権力闘争へと頽落していく様子であった（Meinecke 1959: 432/ 下149）。ヘルダー思想の一般的な特徴，および同時代のドイツ啓蒙思想の文脈からすれば，シュティルネルの解釈は明らかに不当である[32]。

　以上のように，ヘルダーの政治的見解に権力政治を伴うナショナリズムの構想があったことを確証することはできず，さらには後の政治的ナショナリズムの責任を問うことも極めて困難である。だが，後代の人々が彼の意図を超えて彼の教説を拡張・変容させたという主張は不当なものではない。「対抗的啓蒙」（1973年）では，バーリンは次のように書いている。

　　ヘルダーは，オーストリア＝ハンガリー帝国，トルコ帝国，ロシア帝国に抑圧された国民感情の中で，文化的ナショナリズムを最も強く鼓舞した思想家であるが，結局は，オーストリアとドイツにおける直接的な政治的ナショナリズム——彼はそれをひどく嫌っていたが——の，さらにこれに感

---

31) マイネッケは次のように要約している。「激しい憎悪をいだきながら，彼〔ヘルダー〕は当時の国家をもっぱら恐怖と金銭の唯一無二の発条（Herder 1967: V 547），機械の国家であるとし，このような国家の軍隊を全く「金で雇われて，思想も強い意志もない機械」（V 534）であるとしている。フリードリヒ大王の啓蒙された専制主義と軍国主義には，特に不快な眼差し（V 535）が投げられた」（Meinecke 1959: 409/ 下127）。
32) マイネッケが言うように，「ヘルダーの論文には確固としたものがなく，あいまいでしかも文字通りにとると矛盾し合っているので……，むしろ〔彼が〕熱意をこめて述べているその著書全体の根本思想に注目しなくてはならない」（Meinecke 1959: 382/ 下100）。彼は，ヘルダーの全体論が政治的な意味での「集団主義（Kollektivisms）」とは明確に異なることを強調している（Meinecke 1959: 399/ 下117）。トマゾ・ジョルダーニはシュティルネルの著作の書評において，同書が過度に善悪二元論的であり，ファシズム批判という著作の目的のために，「反啓蒙主義」思想の否定的な側面が強調されていると指摘している（Giordani 2012）。

染して反動としてできた他の国々の政治的ナショナリズムの最大の鼓舞者でもある。(AC 12/ III 61)

ここでバーリンは，ヘルダーを政治的ナショナリズムの意図的な鼓舞者としては描いていないが，その思想が（後述のカントとともに）後代におけるナショナリズムの興隆にひとつの大きなきっかけを与えたことを認めている。「ヘルダーはある意味で将来を予兆する徴候，嵐の前の海鳥であった」(VH 215/ 403)。前章で確認したように，彼はヘルダーを啓蒙主義の枠内に位置づけるカッシーラーに反対しているが，同時に，ヘルダー自身の思想から人種主義に基づく帝国主義的支配やナチズムとの直接的関係を引き出すこともしていない。ひとつの観念が特定の歴史的現実の中で「意図せざる結果」をもたらすことを，バーリンは肯定している (SR 234)。

　したがって，バーリンの考える，ナショナリズムの歴史におけるヘルダーの独自性は，彼が「集団への帰属」という人間の普遍的特性をその人間学（という意識化，対象化の作業）の中心に据えたことで，後代におけるその政治化を意図せず準備した点にあると言える。ヘルダーの表現主義と民衆主義，そこにおける個別的なものの称揚（それはフランスの啓蒙主義の機械的画一性に対する激しい非難と，それに伴う古代ゲルマン民族の文化的豊穣性の称揚を通じて同時代的な意味を帯びる）は，人々に「われわれ」と「彼ら」の差異を深く認識させる結果となった。これが18世紀ヨーロッパという特定の文脈におけるナショナリズム形成の基礎的条件であったということである。

2　曲げられた小枝——政治的ナショナリズム

　詩人ハイネは1832年に，フランス人に向かって次のように警告している。ある日のこと，隣人のドイツ人たちが絶対主義的形而上学，歴史の記憶と怨恨，熱狂主義と野蛮な力と怒りを混ぜ合わせた恐るべき力に駆られてフランス人に襲いかかり，西欧文明の偉大なる記念碑を打ち倒していくだろうと，いうのである。「執念深いカント主義者たちは……過去の根を断ち切ろうと斧と刀を揮ってわれわれのヨーロッパ的生活の土壌を根こそぎ覆し……武装したフィヒテ主義

者が登場してくる[33]。

　バーリンの思想史研究の核のひとつを構成するロマン主義，ナショナリズム，そしてシオニズムは，いずれも上述の18世紀後半における思想史上の転換にその起源が求められる。この点は，マキァヴェッリ，ヴィーコ，モンテスキューを経由してヘルダーにいたる彼の価値多元論の系譜とは異なっている。バーリンにとって後者が「永遠の哲学（philosophia perennis）」あるいは彼の言う「プラトン的理想」の問題系に属するのに対して，前者は彼自身のアイデンティティを構成する特定の地理的・時代的状況と深いかかわりがある。自民族中心的で攻撃的・膨張主義的なナショナリズムは，彼が主にドイツ・ロマン主義思想の中に見出したものであり，一般に政治的ナショナリズムと呼ばれるものを指している。彼によれば，一方においてその内的・思想的な起源はカントの意志概念に見出され，他方でその外的起源はナポレオン戦争の敗北によるドイツの国民的屈辱に求められる[34]。

---

33)　CTH 242/ IV 293. Cf. Heine 1982: 638/ 239.
34)　バーリンは啓蒙とロマン主義の思想史家として知られているが，意外なことに，カントの哲学体系に正面から取り組んだ論考は存在しない。以下で概観するバーリンのカント理解には，現在のカント研究の観点からすれば疑わしい点が少なくない（cf. Reed 2016）。本章の目的はナショナリズムをめぐるバーリン自身の「物語」を提示することにあるのでこの点には立ち入らないが，それでも，ここで彼の基本的な視座を確認しておく必要があるだろう。本節冒頭に掲げた一節からも明らかなように，ロマン主義的な意志の観念をめぐる彼の叙述は，ハイネの『ドイツの宗教と哲学との歴史のために』（1833年）を下敷きとしている。バーリンはアンソロジー『啓蒙の世紀』（AE）の編集にあたってカントを除外しているが，その理由は，カントが19世紀思想に連なる「哲学の革命」を導いた人物であるからというものであった（Reed 2016: 115）。これは18世紀の最後の三分の一の時期に思想史上の大転換が生じたというバーリンの認識と一致すると同時に，ハイネがカントの『純粋理性批判』の登場を思想上の「革命」と呼んだこととも符合する（cf. Heine 1982: 590/ 158）。他方で，これはユダヤ人ハイネから見たドイツ観念論とナショナリズムであるという意味でも本章の視座とも調和的である。ハイネを語るとき，バーリンはほとんど彼と同一化している（つまり「腹話術的」である）。端的に言えば，ここで彼は思想史の研究者ではなく，むしろ彼の同時代人であるかのように語っている。バーリンにとってハイネはおそらく共感的理解（empathy）の対象であり，（クローチェ的な意味で）「同時代的」人物であった——すなわち，ユダヤ人を取り巻く問題状況はこの時代から基本的に変化していないと彼は感じていた——と考えられる。同様の傾向は後述のモーゼス・ヘス論にも見出される。こうした傾向を，たとえば「20世紀の政治思想」（1949年）における彼の次のような主張と比較するとき，われわれはそこに，歴史理解の客観性と主観性をめぐる彼のディレンマを読み取ることができるだろう。「たとえば19世紀中葉の政治思想を研究する者が，このさして遠くない時代と現代を区別するものとして，諸概念や用語法における，また一般的な物の見方——つまり経験の諸要素を相互の関連のもとで把握する，その理解の仕方——における重大な相違に，遅かれ早かれ気づかないならば，それは自己の不明を示すものと言わなければならない」（FEL 4/ V 105）。

第一に，バーリンは，ロマン主義における「意志」の賛美を可能にしたのはカントの実践哲学であったと主張している[35]。この点は彼の1972年の講義「知られざるナショナリズムの一源泉としてのカント」と，1975年の論考「ロマン主義的な意志の賛美——理想世界の神話に対する反乱」で展開されている。彼によれば，「規律のない熱意，感情の嵐，耽溺（*Schwärmerei*）——漠然として焦点の定まらない熱情と憧れ——に対して，イマヌエル・カントほど強く反対した思想家はいない。……にもかかわらず道徳哲学においては，彼はパンドラの箱の蓋をあけ，自ら先頭に立って否認し非難したさまざまな傾向を解き放つことになった」（CTH 216/ IV 258）[36]。もちろんカント自身は「理性と秩序に反した無制約な意志に訴えるようなロマン主義的な熱狂家」（SR 241）ではなく，「彼の狭義の政治的諸著作はリベラルな合理主義の名高い範例である」（SR 233）。だがその道徳哲学は彼が意図しない展開を見せた。ヘルダーと同様，カントの思想も両義的である。

バーリンによれば，カントの道徳哲学において「人間のもっとも重要かつ顕著な特徴とは，その行為の自由，最低でも二つの行為の筋道，二つの選択肢から選ぶ自由」であり，それによって「人は彼自身の行為の真の作者であると言われる」（SR 235）。そしてこの意志を普遍的道徳法則と一致させることが自律であるというのが一般的なカント理解であり，それは彼の道徳思想の根幹をなす考えである。しかしながら，カントにはまた別の流れが存在する。それは彼の「ルター派的な，敬虔主義の，対抗的啓蒙の素地」に由来する傾向，すなわち「独立，内面的指導，自己決定に対する限りない強調」である（SR 241）。

バーリンによれば，カントの道徳哲学は二段階の転換を経てナショナリズムへと変容した。第一の転換は，価値の基準が普遍世界から内面へと移行したことである。私がその価値に従って生きるのは，「それが普遍的であるからではなく，それが私自身の価値であり，私固有の内的な自然，私のもとにある宇宙

35）　彼は「ナショナリズムの起源をカントに求めることは意外に思うかもしれない」と書いているが，こうした見解はそれほどめずらしいものではない。エリ・ケドゥーリは『ナショナリズム』（1960年）の中ですでに同様の見解を示しており（Kedourie 1960），のちのアンソニー・スミスも，政治的ナショナリズムの知的源泉のひとつにカントの自律概念を挙げている（Smith 1991: 76/ 140, cf. Zimmer 2003: 5-8/ 10-14）。

36）　Cf. SR 244.

的ヴィジョンを表現しているからである」。「それらは私の価値である，なぜなら私は「私」であるからであり，私はその最善の状態においてそれらを自由に選択したのである」（SR 242-243）[37]。ここにハーマンとヘルダーの言語論的民族論が合流し，フィヒテ（Johann Gottlieb Fichte, 1762-1814）によってこの自我の教説は集団的なものへと転換していく。「カントにとってそれ〔選択する者〕は依然として個人であった……。フィヒテにとってこの自我は，超越的であると同時に創造的であるところの世界精神，絶対的で神聖な原理と同一視されるところの無時間的，超越的活動となる」（SR 243）。バーリンはフィヒテの言語観に注目する。「言語は私によってではなく，他の人々によって作り出されるものであり，私は私を一要素とするある共通の流れの部分なのである」（RR 90/ 139）。「真の自己は決して個人ではない。それは集団，ネイションである」（SR 244）。ここに「新しい絶対主義」が発生する。バークの比較的穏健な伝統主義とは異なり，それは「私の民族」に対する絶対的な忠誠を要求する。「それに対して私は熱烈に自分自身と他者を捧げる」（SR 246）。カントとロマン主義に端を発するこうした「究極的目標の道徳性」が，19世紀以降のヨーロッパにおけるナショナリズムの嵐の思想的な支えとなったというのがバーリンの説明である[38]。

　ナショナリズムの第二の契機は，外側から加えられる圧力である。カント的な「自由な意志」に加えられた抑圧は，その意志の反抗を引き起こす。バーリンは「曲げられた小枝——ナショナリズムの勃興について」（1972年）の中でこれを説明しており，同じ構図はすでに『カール・マルクス』（1939年）の中でも確認できる。

　　この現象は，外国支配からの解放に伴う自動的な心理的随伴現象であると言うこともできよう。シラーの「曲げられた小枝」理論でいえば，ナショナルな特徴を有する社会が抑圧ないし屈辱を経験したことに対する自然な

---

37)　この「私の」という代名詞がナショナルな意識の起動因であると論じるのが，現代イスラエルの政治理論家タミールである（cf. Tamir 1995: ch. 5）。
38)　しかしながら，こうしたフィヒテの主張もまた非常に理念的なものであって，現実の国民国家形成の構想とはかけ離れていたという点には注意する必要がある（cf. Meinecke 1969: ch. 6）。ここでもバーリンの理解はハイネ的である。

反応の仕方であった。(CTH 251/ IV 306)[39]

　ナポレオン戦争は，すでに知的矜持を傷つけられていたドイツ人に，さらに軍事的敗北という屈辱を与えたのであって，フランス人とドイツ人の断絶を一層拡大することになった。その結果，ドイツではナポレオン戦争中に愛国的反動が始まり，ナポレオンの敗北後には猛々しい洪水のような勢いで国民的感情と化すに至った。このような愛国的反動の神髄とみなされたのが，カントの後継者たち，すなわちフィヒテ，シェリング，シュレーゲル兄弟などの新しいいわゆるロマン主義の哲学だった。彼らの哲学は，こうして国民的意義をもつものになり，広く民衆に受け入れられた。公認のドイツ的信仰と言っても過大表現でないほどだった。(KM-IV 34/ 47)

こうしたナショナルな自己意識は，「自然な」民族感情と対比されるところの「病理的な燃え上がりの状態」(SR 248) であり，彼はこれを「内なる砦への退却」と「酸っぱいブドウ」の比喩で説明する。「政治的な無力は精神的な自由を意味する。物質的敗退は道徳的勝利を意味する」(SR 242)。「彼らは，ドイツ的伝統の深さと詩情……を，フランス思想家の世界の浅薄な物質主義，功利主義，薄手で非人間化された人形芝居と対比させた。これがロマン主義運動の根源である。……民族の政治生活をこの集団的意志の表現と捉えることが，政治的ロマン主義——つまりナショナリズムの本質である」(AC 349/ I 433-4)。彼は，この「手綱を解かれたロマン主義」の系譜を，アダム・ミュラー，ドイツ歴史学派の保守的教説，そして最終的にはファシズムにいたる流れとして概説している (RR ch. 5)。ここにおいて「ヘルダーが本来擁護していた文化的，精神的自立性は……不機嫌で攻撃的な自己主張に変化していった」(CTH 245/ IV 298)。

---

39)　「曲げられた小枝（bent twig)」という表現はシラーの著作からは確認されていない。ジョシュア・チュルニスの指摘によれば，プレハーノフの『唯物論史への寄与（*Beiträge zur Geschichte des Materialismus*)』の冒頭に次のような類似の表現がある。「曲がった小枝を真直ぐにするためには反対の方向に曲げねばならない（When the twig is bent in one direction it has to be bent back to straighten it)」(Plekhanov 1934: vii/ 11)。マルクス研究を通してプレハーノフに親しんでいたバーリンはこれを（おそらくは英訳から）借用し，後に出典を失念したのではないかと考えられる（cf. 'A-Z miscellany of information and opinion,' in IBVL)。

この「社会的抵抗」は，しばしば「ナショナルな独立への願望」と結びつく。それは，周知の積極的自由の問いから派生する「自己支配（self-mastery）」の要求の，歴史上のひとつの特殊な表れであるところの「地位の追求」，すなわち「結合，より緊密な理解，利害の統合，共同の依存と犠牲の生活への欲求」（FEL 158/ V 366-367）である。そして，この強烈な民族意識と国民国家形成の潮流の中で苦境に陥るのが同時代のユダヤ人たちであった。

第3節　フランス革命以降の時期におけるユダヤ人の境遇

　以上のように，バーリンのナショナリズム論は主としてドイツ思想史における対抗的啓蒙とロマン主義の文脈の中で展開されている。他方で彼は，この同じ問題構制の下で——それと表裏一体となる形で——フランス革命後のユダヤ人の境遇を描き出している。それは，当時の西欧（主にドイツ）のユダヤ人たちをみまった精神的危機と，その応答としてのシオニズムの肯定についての物語であり，近代ヨーロッパにおけるユダヤ啓蒙派（ハスカラー）と敬虔主義（ハシディズム）の論争をその背景としている。これはひとつの社会思想史的叙述であると同時に，あるいはそれ以上に，バーリン自身のアイデンティティの物語，すなわち，ナショナリズムの時代におけるユダヤ人にとってシオニズムが正当な，あるいは少なくとも理解可能な選択肢であることの，彼によるひとつの弁証でもある[40]。

　『ハリねずみと狐』で知られるように，バーリンはさまざまな物事や人物を比喩や寓話を通して語ることを得意としたが，ここでも彼はいくつかの譬えを繰り返し用いている。すなわち氷河，父と子，仮面，そしてせむしのこぶ，である。以下ではこれらの比喩に沿って，彼の物語を再構成してみたい[41]。

---

[40]　Ｔ・Ｊ・リードは，バーリンの啓蒙理解が浅薄であり，また彼が啓蒙の対抗者たちに共感的である一方で，啓蒙それ自体には共感的な態度を欠いている点を論難しているが（Reed 2016: 119-120），その理由のひとつは，以下で見るように，啓蒙の理念がヨーロッパのユダヤ人を真に解放するものではなかったというバーリンの認識に求めることができるだろう。

[41]　本節の主題については，すでにシュロモ・アヴィネリによる優れた論考が存在し，私もその論旨に基本的に同意する（Avineri 2007）。この論考の紹介として，濱 2011a がある。ただし，個々の論点については他の資料を用いて検討する。

1　氷河

　バーリンによれば，近代以前のヨーロッパにおいてナショナル・アイデンティティの問題はあまり深刻ではなかった。たとえば「スピノザは，自分が真にオランダ人であるかどうかを自問しなかった」。もちろん彼は異端者としてユダヤ人共同体から追放されることで不安定な境遇におかれたのであるが，「このようなユダヤ人は多くはなかった」（AC 253-254/ I 263-264）。だが，その後の国民国家の形成によって「国家に対する全面的な忠誠」が要求されるようになると，人々のあいだに「忠誠心の葛藤」が生じることになった。この「危機」は，フランス革命後に解放されたユダヤ人にとって特に先鋭となった（AC 255/ I 266）。「ゲットーの門が開かれ，ユダヤ人たちが初めはおずおずと，やがては強い自信をもって信仰を異にする他の市民と交わり，公私両面にわたって共通の生活に参加するのに成功したとき，その危機があらわになり始めた」（AC 254/ I 264）。こうした急激な解放を前にして，彼らは自分が何者であるかを一刻も早く，隣人たちに，そして自分自身にも示す必要が生じたのである[42]。

　こうした経験を経て，近代ユダヤ人たちの前にはいくつかの選択肢が現れた。バーリンはその説明に際して，ガリツィア出身のユダヤ人歴史家ネイミア（Lewis Bernstein Namier, 1888-1960）のシオニズム論[43]をたびたび引用している。同論考は，バーリンがユダヤ人問題を主題的に論じた「ユダヤ人の隷属と解放」（1951 年）の冒頭に掲げられており，この問題に関する彼の認識を代弁するものであると言ってよい。ネイミアを語ったエッセイの中で，彼はこの論考を目にした当時の印象を次のように回顧している。

　　それは，近代（modern）ヨーロッパにおけるユダヤ人の状態についての論文で，その問題について私がそれまでに読んだ――誰にとってもそうでないかと思うが――最高のもっとも印象的な文章であった。……ネイミアは，東欧のユダヤ人を氷河（a glacier）に譬えた。その一部は凍ったままである。その一部は啓蒙の光を受けて蒸発した。そして残りは溶けて，激

---

42)　同様の記述として，KM-IV 20/ 26-27, AC 214/ III 121-122.
43)　L. B. Namier, 'Zionism,' *The New Statesman*, 5 November 1927, pp. 103-104. Rreprinted in Namir 1931.

194

しいナショナリズムないし社会主義ナショナリズムの奔流を形成している
というのである。(PI 91-92/ II 106-7)[44]

ここには三つの選択肢が示されている。すなわち伝統的生活様式の維持，啓蒙
とフランス革命の理念に基づく同化，そしてユダヤ人としての集団的アイデン
ティティの獲得である。ヨーロッパが啓蒙の光で照らされ，次いで国民意識の
洪水に飲み込まれていくなか，伝統的な生活を続けるユダヤ人たちも，遅かれ
早かれこの選択に直面することになる。

2　父と子

　バーリンにとって「父と子」は，二つの相反する人生のあり方を示す隠喩で
ある。そのトゥルゲーネフ論で知られるように，彼はこれを 19 世紀思想史を
論じる中でしばしば用いるのだが，その傾向が最も顕著なのがユダヤ人論の場
合である[45]。啓蒙と大革命はユダヤ人たちに選択を迫った。そして彼らはそれ
ぞれ選択を行うが，それが世代によって明確に分かれたとバーリンは考える。
すなわち，啓蒙―自由主義の理想に共鳴して改宗と同化へと進む「父」の世代
と，同化の困難と屈辱を経験し，父とは異なる道を進む「子」の世代であ
る[46]。

　モーゼス・メンデルスゾーン（Moses Mendelssohn, 1729-1786）は，これら
「父」のさらに父祖の世代に属する啓蒙派のユダヤ人である。この，「ユダヤ人
のための世俗教育を唱えた偉大な 18 世紀の使徒……は，ユダヤ人がその隣人
たちと同じ社会的，教育的，文化的水準に達すること，つまり他の人々と同じ
ようになることを望んでいた」（AC 258/ I 270）。彼の場合，それは改宗を通じ

---

44)　ネイミアは次のように書いている。「正統派のユダヤ人（Orthodox Jewry）は溶け
つつある氷河であり，シオニズムはそこから流れ出る河川である。蒸発と河川はこの同じ
過程から出ており，それらは共にその必然的な結果である」（Namir 1931: 129）。これはマ
イネッケが近代ヨーロッパにおける国民意識の覚醒を「洪水（Flut）」にたとえたことを
想起させる（Meinecke 1969: 15/ I 9）。
45)　Cf. Laqueur 1972: 64/ 95-96.
46)　この「世代」は必ずしも年代的な一致を意味しない。解放の機会は国ごとに異なる
時期に与えられたため（特に西欧と中東欧では大きく異なる），同じタイプの人々が時期
を隔てて出現することになる。ネイミアの出身地であるガリツィアでは，第一次世界大戦
後にポーランド国家が建設されるとともにユダヤ人は公職から締め出され，これは若いユ
ダヤ人たちに深い幻滅をもたらした（Zimmer 2003: 77/ 137-138）。

た同化を意味しなかった。キリスト教への改宗を勧めるさまざまな圧力を受けながらも，彼自身はあくまでモーセの宗教を守りつつ，ユダヤ教徒とキリスト教徒との相互理解，寛容，共生を説く仲介者であった[47]。

しかしながら，彼の子どもたちは父とは異なる道——改宗を通じた同化——を選んだ（AC 258/ I 270）。こうした新しい選択を行った世代のユダヤ人として，バーリンはベルネ（Karl Ludwig Börne, 1786-1837），ハイネ（Heinrich Heine, 1797-1856），そしてマルクスとディズレイリの父親を挙げており，また時代は異なるものの，ネイミアの両親もその傾向を共有していたと述べる（PI 93-94/ II 110）。啓蒙の理想の下で解放されたユダヤ人にとって，これは自然な選択であった。「歴史上最も厳しく差別されてきた少数集団，すなわちユダヤ人が抱く，統合されたいという願望，尊敬されている人類の成員と共にありたいという願望は，当然にきわめて強かった」（AC 257/ I 270）。同化によって彼らは，自分が属する社会集団の「弱さと屈辱感」から逃れようとしたのである（AC 259/ I 272）。一部のユダヤ人たちは穏和な気質や幸運のおかげで，それほど大きな精神の苦痛を味わうことなくこれに成功した（AC 255/ I 266）。しかしながら，啓蒙主義の希望的観測とは裏腹に，こうした「蒸発」は「ほとんど無視しうる程度の規模」でしか起こらず，その良し悪しとは別に，大部分のユダヤ人とは無関係なものにとどまった（POI 163）。

同化という選択の前には乗り越え難い困難が立ちはだかった。バーリンは主に当時のドイツのユダヤ人を念頭に置いている。まず，それは彼らが置かれた不安定な社会的地位に由来する困難であった。周知のように，ナポレオンの新法典は彼らに市民的自由を与え，そこに社会進出の機運が生まれたが，1815年以降には旧来の規制のほとんどが復活し，ユダヤ人のあいだに危機的な状況を生み出した（AC 214/ III 122）。マルクスの父親の場合がそうであったように，公職に就く資格など，一度は与えられた市民権の一部が留保され，ユダヤ人は公的に「二級市民」と規定された。加えて，当時のヨーロッパにおける国民意識の広範な覚醒を促進したのが，ナショナル・アイデンティティの国家的な形成であった。19世紀初頭，中世以来の領邦国家の分立が続いていたドイツに

47）彼がレッシング（Gotthold Ephraim Lessing, 1729-1781）の『賢者ナータン』のモデルであったことはよく知られている（平山 2002: 5）。

統一国家創設の気運が高まると，この新国家の「ドイツ的」性格をめぐる議論がまず知識階級のあいだで活発化し，次いでそれが大衆にも浸透していくが，こうした動きは人々にたがいの民族的所属を鋭く認識させる結果となった。アイデンティティは純粋な選択の対象ではない。ジョン・グレイはこの点を的確に要約している。

　　われわれのアイデンティティは，外界からの確認を必要としないひとり立ちの実体ではない。それは部分的に，他者の承認によって，時にはわれわれ自身の意志に反して構成される。ユダヤ系の人がユダヤ人としての自分のアイデンティティを否定し，自分が同化した国民のアイデンティティを要求しようとして，自分自身の観点からはそれに成功するかもしれない。しかしそれでも彼は，彼自身の自己観念とはかかわりなく，自分が成員である，あるいは自分で成員であると信じているもっと大きな共同体から，彼のユダヤ人としての古いアイデンティティが押しつけられてくるのを知ることになるであろう。……ここには，他者および歴史の偶然性が，個人の自己創造の可能性に対して課すところのひとつの制約が存在する。
　　(Gray 1995a: 108/ 127)

3　仮面──理想的同一化

　19世紀前半のドイツにおけるユダヤ人の自己創造はこうした制約のもとで行われた。集団への帰属が人間の基本的必要のひとつであるというヘルダーの洞察は，社会進出を目指したユダヤ人たちにとっては決して祝福ではなく，むしろ解放をはばむ民族的固有性の強さ，排他性，永続性を裏付ける呪うべき言葉となった。その結果，彼らのアイデンティティは動揺し，非常に不安定なものとなる。バーリンは，この解放後の「子」の世代に特有の精神的苦境を，大いに共感をこめて描いている。彼は心理学者ではないが，素朴な心理学を用いて物事をわかりやすく説明することを得意とした。ここで彼が用いるのは，外部者による対象の理想化，その対象との一体化願望，そして「ユダヤ人の自己憎悪（judischer Selbsthaß）」の観念[48]である。

　バーリンによれば，ベルネ，ハイネ，作曲家のフェリックス・メンデルス

ゾーン（Felix Mendelssohn Bartholdy, 1809-1847）は，こうした「外界の受容を求めた才能と野心のあるユダヤ人第一世代の運命」を典型的に示している。彼らの精神を特徴づける要素は，支配的な文化を理想化してそれと同一化しようとする傾向であり，これは「外部者は，彼らの視線を注ぐ境界線の彼方にある土地を理想化しがちである」という「周知の心理現象」である。それは「異常なまでの洞察力と同時に，——感受性を働かせすぎたことから生ずる——神経症的な事実の歪曲をもたらす」（AC 258/ I 271）。ここから，「信念の目から見たものとして，あるべき人民ないしネイションの理想像が生み出され，熱烈な成長を遂げる」（AC 259/ I 272）。彼らはドイツ人以上に意識的にドイツ的であろうとした。それは一種の強迫観念となった。しかしながら，「ドイツ文化の真の相続人であると自称すればするほど」，彼らは「同じドイツ人から見てますますドイツ人ではなくなるように見えた」（AC 256/ I 268）[49]。それは「第二の本性は本性そのものとは異なる」という，単純だが強力な事実に由来する（POI 170）。

　ディズレイリ（Benjamin Disraeli, 1804-1881）とマルクス（Karl Marx, 1818-1883）の場合には，この理想化の傾向が極端なかたちで，かつ，それぞれ非常に特異なかたちで現れたとバーリンは考えている。二人の共通点として，バーリンは，彼らの一族がともに18世紀の啓蒙主義の与えた機会から恩恵を受けていたこと，父親が世俗的な自由主義者であったこと，そして両者とも非常に野心的であり，父親とは対照的な人生を送ったことを挙げている（AC 261-263/ I 275-278）。そしてこの二人の「子」は，外部者という自己のアイデンティティを克服すべく，それぞれ異なる道を進んだ。

　ディズレイリにとっての「理想化」の対象は，彼が属した社会の支配階級である英国の貴族社会であった。「ディズレイリは，ひとつの階級，ひとつの原理としての貴族制にどうしようもなく魅了されていた。彼は貴族制から承認されることを願い，貴族制を称賛し，貴族制の宇宙を支配したいと願った」（AC 264/ I 281）。彼の過剰なまでのロマン主義的な世界観[50]は，理想的対象を羨望

48）　ボリス・グロイスは，テオドール・レッシング（Theodor Lessing, 1872-1933）の『ユダヤ人の自己憎悪』の新版（1984年）に付した序文の中で，ヨーロッパにおけるユダヤ人憎悪の根源に関する興味深い議論を展開しているが，ここでは措く（Groys 2004）。
49）　Cf. B&J 85/ 130.

する外部者の視線が生み出す歪曲の産物であり，そして彼はこの輝かしい舞台に登るために，自分の出自に関する物語をみずから創造した[51]。バーリンはそれを仮面に譬えている。すなわち，ディズレイリは「デ・イズレイリ(D'Israeli)」という名にまつわる出自の物語——高貴なるセファルディムの末裔というアイデンティティ——を，自分で「でっち上げた (invented)」(AC 263/ I 279)[52]。そして同時に，この創作を「ほとんど信じ込んでいた」。「彼は役者であり，自分の役と一体化した。仮面が顔と合体した。第二の天性が第一の天性に取って代わった」(AC 266/ I 284)[53]。この仮面は彼の心理的防禦作用の産物であった。「その機能は……自らを慰め，決意を強め，敗北と弱さを償い，もっぱらその理論の創始者の中に戦闘意欲をかきたてることにあった」(AC 285/ 314-315)[54]。この「仮面 (persona)」の力によって，彼は世界の中にひとつの「場所」を確保し，そこにおいてひとつの「役割を演じる」ことができたのである (AC 270/ I 289)。

　次にマルクスであるが，バーリンはマルクス主義とボルシェビズムに対して生涯を通じて批判的であったし，『二つの自由概念』における消極的自由の擁護から，彼を冷戦期における自由主義陣営のスポークスマンと位置づける解釈も根強い。しかし彼の処女作『カール・マルクス』(初版 1939 年)[55]には，マルクスの人格と思想を構成する多様な要素が生き生きと描かれており，そこにおいて彼はマルクスを後のマルクス主義者たちの教祖としてよりもむしろ，改宗した父をもつ解放後の第二世代のユダヤ人として，(対象に対するいつもの)

---

50)　彼はバイロン (George Gordon Byron, 1788-1824) の熱烈な崇拝者でもあった (Blake 2010: 51/ 57)。

51)　ディズレイリはドイツにおけるような激しいユダヤ人嫌悪に直面することはなかったが，当時の英国においてもユダヤ人が公的生活に参入する道は厳しいものだった。審査律 (Test Acts) によって，1858 年までユダヤ教徒は重要な公職に就くことが禁じられていた。ただし 1829 年以降，英国国教徒になった者に審査律は適用されなくなり，少年時代に洗礼を受けたディズレイリは政界に進出することができた (Blake 2010: 10/ 11)。

52)　彼の祖父が「デ・イズレイリ」と改める以前，その姓は「イズレイリ (Israeli)」であり，これは特別な姓というほどのものではなかった。彼の物語の大部分は，のちに架空のものであったことが確認されている (Blake 2010: 4/ 4)。

53)　Cf. Blake 2010: 66/ 73.

54)　バーリンは「1940 年のウィンストン・チャーチル」(1949 年) の中で，このような行動様式が，精神的な「強さ」を必要とする政治的指導者によく見られると述べている (PI 3-4/ II 5-6)。

55)　同書の成立と改訂の経緯については，Ignatieff 1998: 70/ 78, Toews 2003, Carver 2007: 33 を見よ。

共感をこめて語っている[56]）。

　周知のように，マルクスの政治経済学説にはヘブライの教理や伝統に関する記述はほとんどなく，自分の出自を公に強調することもなかった。また彼は唯物論の観点からナショナリズム独自の力を無視あるいは過小評価した（AC 280/ I 306）。にもかかわらず，彼の生涯にはユダヤ的なものが濃い影を落としていたとバーリンは考える。まず，マルクスの「宗教，ことにユダヤ教に関連するすべてのものへの敵意」[57]は，ハイネやディズレイリと同様の境遇に由来する。しかしマルクスの場合，父親の施した合理主義的教育が「予防注射」となり，ロマン主義的な形而上学体系への耽溺を免れた（KM-IV 20, 22/ 28, 32）。彼は意志の強い，強靭な精神の持ち主であり，友人のハイネやモーゼス・ヘスの苦痛に満ちた自己省察を「ブルジョア的堕落の徴候」と見なし，これに全く同情を示さなかった（KM-IV 207/ 321）。その結果，マルクスの省察は内面でなく社会に向かった。

　次に，このマルクスの単純で非妥協的な性格と「ユダヤ的自己憎悪」との関連が示される。バーリンはこの自己憎悪を，極端な形態の自己卑下，すなわち自分自身を否定するあまり，自分を滅ぼす者を賛美するにいたる倒錯的な性格と理解している（AC 280/ I 305）。周知のように，マルクスは「ユダヤ人」をひとつの民族的実体ではなく，抽象的な経済的観念——すなわち資本主義社会の

56）　執筆当時において利用可能な史料が限られていたこともあり，同書は現在の研究水準に比肩しうるものではないが，バーリンの評伝以降，マルクス像はより多様な解釈に開かれたという点では研究史上大きな意義があると，ティレル・カーヴァーは評価している（Carver 2007: 32）。また彼は，バーリンが早い時期にマルクスの初期のテクストおよび「疎外」の概念に注目した点に加え，マルクスの初期と後期のテクストに潜在する連続性を捉えている点を評価している（Carver 2007: 41）。他に，このテクストの背景に関する最近の論考として Leopold 2016 がある。

57）　デイヴィッド・マクレランは，この「敵対感情」の強調に反論を加えている。すなわち第一に，マルクスはユダヤ人が国家の中で解放されている程度によって国家の政治的完成の程度を判断している。第二に，ドイツ語でユダヤ人を意味する Judentum は「商売（commerce）」という派生的意味をもっており，マルクスにとって重要なのはこの意味である（McLellan 1972: 184/ 214）。ディズレイリとマルクスに関するバーリンのエッセイが世に出たのは，マクレランのマルクス論の出版とほぼ同じ時期（1970 年）であるが，そこにおいてマルクスのユダヤ的要素は以前よりもむしろ強く打ち出されている。また『カール・マルクス』は生前に 4 度の改訂を重ねたが（彼の死後に第 5 版が出版されている），1978 年の第 4 版でも当該箇所は変更されておらず，晩年のインタビューでも同様の見解を繰り返している（B&J 123/ 184）。彼が生涯変わらず「ユダヤ的自己憎悪」の構図の下でマルクスを理解したことは確実であろう。しかしそのような解釈がまったく不当なものというわけではない（cf. Groys 2004: 30/ 116）。マルクスのユダヤ的側面に関する優れた研究として，Wolfson 1982, Traverso 1990 が挙げられる。

200

寄生者，社会という体にできた「こぶ（excrescence）」——の下で捉え，社会変革によって除去されるべき存在とみなした（KM-IV 73/ 110, AC 225/ III 141）。他方で彼は，資本主義体制の聖なる犠牲者である「プロレタリアート」を理想的対象に仕立てあげた。マルクスにとってそれは現実の生きた男女ではなく，彼自身が構築したひとつの抽象的なカテゴリであった。「それは作者の声であり，理想化された人間である。作者はそれと，そして，その苦悩と一体化し，いわばそれを演壇としてそこから砲火を指揮する」（AC 282/ I 309）。加えて，バーリンはマルクスの語り方が預言者的である点に注目する。マルクスにとってプロレタリアートは理想的対象たる選民であり，彼は預言者として，「ユダヤ人」を滅ぼす運命にある彼らを指導したのであった（AC 283/ I 310）。

　バーリンは，こうした神経症的性格をもつ人々を，価値のない生を送った憐れむべき人物として描いてはいない。彼の目からすれば，これらの人々の生もまた独特ではあるが真正なものである。彼は，ユダヤ人が故郷喪失者であることから生じる知的美徳が存在することを認めている。すなわち，彼らが解釈者として優れていること，またアウトサイダー特有の鋭い観察眼をもつことである（POI 171-173）。故郷喪失，それは「牡蠣が挟み込む砂粒のように苦痛を引き起こすが，時としてそこから天才という真珠が生み出される」（AC 256/ I 268）。しかし，このような生き方はごく一部の人間だけがなしうる離れ業でもある。加えて，こうした「理想化」の代償として，彼らは「もっと普通で正気の人々が見ていた現実の多くの部分を無視」することにもなった（AC 284/ I 313）。彼は，普通の男女にとって，この問題の解決は別のところに求められるべきであると考えた。

4　せむしのこぶ

　バーリンは「ユダヤ人の隷属と解放」（1951 年）[58]の中で，フランス革命後

---

58)　ヘンリー・ハーディによれば，バーリンはこの論考を著作集に収録することに消極的であったという。しかし彼は死に際して，再版の折には以前の版で削除した部分（T・S・エリオットと反セム主義について）を元に戻してほしいとハーディに依頼している（POI xi-xii）。このエピソードは，この論考で彼が示した見解がその後も彼の胸中で意義を失わなかったことを示唆している。実際，この問題に関する彼の意見はその後も基本的には変化していない。

のユダヤ人のいくつかの選択を，ひとつの比喩を用いて説明している（POI 174-176）。彼によれば，ユダヤ人は，その自己規定がどのようなものであれ，他の人々からは相変わらず「ユダヤ人」とみなされてきた。こうした認識のギャップにさいなまれた人々は，いわば背中に大きな「こぶ（hump）」をもつ「せむし（hunchbacks）」のようなものである。彼らは三種類の態度を示した。第一の人々は，「自分たちにこぶなどない」，あるいはそのようなものは人間の価値とは無関係であると主張した。これは啓蒙主義の人間観とその普遍主義的な道徳を信奉する人々である。第二の人々は反対に，彼らがこぶをもつことを公に宣言し，それがすばらしい「特権」であり「誇り」であると述べる。これはディズレイリのような人を指す。第三の人々は，自分にこぶがあることを決して公言することなく，「ゆったりとした外套をまとって自分の体型を隠す」。これは支配的文化の中に静かに溶け込もうとした人々である。彼によれば，これらは同化ユダヤ人の三つの主要なカテゴリであった。しかし今や，「こぶはこぶである」といい，それを「外科手術によって切除すべきである」と主張する人々が現れた。それは大きなコストと危険を伴うが，しかし成功すればこぶを取り除くことができるだろう。これがシオニストの提唱する解決である。

　バーリンは，マルクスの友人でもあったドイツの社会主義者ヘス（Moses Hess, 1812-1875）を，政治的シオニズムの創始者と考えている。「モーゼス・ヘスの生涯と意見」（1959年）[59]において，彼はシオニズムの正当性に関する中心的な議論を提出している。「ヘスが提起した諸問題は，まさに彼が問題を提起したその形態において，非常に今日的な問題であり，どちらかといえば今日，彼が生きていた時代におけるよりも重要な問題になっている」（AC 213/ III 121）。それはユダヤ人の「正常化（normalization）」の問いである。

　ヘスは1812年，ドイツのボンで，マルクス同様の解放されたユダヤ人の家庭に生まれたが，マルクスのそれとは異なり，そこにはまだユダヤ教の伝統が息づいていた。幼少期には信仰のあつい母方の祖父から伝統的なユダヤの文化と宗教に関する教育を与えられ，これが彼に生涯にわたって彼に影響を与えた

59）　Isaiah Berlin, *The Life and Opinions of Moses Hess* (Cambridge: W. Heffer & Sons, 1959). 同書は1957年12月のユダヤ歴史学会ルシアン・ウルフ記念講演に基づいている。引用はACから行う。

（AC 213-214/ III 121-122, Laqueur 1972: 47/ 73）。彼もまたハイネやマルクスと同様の境遇に身を置き，若いころは反宗教的な共産主義思想の持ち主であったが，長い葛藤のすえ，最終的には彼らと異なる答えを引き出した（AC 242/ III 170）。彼は1840年のダマスカスにおける反ユダヤ主義の暴動に衝撃を受け，同化という解決の正しさを疑いはじめた。これに関して彼自身も個人的な侮蔑を受けたが[60]，その純真な性格と理想主義的な信条が幸いして，他のユダヤ知識人のような自己否定を免れた（AC 219, 226/ III 132, 143-144, 187注3）。また同時代の知識人たちとは異なり，彼はヘーゲルの弁証法的歴史観やマルクス主義の「科学的」歴史理論を拒否した。それゆえ「その生涯にわたって，ヘスの社会主義は純粋に道徳的な前提の上に建てられたものであり続けた」（AC 223/ III 137）。加えて，彼はヘルダーと同様にネイションの実在性を信じ，ナショナリズムは一時的な現象であるというマルクス主義の教義を受け入れなかった（AC 230/ III 150）。このように，ユダヤ人問題を「道徳性」という非マルクス主義的な語彙の下で把握したことが，ヘスをしてシオニズムの正当性に関する議論を開いたのであり，バーリンはこの社会主義ヒューマニズムを高く評価する。

　しかしながら，このエッセイの中心を占めるのはヘスの『ローマとイェルサレム』（1862年）である。それはマッツィーニ（Giuseppe Mazzini, 1805-1872）的精神[61]のもとで書かれたユダヤ人の政治統合に関する著作であり，バーリンは同書に最大級の賛辞を送っている[62]。彼によれば，この本は「教育を受けたドイツ系のユダヤ人たち」に「爆弾を落とされたような衝撃」をもたらすものであった（AC 231/ III 152）[63]。

　『ローマとイェルサレム』は，西欧のユダヤ人の境遇とその「病状」の分析と，これに対する「処方」を示した著作である。まず，ヘスはヘルダーと共に

60）　Cf. Hess 1862: letter 5, p. 23.
61）　Cf. POI 150, 164.
62）　Cf. B&J 120/ 179.
63）　ウォルター・ラカーは，『ローマとイェルサレム』は出版後1年で160部を販売したにすぎず，社会的影響力は皆無に等しかったと述べ，バーリンがヘスの影響力を誇張していたと指摘している。しかし彼もヘスに一節を割り，同書がヘルツル以前のシオニズム論の中では出色の作品であるとして，カリッシャー（Zvi Hirsch Kalischer, 1795-1874）の『ツィオンを求めて』（1862年）とともに，その歴史的意義を高く評価している（Laqueur 1972: 46-55/ 71-84）。バーリンものちに『ローマとイェルサレム』がほとんど読まれなかったことを認めている（B&J 119/ 178）。

第6章　ナショナリズムとシオニズム　203

ネイションの実在性を信じたが，他方でヘルダーの文化主義的な理解とは異なり，しばしばこれを「人種（Race）」と呼ぶ[64]。そしてこの「人種」に由来する差別がユダヤ人問題の根本であると主張した（AC 232/ III 153）。ヘスは同書の「第四の手紙」で次のように書いている。

> 洗礼それ自体ですら，ドイツ人のユダヤ人憎悪（Judenhasses）の胸苦しさからユダヤ人を救うことはない。ドイツ人はユダヤの宗教よりも，その人種（Race）を憎んでいる。彼はユダヤ人の風変わりな信仰よりも，彼らの風変わりな鼻を憎んでいる。(Hess 1862: 14)

これは同化が原理的に不可能であることを説く強い言葉である。同化主義者たちは「自分たちの名前を変えたが，それはただ，反セム主義者たち（anti-Semites）がもともとのユダヤ的な名前を掘り起こしてきて，彼らの顔に投げつけるという結果をもたらしただけであった」（AC 235/ III 159）[65]。ここでバーリンはヘスとともに当時の人種本質主義に与しているわけではない。そうではなく，これは「せむしのこぶ」と同様に，他者の認識が自己アイデンティティの形成に重大な制約を加えることを表すひとつの寓話と捉えるべきである[66]。

---

64) ただし，彼の人種観念はのちの「科学的」人種理論とはある程度区別されるべきである。『ローマとイェルサレム』が出版された 1862 年は，ゴビノー（Joseph Arthur Comte de Gobineau, 1816-1882）の『諸人種の不平等に関する試論』（1853-1855 年）が公にされたあと，そしてゴルトン（Francis Galton, 1822-1911）の『遺伝的天才』（1869 年）が現れる前の時期，すなわち，ダーウィン主義の影響のもと，それまで曖昧であった「民族」と「人種」が区別されはじめる過渡的な時期にあたる。ラカーによれば，宗教的反セム主義から人種的反セム主義への転換は突然のものではなく，両者は教義の上でも関連性がある。彼は 1880 年代をドイツにおけるその転換期と考えている（Laqueur 1972: 30/ 50）。バーリンは人種理論の起源を，フランスの歴史家ティエリ（Augustin Thierry, 1795-1856）にまでさかのぼっている（AC 234/ III 157）。ティエリはノルマン・コンクェストをサクソン人とノルマン人の間の人種抗争と捉えたが，そこにおいて「人種」は「ネイション」や「人民」と明確に区別されていたわけではなかった。このことをバーリンは理解しており，ディズレイリが同時期に用いた「人種」や「土と血（blood and soil）」といった言葉は，「狂気のドイツ・ナショナリストが使うことによって，この言葉が堕落させられる前の」ものであると説明している（AC 268/ I 286）。ヘスもまた彼の同時代的な意味において人種の実在性を信じたのであろうが，それに基づいて自己の優越を説くたぐいの人種差別主義者ではなかった。バーリンは次のように書いている。「〔ヘスによれば〕優越した人種と劣った人種とがあるわけではない。あらゆる人種は自由にされなければならないのであり，そしてそうなったときにのみ，各人種は平等なものとして協力しあうであろう」（AC 234/ III 157）。

65) Cf. Hess 1862, letter 6, p. 42.

次に，こうした屈辱的な状況から抜け出し，人間としての誇りを取り戻すために，ユダヤ人が何をなすべきかが問われる。ヘスによれば，この問題の核心は「故郷がないということ（homelessness）」である（AC 233/ III 155）。同書第12の手紙には次のようにある。

> 共通の，馴染みのある土地こそが，ユダヤ人にとって，より健全な労使関係の第一の条件である。社会的な人間は，社会的な植物や動物と同じように，その繁殖と生長のために，広い，自由な土地を必要としている。それがなければ，彼は他人の生産によって養われうるのみの寄食者に成り下がるのである。（Hess 1862: 110）

ここには社会主義の響き——ヘスはマルクスに影響を与えた人物でもある——とともに，ヘルダーの，そしてフィヒテの残響がある[67]。バーリンによれば，ヘスは「人民は，独立してはじめて創造できるようになり，自らの土地を持ってはじめて独立できるというヘルダー的原理を理解した最初の人」であった（B&J 120/ 179）。それはユダヤ人たちが他の人々と同じように「正常な民族的生活（normal national life）」を送るための条件である（AC 234/ III 157）。

そしてヘスによれば，ユダヤ人はその宗教によっておのずと「パレスティナの愛国者（Palestinian patriots）」にされている（AC 236/ III 160）。「パレスティナに由来する，あるいはパレスティナを思い起こさせるすべてのものは，彼らを感動させるし，彼らにとって何物にも代えがたくいとおしいものである」（AC 236/ III 161）。ユダヤ人問題の解決はただひとつ，「それはヨルダン川の土手の上でユダヤ人たちを待っている」（AC 237/ III 161）。パレスティナにおけるユダヤ人国家の建設については，ヘスはフランスの援助とユダヤ人資産家の拠

66）　ラカーは，ヘスの分析がきわめて鋭く，かつ新しいものであったとしている。「この本の目覚しい特徴は，人をあっと言わせるような，革命的，かつきわめて悲観的な反セム主義の分析であった」（Laqueur 1972: 49/ 74）。またこの議論は，のちにアーネスト・ゲルナーが「青色人」の例を用いて示した「社会的耐エントロピー特性」の議論と基本的に同一である（Gellner 1983: ch. 6）。

67）　バーリンはヘルダー論の中で次のように書いている。「人はどのようにして自らの人間性を失うに至るのか。他人に寄りかかって生き，他人の労働や理念に依って生きるからである」。彼は，この考えはまずヘルダーに見出され，後にこれをフィヒテが受けたと論じている（VH 178/ 339）。

金による土地取得という楽観的希望を述べたにすぎなかった[68]。だが重要なのは、「土地なしには（ヘスはこの点を何度も繰り返している）、ナショナルな生活はありえない」（AC 237/ III 161-162）というヘスの洞察であり、ここにおいて——ピンスケルの『自力解放』からヘルツルの『ユダヤ人国家』にいたる[69]——ディアスポラの（広い意味での）領土主義的（territorialist）解決の必要性が明確にされたことを、バーリンは評価している。

またバーリンは、パレスティナのユダヤ人国家が東欧のユダヤ人たちによって建設されることをヘスが予言した点にも注目している。ヘスは、移住を個人の「自由な選択」に任せるべきだと考える。その結果、すでに西欧文明と深く結び合わされており、啓蒙主義的なユダヤ教改革運動によって「ユダヤ人としての活力」を失った西欧のユダヤ人は移住を望まないであろう[70]。彼は、パレスティナに移住して新国家を建設するのは「啓蒙されていない、後進諸国の」——すなわちロシア・東欧の——ユダヤ人であろうと述べる。彼らは周囲から孤立させられてきた結果、ユダヤ教本来の精神を失っておらず、また彼らのあいだで広まったハシディズム[71]は、「ユダヤの宗教の真正な発展」であり、それゆえ彼らは「偉大な未来へと運命づけられている」のであると（AC 237-238/ III 162-164）。ここでは二つのことが語られている。西欧のユダヤ人と東欧のユダヤ人は本質的に異なる境遇にあり、パレスティナのユダヤ人国家は主に後者によって構成されるであろうこと[72]、また移住は自由な選択によるべきだということである。前者は後の実践的シオニズム運動において現実となり、後者はバーリン自身が自由な選択に基づく移住を主張したことと対応している（POI 179）。そして周知のように、こうしたヘスのヴィジョンは、世紀末におけるテオドール・ヘルツルの登場によって現実味をおびることになる[73]。

---

68) パレスティナにユダヤ人国家を建設せよという主張はすでに 18 世紀末に現れており、ヘスの構想は独創的なものではない（cf. Laqueur 1972: 42/ 64）。
69) Cf. AC 45/ II 71.
70) Cf. Laqueur 1972: 156/ 230.
71) 18 世紀中葉に始まった敬虔主義的なユダヤ信仰復興運動。バーリンの出自はこの宗教運動と深いかかわりがある。本書序論を参照。
72) バーリンはヴァイツマンを描いたエッセイにおいても、西欧のユダヤ人とロシア・東欧地域のユダヤ人の境遇の本質的な相違を強調している（PI 40/ II 64-65）。

第4節　小括

　以上のように，バーリンはシオニズムを，19世紀ヨーロッパにおける国家主義的民族意識の勃興に際して，マイノリティであるユダヤ人がおちいった苦境に対するひとつの正当な政治的応答であると理解しており，その具体的構想として，ヘルダー＝ヘス的な帰属の観念に基づく，パレスティナにおける「ナショナル・ホーム」の建設を肯定している。それは同時に，ユダヤ人の「西欧的」苦境に対する「東欧的」解決の物語でもあった[74]。バーリンは晩年の対談で次のように答えている。

　　私は，ユダヤ人が自らを意識しなくても済むような場所——全面的な同化の必要，生まれた国の文化への貢献を強調する必要がない場所，単に普通の，人に観察されることのない生活ができる場所が，どこかになくてはならないと感じました。シオニズムの目的は正常化（normalization）です。つまりユダヤ人が他のネイションと同じく，ひとつのネイションとして生きられる状態を作り出すことです。(B&J 86/ 130-131)

この「正常化」という言葉には，彼の価値多元論と矛盾する響きがある。しかしバーリンの意図をくむならば，この言葉はヘルダー的に理解されるべきである。すなわち，帰属の必要が満たされずに神経症的な境遇を強いられたユダヤ人たちが，その固有の「幸福の中心」にしたがって「普通の（normal）」生活

---

73)　『ユダヤ人国家』を完成させた直後にヘスを初めて読んだヘルツルは，「われわれが試みたすべてのことが，すでに彼の本の中にある」と日記に書いたという（Laqueur 1972: 53/ 80）。加えてバーリンは，ドイツの自由主義的なユダヤ人をみまう厄災についてのヘスの予言が「不気味なまでに正確であったこと」を力説し，他方で彼の社会主義ヒューマニズムが，現代（1959年）の「左右両翼のマキアヴェリズム的な論敵たちの，より「現実的」な解決策よりも，はるかに時の試練に耐え，またはるかに人間の自由と幸福とを生み出すものであることが証明されてきた」と，これを（彼のエッセイの慣例的な結び方のひとつではあるが，それにしてもひときわ高く）賞賛している（AC 249-251/ III 183-186）。これは彼がヘスに特別の共感を寄せていたことのひとつの表れであろう。

74)　ここから，シオニズムとは結局のところ，東欧・ロシアのユダヤ人の文化と伝統を「保存」する企てであったのかという問い，したがってまた，この「答え」は，ドイツ・ユダヤ人の精神的危機という「問い」と対応していないのではないかという疑問が生じることになるが（cf. Laqueur 1972: 53/ 80），これらの検討は次章に譲りたい。

を営むことができるようになることを指している。また上述のように、バーリンはヘルダーとともに、古来の素朴な生活に回帰すること——シオニズムには常にこの響きが伴う——は不可能であり、また望ましくもないと考える。ここから、彼にとってシオニズムとは失われた過去への郷愁ではなく、現実を前にしたひとつの選択であり、ヘルダーの言う「人間性」の実現に向けた「前進（Fortgang）」の実際的な企てであったと推論できる。すなわち、それは共通の歴史的記憶に立脚しながらも、あくまで「近代」ヨーロッパ・ユダヤ人によるひとつの同時代的なプロジェクトであり、古代のユダヤ国家の再興を目指すものではなく、東欧のユダヤ人の民衆文化を基礎とした新たな民族的自由のプロジェクトであった、ということである[75]。

　言うまでもなく、ここで彼のナショナルな信念とリベラルな価値多元論との関係が問題となる。パレスティナの「ナショナル・ホーム」——それは精神的自由の基盤として領土の保持を含意する——が仮に、当地における国民国家の創設を意味するならば、それは当然の帰結として、この国家の「ユダヤ的」性格の公的な承認を導くと思われるのであり、このことは個人の多様な自己創造に、とりわけ国家内部における非ユダヤ的伝統に与する人々の自己創造に重大な制約を加える危険をはらむ。また、この新たなユダヤ・ナショナリティが、世界各地から集まった多様なユダヤ人たちの文化的背景を十分に尊重するほどにリベラルなものでありうるのかという問いもまた重要である。これらは、ヘルダーとヘスの理念を継承するひとりのユダヤ知識人として、バーリンがどのような種類のシオニズムを支持したのか、また、彼が現代イスラエル国家をめぐる諸問題にどのような応答をなし得たのかという問いを導くのであるが、これらの考察は次章に譲ることにしたい。

---

75)　ウォルツァーは、出エジプト記を単なる解放の物語ではなく、「決断、逆戻り、改革の長い連続」を示す道徳的教育の物語と捉えている（Cf. Walzer 1985）。

第7章
現代シオニズム運動と
パレスティナの問い

哲学者ヘルマン・コーエンは古代のストア派の賢人のような軽蔑の口調で、彼に向かってシオニズムの長所を説得しようとしたフランツ・ローゼンツヴァイクにこう語ったと言われている。「おー、では奴等は今では幸福になりたいというのかね。」ヴァイツマンは、まさしくこの幸福を願っていた。それがなぜ、恥ずべき屈服の行為と解されるのか、彼には理解できなかった。[1]

第1節　問題設定

　前章では以下のことが確認された。第一に、バーリンがシオニズムを、フランス革命後のヨーロッパにおける国家主義的民族意識の勃興に際して、マイノリティであるユダヤ人がおちいった苦境に対するひとつの正当な倫理—政治的応答と理解していること、第二に、その具体的構想として、ヘルダーからマッツィーニを経てヘスへと継承されるナショナルな帰属の観念に基づき、パレスティナにおける「ナショナル・ホーム」の建設を肯定していることである。

　ここから、次に問われるべきは以下の二点である。第一に、こうしたヘルダー＝ヘス的なシオニズム思想が20世紀初頭には具体的な政治運動となり、最終的にイスラエル国家の建設にいたるわけであるが、バーリンはこの運動の経緯をどのように語り、また、その政治的および道徳的正当性をめぐってどのような議論を展開したのか。そして第二に、イスラエルに関する彼の意見は彼の自由主義と整合的であるか否か、である。本章ではまず、ヘルツルに始まる

---

1)　Isaiah Berlin, 'Chaim Weizmann' (PI 48/ II 104). See also, NAN 28.

20世紀の政治的シオニズム運動とその精神的・思想的基礎に関するバーリンの叙述を整理する。次に，シオニズムの道徳的正当性（または必要）に関するバーリンの見解を検討する。最後に，イスラエル国家をめぐる現代的論争におけるバーリンの立場に考察を加えて本章を閉じる。

第2節　現代シオニズム運動──ヘルツルとヴァイツマン

前章で確認したように，バーリンは一連のエッセイにおいて近代ユダヤ人の「西欧的」苦境に対する「東欧的」解決の物語を展開しているのであるが，ここから当然に次のような疑問が生じる。すなわち，シオニズムとは結局のところ，東欧・ロシア地域のユダヤ人の文化と伝統を保存する企てであり，したがってこの「答え」は，ドイツを中心とする西欧ユダヤ人の精神的・社会的危機という「問い」と対応していないのではないか。ヘスが提示したユダヤ人問題の「解決」がはらむディレンマを，ラカーは次のように指摘している。

> 宗教はユダヤ民族の完全な分解を防ぐために，さしあたり欠かせないと，彼〔ヘス〕自身頭のなかでは納得していたが，私生活においては，この新しい発見にふさわしい生活を送るための十分な熱意を奮い起こすことができなかったのである。彼の民族との連帯感やその未来に対する信念を，ヘスは自分自身の中にも見出していた。しかし宗教心は思いのままには再生産できなかった。ましてや『ローマとイェルサレム』の中の宗教的要素は，この主題に絶対に不可欠でもなかった。しかもその導入は不協和音を奏でているのである。ヘスは，宗教を棄てた後のユダヤ人のディレンマに気づいていたことは疑いないが，それを取り上げるのを好まなかった。
> (Laqueur 1972: 53/ 79-80)

解放の過程ですでにその多くが失われたところのユダヤ教の伝統を，現代の──特にドイツにおいてはその多くが世俗的な──ユダヤ人の中心的アイデンティティたらしめることは不可能ではないのか。バーリンはこのことを当然に理解しており，あるエッセイの中で，「ユダヤ人を両親とする子が彼らのコミ

ュニティとその伝統からきわめて疎遠になり，それと真のつながりを再建することを考えたとしても，心理的に不可能になっていたというのは，実際によくあることであった」(PI 71/ II 175) と書いている。それはまた，過去への単純な回帰が可能でも望ましくもないとするヘルダーの考えにも反するものである (VH 179/ 340)。

　しかしながら，ヘスの死後，ヨーロッパ・ユダヤ人たちのアイデンティティを大きく変化させる状況が到来した。政治的（あるいは実践的）シオニズム運動の登場である。これは，西欧近代のユダヤ人を取り巻く一連の社会的・精神的諸状況がもたらしたところの彼らの自己認識のゆらぎに端を発し，ユダヤ人のナショナル・アイデンティティの自己意識化の過程とともに発展したひとつの社会運動であるが，この運動を推進させる触媒として大きな役割を果たしたのがシオニズムの知的・政治的指導者たちであった。バーリンは現代のシオニズム運動における二人の「偉大な人物」について語っている。

　偉大さ (greatness) とは何か。彼によれば，政治における「偉大な人物」とは，「公的生活において意図的に何か重要なことを生じさせる人」であり，「彼がいなければほとんど起こり得なかったような転換を歴史に与える人」である (B&J 201/ 236-287)。そして，この「偉大な」，あるいは天才的な政治指導者の資質には二種類ある。第一のものは，「ヴィジョンの単純さと，激しく，時に熱狂的な理想主義——普通の人間よりも少数の〔精神的〕特性で構成されている人物に見出される——とが混ざり合ったもの」であり，その代表的人物はガリバルディ (Giuseppe Garibaldi, 1807–1882) やマッツィーニ，ナポレオン (Napoléon Bonaparte, 1769–1821)，ディズレイリ，そしてヘルツル (Theodor Herzl, 1860–1904) である。この種の「偉大さ」は，単一の大きなヴィジョンを提示し具現化するところの，いわば「ハリねずみ」のそれである。他方，第二の種類の人々は「普通の人間にみられる諸々の資質を具えているが，それらがほとんど超自然的な程度にまで達している」。この「狐」タイプの人物として，彼はミラボー (Honoré Mirabeau 1749–1791)，カブール (Camillo Benso of Cavour, 1810–1861)，リンカーン (Abraham Lincoln, 1809–1865)，マサリク (Tomáš Garrigue Masaryk, 1850–1937)，フランクリン・ローズヴェルト，そしてハイム・ヴァイツマンを挙げている (POI 186–189)[2]。シオニズム運動は，ヘ

ルツルとヴァイツマンという対照的な二人の「偉大な人物」の思想と行動なくして成就することはなかったであろう——バーリンはそのように考えている。

　ここで次のような疑問が生じるかもしれない。偉大さという観念は，彼が擁護した消極的自由の理念と相容れないのではないのか——つまり，偉大な指導者による民族的理想の達成とは，積極的自由の一形態である集団的自己支配の典型例であり，ナチズムを連想させる観念ではないか。彼は全体主義を批判しながら，同様の性質をもつシオニズムの指導者は美化したのではないか。この問いには次のように応答できる。第一に，バーリンによれば，偉大さは道徳的に善であることを含意しない。上述のように，彼はシオニズム指導者のみならず，チャーチル（Winston Churchill, 1874-1965）やローズヴェルトをも含む多様な政治指導者たちにこのラベルを付しており，さらにはスターリンやヒトラーも，彼らが社会に巨大な変化をもたらしたという点では「偉大な」人物であるとされる。「偉大な人間が極悪人であることもありうる」（B&J 201/ 287）。第二に，バーリンは，二つの自由がともに「等しく，それぞれ究極的な」要求であり，いずれか一方が偽というわけではなく，ともに真剣な考察に値するものであることを認めており，そのうえで，一方が他をはなはだしく害する場合にはそれが抑制されねばならないと考えた（この点は第3節で考察する）。したがって問題は，シオニズム指導者たちの政治運動がどの程度「品位ある」ものであったかということになる。

　まず，周知のように，現代の政治的シオニズム運動はドレフュス事件を契機としたテオドール・ヘルツルの登場によって始まる。バーリンは「イスラエルの起源」（1953 年）の中で，ヘルツルを第一の意味における「偉大さ」を具えた人物として描いている。

　　ヘルツルの際立った特徴は，その来歴と環境にもかかわらず，彼は言わば
　　外部からこの問題へと到達したこと，そしてある種のロマン主義的なユダ
　　ヤ人の観念を抱いていたことであり，その観念は，緊密な繋がりをもつ伝

2）　これは英国の政治家ベヴィン（Ernest Bevin, 1881-1951）の言う「コモン・センス」の観念に通じるところがある（細谷 2005: 6）。しかしながらバーリンは——シオニストにとっては自然なことであるが——，ベヴィンが外相を務めた労働党政権がパレスティナ政策に関して「大失敗（blunder）」を犯したと随所で批判している（POI 193-194, NAN 34）。

統的なユダヤ共同体の厚みのなかで育った人々自身にとっても滅多に理解されないものであった。ある意味で，周縁に立って外側から覗き込む人々，過度に単純な理想，過度に単純な目的，明快で，大抵は暴力的なヴィジョン，細部に対する重大な無視に基づいたヴィジョンを抱く人々の精神の中に生まれることを必要とするように思われるところの，政治的諸問題に対する甚だラディカルな解決についての何かが存在する。あまりに多くを知る人々……は，概して，ラディカルな解決策を生み出すことができない。中東欧地域のような，真に伝統的なユダヤ共同体で育ったユダヤ人たちは，普通はその困難と事の複雑さを強く意識していたし，あまりに小さな世界に押し込められて生活していたので，ヘルツルの独創的な考えのような，かくも大胆かつ単純，そしてある意味で熱狂的な何かを想像することができなかった[3]。

　ヘルツルは西欧の世俗的なユダヤ人として育ち，彼自身は東欧ユダヤ人の伝統と習慣を共有していなかった。またヘルツルには夢想的な傾向があった (Laqueur 1972: 88/ 129)。上の引用にある「ロマン主義的」という形容詞の通りに，彼は自分の胸中に育まれた想像上のユダヤ人を理想化した。これはいわゆる現実主義的な態度ではない。だが，そうして発見したシオニズムの大義に以後の人生を捧げた彼の驚異的な行動力が 1897 年の第 1 回シオニスト会議を成立させたのであり，その魔術的な雄弁は，古いゲットーの家を失ってしまったフランスやドイツのユダヤ人同胞の胸中にシオニズムという「新しい家」のヴィジョンを与えたのである。

　ヘルツルの『ユダヤ人国家』は，世俗的なユダヤ人家庭に育った若者たちが直面していた精神的危機に応答するものであった。それは同化の試みに絶望した，あるいは自分たちの不安定な境遇を憂いた若いユダヤ人たちを惹きつけた。周知のように，第一次大戦前後のドイツにおいて，多くのユダヤ人の若者が自己のユダヤ・アイデンティティを問うサークルを設立したり，そのような団体に参加したりした。また彼らの一部は労働シオニズム思想に基づく農業研修を

---

3)　POI 144-145. Cf. PI 35/ II 56.

受けたのちに実際にパレスティナに赴いた[4]。そこには多くの若きユダヤ系知識人も参加していた[5]。そして彼らはこうした運動の中で，伝統的なゲットーの生活経験をもつ東欧出身の，「本物の」ユダヤ人たちと邂逅することになる。バーリンの友人でもある哲学者のショーレム（Gershom Scholem, 1897–1982）は，当時のベルリンでの個人的印象を次のように回想している。

> 当時は，特に第一次大戦中とその直後にシオニストのあいだでは東方ユダヤ的なものなら何でも尊ぶという崇拝のようなものが生じていたといっても過言ではない。私たちはみんな，マルティン・ブーバーのハシディズム関係の最初の二著作，『ラビ・ナハマンの物語』と『バールシェム伝説』を読んだ。……私たちが出会ったロシアやポーランドやガリツィア出身のユダヤ人は，どの人もまるでバールシェムの化身のように見えたし，いずれにしても歪曲を蒙っていない，私たちを魅惑するユダヤの本質の化身のように見えた。私の人生では，この東方ユダヤ人との接触と交友が大きな役割を演じた。(Scholem 1977: 60–61/ 46)

こうした交流を通じて，彼らは自己のアイデンティティを「再発見」していく——これはいわゆる「想像の共同体」の創出である[6]。ドイツにおけるシオニズムの機運は，失われた自分たちの 根（という名の自己—創造）にあり，こうした東方礼賛の（すなわち一種のオリエンタリズムの）まなざしから生じたといえる[7]。

しかしながら，シオニズムとは単なるアイデンティティの追求ではなく，当時の社会状況において彼らが生の展望を開くための「まっとうな」判断でもあ

---

4) Cf. Laqueur 1972: ch. 6, 佐藤 2011.
5) Cf. Scholem 1977: 59/ 45.
6) 後述のように，イスラエルの存在をユダヤ人の精神的支柱と信じて疑わなかったバーリンもまた，こうした自己創造の物語を強固に内面化していたと言えるかもしれない（cf. Birnbaum 2008: 248）。
7) 1948年の論考「ユダヤ人の歴史」の中で，アーレントは別の角度から，啓蒙（ハスカラー）の理念とともに世俗化された西欧のユダヤ人の精神性が，ハシディズムの神秘主義的側面と「驚くほど近い」ところにあり，これが20世紀初頭において若い世代をユダヤ主義に向かわせる一因となったと論じている（Arendt 2007: 309–310/ II 101–102）。こうしたアーレントの理解は，ハシディズムからシオニズムにいたる流れとは区別されるところの，より個人主義的な「意識的パーリア」の立場を説明するものでもあろう。

った。世俗化が進行するヨーロッパ社会においても衰えることのない反セム主義を前に，彼らは選択を迫られていた。それはバーリンが「せむし」のたとえで示したものであるが，そこには啓蒙主義に対する楽観論と悲観論——あくまで啓蒙の理念に忠実なコスモポリタンたらんとするか，それともその限界を認め，「自力救済」の道を進むか——が含まれていた。再度ショーレムを引用すると，当時の彼は明らかに悲観主義に傾いていた。

> ……私が自己欺瞞（Selbstbetrug）と呼んでいるもの……。ユダヤ人は，たいていの者が自分自身のことではすべてにわたり判断力が欠けているくせに，ことほかの現象が問題になると，あの理性と批判の視野の広さに対する能力を発揮するのであって，当然のことながらこういった能力は，賞賛されることも多いが，非難されることもあった。……たとえば，ヘルマン・コーエンやフリッツ・マウトナーといった重要人物の著作に……そういったドキュメントがはっきり窺える。〔中略〕ここで私が話題にしている広範な層の人びと，そして彼らの精神上，政治上の代弁者たちは，同化を，つまり周囲の世界との融合を，信じたがっていた。(Scholem 1977: 39-40/ 28-29)

この「自己欺瞞」という言葉は，この問題を論じる際にバーリンが頻繁に用いる言葉でもある。両者の認識は基本的に同一である（これは本章の冒頭に掲げた引用からも明らかである）。ハーバーマスが書いているように，18世紀後半のドイツにおける開明的な精神，言い換えれば「啓蒙主義的自由主義」の理念は，解放後のユダヤ人が「普通の」社会生活を送るためのまさしく命綱であったのであり，したがって，彼らがこれを熱心に信奉したことには十分な理由があった（Habermas 1981: 53/ 上69）。しかしながら彼らはそれを信じるあまり，この命綱が切れる可能性，またすでに切れてしまったという事態をしばしば直視できなかった。コーエン（Hermann Cohen, 1842-1918）やカッシーラーはドイツ人文主義のリベラルな伝統の価値を強調することで同時代の非合理主義に対抗しようとしたが，彼らの抵抗は哲学（ハイデッガー）と政治的現実（ナチズム）の両面において無力であった。シオニズムはこうした古い世代のコスモポリタ

ニズムに批判的な若者の思想のひとつとして普及する。ショーレムよりさらに 12歳年下で，東欧・ロシアにおけるポグロムの横行からドイツの破局にいたる一連の事態を目撃したバーリンが，こうした啓蒙と人間性に対する楽観的な期待を抱かなかったのはむしろ自然なことであろう。ロマン主義以降のヨーロッパにおいて前面に現れてくる非合理的諸力の「無視しがたい力」を，バーリンはのちに思想史研究の中で取り扱うわけであるが，それは当時の社会的現実において彼らが実際に直面したものでもあった[8]。彼はユダヤ啓蒙主義者の「自己欺瞞」を政治的現実感覚の喪失と考え，これに抗した人々の側につく。そして，この「現実感覚」をそなえた（と彼が考えた）人々はいずれも，多かれ少なかれリベラルな気質をそなえたシオニストであった[9]。

バーリンは，こうした自己欺瞞を免れた人物のひとりとして物理学者のアインシュタイン（Albert Einstein, 1879-1955）を挙げている。彼が賞賛したアインシュタインの現実感覚とは，こうした過酷な現実を直視する能力，自分を破滅させるかもしれないような状況が実際に存在することを率直に認める能力であった。

> 彼〔アインシュタイン〕の哲学の師ヒュームとマッハが正しいとすれば，ただひとつの世界，人間の経験の世界があるだけであった。……深い確信を有していたにもかかわらず，彼が独断的になることから救ったのは，この現実感覚であった。彼が知っていること，直接的に理解していることが正統の教義と対立する場合，彼は自分の道徳的，社会的，政治的な感覚から得られた直接証拠を無視しなかった。彼は確信のある平和主義者であった。第一次大戦中は，この戦争を非難してドイツで不人気になった。しかし1933年には，必要とあれば力によってヒトラーとナチに抵抗する必要があることを承認して，平和主義者の友人たちの反撥を買った。（PI 72/ II

---

8) Cf. Mali & Wokler 2003: 23.
9) ダブノフは，初期バーリンの知的形成に関する研究の中で，1930年代のバーリンがシオニストとして政治的意見を形成する際に，ネイミアが大きな影響を与えた点を考察している（Dubnov 2012: 94-106）。第6章で見たように，バーリンはネイミアの「氷河」の比喩を近代ユダヤ人の境遇を説明する際に使い続けた。ただしネイミアは平和主義者ではなく，アインシュタインやバーリンと比べて好戦的な意見を口にしていた（PI 100-101/ II 112）。

176)

　これは前述のバーリンの現実感覚論が具体的な状況における個人によって発揮
された一例であるともいえる。また重要なことであるが，アインシュタインは
非暴力主義者ではない。これはコーエンの理念上の永久平和論とも対照をなす
態度である（cf. Habermas 1981: 43/ 上 55-5）。

　シュトラウス（Leo Strauss, 1899-1973）——当時のドイツで学究活動に従事し
ていたユダヤ系哲学者のひとりであった——もまた，コーエンやカッシーラー
の態度に批判的であった。『スピノザの宗教批判』の英語版序文の中で，彼は
ヴァイマル共和国の自由民主主義体制の脆弱さを回顧している。すなわち，共
和国憲法が政教分離の原則に基づいて広範な思想の自由を認めた結果，反ユダ
ヤ主義的言説が公然と流布するのを許し，それが体制を崩壊させることになっ
たということである[10]。この点でバーリンはシュトラウスと一致している。し
かしながら，この問題に対して両者が提出した答えは異なる[11]。シュトラウス
は当時のドイツにおける多くの若きユダヤ知識人たちと同じく，こうした現実
を哲学的—実存的に捉え，理性と信仰の相克や政治的生活と精神的救済の関係
といった，いわゆる「神学—政治問題」をその思索の中心に据えたが，これに
対してバーリンは，戦間期ドイツのユダヤ系知識人に見られた超越的なものを
希求する態度を共有せず，もっぱら世俗的生におけるユダヤ人の安全と必要に
ついて語った[12]。バーリンが実存的な問題から距離を置いた理由は，第一に，
彼が英国の経験論的な知的世界に身を置いたことに求められる。晩年の対談の
中で，バーリンがシュトラウスと自身の根本的な相違を「魔法の目」（B&J 32-
33/ 55）という言葉で説明している箇所はよく知られているが，これは，両者
の時代経験および知的形成の相違から来る実存的感覚の相違をめぐるものであ
ると言えよう[13]。

---

10)　Leo Strauss, 'Preface' to *Spinoza's Critique of Religion*, trans. by E. M. Sinclair
(Schocken Books, 1965). 同論文は『リベラリズム　古代と近代』（Strauss 1968）に再録
されている。柴田（2009）第 1 章，市川ほか編（2008）16 頁以下も見よ。
11)　シオニズムに対するシュトラウスの態度については，柴田（2009）第 2 章を参照。
12)　ピエール・ブーレッツは，戦間期ドイツのユダヤ系知識人の多くが共有する，この
超越的なものをめぐる危機意識に考察を加えている（Bouretz 2011: 11）。

第二に，こうしたバーリンの精神性は，彼が生まれ育った社会環境にある程度由来するものでもあるかもしれない。アリー・ダブノフによれば，ロマノフ朝末期のリガのユダヤ人コミュニティにおいて，特にバーリン家のような富裕な中産階級のあいだでは，啓蒙（ハスカラー）と敬虔（ハシディズム）が衝突することなく穏和なかたちで共存する独特の——ハイブリッドな——文化的環境が実現していた（Dubnov 2012: 20-22）[14]。彼の幼少期，一家はリガ中心部のユダヤ人居住区に居を構えていたが，尊敬されるラビの一族であったバーリン家は，他のユダヤ人たちと比べて比較的自由かつ安全な境遇にあった（Ignatieff 1998: ch. 2）。また，1921 年に英国に移住したバーリン一家が，同時代のドイツや中東欧におけるような差し迫った民族的敵意に直面することがなかったことは，ドイツのユダヤ系知識人の危機的経験が彼らの思想と実存に深く刻まれたのとは異なる方向性を，彼の精神に与えたと考えられる。しかしながら他方，バーリンは宗教的なものをすべて無意味としたわけではない。彼はそうした信仰への没頭に懐疑的でありつつも，ヘルダーとともに，文化的生活の形成において宗教が中心的な役割を果たすことを認めていた。ここにも，宗教的なものに対する彼の 'detatchment'——完全な，ではなく部分的な——の理由があるように思われる。彼にとって，それは「理性か信仰か」という二者択一のかたちで現れるものではなかったのである[15]。

13）　バーリンが好んで引用するアメリカの哲学者ルイス（Clarence Irving Lewis, 1883-1964）の言葉，「真理が発見されたとき，それが必ず面白い真理であると考えねばならないような先験的理由は存在しない」（CTH 19/ IV 28）は，彼が実存的な意味の問いにさいなまれるのにはほど遠いところにあったことを表わしている。この引用句は，ルイスの『精神と世界秩序』の次の一節が改変されたものと考えられている。「もし真理が複雑で幻滅を覚えるようなものであったとしても，それをもっと劇的で気楽な単純な何かで代用するのはやはり有益なことではないだろう」（Lewis 1929: 339）。See, 'Untraced Quotations,' in IBVL.

14）　ロシア思想史の専門家でバーリンの友人であったアイリーン・ケリーは，このダブノフの著書を大いに酷評している（Kelly 2013）。たしかに同書はバーリンのロシア思想の影響に関する考察を欠いており，また彼が思想史に転向する過程で影響を与えた要因としてコリングウッドの後期思想に重きを置きすぎる点で説得力に欠けるところがあるが，バーリンの生まれた文化的・宗教的環境を丹念にたどりながら若きアイザィアのユダヤ・アイデンティティの形成を考証する試みは評価すべきであろう。

15）　「私自身は，私が知っている生活の上にある，それを超えた現実についての感覚を持ち合わせていません。私は宗教的ではありませんが，信仰者の宗教的経験には高い価値を置いています」（B&J 110/ 164）。

＊

　次に，バーリンが第二の種類の「偉大な」指導者のひとりとして言及するヴァイツマンに目を向けたい。バーリンは政治的シオニズム運動の指導者にしてイスラエル国初代大統領であるヴァイツマンの「現実感覚」を熱烈に支持している。それどころか，ヴァイツマンの立場がほとんどバーリン自身のそれであることを示す一節がある。

　　学生のころからずっと，私の心はシオニズム支持に傾いていました。……私は1938年にヴァイツマンに初めて会ったのだが，彼が私の見解に具体的な形を与えました。彼の現実主義，彼の節度，そして彼の政治的天分は，私が良く知る他の政治家のなかでも群を抜いていました。私は彼の最後の日まで彼に忠実でありましたし，今日に至るまで，彼の主義主張と展望とを支持しています。無慈悲な方針を唱える……左右の急進主義に共感したことはありません。……私は救いがたく懐疑的なリベラル，筋金入りの漸進主義者でしたし，今もそうです。(L-I 667)[16]

これはおそらく単なる美辞麗句の範疇を越える，シオニズムに対する彼の信仰告白といってもよいものであろう。
　バーリンによれば，ヴァイツマンの政治的「偉大さ」は，第一に，人間的事象に対する優れた理解と機知によって特徴づけられる「狐」の特性に求められる。「彼は暴力を憎み，唯一の政治的武器として言葉に頼る点ではカブールに似ていたが，そのカブールと同様，あれこれの英国，米国の政治家，枢機卿，百万長者を懐柔するためにありとあらゆる策略を使い，彼の大きな魅力を使い，こうして彼の目的を達成するための手段を手に入れようとした。……彼は最高度に絶妙な政治の達人であった」(PI 49/ II 78–79)。
　しかしながら彼は，批判者たちが揶揄するような単なる「政治屋」ではなか

---

16)　'Zionist Politics in Wartime Washington,' the first Jacob Herzog Lecture, Jerusalem, 1972. 書簡集 I（L-I）に収録。

った。第二に，ベラルーシのシュテットル（ユダヤ村）出身のヴァイツマンは，（バーリンが考えるところの）東方ユダヤ人たちに共通する一般的な心情を理解する能力があった。「多くの夢想家と同様に，ヘルツルは問題点を理解していたが……彼に身を捧げようとしている東欧の信奉者たちの文化と感情は全然理解していなかった」（PI 41/ II 66）。それに対してヴァイツマンは，「まさしく人民の真の代表者であった。……彼は……人民の意識の周辺ではなく，その中心部近くに立っていた」（PI 46/ II 74）。この「真の代表者」という言葉は，彼がヴァイツマンを語る際にしばしば用いられる（cf. POI 191）。また，ここで「人民の意識」とは，（主に東方ユダヤ人のあいだで共有されていた）シオニズムの基本的な前提のことである。「ヴァイツマンと彼の世代は，もしユダヤ人が解放されるとすれば，彼らは彼ら自身の土地で自由の中で暮らさねばならないということを，いささかも疑うことなく想定していた。……そしてこの土地はパレスティナでなければならなかった。それ以外ではありえなかった」（PI 45/ II 72）。またバーリンによれば，「彼は宗教的には正統なユダヤ人ではなかったが，ユダヤ人としての完全な生（full life of a Jew）を送った」（PI 63/ II 102）。彼は「現代世界最初の完全に自由なユダヤ人であった」（PI 65/ II 104）。リチャード・ウォルハイムは，この「ユダヤ人としての完全な生」というのは「英国人としての完全な生」と同じぐらい理解しがたい観念であると述べているが（Lilla, Dworkin & Silvers 2001: 165），ここでバーリンが言わんとしたのは，ヴァイツマンが西欧のユダヤ人に見られた神経症的兆候と，上述の「自己欺瞞」を免れていた人物だということであろう。

第三に，ヴァイツマンは「まっとうな」人間であった。パレスティナにおけるナショナル・ホームの建設が英政府の度重なる方針転換によって消滅の危機に瀕した際も，彼は交渉による解決を模索し続け，最後まで暴力に訴えることがなかった。「ヴァイツマンは，現実政治（realpolitik）の達人という評判があったにもかかわらず，電報の偽造，マイノリティの虐殺，政敵の処刑，監禁などは行わなかった」（PI 52/ II 83）。バーリンの著作群において「品　位（ディーセント）」という言葉はこうした文脈で頻繁に登場する[17]。結局のところ，こうした「まっと

---

17)　晩年の講演「理想の追求」（1988 年）の結論部は，こうしたヴァイツマンの態度を擁護するものでもあろう（CTH 18-19/ IV 27）。

うな」シオニスト——その代表であるアインシュタインとヴァイツマン，彼らがシオニズムに関するバーリンの政治的・道徳的立場を代弁しているといっても過言ではない。三者に共通するのは，ユダヤ人の文化的・精神的ニーズについて理解しながら，それを個人の実存的問題とするのではなく，一個の集団的目的として実際にナショナル・ホームを——実力行使ではなく交渉を通じて，漸進主義的なかたちで——実現しようとする態度である[18]。以下に引用する彼のアインシュタイン論の一節はこれを端的に表している。

> 1933年におけるアインシュタインの言葉を引用しよう。「個人として人類の文化的発展に役割を果たすだけでは，われわれには充分ではない。全体としての民族だけが達成することができる課題も，果たすように努めねばならない。そうすることによってユダヤ人は社会的健康を回復できるであろう」。したがって，「パレスティナは，東欧のユダヤ人にとっての避難の場所であるだけではない。それは，全ユダヤ民族の集団的精神が再び覚醒するのを体現しているのだ」。〔原文改行〕これは私には，アハド・ハアムの非政治的な文化的ナショナリズムに似ており，シオニズムの信条を古典的に定式化しているように思われる。アインシュタインが提唱したのは，本質においては社会的，精神的中心を創設することであった。(PI 70-71/ II 173-174)[19]

　以上のように，シオニズムをめぐるバーリンの認識は，当時の政治社会的状況と東方ユダヤ人の一般的心情の理解に基づく「現実主義的な」ものであったと言える。しかしながら，そもそもこの「状況」の把握に際して人は必ず何らかの想像力（概念化作用）を媒介させるのであり，しかも，およそ人間的な事象において唯一の真なる状況判断というものはあり得ないがゆえに，そこには

---

18)　Cf. Scholem 1977: 73/ 58.
19)　バーリンは，『ジューイッシュ・クロニクル』のイスラエル建国25周年記念号に掲載された 'A Nation Among Nations'（1973年）の中でも，この文化的シオニズムの主唱者アハド・ハアム（Ahad Ha'am, 1856-1927）の名前に言及している（NAN 32）。したがって，「バーリンは，政治シオニズム／文化シオニズムの区分に言及することもブーバーについて論じることもない」（早尾 2008: 223）というのは，少なくとも前者に関しては正しくない。

つねに論争の余地が存在する。

　たとえばレニ・ブレンナーは，ドイツ・ユダヤ人のシオニズム運動は「現実感覚」の表現であるどころか，むしろ逆に「反セム主義は根絶不可能である」という集団的信仰・妄想に起因するところの政治的現実感覚の喪失であり，いわば予言の自己成就であったと主張する（Brenner 1983）[20]。はたして政治的シオニズムは当時のユダヤ人たちにとって本当に「現実的」な選択であったのか。他の「まっとうな」選択肢が存在したにもかかわらず，彼らはそれを無視したのではないか。本書においてこの問題を総括することはできない。ただ少なくとも，ブレンナーの視点が回顧的であることには注意すべきであろう[21]。1930年代のシオニストたちは，当然，ホロコーストやイスラエル建国をめぐるテロと紛争の発生をまだ知らないし，それらは容易に予測できるものではなかった。ここで言えることは，それは当時の社会・政治的状況に対するひとつの理解可能な応答であったということ，身近に迫る危険を回避しようとするのは人間にとって「自然な」反応であること，といったものであろう。戦間期ヨーロッパのユダヤ人にとってシオニズムが（現実的に，また道徳的に）「正しい」選択肢であったかどうかは現在なお開かれた問いであり，将来においてもそうあり続けるであろう。しかしながら，こうしたブレンナーの批判は規範的な観点からは有意味なものであり，以下で考察するシオニズムの道徳的正当性の問い，および第4節で考察するイスラエル国家をめぐる現代的論争と大いにかかわりがある。

第3節　シオニズム運動の道徳的「正当性」

　E・H・カーのような実証主義者にとって，「シオニズムは誤りであったかど

---

20)　ラカーはこの点について，若干留保しながらも次のように書いている。「ドイツ主義とユダヤ主義の親近性は，同化主義者ばかりか多くの熱心なシオニストによっても感じられ，表現されている。〔中略〕19世紀のドイツ哲学が，ヨーロッパ中の極左から極右までの近代的政治理念の着想の源であったことは否定できないし，シオニズムもその例に洩れなかったのである」（Laqueur 1972: 31/ 851）。また，アーレントはこの点でバーリンと対照的な「現実感覚」論を展開する論者のひとりである。たとえば1946年の論考において，彼女は政治的シオニズムが世界の現実を理解する能力を喪失しているのではないかという懸念を表明している（Arendt 2007: 378/ II 196）。

21)　Cf. Judt 2008: 31/ 上 46.

第7章　現代シオニズム運動とパレスティナの問い　223

うか」といった問いは，真面目な歴史家が取り組むべきものではないかもしれない。しかしバーリンはそのカーを批判して，「ナチズムの道徳的評価」を無意味とすることに反対した当の人物であった。それゆえ次に検討すべきは，イスラエルの建国にいたる一連の事実問題とはひとまず区別されるところの，シオニズムの道徳的評価の問題である。この問題は，彼の政治思想における自由主義と文化的多元論およびナショナリズムとの整合性という理論的問題とも直接関連するものでもある。

　周知のように，バーリンはヘルダーの「帰属の必要」という考えに基づき，シオニズムの目的を「正常化」，つまり「ユダヤ人が他の国民と同じくひとつの国民として生きていける状態を作り出すこと」と述べた (B&J 86/ 131)。こうした一種の「積極的自由」のプロジェクトは，彼の消極的自由の擁護とどのような関係にあるのか。たとえばリチャード・ウォルハイムは，バーリンのシオニズムと自由主義を調和させる考え方として，シオニズムの「消極的正当化」という考えを提示している。それによれば，イスラエルは反セム主義の攻撃からユダヤ人を保護する避難所として正当化される (Lilla, Dworkin & Silvers 2001: 166)[22]。しかしながら，バーリンは単にユダヤ人の安全のためだけにシオニズムを擁護したのではない。それは目的に対する手段の釣り合いという点でも「消極的正当化」の範囲を超えており，それゆえウォルハイムはシオニズムをバーリンの自由主義における「例外」としている (Lilla, Dworkin & Silvers 2001: 168)。マルガリートもこれと似たかたちで，バーリンのシオニズムは彼の「土台 (base)」に属している一方で，自由主義と文化的ナショナリズムは彼の「上部構造」に属しており，両者はバーリンの心中において「相異なる層」に属する要素だと理解している (Lilla, Dworkin & Silvers 2001: 156-7)。

　アクセル・ホネットは，この点にバーリン政治思想の核心にかかわる解決不可能な矛盾が存在すると指摘している。すなわち，この「正常化」，つまり文化的帰属の要求は（彼の文化的多元論に内在する）積極的自由の一教説であり，諸価値の悲劇的な衝突の認識から導かれる消極的自由の擁護と根本的な対立関

---

22)　ラカーによれば，ピンスケル (Leon Pinsker, 1821-1891) やヘルツルの第一の関心事は目下の迫害に対処するため避難所を確保することであり，パレスティナへの宗教的憧憬ではなかった (Laqueur 1972: 74/ 109)。

係にあること，そしてバーリンがこの矛盾を看過した原因は，第一に，彼が価値多元論と消極的自由がともに対抗的啓蒙という同一の源泉をもつと考えたがゆえに，両者の対立について深く考察することがなかったこと，そして第二に，彼がユダヤ人の文化的帰属の必要性を自明視し，そしてそれをユダヤ人国民国家の樹立の必要性と単純に結合させたことに求められる，というものである（Honneth 2000: 312-313/ 362-363）。

　加えて，ホネットは同論考の末尾でバーリンのシオニズムに対しても厳しい批判を加えている。少々長くなるが引用したい。

　　この偉大な思想家は自分の著作の中で矛盾を無視するほどの驚くべき頑なさを示しているが，それには二つの理由があると思う。第一の決して小さくない動機は，世界中に離散したユダヤ人たちの境遇が，バーリンにとってはつねに，文化的帰属の正当な要求の典型例であったことに由来しているのではないかと思う。ユダヤ人の場合，問題の解決はリベラルなシオニズムのモデルに従ったネイション・ステイトを国際協定によって樹立するしかなかったが，他方で，ヘゲモニーのある国家の中でマイノリティの諸文化の存続はどのように保障されるのかというまったく事情の異なる問題は，バーリンの注意を引くことはなかった。……第二の原因と思われるのは，彼自身が自分の思想史的研究からさまざまな示唆を得ていてまさにそれによって惑わされたという特異な事情のなかにある。バーリン自身の理解の中では，彼が一貫して擁護しようとした二つの自由概念の知的な源泉は一個同一の哲学的伝統の中にあるということになっているのだから，両者は葛藤なく簡単に調和させられるという幻想をアイザイア・バーリンが生涯にわたって抱き続けたとしてもなんら不思議はないのである。（Honneth 2000: 326-327/ 378-379）

以上がホネットの議論の要旨であるが，はたしてこれはバーリンの立場に対する適切な批判であろうか。バーリンの中心思想が諸価値の対立・緊張関係を前提とする価値多元論にあることはホネットも認める（Honneth 2000: 312/ 361）。問題は，バーリンの自由主義の核心はそうした諸価値の衝突とは区別されると

ころの《消極的自由と文化的帰属という二つの倫理的目標の調和的統一》であり，それは不可能な企てであるというホネットの主張である[23]。

　この議論は（ホネットは別の問題であるとしているが），基本的には第2章で考察した価値多元論と自由主義の整合性の問いと同じ構図で捉えることができる。周知のように，バーリンが『二つの自由概念』で行ったのは二つの自由の「総合」ではなく，両者の衝突を描き出したうえで最小限の消極的自由を擁護することであった[24]。それは理性的自己実現の教説の場合も，フィヒテ的な民族―集団的自我の指導の教説の場合も同じである。第4章で見たように，バーリンは積極的自由の諸教説を検討するなかで，合理主義的一元論と同じぐらいナショナルな自己実現説が消極的自由にとって危険なものであることを認めている。にもかかわらず，ナショナルな帰属の感覚に基づく民族自決の要求は人間的世界から抹消しがたい根本的な要求のひとつであり，それゆえ彼は，両者の要求を「妥協」――調和ではなく――させる必要を論じたのである。すなわち，二つの自由のバランスに関する唯一の合理的解は存在せず，個別的な状況のなかで「不安定な均衡」を求めるしかないということである。そこにおいて消極的自由の要求と文化的帰属の要求はそれぞれ最大限に実現されるわけではなく，逆にそれぞれの最小限のものを擁護しつつ，妥協が可能なラインを探るというのが，彼の立論であった。彼が愛したロシアの自由主義者ゲルツェン（Alexander Herzen, 1812-1870）を論じた次の一節はこの点を端的に表現している。

　　ゲルツェンは，より多くの個人的自由を求める自らの永遠の願いが社会の原子化の種子を孕んでいること，二つの大きな社会的必要――組織と個人

---

[23]　加えて，ホネットは（テイラーに倣って）自由の行使概念の観点からバーリンの消極的自由論の不備（あるいは限界）を指摘しているが（Honneth 2000: 319/ 370-371），これに対する応答は，本書第3章および第4章を参照。バーリンのシオニズム論において，ホネットが「自由の第二形式」と呼ぶもの――心理的な妨害や不安がないこと――を支えるのは，ユダヤ民族の「幸福の中心」たるイスラエルが（何らかのかたちで）存在すること自体である。また後述のように，イスラエルに移住することや，その存在を精神的な拠り所にすることは個々のユダヤ人の選択の問題であると彼は述べているのだから，ここにホネットが強調するような矛盾は存在しないように思われる。

[24]　問題は二つの自由「概念」それ自体のあいだの矛盾ではなく，それらが具体的に展開される「構想」のレベルにおける衝突であることは，かなり早い時期から指摘されている（cf. Macfarlane 1966）。

の自由——の間で妥協が見出されねばならないことを知っていた。その妥協とは，個人が自己を表現することができ，それでいて全く原子化してしまうことはあり得ないという，そのような最小限の領域を維持する何らかの不安定な均衡（some unstable equilibrium）である……。(RT 200/ III 375)

　二つの自由の道徳的地位についてさらに解釈を加えるならば次のようになる。すなわち，文化的帰属性が人類の歴史の大部分において（相対的に）支配的な，言い換えれば社会「構成的（constitutive）」原理とみなしうるものであるのに対し，消極的自由とはそうした社会・文化・集団がもたらすさまざまな圧迫から個人を保護する「規制的（regulative）」原理として機能してきたと考えられる。しかし常にそのようであるわけではなく，ときに両者の関係は逆転する——たとえば個人主義の徹底が文化的帰属性を圧迫する——可能性もある。「二つの概念はいずれも，本来それを押さえるために生み出された，その害悪に自ら転化していく傾向があるらしい」(FEL xlvi/ V 70)。ヘルダーが文化的帰属性の理念を熱心に擁護したのは，フランス啓蒙思想の機械論的で功利主義的な人間理解が文化的・個別的なものを破壊してしまうと彼が危惧したからであった。そのように考えれば，二つの原理が対抗的に——一方に対する他方の抑制として——配置された構図を示すことは少しも「矛盾」ではなく，むしろ，事実（現状の記述）と規範（あるべき状況の記述）との関係を適切に表していると言えないだろうか[25]。

　重要なのは，ユダヤ人の場合には両者の関係がしばしば逆転することである。バーリンの見るところ，彼らはときに基本的な市民権を享受したが（だがそれはしばしば侵害された），他方で文化的帰属性はほとんど不十分にしか享受されなかった。二つの自由の極端な不均衡——どこへ行ってもよそ者，マイノリティ，被差別者であること，それに伴う不安と神経症的兆候——は，近代ヨーロ

25）　彼が二つの自由の歴史的・相対的な消長を語っていることからうかがえるように，人間社会において相対的に優勢な理念は他の諸理念を圧迫しがちであるので，所与の状況において劣勢にある理念を「規範的に」主張することは理にかなっている。観念の世界において事実と規範はカテゴリカルに区別できるものではなく，理念がすでに「自然な」現実となっている場合もあれば，いまだ実現せざる理念が熱心に唱えられることもある。理念はつねにある程度「未完」のままであり続けるという意味でも，二つの自由の道徳的地位はどこまでも相対的なものであると言える。

ッパのユダヤ人にとって非常に切実な問題であり，何らかの仕方で均衡が回復——「正常化」——されるべきだとバーリンは考えた[26]。

したがって，ホネットが「正当な要求の典型例」と書いている箇所には注意が必要である。もし，この「正当な」という言葉を《他の規範的主張にア・プリオリに優越する》という意味に解するならば，バーリンが文化的帰属の必要をヘルダーの文化理論に依拠して「正当化」したというのは正しくない。第2章で確認したように，そもそもバーリンは，ある理念の理論的「正当化」や「基礎づけ」といった考えを受け入れない。他のイデオロギーと同様に，ナショナルな観念自体が何らかの政治運動や政策を是認する力をすでに持っているのである[27]。共通の言語を話し，共同体に帰属するということは，良くも悪くもそれは経験的に観察されるひとつの欲求，人間にとって所与のものである。バーリンはこれをむやみに賞賛したりむげに否定したりせず，それが存在することを前提として，普通の，特別でない人間にとって可能な自由主義のあり方を模索した（cf. Lilla, Dworkin & Silvers 2001:176, 181）。彼がそのシオニズム論の中で行ったのは，文化的帰属が深刻なかたちで損なわれている人々が置かれた苦境から経験的に導かれるところの，その必要性の（相対的な）擁護論なのである[28]。

以上の理解が正しければ，実のところ《バーリンの文化的帰属論は彼の自由主義と整合的か》という問い自体が適切ではないことになる。バーリンはリベラル・ナショナリズムの一般理論を提示しているのではない。個人の自由と文化的帰属性の相対立する要求，それは良くも悪くも事実問題であり，過去に存在した，また現に存在する政治的現実のひとつである。こうした現実における彼の権利上の要求は，最小限の個人的自由の領域，文化的帰属性の最低限の充

26）　したがって，シオニズムをめぐる議論はイスラエル国家建設の前と後である程度区別する必要がある。これまで検討してきたバーリンのシオニズム論は基本的に，いまだ安寧を「持たざる」者たちの擁護論である。他方，すでにこれを手に入れた人々については，後述のように，バーリンはある程度の批判を加えている。

27）　Cf. B&P 91.

28）　バーリンの言う「正常化」を，文化的帰属という「基本的必要」の充足と捉えるならば，これを（文化的次元にまで拡大された）基本的人権の擁護のひとつと考えることができるかもしれない。たとえばマルガリートはこれを「象徴的シティズンシップ」と呼んでいる（Margalit 1996: 158/ 158）。しかしバーリンは基本的人権のリストを整備することに熱心ではなかった。彼にとって人権とは人間存在（あるいは人間本性）からア・プリオリに演繹される何かではなく，人類の歴史的経験の総体から帰納的に導かれるところの，あくまで相対的な理念である（B&J 114/ 171）。この問題は本書第2章で検討した。

足，そして人から尊厳を奪わない程度の物質的福祉である。以上の議論が正しければ，デイヴィッド・ミラーがバーリンの自由主義とナショナリズムの関係について下した次のような結論に，われわれは首肯することができるだろう。

> バーリンは（後のリベラル・ナショナリズムの批判者たちと共に），現実の政治的現象としてのナショナリズムが常に不安定なものであることを確信していた。……バーリン自身も述べたように，理論上は，われわれは良性のナショナリズムのあり方を描き出すことが──その試みは部分的にしか成功していないけれども──できる。だが，現実に存在するナショナリズムの形態が，われわれが定めた限界の枠内にとどまることを保証する方法は存在しないし，それが攻撃的，不寛容，権威主義などに転化するような状況が生起する可能性は常に存在するのである。(Miller 2007: 205)

文化的帰属性の要求が「悪性の」ナショナリズムに転化する可能性が存在するかぎり，バーリンは（ヘルダーと同様に）政治的なナショナリズムを，普遍的妥当性をもつ原理として主張することはなかったのである（cf. Crowder & Hardy 2007: 202）。彼にとって自由主義とは，（しばしばロールズ的と形容される）普遍的妥当性を要求する規範理論ではない。イデオロギーとは多様な社会的土壌のもとで成長する知的植物であり，自由主義もまた例外ではありえない。そしてこの植物が根を張るのは人々の胸中においてである。仮にバーリンにリベラルなナショナリズムの政治的構想と呼べるものがあるとすれば，それはシオニズムに関する彼の意見の中に見出されうるものであるが，この点に関するホネットの言及はない。

　それではひるがえって，バーリン自身はこのシオニズムと個人の自由の関係をどのように語ったのであろうか。第一に，彼はシオニズムを，すべてのユダヤ人が追求すべき目標とは考えていない。「私は，ユダヤ人がいま住んでいるところで住むのをやめさせようと思っているのではありません。マイノリティであることをいとわないなら，それもよいでしょう。マイノリティであることに悪いことは何もありません」(B&J 86/ 131)。彼はヘスとともに，イスラエルへの移住が個々のユダヤ人が「選択」すべき問題だと考えた。「ユダヤ人の隷

従と解放」（1951 年）の中で，彼はケストラー（Arthur Koestler, 1905–1983）の「同化か移住か」という二者択一の主張や，文化に関するＴ・Ｓ・エリオットの（ネオ・カトリシズム的な）統合主義の考えに反対し[29]，敬虔なユダヤ教徒にとって，またイスラエルの外にあるユダヤ人にとっても，イスラエルの存在自体が精神的な拠り所，ヘルダーの言う「幸福の中心」として作用し――すなわち，彼らを故郷喪失，安全の欠如，屈辱といった感覚から解放し――，そしてそれが「みずからが選んだ人生を送る権利」を与える，と応答している（POI 179）。イスラエル国籍の取得条件のあり方を問うベン＝グリオン首相の質問状に対するバーリンの回答（1959 年 1 月 23 日付）も，こうした選択を重視する姿勢に貫かれている。そこにおいて，彼は（その責任ある決定は基本的にイスラエル議会と政府によってなされるべきだと留保しつつも），イスラエル国家の市民権が人種や宗教によって制限されない世俗的な国家を望んだ（Ben-Rafael 2002: 168–176）[30]。

　上述のように，これらはアハド・ハアムの文化的ナショナリズムの観念に――それと同一ではないが――通じる考えである[31]。ケストラーが一枚岩的なナショナル・アイデンティティを通じた個人の自己形成を望ましいものと考えた一方で，バーリンはそうした集団主義的な解決に反対する。ユダヤ人のアイデンティティは彼らに二者択一を強いるほど硬直したものではなく，一定の「弾力性」をそなえ，「曖昧な要素」を受け入れる余地があるのであって，この曖昧さを否定してイスラエル国家に全面的な忠誠を誓うことはむしろ「新たな隷従」を生み出す危険がある，と彼は警告している（POI 181）[32]。この主張は彼の自由主義と必ずしも不整合なものではない[33]。『自由論』の序論には次のような一節がある。

---

29)　戦間期英国の文壇における宗教復興の動きと，そこに潜在する反セム主義を（1930年代当時の）バーリンが鋭く感じ取っていたことについては，Dobnov 2012: 50-52 を参照。
30)　この「個人の選択」を重視する点は，仮に（上述のブレンナーが主張するように）戦間期の世界シオニスト機構による移住の方針が「ユダヤ人国家の建設に役立つ者を選別する」というものであったとすれば，それとは衝突するものである。
31)　ダブノフはこれを「ディアスポラ・シオニズム」と呼んでいる（Dubnov 2008）。
32)　Cf. Lilla, Dworkin & Silvers 2001: 183.
33)　Cf. Hampshire 1991: 132.

……自律的に動くヨリ大きな全体の中での一要素というように，自分が一個の独立した存在であるという感覚を解消して，ある大きな企図のなかに埋没させようとすることはできる。だがしかし，他人との摩擦や抵抗を超越しよう，水に流そうというこうした涙ぐましい努力にもかかわらず，もし，自己欺瞞を望まないなら，いずれは次の事実を認めざるを得ないであろう。すなわち，他人との全面的な調和というものは自己アイデンティティとは両立しないこと，すべての点で他人に依存しようというのでない限り，他人が勝手に干渉しない，また干渉しないと当てにできる若干の領域が必要であることである。(FEL xliii-xliv/ V 65)

そして彼自身はパレスティナに移住することなく——その計画を魅力的なものだと感じながらも[34]——，英国の「ロシア系ユダヤ人」として自己を規定しながら，生涯そこにとどまった (B&J 87/ 132)。

　したがってウォクラーが言うように，バーリンのシオニズムは彼の自由主義と同様に，独断的なものではなかった (Wokler 2003: 24)。またクラウダーが指摘するように，バーリンのこうした「リベラルな文化的ナショナリズム」は，ウィル・キムリッカが唱えたリベラルな多文化主義の基本的な姿勢をある意味で先取りしている。バーリンと同様に，キムリッカにとって社会構成的文化を守る必要があるのは，それがアイデンティティにまつわる個人の選択の自由を保証するものだからであった。バーリンはそれをヘルダー的な言葉で表現したのだと言える[35]。

---

34)　バーリンは1934年に初めてパレスティナを訪れたのち，当地に地所を購入する計画を立てているが，それは当初より永住を意図したものではなかったようである (Dubnov 2012: 108)。
35)　Cf. Kymlicka 1995: ch. 5, Crowder 2004: 185-187. キムリッカの博士論文の審査を行ったのは，バーリンの友人であるロナルド・ドゥオーキンとジョセフ・ラズであり (石山1998: 371)，後者はキムリッカの著作に先立って社会構成的文化の理論を提唱している (Margalit & Raz 1990)。われわれはここに，キムリッカの思想に対するバーリンの間接的な影響を見出すことができる。

第4節　イスラエルとパレスティナ

——イスラエルの問題についてはどう考えていますか。

バーリン　政治的には，多くの非常に深刻な問題があります。私は現在〔1990年〕の政府はひどい間違いをしたと思っています。私はシャミル氏やシャロン氏やベギン氏の支持者ではありません。彼らは文化的，道徳的，政治的，物質的にイスラエルに大きな害を与えたと思います。

——パレスティナ人との和解がなければならないと思いますか。

バーリン　もちろんその通りですが，だからといって妥協のための積極的な努力が不必要になったというのではなく，むしろ緊急に必要になっています。われわれに対立している人々を理解すること，それはヘルダーがわれわれに教えてくれたことです[36]。

　最後に残されるのは，イスラエル国家の現実とその道徳的地位の問題である。以上のように，バーリンの立場は文化主義的なリベラルのそれ——パレスティナにおけるナショナル・ホームの存在をユダヤ人の精神的な支柱として肯定しつつも，そこへの移住については個人の選択を優先すべきであると考える——であることが確認されたが，これは基本的に「われわれ」たる同胞ユダヤ人に向けたものであった。他方，思想史家としての彼は，啓蒙主義の基本理念を信奉しつつも，その反対者の声に耳を傾けることの重要性を繰り返し強調し，ヴィーコ，ハーマン，ヘルダー，メストルといった対抗的啓蒙の思想家たちの肖像を丹念に描き出した。こうした問題意識をバーリン自身に当てはめた場合はどうなるであろうか。彼はパレスティナ・アラブを積極的に「理解」しようとしただろうか。また逆に，現代のパレスティナ問題を憂慮する者にとっては，バーリンはここで言う「敵」として理解の対象となるべき人物であるかもしれない——もちろん，彼がしばしば言うように，「理解することは必ずしも許すことではない」（FEL 184/ V 412）のであるが[37]。

---

36)　B&J 87-88/ 133.

この問題に関してバーリンはまとまった論述を残しているわけではないが，まず，彼の心情をおおよそ代弁していると思われるのは以下の一節であろう。

> アインシュタインが提唱したのは，本質においては社会的，精神的中心を創設することであった。英国の政策とアラブの抵抗のために，彼の判断では国家の創設が不可避になると，彼はそれを承認した。全滅を避けるための武力行使は，おそらくはひとつの必要悪（a necessary evil）として——しかしながら，尊大になることなく，品位と臨機応変を保ちながら担うべき負担，責任として——承認された。……すべてのまっとうなシオニスト（decent Zionists）と同様，彼はパレスティナのアラブ人との関係についてますます心配するようになった。彼は，ユダヤ人とアラブ人が充分に協力できるような国家を願っていた。しかし彼は，目下の出来事から，当分の間それがあり得ないことを悲しげに認めた。(PI 70–71/ II 173–174)[38]

周知のように，そうした両民族共存のヴィジョンは結局実現せず，英国のパレスティナ統治に対するシオニスト右派による武力闘争の勃発，それに続くアラブ＝ユダヤ戦争の発生とユダヤ人側の勝利により，1946 年の国連分割案を反故にするかたちでイスラエル国家の成立が宣言されたのであり，それはパレスティナ人の側におびただしい犠牲と土地追放をもたらしたのであった。

ひとつの民族がナショナル・ホームを建設するために，別の民族が追放される——これはバーリンの守護聖人であるヘルダーが批判したところのものである。

> 近代的な国民国家の理想の最初の道標にヘルダーの名を記す場合，この理想が彼においては活力を吹き込まれた自然法に発し，全く平和主義的な性

---

37)　これはアーレントがナチズムの「理解」の文脈で用いた言葉でもあった（Arendt 1994: 308/ 122）。この言葉はおそらく，社会科学における価値自由の問題を論じたヴェーバーの次の一節に由来する。「なぜならば，『すべてを理解すること（alles verstehen）』は，『すべてをゆるすこと（alles verzeihen）』を意味するものではないからであり，また，異質的な立場そのものを単に理解することから，その立場の是認への道がみちびかれるのではけっしてないからである」（Weber 1922: 465/ 51）。
38)　Cf. Frank 1947: 183/ 240ff.

格を帯びていたことを忘れてはならない。略奪によって成立した国家は，すべて彼の嫌悪の的であった。なぜなら，このような国家は——この点に再び彼の民族思想があらわれている——初期の〔先行する〕民族の成長した国民文化を破壊したからである。(Meinecke 1959: 421-422/ 下 139)

マイネッケのこの指摘は，バーリンの文化主義的なヘルダー理解を裏書きするものであるが，同時に，「略奪によって成立した国家」イスラエルに対するヘルダーの異議申し立てとして読むこともできる。もしそうであれば，バーリンがイスラエル国家を擁護することは，ヘルダーの思想に対する重大な裏切りとはならないだろうか。彼自身もヘルダーのローマ嫌いを論じるなかでこの点に触れている。「これらの文化が互いに争うべき理由はない——普遍的な寛容が可能でなければならない——が，画一化は破壊であった。帝国主義よりも悪いものはない。単一の画一的なローマ文化をつくるために小アジアの素朴な諸文明を押し潰したローマはひとつの罪を犯した。世界はそこに異なる花や植物が，それぞれの仕方で，またそれぞれの主張や権利，それぞれの過去と未来と共に成長するところの，ひとつの巨大な庭であった」(POI 9)。

　バーリンはこの戦争をある意味でやむをえないものと考えていたようである。「ハイム・ヴァイツマン」(1958 年) の中で，彼は次のように書いている。「アラブ＝ユダヤ戦争が勃発したとき，彼の良心にはやましいところがなかった。彼は平和主義者 (a pacifist) ではなかった。そしてその戦争は自衛の戦争であった——このことを疑うユダヤ人はいなかった。彼は終生，和解の政策を信じそれを実行してきた。彼はそのために，政治的に苦しむことになった。しかしこの戦争は，彼が起こしたものではなかった」(PI 53/ II 85)。1950 年代のイスラエルに関するバーリンの筆致は希望に満ちており，シオニズムの理念，その道徳的必要性，そして将来におけるイスラエルの政治的改善を確信したものであった。アラブ＝ユダヤ戦争がパレスティナ・ユダヤの生存を賭けた防衛戦であったという認識は，（良くも悪くも）当時のシオニストに共通するものであった。戦争で生じた犠牲は償われるべきであるが，犠牲の存在がイスラエル国家の存在意義を損なうわけではない——バーリンはそのように考えていたように見える。「ユダヤ人の隷属と解放」(1951 年)，「イスラエルの起源」(1953 年)，

「ハイム・ヴァイツマンのリーダーシップ」(1954年)，「モーゼス・ヘスの生涯と意見」(1957年)は，いずれもこの時期に書かれたものである。また建国初期のイスラエルには，ある意味ではバーリンが理想とする多元的な社会——発展途上で欠陥も多いが，同時に自由で活気にあふれた社会——が存在していたとも言えなくはない。

> 社会科学者たちは，そこにおいて彼らの学説に関する実験を行うことのできる「研究室的な条件」が存在しないことを嘆く。だが，イスラエルにおいてそれはほぼ現実のものである。……かくも多くの考え，かくも多くの生活様式，かくも多くの態度，日々の事柄についての方法が，より暴力的な衝突のなかに突然に投げ込まれてきた国は他に存在しない。〔中略〕イスラエルそれ自体という観点からすれば，この暴力的な衝突と多様な文化の不調和の結果として，ある共通の価値尺度——何かしら特定可能で，かつ興味深いもの——が現れてきており，それは政治的にはリベラルで平等主義的な人間，イタリアのリソルジメントのそれと似ていなくもない精神性である。それは中道の左派全体におけるもので，19世紀英国のリベラルと急進派によって正しくも賞賛された種類のものである。(POI 160)

だが，こうした光景は徐々に消えていくことになる。六日間戦争以降の彼のエッセイや書簡においては以前の楽観主義は後退し，イスラエル政府の行動に対する憂慮が目立つようになる。彼はイスラエルのナショナリズムが比較的穏健な文化主義から攻撃的・排外主義的なそれに変容していく過程の目撃者のひとりであった。彼が信奉したヴァイツマンが時とともにその指導力を失っていったのと同じく，バーリンが属する古いリベラルなシオニスト勢力（すなわちイスラエル労働党）もまた徐々に力を失い，ベギン（Menachem Begin, 1913-1992）とシャミル（Yitzhak Shamir, 1915-2012）の時代にいたってそれは決定的となった[39]。ロバート・シルヴァーズにあてた1970年の手紙の中で，バーリンはイスラエルが直面する道徳的・政治的苦境について書いている。

---

39) Cf. Judt 2008: 282-283/ 下 138.

ごく簡単に言えば，私は，アラブ人の恐怖を鎮めるために，それを超えてイスラエルが拡大できないような厳密に画定された境界線に賛成します。……最低限の面目（face）というものがあり，それを失えば重大な集団的屈辱を引き起こすことは避けられません。アラブの人民はこのことをあまりにもよく知っています。……もちろん，補償がなされるべきであるし，実際にそれはなされてきましたが，しかしそれは誰も聞き取れないような小さな声でなされたにすぎない——これは私がゴルダ〔・メイア〕に言ったことです……。当然のことながら，六日間戦争後の，道徳と政治の両方におけるイスラエルの大失敗（blunder）は，何らかのきわめて度量の大きい提案を行わなかったことです。すなわち，イスラエルが……理にかなった数の難民の帰還の用意があることをみずから表明し，非常に巨額の，支払い可能な範囲をはるかに超える金銭——その支払いが国家の存続に対して深刻な財政的なリスクと緊張を生み出すほどの——の提供を申し出る，そうした提案を行わなかったことです。(L-III 417-418,〔 〕内は引用者補足)

彼がイスラエルの犯した罪を省みることがなかったというのは間違いであろう。たとえば 1975 年 2 月 13 日付の書簡では，（アラブ住民の虐殺があった）デイル・ヤーシン（Deir Yassin）とキビヤ（Kibbiya）に言及している（I・F・ストーン宛，L-III 591）。またパレスティナ問題について公的に沈黙していたわけでもない。彼は『ジューイッシュ・クロニクル』イスラエル独立 25 周年記念特別号に「諸国民のなかの一国民（A Nation among Nations）」と題した論考を寄せているが，その中にイスラエルを批判している部分がある。

アラブとの関係——国境の外のアラブと，国内のアラブ住民の両方——は，間違いなく，イスラエル国家最大の，もっとも悩ましい問題，政治的であると同時に道徳的な問題である。実際，それはわれわれの最善のもっとも名誉ある市民たちの一部を苦しめ，イスラエルに好意的な国外の人々に影響を与えている。これは通常の利害の衝突や道徳原理の衝突，正義と国家理性の衝突を表すものではない。反対に，この場合は不正義とリアリズムの欠如がしばしば併存しているように思われる。(NAN 34)

彼はこのように批判を行っているが，続いて次のように書くことでその主張を
弱めている。

> いずれにせよ，ユダヤ人にとってイスラエル国の政治を批判するための然
> るべき場所とはロンドンやニューヨークよりもむしろイェルサレムなので
> ある。イスラエル国とその政府は，常に，適切な分け前以上の公共的批判
> を受け取ってきた。イスラエルはその行為や態度よりもむしろ，その存在
> 自体が疑問に付されてきたのである――公然と，あるいは密かに。このこ
> とは，もっとも穏健でもっとも理想主義的な市民のあいだにさえ正当な憤
> りを呼び起こすものである。彼らは正当にも――私にはそう思われるので
> あるが――，彼らがその行いを判断されるところの基準が他の諸人民に適
> 用されるよりも高いものであることに不満を抱いている。(NAN 34)

これはユダヤ系の新聞に，しかもそのイスラエル建国記念号に掲載する文章と
しては十分に率直なものであろう。だがそれは結局のところ，彼がすでに建国
されたイスラエルの存在自体を否定しなかったことも意味する。つまり彼はイ
スラエルの政治的ナショナリズム（およびそれに伴うパレスティナ・アラブの権
利剥奪）を黙認している――シオニズムをめぐってバーリンと対照的な立場に
あるアーレント (Hannah Arendt, 1906-1975) の言葉を借りれば，「公式の場で
の抗議の陰で多数派党が自分たちの代わりに汚い仕事を片づけてくれることに
ひそかに安堵している」(Arendt 2007: 364/ II 177)――ことになる。盗人は，い
かに上品であっても盗人であることには変わりがない。たとえバーリンがピー
ス・ナウ（イスラエルの平和団体）の支持者であったとしても問題の本質は変
わらず，その罪を免れるわけではない。それがシオニスト左派に対する批判の
要点でもある（早尾 2008: 214-233)。
　この問題はバーリンを生涯苦しめたと想像される。彼が死に際して「イスラ
エルとパレスティナ人」と題したメッセージを友人のアヴィシャイ・マルガ
リート[40]に託してこれを公開したことは知られている。以下に全文を引用する。

第7章　現代シオニズム運動とパレスティナの問い　237

イスラエルとパレスティナ人たち

　双方がパレスティナの全面的な領有をそれぞれの歴史的な権利として主張しているが，いずれの主張も，現実的な範囲内で，あるいは深刻な不正義を伴うことなく受け入れることは不可能であるから，オスロ合意——それがために頑迷なユダヤ人によってラビンは暗殺されたのであるが——に沿った妥協，すなわち領土の分割こそが唯一の正しい解決であることは明白である。

　理想を言えば，われわれが呼びかけているのは善き隣人の関係であるが，双方における頑迷な，テロリストの排外主義者の数を考えると，それは実践不可能である。

　さらに悪い事態，すなわち，双方に取り返しのつかない深刻な損害を与える可能性のある野蛮な戦争を避けるためには，その解決は，気の進まない寛容という線に沿ったところにしかあり得ない。

　イェルサレムについては，ムスリムの聖地がムスリム当局の〔域外〕管轄権のもとにあるという形で，イスラエルの首都であり続けなければならない。また小さなアラブ人地区は，国連により，必要があれば実力でもって，その地位が保障されなければならない。

アイザィア・バーリン

1997 年 10 月 16 日[41]

*

周知のように，この点でバーリンを最も手厳しく批判したのはエドワード・サイードであった。追悼記事のなかで，彼はバーリンの「イスラエル例外主義」とも言える態度をとりわけ厳しく非難している。「バーリンはひとりのリベラ

---

40)　アヴィシャイ・マルガリートは妻のエドナとともにバーリン記念論集の編者をつとめている（Margalit, Edna & Margalit, Avishai（eds）1991）。彼の略歴については『品位ある社会』（Margalit 1996）の訳者あとがきを参照。

41)　'Israel and Palestinians,' in IBVL. 翻訳にあたっては，早尾 2008: 216 の訳文も参照した。

ル，公正さと感受性を備えた人物，あらゆることに対して文明的な中庸さを備えた人物であった——イスラエルに関する事柄を除けば」（Said 2000a: 221）。生涯にわたって寛容と妥協の重要性を説きつつも，イスラエル政府の暴力とイスラエル国民の熱狂主義的態度に対して，バーリンは何ら効果的な解決を提示しておらず，またその解決のために行動することもなかったと批判される[42]。サイードは，イスラエルのナショナル・アイデンティティを肯定する一方でパレスティナ・アラブのそれを無視する，バーリンをはじめとした西欧のリベラル知識人たちの欺瞞を次のように告発している。

> 歴史的パレスティナにおいて，対立するふたつのアイデンティティ集団が存在していたことは，これまで疑われたことはなかった。ところが現代の強力なシオニズム運動が，パレスティナ人のナショナル・アイデンティティを貶めるか消去しようとしているのだ。……ここでさらなるアイロニーとして加わるのが，西洋のリベラルな伝統が，リベラルであるくせに，つねにパレスティナ人主体を脱構築せんと狙い，その過程で，シオニスト＝イスラエル的主体を構築せんとしていることだ。……ラインホルト・ニーバー，エドマンド・ウィルソン，アイザィア・バーリンのことを考えてみればいい。（Said 2000b: 431-432/ II 152-153）

バーリンが手放しに賞賛するヴァイツマンの「現実主義」と「品位」は，実際には，彼が「パレスティナの植民事業を主宰しており，パレスティナ人の立ち退き（eviction）について知っていた」点で重大な欠陥を伴っている[43]。またサイードはバーリンの最後のメッセージも評価しない。なぜなら「彼は軍事的占領について何も言っておらず，〔占領地区への〕植民，侵略，殺戮，土地強奪について何も言っていない」からである（Said 2000a: 219-220）。

---

42)　これに加えてサイードは，辛辣なイスラエル批判を展開するノーム・チョムスキーの論文出版の差し止め工作にバーリンが加担した事実を暴露している（Said 2000a: 221）。これが真実であるかどうかを検証することは困難であるが，しかし少なくともバーリンはチョムスキーと面識があり，彼にあてた 1969 年 12 月 18 日付の書簡の中で，バーリンはパレスティナ問題に関する自身の見解を披歴しながら，チョムスキーのイスラエル批判が度を越しており公平を欠くと書いている（L-III 403-407）。
43)　Cf. Laqueur 1972: 473/ 668.

イスラエルによる現実のパレスティナ人迫害を批判するサイードの主張の道徳的正当性には疑いの余地がない。加えて、こうした批判的姿勢は、彼の文献学的コスモポリタニズム[44]、および「故国喪失（exile）」という彼自身の境遇とも結びついたものであり、その点で政治的にも倫理的にも首尾一貫している。こうした立場からの批判は、その首尾一貫性ばかりでなく、名宛人の社会的地位との関連からその倫理―政治的態度の妥当性を問うものであるがゆえに、たとえばコミュニタリアンによる自由主義の批判よりも強力であり、応答がより困難である。「パレスティナは、今日、人権問題の試金石となるような事例であると、わたしは信じている」（Said 2000b: 435/ II 157）。このサイードの言葉は、この問題がバーリンの自由主義の核心にまで達するものであることを示唆している。というのも、バーリンの自由主義の核心は「品位」、すなわち暴力と屈辱の回避（＝もっとも基本的な人権の擁護）にあると考えられるからである。

さらに次のように問うこともできるかもしれない。仮に故国喪失者の苦境とその神経症的性格が、フランス革命以降のヨーロッパという特定の歴史的時期における民族主義の高まりの産物であるとするならば、彼らの苦境は――ナショナリズムの流行と同様に――必ずしも永遠に続くものではないのではないか。時代の経過とともに民族主義が後退していくならば、その神経症的性格もまた弱まるのではないか。民族的意識の後退とともに、ナショナリズムに伴うナルシシズムと排外主義、および故郷喪失に伴う神経症的性格の両方が同時に解消されることが、アイデンティティの問題の個人主義的な解決を志向するリベラルにとっては望ましいことなのではないだろうか。もしナショナリズムがある種のナルシシズムを含意しており――バーリン自身も「近代のナショナル・ナルシシズム」（SR 247）という言葉を用いている――、それゆえリベラルな精神に対する深刻な妨げとなるとすれば、故郷喪失を積極的な価値とするコスモポリタニズム、イグナティエフの「都市への帰属」、サイードの「知識人」、ボヤーリン兄弟の「ディアスポラ」、そして（アーレントが賞賛する）ベルナール・ラザールの「意識的パーリア」[45]こそ適切な態度であり、バーリンはリベ

---

44) サイードはバーリンと数回会ったことがあり、共通の関心であるヴィーコの思想について意見を交わした思い出を追悼文の中で書いている（Said 2000a: 219）。

45) Cf. Hannah Arendt, 'Herzl and Lazare' (1942), in Arendt 2007.

ラルとして，ユダヤ・ナショナリズムを鼓舞したシオニズムをむしろ批判すべきではなかったかと。

　こうして，バーリンの自由主義の核心部分における矛盾が決定的に露呈したかのように見える。だが問題は単純ではない。サイード自身，パレスティナ問題はおよそ単純なものではなく，「問題が単純化できないからこそ試金石になりうる」と述べている（Said 2000b: 435/ II 157）。ここで私は，ナショナルなものに対するサイードのアンビヴァレントな姿勢に注目したい。パレスティナ・アラブが追求する理想とは何であるかについてのサイードの意見に目を向けると，そこにはバーリンのシオニズムとの興味深い類似が認められる。

　サイードはユダヤ・ナショナリズムの暴力に抵抗する「故国なき」知識人として名高いが，そうした境遇を必ずしも積極的に肯定していたわけではない。「故国喪失は，それについて考えると奇妙な魅力にとらわれるが，経験するとなると最悪である」（Said 2000b: 173/ I 174）。バーリンと同様にサイードにとっても，故国喪失は人間にとって必ずしも理想的な状態というわけではない。その経験は特定の種類の神経症的な不安を生み出す（Said 2000b: 180/ I 185）。それはバーリンが描いた 19 世紀のユダヤ人の精神的境遇そのものである。「周縁性（marginality）や無所属性（homelessness）は，私の意見では，誇るべきものではない。それらは，終わらせるべきものなのである。人種＝階級＝ジェンダーの犠牲者たちには何世紀ものあいだ手に入らなかったものを，より多くの……人々が享受できるために」（Said 2000b: 385/ II 98）。たしかにサイードの批判的かつリベラルな自己像は，バーリンのそれと比較するとよりポストモダン的である。彼は故国喪失と複数の自己の矛盾を受け入れ，自分の人生を通じてそれをひとつの倫理―政治的実践にまで昇華させた。だが彼もまた，パレスティナ人たちに共感しつつ，そのナショナル・ホームを希求していたのである。1991 年の講演の中でサイードは次のように語っている。

　　ただ私にできるのは，現在，こうした苦難にあえぐほとんどのパレスティナ人が当然のこととして希求しているものを，確信と共感をもって語るだけです。すなわち彼らは，彼ら自身の独立国家で自決権を行使できる日を，またパレスティナの大学や学校が若い世代に対してアラブ文化の歴史と伝

統のみならず人類の歴史を作り上げてきた他の諸文化の歴史と伝統を教えることのできる日を待ち望んでいるのです。(Said 2000b: 398/ II 116)

別のインタビューでは、バーリンがナショナル・ホームの必要性を論じるなかで示した「くつろぐこと (being at home)」とよく似た考えも見られる。「……パレスティナ国家が、今日のイスラエルのように少数派意識で引き裂かれたものになるのも見たくない。みずからの安全や尊厳について、もっと気楽な感覚を持てる国であって欲しいと思います。包囲された状態に置かれなくてすむこと。それはとても大事なことだと思います」(Said 1994: 34/ 51. 強調は引用者)。人はだれでも隷属的状況の中で不安と屈辱を抱えて生きることを強いられるべきではない。ヘルダーの言葉を用いれば、それは各民族がそれぞれの仕方で人間性を実現する権利である。あるいは、アメリカのユダヤ系政治哲学者マイケル・ウォルツァーの言葉を用いれば、これは「反復の権利 (the rights of reiteration)」、すなわち、隷属的状況から解放され、肉体的・精神的自由を享受する権利である。彼によれば、出エジプト記の解放の物語は、ユダヤ人にのみ与えられた特殊な機会を描いたものとしてではなく、異なる状況において、異なる方法によってではあれ、あらゆる民族に与えられた解放への権利を暗示するものとして解釈できる (Walzer 2007: 201/ 356-357)。彼は、これがバーリンのリベラルなナショナリズムの中心をなす考えであると主張している (Lilla, Dworkin & Silvers 2001: 173)。

サイードが求めたのもまたこの反復の権利ではないだろうか。たしかに、ウォルツァーの著作に対するサイードの論評は当然に厳しいものであった (Said 1988)。しかしながら、ウォルツァーの聖書読解の不首尾は、彼の「反復の権利」の主張をただちに無効にするものではないだろう。それはただ、解放の政治を聖書的権威に基礎づけることに失敗しただけのことである――つまりそれは不味い戦略であった。彼はこの戦略を放棄して、世俗的な語彙でこの権利を論じたほうがよい。サイード、そしてバーリンも、こうした解放=自由の正当性を宗教的権威に基づいて主張することはなかった――それは人間性の、そして歴史的現実の問題であるのだと。

バーリンが時々口にする「普通の男女の好み、欲求」という言葉は、「普通

の」ユダヤ人たちの希望と恐怖，欲求，知性，等々を指すものとも解釈できる。彼らがポストモダニズムの思想家のように自分のシオニズムに関する信念（固定観念）を相対化したり，道徳的一貫性のためにディアスポラであることをすすんで選択したりすることをバーリンは期待していない。彼は，イスラエル建国後のユダヤ人たちがその固有の感受性を失い，（1950 年代にはすでに）「普通の国民」に変わりつつあったことを残念に思いつつも，それに反対することはなかった（cf. POI 156）[46]。それは個人の選択であると[47]。彼はナショナルなものへの忠誠も，ディアスポラ的価値への忠誠[48]も求めなかった。

　「国民は永遠のものではありません。それに始まりがあったように，終わりもあるでしょう。ヨーロッパ連邦が諸国民に取って代わる日も来るでしょう」。かつてエルネスト・ルナンはこのように述べた。しかし彼はこう続ける，「しかし，それは私たちが生きている世紀の法則ではありません」（Renan 1996: 242/ 63）。バーリンもまた，ナショナリズムの終焉といった楽観的な希望を口にしたことはなかった。彼は 20 世紀の政治的経験，および彼自身の知的・道徳的確信から，現に人々が抱くナショナルな感情の強力さを無視することはできなかった。ポストモダニズムの洗礼を受けた以後の世代とは異なり，彼は自らの民族的帰属についてアイロニカルに考えてはいなかった。「イスラエルの起源」（1953 年）の中で，彼はイスラエルが 19 世紀思想の貯蔵庫であると述べ

---

46)　「確かに，ここ〔イスラエル〕は，ユダヤ人がそのよく知られたディアスポラ的特徴を失っているただひとつの国です。彼らはまったく自然で，賢くなく，……ケストラー的な中欧の神経症的人間（*neuroses*）ではありません。要するに，彼らは粗雑で，異邦人（Goyim）のごとく幸福なのです」（バーナード・ベレンソン宛，1958 年 4 月 11 日付，L-II 619-620）。
47)　故国喪失は「牡蠣が挟み込む砂粒のように苦痛を引き起こすが，時としてそこから天才という真珠が生み出される」（AC 256/ I 268）。しかし，「天才的な作品を創り出したり，世界を智恵で照らしたりすることがあらゆる人間の義務であるとは，私には考えられない」（POI 157）。
48)　バーリンにとって，ベルナール・ラザール（Bernard Lazare, 1865-1903）はそのような理想を追求した人物であった。彼はラザールのことを「その時期で私が本当に尊敬する人物」と語っており，「一切の政治支配を憎む哲学的アナーキスト」と形容している。この発言は，バーリンが暴力を憎みつつも絶対的な非暴力の非現実性を語った後の箇所に登場しており，その意味で，ラザールの哲学的アナーキズムは，尊敬すべき一貫性を示しながらも，しかし現実には有効ではない政治的態度として語られている（B&J 204-205/ 291-292）。他方，アーレントはラザールの「意識的パーリア」の立場を評価するが，しかしそれが政治的には──つまりユダヤ人大衆のあいだでは──まったく成功しなかったことも認めている（Arendt 2007: 340/ II 143）。この点においては，両者のラザール評価は必ずしも大きく相違するものではないように思われる。

ているが (POI 150)，彼自身の胸中にもこの古い世界観は残り続けたようである。そして彼の認識は現在でも――良くも悪くも――妥当性を失っていない[49]。仮にそうであるとすれば，ディアスポラを政治的理念として，すなわち，個人の選択ではなく集団的実践の次元で唱道することに対しては，ポスト冷戦期の現在においても一定の留保が必要であるように思われる[50]。

　こうした彼の境遇とその倫理―政治的態度は，実際のところ，サイードの知識人像とかけ離れているというよりもむしろ，それに近いものがある。サイードは，ナショナリズムと故国喪失のあいだには本質的なつながりがあり，両者の関係はヘーゲルの主人と奴隷の弁証法に似ていると述べる (Said 2000b: 176/ I 178)。二人を引き離したものはその政治思想というよりもむしろ，コインの裏表のようなその境遇の違いにあったのではないだろうか。「曲げられた小枝」

---

49)　アンソニー・スミスも，現代政治においてナショナルなものが後退する兆しはほとんどないという見通しを示している (Smith 1991: ch. 7)。もちろん，だからといって単にナショナルなものを積極的に肯定しようというのではない。「さしあたり必要なのはアレントかバーリンかという二者択一ではなく，アレントとバーリンを同時に「読む」作業を続けることであろう」(富沢 2012: 16)。本書がこの課題に対するひとつの貢献たりうることを願っている。

50)　ボヤーリン兄弟の『ディアスポラの力』は，「ポスト国民国家」的な，ディアスポラ主義の倫理―政治的可能性を模索した著作である。彼らはシオニストの男性性志向――イスラエルが西欧の帝国主義的支配に追随する姿勢――の問題性を指摘しながら，ユダヤ人がかつて備えていた女性性の要素――闘争の回避――を再評価する。そして彼らは最終的に無支配の理想，すなわち「主人を抜きにした奴隷のみによるアイデンティティという理念」に帰着する (Boyarin 2008: 248)。これは疑いなく道徳的に望ましい態度である（同時に，コノリーの「多元化のエートス」を想起させる考えでもある）。しかしながら，これがすべての者（あるいはある集団の多数）にとって可能な倫理的態度であるかという問いが残される。無支配は望ましいものであるが，それは理想として「遠い」存在でもある。バーリンはゲルツェン論のなかでこの現実と理想の距離について語っているが (RT 197-198/ III 370)，これはバーリンがヴァイツマンと自分自身を「漸進主義者」と形容したこと，また二人の思考様式が基本的に 19 世紀のロシア自由主義者のそれに由来することとも一致する (POI 151)。この点についてはボヤーリンも慎重であり，ディアスポラ主義がしばしば「英雄のごとく遊離した個人主義の追究といった状態へと退行してしまう傾向がある」ことを認めている (Boyarin 2008: 44)。たしかに，彼らが提唱する理念はマイノリティの境遇にある人々にとって有益なものでありうるし，また現在のイスラエルの「マッチョな」国家政策を批判する際にはこの上なく有効であろう。それでは逆に，支配的な地位におかれた人々――好む好まざるにかかわらず――にとって望ましい道徳的態度とはどのようなものだろうか。それが最も広い意味における「リベラルな」態度であるとすれば，バーリンの自由主義はこうした文脈において有益な――理想的ではないにせよ，われわれがそこから何らかの教訓を引き出すことのできる――教説たりうるように思われる。しかしながら他方で，バーリンはディアスポラ主義者ではないけれども，彼のリベラリズムにはたしかに「権力との対決を回避する」側面があった。イグナティエフはそれをトゥルゲーネフ的と評したが，そうした「臆病さ」の一部は，ボヤーリンが示したようなユダヤ的処世術に由来するのかもしれない。上述のように，彼のアウトサイダーの感覚は，彼をこのうえないかたちで迎え入れた英国においても完全には消えなかったように見える。

244

現象の同時代における諸事例について，バーリンは次のように書いている。

　　自分自身の伝統的文化や宗教的ないし人種的特徴を保持しているマイノリ
　　ティが，違った物の見方や習性をもったマジョリティに支配されるマイノ
　　リティの立場に永久に止まっていることはないであろう。そしてこれは，
　　たとえばシオニズムや，その鏡像（mirror-image）であるパレスティナ・
　　アラブの運動，あるいはアメリカ合衆国の黒人，北アイルランド・アルス
　　ターのアイルランド人カトリック教徒，インドのナガ人等々の「エスニッ
　　ク」マイノリティをつき動かしている，傷つけられた誇りという反応の仕
　　方，あるいは集団的不正義を被っているという感覚を実際に説明するかも
　　しれない。(CTH 252/ IV 306)

この一節は，あたかもイスラエルとパレスティナが同等・対等の境遇にあるか
のような表現と受け取れるという点では不適切であるかもしれない[51]。だが同
時に，そこでバーリンはパレスティナのユダヤ人が過去の被抑圧者であったと
同時に現在の抑圧者でもあることを認めてもいる。仮にサイードとバーリンが
逆の境遇に置かれていたとしたら――たとえば第一次中東戦争がアラブ側の勝
利に終わり，イスラエルが民族自決を果たすことがなかったならば――，両者
はそれぞれどのような自己形成をおこない，どのような政治的主張を行っただ
ろうか。このように問うことは，現代世界における知識人とはどのような存在
であるのか，またありうるのかを再考するためのひとつの契機となるかもしれ
ない。

*

---

51)　パレスティナの抵抗運動を「ヨーロッパ的な」シオニズム運動の模倣ないし鏡像と
みなすエリック・ホブズボームを，サイードは激しく批判している（Said 2000b: 424-425/
II 144-145）。他方でトニー・ジャットはバーリンと同じく，イスラエルとパレスティナの
関係を鏡像的に捉えている（Judt 2008: 172/ 上 230）。ボヤーリン兄弟もまた鏡の隠喩を
用いているが，彼らはイスラエル人がこの鏡像を通して己の姿を見出すよう促している。
「敵の心はその敵対者の心に映し出される。インティファーダは，このソロモン王の珠玉
の知恵に付けられたいわば「別添資料」のようなものだ」（Boyarin 2008: 270）。

もちろん，故国喪失に関して両者の見解が接近しているからといって，パレスティナ問題に関して両者の意見が一致していたわけでは決してない。現代のパレスティナをめぐる論争においては，よく知られているように，いわゆる「一国家解決」と「二国家解決」の対立が長らく存在している（cf. Woodward 2005）。サイードがオスロ合意を批判して二民族一国家（binational state）を主張したことは知られている。他方，バーリンは基本的にオスロ合意を支持しており，生涯にわたって二国家解決の立場をとった。最後に，パレスティナに樹立されるべき政治秩序に関してバーリンが抱いた意見と展望を要約して本章を閉じたい。

政治思想家であるにもかかわらず，バーリンは政治制度についてほとんど語ることはなかったが，いくつかの対談および書簡の中で示唆的な言葉を残している。まず，上述のように，彼はヘルダー，ヘス，ネイミアとともに民族と土地とのつながりを重要視し，パレスティナに何らかのユダヤ人共同体が存在することを望んだ。しかし彼はそれが必ずしもユダヤ国民国家のかたちをとるべきだとは考えていなかった。彼は晩年のインタビューにおいて，政治的ナショナリズムの勃興と流血の事態に対し，「政治的な枠組をもたない民族自決がまさに今重要なのです」（B&G 21/ 18）と述べる。これはヘルダーの文化的ナショナリズムを擁護するものである。「オーストリア＝ハンガリー帝国の場合のように，政治的・経済的な統一性と同時に文化的な多様性を持つことは可能です。これこそ，私が最終的に描こうと思っているヴィジョンです」（B&G 22/ 22）。

これはどのような政治体制を意味しているのだろうか。仮に，現代政治理論においてリベラル・ナショナリズムと呼ばれる立場が，「国民的レベルの連帯感はナショナルな次元で共有される『文化』への言及なくして醸成されることはない」[52]という考えを含むものだとすれば，これはリベラル・ナショナリズムではない。これはむしろ，諸民族を包摂する第三者的権威によって統合される帝国のヴィジョンであり，あるいはそれが各民族による一定の自治の権利を含む場合には，諸民族の対等な地位の承認にもとづく連邦国家というべきものである。

---

52) 黒宮一太「リベラル・ナショナリズムとは何か」（富沢 2012: 38）。

ここで興味をひくのは，バーリンが民主主義の熱心な信奉者ではなく，君主政体（ないしはデモクラシーの欠如）と個人の自由との両立可能性を肯定したことである。「デモクラシーが，他の形態の社会においてはもちえたかもしれない数多くの自由を個々の市民から実際に奪うことがあるように，リベラルな精神をもつ専制君主が，その臣民に広範囲の個人的自由を許すというのも十分に考えられる」（FEL 129/ V 316）[53]。彼はこうした政治体制を擁護した思想家としてホッブズ（Thomas Hobbes, 1588-1679）の名前を挙げている。彼はホッブズに関するまとまった研究を遺していないが，1990 年の対談の中で次のように述べている。

　　ホッブズは残酷さと弾圧を望んだとよく解釈されていますが，そうではありません。厳格な法を望んではいましたが，公共の秩序を維持するのに必要最小限なものを望んだだけです。自分が制御不可能になるかもしれぬと考えて，自分から進んで拘束着を着用する人に，まるでよく似ています。……自制心を失うかもしれぬと思うので，リヴァイアサンという自動的にあなたを抑制してくれる機械を発明するのです。それは，自分の上に装置された機械です。それがホッブズの理論なのです。（B&J 63-64/ 98）

秩序と安全のために共通の政治的権威を承認し服従しつつも，その法が沈黙するところで人は個人的自由を享受するという考えは，バーリンの消極的自由の擁護論と整合的である。また，この政治的権威が特定の文化的・宗教的諸価値を体現している必要はなく，その権威が世俗的であることがむしろ積極的に要請される[54]。

53）　バーナード・クリックへの応答に見られるように，バーリンは現代社会における市民的人文主義の再生に否定的であった（FEL xlii/ V 63）。これに対し，「支配の不在としての自由」の観点から共和主義思想の制度論的意義を説いて彼に反論したのがクェンティン・スキナーであった（Skinner 1998）。
54）　See also: FEL 40/ V 164. この点に関連して，ジェレミー・ウォルドロンは，バーリンがリベラルな政治制度についてほとんど沈黙していることに不満を述べている。すなわち，バーリンは啓蒙主義の問題点を強調するあまり，その重要な政治的成果である立憲主義を軽視したと（Waldron 2016）。しかしながらイグナティエフが彼に応答しているように，バーリンは立憲的諸制度を否定したのではなく，ただその重要性を自明視していたにすぎない（Ignatieff 2016: 224-228）。

第7章　現代シオニズム運動とパレスティナの問い　247

したがって，複数の民族集団から構成され，その領域内に居住する個人に普遍的な市民資格を保障するリベラルな多民族帝国ないし連邦国家をバーリンは肯定したということになるが，パレスティナにおいてそれはどのような政治体制を指すのであろうか。たとえば「ハイム・ヴァイツマン」には次のような記述がある。

> ユダヤ人国家は時期尚早ではなかったかという点については，ヴァイツマンは確信がなかった。彼としては，英連邦内の一自治領国家（dominion）としての地位を選んだであろう。1936年のピール委員会のパレスティナ分割計画は，英国政府と彼との間の稔りある協力が頂点に達したことを象徴している。そして彼は，特に外務省にあってこの計画を破壊した人々を，それに続いて生じた厄災の責任者と見ていた。（PI 35/ II 85）

バーリンは『タイム』紙編集部宛の書簡（1946年7月10日付）の中で，ピール分割案がパレスティナにおける両民族の平和的共存のための「最後の望み」であったと書いており（L-II 10-11），これ以降，彼の意見は基本的に変わっていない。ノーム・チョムスキー宛の書簡（1969年12月18日付）では次のように書いている。「1936年の分割案については，私はあなたの考えにまったく同意しません。私は，もし分割が完全に実施されていたならば……目下の状況は回避されていたであろうし，イスラエル国家は，たとえ不承不承であろうとも，中東の恒久的な一構成員として，その隣人たちに受け入れられていたであろうと考えます」（L-III 404-405）。したがって，もし彼が是認する多民族帝国のヴィジョンがパレスティナにおいても妥当しうるとすれば，それは，ユダヤとアラブいずれの民族性も代表しない第三者（大英帝国，あるいは国際連合）が整備した政治的枠組――それはある意味で「手続き的正義」を確保する装置である――の下で，両民族が地理的に区別された領域内で自治を享受する，といったものであろう。

ここでイェルサレムの地位に関するバーリンの見解を見ておきたい。彼はピール委員会案を基本的に支持していたけれども，上掲「イスラエルとパレスティナ人」の中では，（同案で示された）第三者による国際的管理ではなく，イ

スラエルによるイェルサレムの領有を主張している。一見するとこれは明白な矛盾であるが，彼はその理由を別の書簡の中で説明している。1965年から1995年までイェルサレム市長を務めたテディ・コレック（Theodor 'Teddy' Kollek, 1911–2007）は，1996年のイェルサレム建都三千年（trimillennium）にあたって，「ユダヤ人にとってのイェルサレムのユニークな地位」に関するコメントをバーリンに求めた。その返答は次のようなものである。

　バーリンはまず，イェルサレムがユダヤ教，キリスト教，イスラム教の聖地であることを認めたうえで，ユダヤ教徒にとってはイェルサレムが唯一の「聖なる土地（the Holy Land）」であり，三千年にわたる彼らの宗教的生活の中心であったことを強調している。次に，この都市の管理について意見を述べている。まず彼は，国連その他の主体による都市の国際的管理が，特定の宗教共同体が他の犠牲のもとに利益を享受しないための「十分に自然な」方策であることを認める。しかしながら，

　　そのような方法で統治される都市が，結局はすべて失敗に終わることは明らかです。自由都市は，たとえばドイツやロシアなどにおけるように，それが位置する国の残りの部分と同じ文化と民 族 性をその都市の市民が有しており，国際的に管理されていない場合に繁栄することができます——私はダンツィヒやメーメルのことを考えています。それらの都市はドイツの下で繁栄し，ポーランドやリトアニアの下でもある程度繁栄しましたが，国際的な統治の下では決してそうはなりませんでした。占領下のベルリン，占領下のウィーン，ザール，ルールは，自治ではないやり方（being un-self-governing）をいつまでも続けることはできませんでした。仮にイェルサレムが，たとえばバチカンによって直接占領・統治されるようになる——誰もそのような提案をしない（と願っています）——のでもなければ，国際的な管理という考えは，まずおそらく成功しないでしょう。（1995年2月22日付，L-III 501–502）

この意見は，彼の出身地である帝政ロシア統治下のリガを連想させるものでもある。そのうえで彼は，かつてのオスマン帝国によるイェルサレム統治に好意

第7章 現代シオニズム運動とパレスティナの問い 249

的に言及している。

> トルコ人はカトリックの聖地にも，正教会の聖地にも，あるいはユダヤ教
> のそれに対してさえも，決して干渉しませんでした。当然のことながら，
> イスラエルはこれと同じように振る舞うべきであろうし，狂信者たちは抑
> 制されなくてはならないでしょう（現状はこれとは似ていないと思いますが，
> 違うでしょうか）。だがもし，警察力による保障が与えられ，ラビ的な〔ユ
> ダヤ原理主義的な〕野望に対する対抗策が確立されるのであれば，これが
> 最も異論の少ない解決でありましょう。（同上, L-III 502,〔 〕内引用者補足）

つまり，彼はイェルサレムの主権的領有を，安定した統治主体の必要というプ
ラグマティックな理由から——それはホッブズ的な意味での安全をもたらす
——主張したと考えられる。また 1980 年 6 月 14 日付の手紙では，遠縁にあた
る音楽家のメニューイン（Yehudi Menuhin, 1916-1999）によるイェルサレム市
における両民族共存の提案[55]に対して，それが賞賛すべきものであることを
認めつつも，その提案は「ユダヤ人とアラブ人の間のある程度の平和的な協力
を前提とする」もので，その実現は「目下は非常に遠いところにある」と返答
している（L-III 137）。ここでも彼は，現状からあまりに隔たった理想を追求す
ることは現実的ではないという，ゲルツェンに由来する主張を繰り返してい
る[56]。

　このように，一方におけるリベラルな多民族帝国ないし連邦国家の理想と，
他方におけるパレスティナ分割案支持およびイェルサレムの主権的領有の主張
との間には無視できない相違が存在する。これは理想と現実のあいだの齟齬で
あるのか，あるいは二つの別々の問題であるのか，それとも彼の政治思想に由

---

55)　ここでバーリンが返答しているメニューインの提案の詳細は明らかではないが，書
簡集の編者は，彼の平和共存構想を 1995 年の記事から推測している。それは両民族の相
互理解に基づく分断なきイェルサレムと，ヨルダンのフセイン国王が彼に語ったという
「セム人の連邦（Semitic federation）」の理想である（Menuhin 1995）。彼はバーリンと同
じく，ルバヴィッチ派の創始者シュノー・ザルマン・リアディの子孫である。彼の父親
（Moshe Menuhin, 1893-1983）は反シオニズムの哲学者であり，ユーディは父の立場を継
承し，パレスティナ和平を熱心に説いたことで知られている。
56)　本章注 50 参照。

来する根本的な問題であるのか。この点に関する決定的な解釈は今のところ提出されていない。

　ここで指摘すべきは、積極的な多民族・多文化共生の展望に、バーリンがきわめて悲観的だったことである。フランスのユダヤ系政治社会学者ピエール・ビルンボームによれば、バーリンはアメリカ的な多文化主義を語る際に「何かしら軽蔑的な非難」を込めることがあった（Birnbaum 2008: 268）。このことはパレスティナ問題を論じる際にも同様である。彼はいわゆる一国家解決に非常に懐疑的であり、「分離独立（partition）に対する基本的な信念」、および「人工的に作り上げられた多民族・多人種国家——原理としてそれがいかに正しいものであろうと——への不信」を表明している（L-III 418）。一方で彼は、バルフォア宣言以来のユダヤ人入植者たちに、パレスティナ・アラブを理解しようとする努力が欠けていたことを認める。しかしながら他方、両者のあいだにはそもそも共生のための「共通の歴史的・文化的土台」が十分に存在しなかったために、それは最初から困難な企てであったと述べる（L-III 404）[57]。

　ここから彼は現代のパレスティナにおいて諸価値の「悲劇的な」衝突が存在することを繰り返し強調する[58]。「正真正銘の権利同士が疑いなく衝突しているところでは、〔理想的な〕解決は不可能であり……、そこにおいて人が望みうるのは、不正義が最も少なくなるような状況を推進することでしかありません」（オマー・ハリク宛、1971年11月25日付（L-III 472）、〔　〕内筆者補足）[59]。これは彼の最後のメッセージにおける「気の進まない寛容（reluctant toleration）」と

57）　共通の政治文化が希薄な場所において諸集団が平和裏に共生することはいかにして可能か。これは政治家や政治哲学者のみならず、現代世界に生活する者がしばしば直面する問いである。第4章で見たように、ロールズが「重なり合う合意」を前提として多様な集団のあいだの秩序ある共生のヴィジョンを見出した一方で、グレイやバーリンは、そうした合意が必ずしも成立しない状況における倫理─政治のあり方をも論じた。もちろん（サイードやメニューインが説いたように）、異質な集団のあいだに信頼と共通の認識を醸成する努力はなされるべきであろう。それでも、現在のこうした価値の「ラディカルな衝突」をもひとつの現実として受け止めるべきであれば、われわれはバーリンの悲観的な見解にも注目すべきであるように思われる。
58）　もっとも、この点もまたサイードが怒りを込めて批判したものであるのだが。つまり、「悲劇的な衝突」という言葉は、イスラエル人とパレスティナ人があたかも対等な立場で対立しているかのような印象を与えるが、実際に存在するのは後者に対する前者の一方的な暴力行使だということである。この点に関するバーリンの弁明は、今のところ見出すことができない。
59）　上掲のチョムスキー宛の書簡にも同様の記述がある（L-III 405）。

いう言葉と整合的である。結局のところバーリンが望ましく，また可能と考えたパレスティナの秩序は，良くも悪くも「リベラルな」ものであった。それは多文化主義者が唱道する積極的な相互理解と承認ではなく，許容（forbearance）と妥協（compromise）としての寛容に基づく共存の企てであり，分離主義的な色彩を伴っている。

こうした分離主義は，上述の彼のホッブズ理解に加えて，おそらくは彼が生涯にわたり暴力を恐れたこととも関係している。バーリンは 1917 年の十月革命の際に警官が暴徒に襲われる光景を目にし，それ以来，生涯にわたって物理的な暴力を恐れるようになったと回顧している（B&J 4/ 15）。テロリストの恐怖を彼は幾度となく語っており，上掲「イスラエルとパレスティナ人」第二段落の，「善き隣人の関係」が双方における「テロリスト」の存在ゆえに不可能である，という記述もこれと整合的である。彼にはこうした暴力に対して毅然とした態度をとる勇気が欠けていた。彼は，度重なる脅迫や研究室の破壊にもかかわらず，率直に「真実を語る」ことをやめないサイードやチョムスキーのような人々のように振る舞うことはできなかった。

トニー・ジャットは，イスラエルが 19 世紀的な民族国家から 21 世紀にふさわしい多民族・多文化国家に，「相互不信」から「承認」に転じる決断の必要を語った（Judt 2003）。サイードもまた，パレスティナ人が政治的解放を果たした後に実現すべき知的態度は，それまでの抑圧的被支配とその言説を単純に転倒させたナショナルな自己肯定——それは新たな知的隷属を生み出す——ではなく，他の文化のみならず自文化に対しても自由な批判的精神を発揮できるような，いわばリベラルな精神であると述べた（Said 2000b: 396/ II 113）。

他方でバーリンは，そのリベラルな気質にもかかわらず（あるいはそれゆえに），そうした「勇気ある」決断と行動に積極的ではなかった[60]。楽観的なコ

---

60) 周知のように，イグナティエフはバーリンをトゥルゲーネフに見立ててこの点を論じた（Ignatieff 1998: 256-258/ 277-280）。しかしながら，シオニスト左派であることはポスト冷戦期のイスラエルにおいて必ずしも十分に安全であるわけではない。最後のメッセージにもあるように，バーリンはラビンの暗殺を強く意識していたと思われる。また左派の知識人が実際に危害を加えられた例として，占領政策を長年批判してきたイスラエルの歴史家ジーヴ・シュティネルが，2008 年に極右のユダヤ人活動家によるパイプ爆弾攻撃の被害を受けた事件が挙げられる（McCarthy 2008）。彼の反啓蒙主義研究におけるバーリン批判については，本書第 6 章で考察を加えた。

スモポリタニズムに対する懐疑的な姿勢が，ここでは逆に彼を守勢に追い込んでいる。この点は，本書第4章で考察したバーリンの「ポスト寛容」的な態度と食い違うものであり，批判者たちが指摘する，彼の「二枚舌」的な態度を明らかにしていると言える。あるいは，バーリン自身が「好奇心」の対象とする範囲が，「西洋」文明とその周辺に限定されていた（すなわち，真に「地球的」なものではなかった）と考えることもできるかもしれない。いずれにせよ，この点は，差異に対する好奇心に基づく寛容論一般のもろさを例証するものでもある。

第5節　小括

　こうしたバーリンの姿から，われわれはどのような教訓を得ることができるだろうか。たとえば次のような議論が可能である。政治的観念はその時々の政治的現実に根をおろし，それぞれの社会的・個人的文脈に少なからず拘束される。逆に言えば，そうした文脈から完全に自由なかたちで唱えられる観念は力をもたない。自由主義もまた同様である。右傾化した現代のイスラエルに「古きよき」シオニズムの理念を対置するバーリンの所作は，サイードのような人にとってはきわめて生ぬるく，むしろ有害なもの──つまりイスラエルの暴力性を「隠す」もの──と映るであろう。だが，シオニストとして「内部から」イスラエルに語りかける者は，サイードとは異なる所作を求められるのではないだろうか。ダブノフは『ジューイッシュ・クロニクル』に寄稿したエッセイの中で，古い世代のシオニストが急速に忘却されつつある現在において，バーリンのようなリベラルなシオニストの立場を再度検討することの意義を強調している（Dubnov 2013）。排外主義者は壁の外にこだます抗議に耳を傾けようとはしない。バーリンのような立場にある人物には，サイードとは異なる役割があるように思われる。

　また，バーリンは過去の人物を描き出す際に，その人物の思考と行動を支配する中心的観念を捉えることを得意とした。彼はシオニズムが，自分自身が抱くもっとも根底的な，ぬぐいがたい観念であることを認めた。彼はこれと格闘し，もうひとつの中心的信念である自由主義との妥協を模索したが，その過程

でシオニズムへの信念が消え去ることはついになかった。シオニズムへの信念を共有しない者がその矛盾を突き，彼の言動を批判するのは比較的容易であろう。だがむしろ，われわれはそうした彼の内面的格闘から学ぶべきところがあるのではないか。死後に公表されたエッセイ「偏見についてのメモ」（2001年）の中で，彼は「共感できない人々や，完全には理解できない人々と妥協することが，品位ある社会には不可欠である」と書いている（NP 12/ 75）。自己の偏見から自由である者は，過去におけるのと同じぐらい，われわれの時代においても驚くほど少ないのである。以下の一節でバーリンが示した哲学者像は，彼の生涯にわたる知的関心の焦点——もっとも重要かつ必要でありながら，その達成が困難であるところの課題——を指し示しているように思われる。

　　哲学者に永続的に課された務めは，科学の方法や日常的観察が気づかぬような事柄，たとえばカテゴリー，概念，モデル，思考様式もしくは行動様式，特にこれらが相互に対立しぶつかり合う様子を調べ，既存のものよりも内部的矛盾が少なく，たとえ完全な実現は望むべくもないにせよ誤用の可能性のより少ない他の比喩，イメージ，シンボル，カテゴリー体系を構築することにある。混乱と悲惨と恐怖の主要な原因のひとつは，その心理的な，あるいは社会的な根が何であろうとも，時代遅れになった観念への盲目的固執であり，一切の批判的自己吟味の病理的嫌悪であり，人間生存の手段と目的とのいかなる理性的分析をも妨害しようとする錯乱した努力である——ということは，確かにひとつの合理的な仮説である。（CC 11/ II 252）

　最後に，こうしたバーリンの「自由主義」のあり方は，現代政治理論の分野で近年盛んに議論されている寛容の問いに取り組む者にも有益な考察の材料を提供すると思われる。バーリンが価値多元論と品位の重要性を繰り返し主張しながらも，パレスティナ問題において彼自身がそこから重要な逸脱を示す様子は，たとえばウェンディ・ブラウンが分析したところの，「リベラルな寛容」がはらむ問題性の具体的表現の一例であるように思われる[61]。バーリンの思想が現代の標準的な自由主義の諸特徴をどの程度共有しており，また，彼の思想

のどの部分にそれからの重要な逸脱——つまり，この問題を解決するための糸口——があるのか。こうした問いは，寛容イデオロギーの分析に具体的な素材を提供し，自由主義をその人物（つまり歴史的・社会的文脈）に内在するかたちで吟味するという作業に貢献するであろう。しかしながら，これは本書が設定した課題を大きく超えるものであり，ここでは以上の展望を示すにとどめたい。

---

61) ブラウンによれば，これはバーリンのみならず，彼の後継者を自任するイグナティエフのようなリベラルにもあてはまる（Brown 2006: 184-185/ 251-252）。

255

結　論

第1節　三本の糸が紡ぐ織物

　以上の考察から，バーリンの政治思想の中心的特徴を次の四点に要約することができる。第一に，多様性あるいは差異の還元不可能性の認識である。彼の一元論批判から帰結する価値多元論の要点は，多様な価値，理想，生活様式が，しばしば（通約不可能性を伴うかたちで）両立不可能であることの認識であり，それらを時代や文化という文脈に内在するかたちで――その唯一性の相の下に――理解することの必要であった。ここから第二に，価値多元論の道徳的含意として，人間主義あるいは世俗主義が導かれる。すなわち，一方における人間生活の悲劇的側面（生の偶然性と価値の両立不可能性に伴うところの，選択と犠牲の不可避性）の承認と，他方における差異の積極的な肯定――現実の多様な生の豊かさと，それらに対する好奇心――である。第三の特徴は歴史主義である。彼は論理実証主義と歴史的決定論の批判を通じて反基礎づけ主義的立場に到達し，自由主義の歴史的偶然性を肯定――すなわち，他のイデオロギーに対する自由主義の特権的地位を否定――している。また，公／私の境界のア・プリオリな画定可能性を否定し，それが「準―超越論的」（あるいは準―経験的）性格をもつこと（規則や規範がわれわれの社会的行為を可能にする条件であると同時に，それらがわれわれの政治的な選択の対象でもあること）を指摘している。そして第四に，「品位ある社会」の構想が示すミニマリスト・リベラルの立場が挙げられる。彼は最小限の個人的自由の領域を擁護する一方で，「まっとうな」人間生活に必要な他の諸々の事柄――そこには最低限の福祉や「集団への帰属」が含まれる――の充足も要求している。これらの要求はときに両立せず，ある

価値を実現するために他を削減しなければならない。こうした対立において，諸価値の優先順位をア・プリオリに決定しうる原理は存在せず，われわれに可能なのは具体的状況に応じた妥協とレード・オフの繰り返し――「不安定な均衡」――である。こうしたバーリンの「リベラルな」思想は，自由主義思想の歴史的展開のなかでどのような位置を占めるのであろうか。

　エリック・マックとジェラルド・ガウスは，自由主義の多様な伝統を分類するための二つの方法を提唱している。第一は「教義の類似性（doctrinal resemblance）」に基づく分類法である。この類似性は，「規範的な原理や，世界がどのように機能する（あるいは機能し損ねる）のかに関する多かれ少なかれ経験的な一般化――正統な国家に対する規範的な制約についての結論を生み出す原理や一般化――を，実質的に共有することにより構成される」。もうひとつは「政治的な類似性（political resemblance）」に基づく分類法である。この類似性は，「これら共有された規範的制約が応用されるべき仕方，したがっていかなる種類の国家が――もしあれば――実際に正当化されるのか，についての結論の実質的な類似性」である（Mack & Gaus 2004: 115）。言い換えると，教義の類似性とは世界観や哲学的方法論の共有からみたグループ化であり，政治的類似性とは，哲学的前提がいかなるものであれ，どのような政治的生活や政治制度を是認するのかという点からのグループ化であると言える。

　これらの方法でバーリンの自由主義を分類するのは難しい。まず，「教義の類似性」に沿って考えてみると，彼の自由主義は英米政治理論の主潮流とは大きく異なることがしばしば指摘される。彼の自由の擁護はホッブズやロックのように自然権論や社会契約論に依拠するものではなく，ベンサムやミルの功利主義にも，アダム・スミス的あるいはハイエク的な自由市場と最小国家の原理にも立脚するものではない。またロールズのように，リベラルな政治文化を基礎として自由の優先性原理を弁証することもなかった。ここから，バーリンの自由主義の真価をその政治「理論」上の貢献に見出すことが果たして適切なのかという疑問が提起されることになる（Lukes 1994: 693）。

　この「教義」の問いに関しては，バーリンの自由主義の由来を彼の知的履歴からたどるやり方のほうが有望であろう。バーリンの知的形成には，彼みずからが「三本の糸（three strands）」と呼ぶところの複数の要素が関与している。

すなわちロシア的，英国的，そしてユダヤ的要素である（PI 255）。彼の著作群から見えてくるのは，彼の自由主義の思想的源泉が英国的というよりもむしろ大陸的であり，そして啓蒙思想と同じくらい対抗的啓蒙思想からその知的資源を得ていたということである。

　まず，彼の著作群の示す傾向あるいは方向性について——これはかなり大づかみなものにならざるを得ないが——考えてみると，第一に，彼の思想史の貯蔵庫のなかで顕著な要素，すなわち，彼自身が強く共感したコミットしていると思われる思想は，ことごとく北方ドイツとロシアに由来するように思われる。たしかに，彼はマキァヴェッリやヴィーコ，モンテスキューについて論じ，ミルの自由主義を賞賛した。しかし生涯にわたって彼の思想の中核を担っていた重要な人物を挙げてみると——ヘルダー，ハーマン，カント，ゲルツェン，トゥルゲーネフ——，それらが彼の出身地とその言語—文化的環境と強固に結びついていることは容易に想像できる[1]。これは彼の知的背景の「ロシア的」側面——より広く「ロマン主義的」側面と呼ぶべきかもしれない[2]——にあたる（PI 255）。

　ロシア・東欧社会思想史の専門家でバーリンの友人でもあるアンジェイ・ヴァリツキは，「バーリンとロシア・インテリゲンツィヤ」と題した論考において，バーリンの自由主義の起源となる思想について論じている。まず第一に，

---

1)　バーリンの思想史関連の業績は，大まかに言って次の三つのカテゴリーに区別することができる。第一に，マキァヴェッリ，モンテスキュー，ミルに対するバーリンの関心の大部分は，彼らがヨーロッパ思想史における価値多元論の系譜を構成する点に存する。第二に，ヴィーコに対するバーリンの注目はその知識論，すなわち人文諸科学が自然科学とは区別される固有の意義と方法を有すると説いた点にあり，これはヴィーコの「想像力」からヘルダーの「感情移入」，そして西南ドイツ学派の「理解」の観念に継承されるところの，バーリンの言う「表現主義」の源泉である。そして第三に，両者は（本書第6章で考察した）彼自身のアイデンティティ——すなわち，彼が近代ユダヤ人の境遇を通して描いたところのナショナルな物語——とは異なる流れに属する。他方，ヘルダーはこれら三つの系——それぞれ「多元論」，「表現主義」，「民衆主義」におおよそ対応する（VH 153/294）——のいずれにも関係しており，その意味でもやはりヘルダーはバーリン思想の礎石をなす人物だと言えるだろう。
2)　バーリンは19世紀ロシア思想における独自要素の乏しさを次のように指摘する。「19世紀のロシアに見られる政治，社会思想は，ほとんど何ひとつとして自国の土地に生まれたものではなかった。おそらくトルストイの無抵抗の思想だけが，真にロシア的なものと言ってよいであろう」（RT 124/ III 247）。そのうえで彼は，当時のロシアにおけるドイツ・ロマン主義の影響を重視する（RT 136/ III 267）。同様の見解として，イヴァーノフ・ラズームニク『ロシア社会思想史』（初版1906年），邦訳（Razumnik 2013）上巻85頁以下を見よ。

彼は、「彼〔バーリン〕はロシア・インテリゲンツィヤとソヴィエトの全体主義との関連を認めつつも、それを冷戦期のリベラルたちの主流派の代表的論者とは異なる仕方で解釈している」（Walicki 2007: 50）と指摘し、バーリンがロシア・インテリゲンツィヤを単なる批判の対象としてではなく、自由をめぐる普遍的格闘にその生涯をささげた人々として解釈した点を評価している[3]。たとえば、スターリンが共産党の独裁体制をその歴史的必然性の言葉によって正当化したことに対し、バーリンはゲルツェンとベリンスキー（Vissarion Belinsky, 1811-1848）を、「『歴史の必然性』の神話に対する彼の抵抗の同盟者としている」（Walicki 2007: 53）。彼はベリンスキーのヘーゲル批判、およびゲルツェンの「歴史の偶然性」テーゼ——「それぞれの世代の目的はそれ自身」（RT 92/ I 221）であって、進歩の名の下に現在を犠牲にしてはならないという主張——を援用しつつ、反ユートピア主義と「リベラルな世界観」を示している[4]。加えて、ジョシュア・チュルニスが指摘するように、マルクス主義者であるにもかかわらずソヴィエトの主流派とは異なる考えを示したプレハーノフ（Georgij Valentinovich Plekhanov, 1856-1918）を、バーリンは非常に高く評価している。彼はプレハーノフを「ゲルツェンの真の後継者」と断言しており、バーリンは彼の思想から、超越的・合理主義的な歴史哲学に対する批判と、歴史における個人の役割の肯定という考えを受け取った（IDM; Cherniss 2013: 30-36）。この点はよく知られたバーリンの『歴史の必然性』にそのままのかたち

3）　ヴァリツキが指摘するように、19世紀ロシア思想史においてバーリンが深い関心を寄せるのは、「父と子」の「父」の世代である（これはバーリンによる近代ユダヤ人思想史における「子」世代への注目と対照的である）。すなわち、一方で帝政ロシアの専制政治を自由の名の下に批判しつつ、他方で唯物論的、無神論的、ニヒリスティックな子の世代のラディカリズムに当惑する、「狭間の」世代のリベラルである。それは、バーリンが「ロシア・インテリゲンツィヤ」を論じるとき、なぜプーシキン（Alexander Pushkin, 1799-1837）やチェーホフ（Anton Chekhov, 1860-1904）が含まれないのかを説明するように思われる。この点については、河合研究会（2008年9月9日、於・学習院大学）での報告の折に参加者の方にご指摘いただいた。記して感謝したい。

4）　加えて、こうした反ユートピア主義は、バーリンのシオニズムにおける「リベラルな」側面とも通底している。彼は、「イスラエルの政治的構造を理解したいと思う者は誰であれ、19世紀ヨーロッパにおける諸々の自由主義思想の歴史を学び、次にロシアの自由主義者と社会主義者の胸中に反映されたものとしてそれらの思想の物語を学ぶのが最善である」（POI 151）という認識を示しているが、これは、バーリンがヴァイツマンと自分自身を「漸進主義者」（すなわち反ユートピア主義者）と形容したこと、またヴァイツマンの思考様式が基本的に19世紀ロシア自由主義者のそれに由来するとしたこととも一致する（cf. PI 52/ II 84）。

で表れている。加えて，プレハーノフは 18 世紀に優勢であった科学的・決定論的な歴史観の「例外」をなす先駆的な思想家としてヴィーコ，モンテスキュー，ヘルダーの名前を挙げており（Plekhanov 1958: 41），このことは，バーリンが彼の著作に負うところの大きさを示している。

　19 世紀のヴィクトリアン・（ブルジョワ・）リベラルたちが主として自由の政治経済的な側面を精力的に論じたのに対して，政治的・経済的に孤立していたロシアの知識人たちは，個人的・実存的な問題に関心を集中させた。たとえば「19 世紀の芸術においてある役割を果たすことになる余計者についての有名な理論」[5] に関して，バーリンはロシア文学におけるその重要性——ドストエフスキー（Fyodor Dostoyevsky, 1821–1881）からニーチェ（Friedrich Nietzsche, 1844–1900）にいたる実存主義的な人間像の契機となる——を指摘している（RR 82/ 126）。彼はドストエフスキーについて主題的に論じることはなかったが，「20 世紀の政治思想」（1949 年）における，自由と幸福をめぐる次の一節は，彼の自由論に繰り返し現れるパターナリズム批判（彼はよくカントを引き合いに出してこれを語る）のもっとも強力な表現となっている。

> 言うまでもなく，これはドストエフスキーの『カラマーゾフの兄弟』における大審問官の立場である。すなわち彼は，人々のもっとも恐怖するのは，闇の中に自分の道を手探りしろと言ってひとりだけ捨て置かれるような選択の自由であり，教会は彼らの肩から責任をとり上げることによって，彼らがすすんで奴隷となり，感謝に満ち，幸福な奴隷であるようにするのだという。（FEL 33/ V 153）

たとえ不安や不幸にさいなまれようとも幸福のために個人の自由を犠牲にしてはならないという強固な信念（これは消極的自由の過度の擁護としてときおり非難される）を，バーリンはロシアの実存主義者たちとほとんど自己同一化するかたちで保持していたように思われる。第 4 章で検討したバーリンの「リベラルな善の構想」は，ウィリアム・コノリーのようなポストモダン派の政治理論

5）19 世紀ロシア文学・社会思想における「余計者」の観念については，Razumnik（2013）上巻第 8 章を参照。

と一定の共通性を有するが，そのルーツは彼のロシア自由主義思想研究にある
と考えられる。

　第二に，多数の目的のあいだで引き裂かれる悲劇的な自己の原像を，ヴァリ
ツキはトゥルゲーネフ（Ivan Turgenev, 1818–1883）の「ハムレットとドン・キ
ホーテ」（1860 年）に言及しながら論じている。彼によれば，両者は「二つの
人間的タイプの間の永遠の対立の例」である。思慮深いハムレットは，真理の
複数性を理解するが，まさしくそれゆえに行動を起こすことができない。他方
で活動的なドン・キホーテはその活動性の代償として「単純な精神，教条主義，
そして自己批判の精神と相容れないこと」という代償を支払う（Walicki 2007:
58）。バーリンはトゥルゲーネフに近い気質をそなえており，イグナティエフ
はこれを「リベラルな」美徳として肯定的に評価している。

　　　人間は，命を賭す意志があるかどうかではなく，ほかの者たちが冷静さを
　　　失ったとき，道徳的にも政治的にも，自分の冷静さを保つことができるか
　　　どうかで判断されるべきなのである。バーリンもトゥルゲーネフも，この
　　　ような控えめであるが厳格な基準によって，みずから設定したテストに合
　　　格したのだった。（Ignatieff 1998: 258/ 280）

ヴァリツキもこの点に同意しており，「トゥルゲーネフの『ハムレット主義』
は彼〔バーリン〕のリベラルな態度の本質的な構成要素であった」としている
（Walicki 2007: 59）。他方で，この気質は彼が良くも悪くも政治的活動から身を
引いた「行動しない」知識人であることも示しており，（第 7 章で考察したよう
に）この点が数多くの批判を呼ぶことになる。バーリンはベリンスキーやゲル
ツェンの英雄的な態度にあこがれを抱きつつも，それをわがものとすることは
なかったのである。

＊

　他方で，ドイツの対抗的啓蒙思想とバーリンの自由主義はどのような結びつ
きを有するのだろうか。彼は基本的にはリベラルな啓蒙主義の理念——集団に

対する個人の尊重，人間の知的・道徳的進歩，社会生活の改善——を肯定しているものの（これは彼の知的背景の「英国的」側面を構成している），思想史家としては世俗的な合理主義者や自由思想家ではなく，強固な反合理主義的信念を抱いた対抗的啓蒙の思想家たちに心ひかれていたように思われる。不可知論者でありながらも，彼が文化的ナショナリズムの観点から宗教の重要性を決して否定しなかったことも，この推定を支える論拠に加えることができるだろう。そして，この民族—宗教的なものの基底性は，彼の知的背景の「ユダヤ的」側面を表すものでもある。

フレデリック・バイザーは「アイザィア・バーリンとドイツ対抗的啓蒙」と題した論考において，現代においても半ば自明視されている自由主義と啓蒙主義との関係を解きほぐすことを試みている。彼は対抗的啓蒙の代表的思想家としてハーマン，ヘルダー，ヤコービの名前を挙げ，彼らの思想の中に「基本的なリベラルの諸価値，とりわけ寛容と良心の自由」，そしてカントに通じる「自分で考えること（*Selbstdenken*）」といった，自由主義の積極的要素を見出している（Beiser 2003: 107, 111）。バイザーは対抗的啓蒙の思想的起源を18世紀のルター派敬虔主義（pietism）に求めているが（Beiser 2003: 110），バーリンにとってもその中心人物は敬虔主義者ハーマンであった。第5章で考察したように，彼はバーリンの哲学的であると同時に思想史的な関心を最もよく映し出している人物である。バーリンはときに「保守的な」リベラルと形容されることがあるが，その理由は，彼が対抗的啓蒙の思想家たちとともに「理性の限界」を唱え，そこから言語—歴史共同体の基底性と民族的帰属要求の根絶不可能性を唱えたことに求められる。バイザーは「バーリンの解釈の弱さは，それが対抗的啓蒙主義による理性批判の背後に存在するリベラルな霊感を見落としていることである」（Beiser 2003: 107）と批判しているが，バーリンがそのような見落としをしていたとは考えにくい。同じく第5章で確認したように，彼がハーマンを評価するのは，堅い宗教的信念を抱きながら「謙虚な」理性的態度を保持した点であった。

これらの思想史的知見から，価値多元論，消極的自由，帰属の必要という三つの教説を得ることができるが，これらはすべて——体系的な「理論」と言うよりも——政治に関する「智慧」とでも呼ぶべきものである。まず，価値多元

論の基本的な想定は,「人間の目標は多数であり,それらの全てが通約可能であるわけでなく,相互に絶えず競合しているという事実」(FEL 171/ V 389)であるが,このテーゼを例証するのがマキャヴェッリの思想における異教の徳倫理とキリスト教倫理の両立不可能性であり,モンテスキューとヘルダーに端を発するところの文化的多元論であり,ロシア文学における「繊細さ」の精神であり,そしてミルの自由論における意見の多様性それ自体の尊重である。これら一連の論考におけるバーリンの解釈はしばしば主流派のそれと大きく異なっており,ゆえに各方面の専門家からときおり厳しく批判されてきたが,その解釈がバーリン自身の知的形成を経由したものであると考えれば納得がいく。

次に,歴史的決定論の批判および実存的自由への関心は,第3章で考察したように,価値多元論における個人の道徳的選択の問題を経由して消極的自由の擁護へといたる。したがって彼の消極的自由の擁護は,自然権理論や「自然的自由の体系」,あるいは功利主義的計算に由来するものではない(しかしバーリンはこれらに反対しているわけではない)。また決定論批判の副産物として,彼は自由をはじめとする主要な政治的概念が「隠喩」として構成されること,それゆえ自由概念はその隠喩の種類に応じて複数存在すること,ある特定の隠喩が他を排して特権的な地位を占めるようになると,「観念の専制」という状況が発生することを示している。そして第三に,ハーマンの信念論と言語論はヘルダーを経由してモーゼス・ヘスに至り,文化的帰属性が人間の基本的な必要のひとつであるとの洞察に帰着する。

このような,18世紀ドイツの対抗的啓蒙思想と19世紀ロシア自由主義思想を背景とした20世紀英国の自由主義者の名前を,「教義の類似性」の観点から他に挙げることは難しい。ポパー(Karl Raimund Popper, 1902-1994)は,その歴史主義(historicism)批判をバーリンと共有するが,彼の「開かれた社会」論と批判的合理主義の理念はバーリンよりもはるかに合理主義的である。英国委任統治下のパレスティナに生まれ,オックスフォードで学位を取得したラズ(Joseph Raz, 1939-)は,一方でH・L・A・ハートの実証主義の流れをくむ法理学者,他方で価値多元論とミル的自由主義を独自の方法で織り上げている道徳哲学者であるが,思想史的側面,特に大陸ヨーロッパ思想とのかかわりは少

ない[6]。シュクラー（Judith N. Shklar, 1928-1992）は，ラトヴィアのリガでドイツ系ユダヤ人の家族の下に生まれ，ヒトラーの台頭と共に（ノルウェーから日本を経由して）カナダに渡っている点（Yack 1996: 264），彼女の思想史研究――ヘーゲルとルソーの批判的読解――を通じた反ユートピア主義（Shklar 1957），そして「恐怖の自由主義」（Shklar 1998）という言葉で表現される独自の道徳的懐疑主義は，特定の原理の積極的な展開ではなく，むしろ原理一般が有するユートピア的傾向を抑制する「消極的な」構想である点で，「品位」に帰結するバーリンの政治思想と多くを共有している（cf. Flathman 1999, Collini 1999: 209）。それでも，バーリンの政治思想は現代自由主義思想の主要な諸潮流の中にあってきわめて独特のものであると言える[7]。

　バーリンの多元論的自由主義の後継者として挙げられるのがグレイ，ハムプシャー，ウィリアムズ，イグナティエフ，マルガリート，そして上述のラズといった人々である。彼らはいずれもオックスフォードでバーリンと個人的な繋がりをもち，多元論的リアリズムの観点から道徳的諸問題や政治現象にアプローチしている。他方で，アメリカにおける類似の潮流を構成する人物としてローティ，コノリー，ウォルツァー，フラスマンらを挙げることができるだろう。彼らはいずれもロールズ的な規範理論の外部に存在する問題領域を念頭に置き，ポスト冷戦時代の政治，文化，宗教が重なりあう地点において倫理―政治的思考を展開する点で共通している。

第2節　品位ある社会の制度的帰結

　他方で「政治的な類似性」に関しては，バーリンが政治制度に関する体系的な記述を残していないために考察が困難であるが，本書第7章において政治制度に関する彼の断片的な意見を再構成したので，これを再度吟味しながら，彼

---

　6)　グレイは『アイザィア・バーリン』の中で両者に共通点が多いことを強調しているが（Gray 1995a: 9/ 12），これは同書がもっぱらバーリンの政治理論的な側面を論じたことから導かれる見解であるように思われる。
　7)　バーリン，ラズ，シュクラーの政治思想を，現代自由主義の主要な諸潮流――契約論，功利主義，反合理主義――とは区別される「多元論的自由主義」の系譜に位置づける試みとして，濱 2008 を挙げることができる。本研究もこの分類に基本的に同意するが，これら三者のあいだの差異は決して小さくはないことにも留意する必要があるだろう。

が肯定するであろう政治社会の特徴を洗い出していきたい。

　まず，バーリンの描く政治社会像は，現代政治理論における「リベラル・ナショナリズム」のそれとはやや異なる。彼はヘルダー＝ヘス的な文化的ナショナリズムに依拠して民族と土地とのつながりを重要視したが，民族共同体が必ずしも国民国家のかたちをとるべきだとは考えておらず，むしろ政治的な枠組をもたない「文化的な民族自決」を唱えた。仮に，リベラル・ナショナリズムと呼ばれる立場が，ある程度の――完全にではないにせよ――民族的な同質的を有する一定の領域を政治的単位として承認し，その国民的連帯の基礎として共通の（しばしば多数派文化に由来する）「公共的文化」を要請するものであるとすれば，これはリベラル・ナショナリズムではない。ミラーは，「ナショナル・アイデンティティが求める共通の公共文化は，多くの私的文化がネイションの境界内で繁栄する余地を残すだろう」（Miller 1995: 26/ 47）と述べているが，逆に考えれば，これは特定の多数派文化が当該国家共同体において優勢であるような状況を暗示している。加えて，バーリンがデモクラシーをそれほど重要視せず，君主政と自由主義の両立可能性を説いた点も，（通常は民主的手続きを通じた国民的な意志の統合に立脚する）ナショナリズムの政治から距離を置いたことを示唆している（FEL 129/ V 316）[8]。

　他方，彼の政治社会構想はいわゆる「多文化社会」を――キムリッカの多文化理論との類似性にもかかわらず――志向するものでもない。第7章で見たように，彼は積極的な多民族共生の可能性に対して悲観的であった。その主な理由は，彼が異文化間の積極的な理解や相互承認よりもホッブズ的な「安全」を重視したことに求められる。また，そこにおける政治的権威は，同一領域内に居住する多様な民族的背景をもつ人々のあいだで「手続き的正義」を確保する装置であって，特定の民族文化的価値を表現するよりも，むしろ世俗的であることが積極的に要請される[9]。したがって，複数の民族集団にそれぞれ文化的な自治を認める一方で，その領域内に居住する個人に普遍的な市民資格を保障

　8）　エラ・マイヤーズが指摘するように，バーリンは積極的自由の一形態である民主的自治がときに個人の自由を破壊すると論じた一方で，あらゆる政治的対立を技術の問題に還元する科学主義（それに伴うエリート主義）にも反対していた。したがって，バーリンの価値多元論は（シャンタル・ムフのような）急進的な民主政治に帰結するわけではないが，穏健な自由民主主義を否定するものでもない（Myers 2013）。

するような，何らかのリベラルな政治体をバーリンは肯定したということになる。

　以上を踏まえると，彼が理想とする政治体は，諸民族を包摂する第三者的権威によって統合されるところの広域的な秩序であり，そこにおける自由のあり方は，帝国的な「寛容」――たとえばオスマン・トルコ支配下のキリスト教徒やユダヤ教徒に対して実施された「ミッレト制」のような――を連想させる。あるいは，その第三者的権威が諸民族間の代表者から構成される場合は，（理想的なかたちで構成された）オーストリア＝ハンガリー帝国のように，諸民族の対等な地位の承認に基づく連邦国家か，さらにはEUのような国家連合のようなものということになる。

　この点に関して，リベラル・ナショナリズムの主要な論客のひとりであるヤエル・タミール[10]が，彼女の政治的構想を国民国家にではなく，個々の民族集団を包摂する広域的な政治体に求めたことは示唆的である。彼女は，19世紀中葉から20世紀初頭にかけての帝国的秩序の解体と，それにかわって優勢となった民族自決の原則が，必ずしも各個人の民族的・文化的な自己決定の助けとはならず，むしろ数多くの害悪――民族的分断，少数派文化の無視，同化の強要と迫害――を生み出してきたことを次のように指摘している。

　　確かに帝国はよそ者の支配権力であると認知されてきたが，しかし帝国は文化的な問題をネイション集団の判断に委ねてきた。対照的に，国民国家は行政的・経済的・戦略的な機能を与えられたばかりでなく，ある特定の文化的およびナショナルなアイデンティティを採用したのである。その結果，一人前の市民になるためには，個々人は自らを国家やその制度と同一視せねばならないばかりか，支配的ネイションの文化にも同一化せねばな

---

9)　See also, FEL 40/ V 164. また，バーリンに大いに影響を受けたグレイが，彼の「ポスト啓蒙主義」政治哲学を，ホッブズの「暫定協定」の観念を軸として展開していることは，バーリンの思想体系から帰結する政治秩序構想がホッブズ的なものであるという本書の解釈にひとつの根拠を与えると思われる（cf. Gaus 2003: 20）。

10)　Yael（Yuli）Tamir（1948-).「ピース・ナウ」（イスラエルの平和団体）創設メンバーのひとりであり，2003年の国政選挙で初当選し，2006年のオルメルト内閣においては教育相を務めた。彼女は『リベラル・ナショナリズム』――同書はオックスフォード大学での博士学位論文を発展させたものである――執筆にあたって，バーリンが「実に多くの時間を自分との議論に費やしてくれた」と謝辞に記している（Tamir 1995: xxxi/ 3）。

らなかった。文化的争点への介入はナショナル・マイノリティの自己イメージに深く影響した。(Tamir 1995:144/ 308)

ミラーが「共通の公共文化」と呼ぶものが，憲法，統治機構，市民道徳，共通の歴史認識，国民文学や伝統芸能等々からなる複合的な構築物であるとすれば，それがいかに開かれたリベラルな性格を有するとしても，それは，当該公共文化に適合的な多数派の生活を「自然」で容易なものにする一方で，文化的・民族的少数派には必然的にハンディキャップをもたらす。したがって，ある程度の文化的「厚み」をもつ政治制度にとって，「リベラルな中立性」は不可能な理想である（Tamir 1995: 145-150/ 310-318）。

　ここからタミールは，従来のナショナリズムが前提としてきた国民国家の枠組──民族的同質性に基づく国境画定の試み──を断念し，それを一方における民族横断的な（transnational）広域秩序と，他方におけるローカルな民族共同体の自治へと解体する。

　　それぞれのネイションが抱く独立国家への熱望を，地方の自治，連邦的・連合的な協定といった，より穏健な解決に置き換えることによってのみ，すべてのネイションがナショナルな権利の平等な条件を享受できるようになる……。〔中略〕つまり国民国家は経済，戦略，エコロジーに関する決定権力を広域的な組織[11]に譲渡し，文化政策を構築する権力をローカルなナショナル・コミュニティに譲渡するのである。(Tamir 1995: 151/ 320-321)

その一例として，彼女は欧州共同体（現在の欧州連合）の発展が，（国民国家により抑圧されてきた）ヨーロッパ諸国の民族的少数派の地位を改善することを期待している。すなわち，一方で政治─行政単位が国民国家よりも上のレベルに移行することで，政治制度がもつ文化的同質化圧力が弱められる。他方で文化的な自己決定権がより小規模な集団に委譲されることで，人口に占める文化

----

[11]　タミールは regional という語を，国家レベルの上にある諸々の機構を指すものとして用いている（Tamir 1995: 151/ 319）。

的少数派の割合が相対的に低くなる。そして第三に，こうした複層的な成員関係は，単一の成員関係の下にある個人よりも穏健な政治的態度を育むと期待できる（Tamir 1995: 151-156/ 321-328）。第4章で見たように，マルガリートの言う「品位ある社会」とは，社会的諸制度がその下に暮らす人々を辱めることがない社会であるが，タミールの構想は，国民国家の諸制度がマイノリティに対して与えてきた屈辱を緩和するひとつのやり方として評価できる。

　このような，タミールのポスト国民国家的な「リベラル・ナショナリズム」の構想を，おそらくバーリンも肯定的に受け止めていたであろう。第7章で考察したように，バーリンはナショナルな理想が人々を鼓舞する力の「無視しがたい強さ」を強調する一方で，それを積極的に賞賛したり，普遍的妥当性を有する政治原理として主張することはなかった。『ロマン主義講義』（1965年）の結論部で彼が肯定したのはむしろ，「拘束を解かれたロマン主義（unbridled Romanticism）」の落とし子である暴力的なナショナリズムがヨーロッパを席巻するなかで逆に明らかとなったところの，「自由主義，寛容，品位」の重要性であった（RR 147/ 225）。同様に，「ヨーロッパの統一と変転」（1959年）の結語においても，彼は戦後のヨーロッパ社会がロマン主義以前の古い普遍主義的諸価値への回帰を示していることを肯定的に捉えている。すなわち，ロマン主義が啓蒙の合理主義と一元論に挑戦し（この挑戦はある意味で正当なものであった），続く19世紀の諸思想（マルクス主義，ナショナリズム，実存主義，ファシズム）が古い自然法の伝統——共通の人間本性から導かれる共通の道徳規範という考え——を破壊しつくしたのち，人間の尊厳や自由の擁護といった人間主義的な諸価値に対する合意が再び醸成されつつあるということである[12]。彼はこれを「古来の自然法への一種の回帰……しかし経験論的な衣装をまとっての回帰であり，もはや必然的に神学的ないし形而上学的な基礎に基づくものではない」（CTH 204/ IV 241）と形容している。彼は，いわば，御しがたい馬であるナショナリズムに取りつけるべき馬勒（bridle）として，リベラルな諸価値を肯定しているのである。これはバーリンの「不安定な均衡」という言葉——品位ある社会は何らかの普遍的原理の適用ではなく，対立する諸要求の現実的妥協

12）　cf. Deighton 2013: 535ff.

を通じて獲得されうることを意味する──と整合的である。

補論

カメレオンと孔雀
マイケル・イグナティエフ『アイザイア・バーリン』を読む

「狂気なまでに誇り高いが，同時にみずからにたいする憎しみに満ち，全知であると同時にすべてを疑い，冷酷であると同時に激しく情熱的で，傲慢であると同時にみずから卑下しており，苦しんでいると同時に冷静，彼を尊敬する家族，献身的な信奉者，全文明世界の崇拝に囲まれていると同時にほとんど完全に孤独であった。彼は，大作家の中でもっとも悲劇的である。絶望した老人は，人間の救いの彼方に，みずから盲いてコロヌスの地を彷徨する」(HF 81/147-148)。思想史上の，また同時代の人物の姿を文字によって見事によみがえらせるその才能——上の引用は彼の出世作であるトルストイ論からの一節である——によって知られるアイザイア・バーリンであるが，今度はその彼の姿を劣らぬ鮮やかさで描き出したのが，マイケル・イグナティエフによる『アイザィア・バーリン』(Ignatieff 1998) である。

本書に対する世間の関心は高く，ヘンリー・ハーディの調査によれば，原著に寄せられた書評は 50 を超える[1]。これは主題となった人物の知名度に加え，マルチな才能を発揮するジャーナリストとして注目を集めていた著者の存在に負うところも大きいだろう。イグナティエフの経歴と業績の詳細については，すでに数多く出版されている彼の邦訳書の解説，および彼自身のウェブサイト[2]に詳しいのでそちらに譲るが，その著作活動だけを見ても，『苦痛の適切な基準』(Ignatieff 1978) をはじめとする思想史研究，民族紛争とナショナリズム，人権，アメリカ帝国論，さらにはフィクションと幅広い。またカナダ自由党党首にまで登りつめた自身の政治家生活をつづった『火と灰』(Ignatieff

---

1) 'Books on Berlin,' in IBVL [http://berlin.wolf.ox.ac.uk/lists/onib/books.html], retrieved 17 January 2018.
2) [http://www.michaelignatieff.ca/], retrieved 12 January 2018.

2013）が話題を集めたことは記憶に新しい。

　本書においてとりわけ興味深いのはその主題と書き手との関係である。両者に共通する特徴は多い。二人は世代こそ違え，ともにロシアにルーツをもち，ナショナリズムに深い関心を寄せつつもその政治的信念はリベラルであり，故郷を離れて世界中で活躍するコスモポリタンでもある。本書には，単に伝記作家がその主題に抱く関心はもとより，政治的信条を同じくする一哲学者に対する関心以上のものがうかがえるのであり，それはいわば父と子のような，この二人のあいだに存在する独特の関係を意識させる。さらに，彼がこのプロジェクトに費やした 10 年という時間——それはバーリンの予想以上の長寿の結果であるという異論はさておき——は，この作品に対する彼の並々ならぬ知的野心を暗示している。

＊

　バーリンはかつて「狐はたくさんのことを知っているが，ハリねずみはでかいことをひとつだけ知っている」というギリシャの詩人アルキロコスの一節を用いて人間を二つのタイプに区別した。唐突ではあるが，私もここで思想家を二つのタイプに区別してみたい。人物を孔雀あるいはカメレオンに譬え，その思想を色彩と仮定しよう（残念ながら両者を結びつける気の利いた詩句を見つけることはできなかったのだが）。孔雀はみずからが滅びた後もその美しい羽根を遺す。孔雀は，その思想が作者の人生や個人的気質から区別可能なタイプの思想家を表している。他方，カメレオンの色彩がその存在自体と不可分のものであるように，人物とその思想の結びつきを容易に解きほぐせないタイプの思想家も存在する。もちろんこの区別もハリねずみと狐の区別と同様に，あまりに厳密に押し進めれば，ばかげたものになってしまうのだが，ある程度の役には立つと思われる。

　孔雀を研究する人々の関心はもっぱらその羽根の光彩を分析すること，あるいはそれを加工して新たな作品を作り出すことにある。たとえばジョン・ロールズの政治的自由主義を彼の生涯やパーソナリティとの関連で読み解く研究はきわめて少ないが[3]，他方で彼の理論は依然として多くの研究者たちの関心の

補論　カメレオンと孔雀　271

焦点であり，彼らは緩やかな研究者集団を形成しながらその含意を探究している。孔雀の羽根を普遍的理論の象徴とすれば，他方でカメレオンの色彩は特定の状況において発揮されるその人物の個性を示しており，かつ，それはみずからの生存を助ける保護色でもある。このタイプの思想は集団的研究に向かず，リサーチ・プログラムの中核に位置づけられることもまれである。バーリンの自由主義はしばしばこの後者に分類される。

　同じ思想家を扱う場合にも，この両方のアプローチが可能である。バーリンに関するモノグラフはイグナティエフ以前にもいくつか存在しており，それ以後もコンスタントな出版がある。その代表的存在であるジョン・グレイの『アイザィア・バーリン』（Gray 1995a）は，『ミルの自由論』（Gray 1983）にはじまる彼の自由主義思想研究の終着点であり，その意味で同書はバーリン思想の普遍的含意を抽出する試みである。彼はそれを「闘争的自由主義（agonistic liberalism）」と呼び，価値多元論と選択の自由の基底性に立脚するポストモダン的な自由主義の一種と位置づけた。これに対してイグナティエフによる本書は，グレイその他の研究において主題的に論じられることのなかった，いわゆる知識人としての彼の思想と行動の関係に焦点を当て，その知見を政治理論に還元させる目論見をもって書かれており，さらにはイグナティエフ自身の政治的アイデンティティの探求も垣間見られる。

　こうしたアプローチの相違にもかかわらず，グレイは本書を好意的に評価している。彼はその書評の冒頭で「あらゆる哲学は意図せざる伝記である」というニーチェの言葉を引き，思想がその人物と不可分であることを認め，バーリンの著作がこれを示す格好の材料であるとしている（Gray 1998）。これは単なる伝記に与える評価以上のものを含んでいる。完全に普遍的な理論といったものは存在しない。あらゆる理論はその内に何かしらの個人的観点を含んでおり，つねに特定の人物や勢力の関心に支えられている。バーリンの著作が研究対象と研究者自身の思想との区別を曖昧にしているという批判はしばしば聞かれるところだが，これを逆手に取り，彼の思想史研究からその政治思想を読み取ることは可能である。本書に方法論的前提に関する記述を期待することは見当違

3）　しかしながら，最近はそのような研究もあらわれている。Cf. Pogge 2007, 田中 2017.

272

いかもしれないが，研究対象を通じてみずからの関心を表現するバーリンの思想史のスタイルに言及している点（第16章）はこれと整合的である。このように考えれば，本書は単なる知的伝記であるのみならず，別の方法による政治思想研究であり，さらにはイグナティエフ自身の自由主義の表明であるとさえ言えるだろう。本書は二重の意味でカメレオン的である。

*

　イグナティエフはバーリンの刺激に満ちた生を軽快な筆致で伝えている。有名な「アーヴィング・ウィンストン・アイザィア事件」はもちろんのこと，ヴァイツマンやベン＝グリオンらイスラエル指導者たちとの対話，ホワイトハウスでのケネディの印象，パブロ・ピカソやショスタコーヴィチ，ストラヴィンスキーら芸術家との出会い，パステルナークの『ドクトル・ジバゴ』刊行をめぐる彼の苦闘など，興味をひくエピソードは枚挙に暇がない。その要約は不可能に近いばかりか，本書の魅力を損なう可能性がきわめて高いので，興味を覚えた方はぜひ実際に読んでいただきたいと思う。

　では問題の自由主義の探求はどこにあるのか。アラン・ライアンが指摘するように，本書は一種の教養小説（*Bildungsroman*）の形式を有しており，そこにはバーリンの知的，精神的，性的な成熟にまつわるエピソードが多数用意されている（Ryan 1998）。三者がひとつに集約されて物語の第一の頂点を形成する出来事が，1945年のモスクワ訪問とそれに続くレニングラードでのアンナ・アフマートヴァとの邂逅である。彼がこのロシアの女流詩人と語り明かした一夜についてはバーリン自身のエッセイ[4]，そしてジョルジュ・ダロスによる『未来からの客人』（Dalos 1999）に詳しいのでそちらに譲るが，本書もこのソヴィエトでの出来事に二つの章を割き，この経験が彼に与えた影響の大きさを示している。それはしばしば言われるように，スターリン主義に対する終生変わらぬ反対，全体主義的支配に対する個人の自由と芸術的天才の擁護であった。

　注目したいのは物語の第二の頂点である。これは1950年代半ばにやってく

---

4)　Isaiah Berlin, 'Meetings with Russian Writers in 1945 and 1956' (PI 156-210/ II 186-234).

る。第一の頂点とは対照的に，ここでは彼の私生活での出来事が中心を占める。1953 年の LSE における彼のオーギュト・コント講義の主題はさまざまなタイプの決定論に対する人間的自由と責任の擁護であったが，第 13 章がこの『歴史の必然性』の荘重なトーンの中で閉じられた後，続く第 14 章は彼の「憂鬱な 40 歳の誕生日」——独身者の悩み——で再開される。この二つの主題の落差は著者一流のユーモアだと思われるが，この前者の主題はかたちを変えて後者に流れ込み，彼の結婚にまつわるエピソードを見事に演出している。バーリンが「自由の心理学」についての「洗練された論証」を武器に，人妻であったアリーンを夫の「牢獄」から解放し，めでたく結婚を取りつけるくだりは刺激的であり，まさしく彼自身による自由の哲学の大胆な実践例となっている。長らく自由な傍観者を自認していた彼は，このとき普段まれに見る行動力によって関係性へと身を投じ，みずからの運命を拓き，そして選択の結果として確立した帰属関係に伴う責任を実感したのである。

　彼の哲学に何かしら深遠なものを期待する人々は，その有名な自由論が彼個人の結婚騒動と俗流の実存主義から説明されるのを見て愕然とするかもしれない。孔雀としてのバーリンに失望する人々，たとえばリンダ・グラントは，そもそもバーリンの思想は個人的すぎ，そして「あまりに浅薄な」ものであって，哲学的な意義を有していないと苦情を述べている（Grant 1998）。だが他方でこのような世俗的な記述は，哲学者が世間から超越した神聖なる存在ではなく，その知的権威が「普通の男女により明示された選好」をア・プリオリに凌駕するものではないという彼の反完成主義の証明であるとも言える。世俗的であることは彼の哲学の浅薄さを示すものではなく，むしろ哲学の専制的支配の弊害が意識されつつある時代において積極的な美徳となった。この点はイグナティエフの心を強く捉えたようで，彼はバーリンの「世間性（worldliness）」を示すエピソードを物語の冒頭と最後に配置し，世俗的な雑事に飽くなき関心を示すバーリンの姿，その「存在の軽快さ（lightness of being）」を読者に印象づけている。さらにこの主題は「都市への帰属」論などに見られるイグナティエフのコスモポリタニズムと通底していると考えられるが，ここでは措く。

　バーリンのリベラルな気質を表すもうひとつのキーワードは「超然（detachment）」である。本書のさまざまなエピソードから垣間見えるように，

彼は明確な政治的コミットメントや党派的行動を避ける傾向があり，さらには私生活においてもしばしば友人たちの「大胆な冒険」を眺める傍観者であった。この彼の気質をどう読むべきか。たとえば，それは諸価値の選択と喪失の認識という彼の多元論の表明であるとか，政治からの自由という彼の自由主義の表明であるという意見があり，あるいは逆に彼の臆病さ，あるいは日和見主義を示すものであるという意見もある。おそらくこのどれもが完全に当てはまることもないし，完全に見当違いというわけでもないだろう。知識人といえば一般に政治問題に積極的に関与するというイメージがあるが，しかしバーリンは逆に傍観者的な態度によってある種のコミットメントを示すような，いわば「行動しない知識人」であった。ここでカメレオンの第二の特徴が浮かび上がる。カメレオンの色彩は捉え難い。それは周囲の色彩に応じてめまぐるしく変化する。はたしてそこには本当に何か一貫した思想が存在するのだろうかと首を傾げたくなることもある。

　バーリンがツルゲーネフに関する講演を行ったのは1970年のことだが，そこで示されたリベラルの精神とは，冷静さと臆病さの混合物であった。イグナティエフはこれを逆にある種の勇気の現われと解釈している。本書の第16章は次のように結ばれる。「人間は，命を賭す意志があるかどうかではなく，ほかの者たちが冷静さを失ったとき，道徳的にも政治的にも，自分の冷静さを保つことができるかどうかで判断されるべきなのである。バーリンもツルゲーネフも，このような控えめであるが厳格な基準によって，みずから設定したテストに合格したのだった」(Ignatieff 1998: 258/ 280)。バーリンはヴァイツマンに関するエッセイの中で，人はしばしば与えられた選択肢の中から選ぶことを余儀なくされるのであり，その際に「中立的であるとかコミットしないこと」を選ぶことはできないと述べている。彼は選ばないこともひとつの選択であると自覚していた。

　価値多元主義の世界において，一方の選択はしばしば他方の喪失を意味する。彼の煮え切らない態度は両立不可能な価値の多元性に対する彼の認識，および選択に伴う喪失に対する彼のまなざしを思い起こさせる。選択されない価値は決して無意味な，劣ったものではなく，選ばれたものに劣らず価値あるものであったかもしれないのだ。性急な判断を下さず，ぎりぎりのところまでなるべ

く多くの価値を救おうとする彼の知的傾向がこの 'detachment' の態度に表れている。それはロールズの反省的均衡を連想させる「不安定な均衡」という言葉に要約される，彼のリアリズムの重要な側面である（余談だが，彼がその雄弁とは対照的に執筆活動に対してきわめて億劫であったことは，こうした彼の不決断な性格によって説明できるかもしれない。彼はロマン主義に関する膨大なノートを著作にまとめることなく放置した。これを救い出して現在も次々と出版してきたのがヘンリー・ハーディであるが，これらの著作集は著者自身の最終的決断を経ていないという意味では不完全なテクストである）。

　しかしながら，現実主義から日和見主義へといたる道程はきわめて短い。バーリンがこの態度留保によってなるべく多くの価値を救い出そうとしたのは確かだが，それは同時に彼自身が特定の立場に立って攻撃されることを避ける保護色とも受け取られた。この「擬態」はさほど効果を示さず，彼は右派左派の両方からしばしば容赦ない攻撃を受けた。八方美人もひとつの立場であることの証左である。攻撃の先頭にはペリー・アンダーソンがおり，エドワード・サイードもバーリンの自由主義におけるイスラエル例外主義を痛烈に批判した。ここにおいて彼の現実主義は悪しきカメレオン精神の表れであるとの嫌疑をかけられることになる。

　彼を日和見主義から守った防波堤は，人間的自由と価値の多元性の肯定という単純な格率への終生変わらぬ忠誠だけであった。だが，この格率は彼をそこから救うのに十分であったようにも思われる。伝統的な智慧が示すように，思慮の政治が賢明なる現実主義にとどまるためには，一方で原理や正義への忠誠が不可欠である。そして普遍的な原理がカメレオンの精神と出会うとき，その政治的ヴィジョンはきわめて中庸な性質を示す[5]。これは平凡ではあるが決して無意味ではない。彼のお気に入りの言葉に，「真理が発見されたとき，それがア・プリオリに面白いものであるとは限らない」というものがあるが，自分の発見が目新しいものでないことに彼が不満を覚えなかったのは幸運であった。思想史の森で拾い上げた，ただ一枚の孔雀の羽根──多元論の哲学──が彼を

---

5)　興味深いことに，善の追求と対比されるところの悪の回避という主題はエリザベス朝期における一部の現実主義者の著作に見出せる（塚田 1991: 154-155）。この点で，バーリンが20世紀の政治的状況をホッブズ的と述べたことは示唆的である。

救った，と言えるかもしれない。

＊

　本書執筆後のイグナティエフの課題のひとつは，彼が理解するバーリンの知的遺産をいかに継承するかということであろう。みずからが追求すべき政治的ヴィジョンの片鱗を彼がそこに見出したのは確かなようであり，本書の出版以後，寛容，ナショナリズム，人権，立憲主義などに関するリベラルな論考を次々に公表している。たとえば道徳的判断の基準を善の実現ではなく害悪の回避に求める「まだましな悪（the lesser evil）」アプローチは，バーリンの「品位」の理念を実践的原理へと翻訳する野心的な試みである。

　二人のあいだには多くの共通項が存在するが，他方で重要な相違を一点指摘するとすれば，それは政治に対する両者の態度であろう。バーリンがベトナム戦争の是非に関して曖昧な態度を取ったことで右派と左派の双方に失望を与えていたそのころ，イグナティエフが米国でベトナム反戦デモに参加していたというのは印象的な対照であるが，政治から距離を置きがちなバーリンに対し，イグナティエフには明確な政治的コミットメントを求める傾向がある。人道的介入に関する後者の見解はその顕著な例であろう。彼は『人権の政治学』(Ignatieff 2001) の中で人権の形而上学的基礎づけ主義を排し，その理念に対する「政治的」コミットメントの重要性を強調しているが，具体的場面においても同様の積極的な政策を支持した。その結果，人権を理由としたアメリカのイラク介入に対する彼の支持表明は穏健なリベラルたちを困惑させ，それはタカ派リベラルの勇み足と酷評されるほどであった（中山 2003）。本来ならばここでバーリンの 'detachment' がイグナティエフの活動的な気質に対するブレーキの役割をはたすことが期待されるのだが，その効果は十分に発揮されていないようである。

　この違いはどこから出てくるのか。もちろんそれを気質の相違に求めることもできるが，他にもいくつかの説明が可能である。まず，彼が『人権の政治学』以降の諸著作で追求している自由主義の性質を挙げることができる。それはいわば実践の自由主義であり，「あなたにとっての苦痛と屈辱は，私にとっ

ても苦痛と屈辱にならざるをえない，という基本的な直観」以外にほとんど具体的内容をもたない。それを受肉させる方法はこの命題の論理的展開ではなく，各人がおかれた状況においてこれを実践することであると考えるのはある意味自然である。カメレオン的なものをこの世に残すには，みずからがその役を演じるしかないというわけだ。

　加えて，世代の相違というのは劣らず重要な要素かもしれない。イグナティエフは民族的アイデンティティの問題に深い関心を寄せているが，どちらかといえば当事者意識には乏しい。彼はいわゆる「故郷喪失」以後の人間である。民族的帰属はそれが彼の身体の一部であるかのようなリアリティをもたず，それゆえ彼に他者の帰属感覚とその作用を様々な現場で，みずからの想像力を通じて理解しようと努めてきたに違いない。他方でバーリンの世界観はそれよりも古い層に属している。本書第7章で見たように，彼はみずからの帰属をアイロニカルに捉えてはいなかった。シオニズムに対する彼の終生変わらぬ忠誠は，彼の自由主義との整合性云々を超えたところで存在していたといってもあながち間違いではないだろう。帰属の感覚と暴力を恐れるリベラルな気質はいずれも彼の中に否応なく存在しつづけた。彼は両者をみずからの理性で調停せねばならなかった。つまり，バーリンにとってのナショナリズムが当事者としての問題であったのに対し，イグナティエフにとってのそれは理解すべき他者の問題である。『人権の政治学』の読者は，この論考が当事者集団の外側に立つ介入者からの視点で書かれているのに気づくだろう。ルポライター，参与観察者，帝国的介入者，これらに共通する外部と内部のディレンマをどのように考え，また実践するのか。彼はこの難問と向かい合うことなくして，理論と実践をわが身をもって架橋する「行動する知識人」という（おそらくは彼自身の）理想を成就することはできないように思われる。

　現時点で彼に対する最終的な判断を下すのはあまりにも性急にすぎよう。加えて，ここでイグナティエフを批判する一方でバーリンを手放しで賞賛することはできない。バーリンの反暴力主義的な自由主義は，彼が政治家にはならずに学問的世界にとどまったからこそ可能であった立場かもしれないのだ。思えば，バーリンに影響を受けた人びとは，アカデミズムというよりはむしろ政治の世界への進出が目立つ。イグナティエフはもちろんのこと，バーリン思想の

影響の下でリベラル・ナショナリズム論を展開したヤエル・タミールはイスラエルのオルメルト連立内閣で教育大臣を務め，そして，かつてはストイックな政治思想研究者であったジョン・グレイも最近では時事的なテーマを多数論じている。バーリンの死後，彼らが彼とは違う一歩を知的にも政治的にも踏み出す必要を強く感じているのも事実ではないだろうか。彼らの活動にも引き続き注目したい。

初出一覧

※　本書の構成にあたって，いずれの論稿にも修正を施している。

序　論　書き下ろし

第 1 章　「バーリン政治思想における哲学的構想——『オックスフォード哲学』期を中心にして」，『早稲田政治公法研究』第 66 号，2001 年，155-183 頁。

第 2 章　「アイザイア・バーリンの倫理的多元論——多元的状況における理解と判断」，『早稲田政治公法研究』第 69 号，2002 年，301-327 頁。

第 3 章　「バーリン『歴史の不可避性』再読——自由と責任の条件をめぐって」，『早稲田政治公法研究』第 71 号，2002 年，217-244 頁。

第 4 章　「リベラルな精神——アイザイア・バーリンとアイデンティティの政治」，『政治思想研究』第 6 号，2006 年，315-347 頁。

第 5 章　「アイザイア・バーリンの捉える反啓蒙主義思想の端緒——実存的歴史観を手がかりとして」，『イギリス哲学研究』第 28 号，2005 年，19-32 頁。

第 6 章　「アイザイア・バーリンが語るナショナリズムとシオニズム——J・G・ヘルダーからモーゼス・ヘスまで」，『政治哲学』第 13 号，2012 年，71-107 頁。

第 7 章　「アイザイア・バーリンのパレスティナ——リベラル・シオニストの肖像」，『政治哲学』第 17 号，2014 年，30-67 頁。

結　論　書き下ろし

補　論　「カメレオンと孔雀——マイケル・イグナティエフ『アイザイア・バーリン』，石塚雅彦・藤田雄二訳（みすず書房，2004 年）に寄せて」，『政治思想学会会報』第 23 号，10-15 頁。

参照文献一覧

■　アイザィア・バーリンの著作
バーリンの文献に言及する際は，原則としてバーリン著作集の編者であるヘンリー・ハーデ
ィ氏が用いる文献略号表記に従い，本文中に（略号 原典頁／邦訳頁）の形で埋め込んだ（邦
訳が下記【日本語選集・翻訳】のいずれかに該当する場合は，邦訳頁数の前にローマ数字を
付して区別している）．ただし現在公刊されている論文集と書簡集に収録されてない文献に
ついては著者が独自に略号を設定している．邦訳の著作集はハーディ氏編集の英語版選集と
収録内容が異なるため，下記のとおりローマ数字を割り当てた．なお，引用に際して邦訳に
は適宜変更を加えている．

AC：*Against the Current*, ed. and with a bibliography by Henry Hardy（Pimlico, 1997）.

AE：*The Age of Enlightenment: The Eighteenth Century Philosophers*（Hough-ton Mifflin Company, 1956）.

BC：Review of Benedetto Croce, *My Philosophy*, *Mind* 61（1952）, pp. 574–578.

BR：Review of Bertrand Russell, *A History of Western Philosophy*, *Mind* 56（1947）, pp. 151–166.

CC：*Concepts and Categories: Philosophical Essays*, ed. by Henry Hardy（Oxford University Press, 1980）.

CTH：*The Crooked Timber of Humanity*, ed. by Henry Hardy（John Murray, 1990）.

DW：'A Reply to David West,' *Political Studies* volume 41, issue 2, pp. 297–298.

EC：Review of Ernst Cassirer, *The Philosophy of Enlightenment*（Cassirer 1951）, *The English Historical Review*, vol. 67（1953）, pp. 617–619.

FEL：*Four Essays on Liberty*（Oxford University Press, 1969）.

FIB：*Freedom and Its Betrayal*, ed. by Henry Hardy（Princeton University Press, 2002）.

FL：*The First and the Last*, ed. and introduced by Henry Hardy, tributes by Noel Annan, Stuart Hampshire, Avishai Margalit, Bernard Williams, and Aileen Kelly（New York Review of Books, 1999）.

FM：Foreword to Friedrich Meinecke, *Historism: The Rise of a New Historical Outlook*, trans. by J. E. Anderson（Routledge & Kegan Paul, 1972）.

FV：'Introduction' to Franco Venturi, *Roots of Revolution*（Weidenfeld & Nicolson, 1960）, pp. vii–xxx.

GE：'Foreword' to Michael Yudkin（ed.）, *General Education: A Symposium on the Teaching of Non-specialists*（Allen Lane, 1969）, pp. ix–xx.（小池銈訳「現代の知識と教育」，『みすず』第 145 号（1971 年 9-10 月），2-10 頁.）

HF：*The Hedgehog and the Fox: An Essay on Tolstoy's View of History*（Weidenfeld & Nicolson, 1953）.（河合秀和訳『ハリねずみと狐』中央公論社，1973 年.）

HI：*Historical Inevitability*, Auguste Comte Memorial Lecture No. 1（Oxford University Press, 1954）.

IDM：Review of G. V. Plekhanov, *In Defense of Materialism*, trans. by Andrew Rothstein, *Slavonic Review*, 28（1949-50）, pp. 257-262, 607-610.

IH：'Induction and Hypothesis,' *Proceedings of Aristotelian Society*, supplementary 16（1937）, pp. 63-102.

JT：'Introduction' to James Tully（ed.）, *Philosophy in an Age of Pluralism: the Philosophy of Charles Taylor*（Cambridge University Press, 1994）, pp. 1-3.

JW：Review of Julis Weinberg, *An Examination of Logical Positivism*, *The Criterion* 17（1937）, pp. 174-182.

KM：*Karl Marx: His Life and Environment*（Thronton Butterworth, 1939）.

KM-IV：*Karl Marx: His Life and Environment*, 4th ed., with a new foreword by Alan Ryan（Oxford University Press, 1995, first published in 1978）.（福留久大訳『人間マルクス──その思想の光と影』サイエンス社，1984 年.）

MCBB：'Mr. Carr's Big Battalions,' review of E. H. Carr, *What is History?*, *New Statesman* 63（January-June 1962）, pp. 15-16.

MN：*The Magus of the North*, ed. Henry Hardy（John Murray, 1993）.（奥波一秀訳『北方の博士 J・G・ハーマン』みすず書房，1996 年.）

NAN：'A Nation among Nations,' *Jewish Chronicle*, 4 May 1973（Israel's 25th Anniversary Commemorative Issue）, pp. 28-34.

NP：'Notes on Prejudice,' *New York Review of Books*, 18 October 2001.（相良剛訳「偏見についてのメモ」，『世界』697 号（2002 年 1 月号）所収.）

PB：'Philosophy and Beliefs'（with Anthony Quinton, Stuart Hampshire and Iris Murdoch）, *Twentieth Century* 157（1955）, pp. 495-521.

PI：*Personal Impressions*, second edition, ed. by Henry Hardy（Pimlico, 1998）.

PIRA：*Political Ideas in the Romantic Age: Their Rise and Influence on Modern Thought*, ed. by Henry Hardy（Princeton University Press, 2006）.

POI：*The Power of Ideas*, ed. by Henry Hardy（Princeton University Press, 2000）.

RHM：'Reply to Ronald H. McKinney,' *The Journal of Value Inquiry* 26（1992）, pp. 557-561.

RR：*The Roots of Romanticism*, ed. by Henry Hardy（Chatto & Windus, 1999）.（田中治男訳『バーリン　ロマン主義講義』岩波書店，2000 年.）

RT：*Russian Thinkers*, ed. by Henry Hardy and Aileen Kelly（Penguin Books, 1994）.

RVJ：'Rationality and Value Judgments,' *Nomos*, vol. 7（1964）, 221-223.

SM：*The Soviet Mind: Russian Culture under Communism*, ed. by Henry Hardy（Brookings Institute Press, 2004）.

SR：*The Sense of Reality*, ed. by Henry Hardy（Pimlico, 1996）.

TCE：*Three Critics of the Enlightenment: Vico, Hamann, Herder*, ed. by Henry Hardy（Pimlico, 2000; 2nd ed., 2013）.

TCL：*Two Concepts of Liberty*（Clarendon Press, 1958）.

VH：*Vico and Herder*（Chatto & Windus, 1980. First published by The Hogarth Press, 1976）.（小池銈訳『ヴィーコとヘルダー』みすず書房，1981 年.）

WD : 'Introduction' to H. G. Nicholas (ed), *Washington Despatches* 1941–1945*: Weekly Political Reports from the British Embassy* (University of Chicago Press, 1981).

WH : 'What is History?' (An exchange of letters with E. H. Carr), *The Listener* 65, pp. 877; 1048–1049.

【対談・共著】

B&G：Isaiah Berlin & Nathan Gardels, 'Two Concepts of Nationalism: An Interview with Isaiah Berlin,' *The New York Review of Books*, 21 November 1991, pp. 19-23.（齋藤純一訳「ナショナリズムの二つの概念」『みすず』376 号（1991 年 7 月）12-27 頁.）

B&J：Isaiah Berlin & Ramin Jahanbegloo, *Conversation with Isaiah Berlin*（Peter Halban, 1992）.（河合秀和訳『ある思想史家の回想』みすず書房，1993 年.）

B&L：'Isaiah Berlin: in Conversation with Steven Lukes,' *Salmagundhi*, no. 120（Fall 1998）, pp. 52-134.

B&P：Isaiah Berlin & Beata Polanowska-Sygulska, *Unfinished Dialogue*, foreword by Henry Hardy（Prometheus Books, 2006）.

B&W：Isaiah Berlin & Bernard Williams, 'Pluralism and Liberalism: A Reply,' *Political Studies*, vol. 42, issue 2（1994）, pp. 306-309.

【書簡集】

L-I：*Letters* 1928-1946, ed. by Henry Herdy（Cambridge University Press, 2004）.

L-II：*Enlightening: Letters* 1946-1960, ed. by Henry Hardy & Jennifer Holmes（Chatto & Windus, 2009）.

L-III：*Building: Letters* 1960-1975, ed. by Henry Hardy & Mark Pottle（Chatto & Windus, 2013）.

L-IV：*Affirming: Letters* 1975-1997, ed. by Henry Hardy & Mark Pottle（Chatto & Windus, 2015）.

【日本語選集・翻訳】

Ⅰ：福田歓一・河合秀和編『思想と思想家　バーリン選集 1』岩波書店，1983 年.

Ⅱ：同編『時代と回想　バーリン選集 2』岩波書店，1983 年.

Ⅲ：同編『ロマン主義と政治　バーリン選集 3』岩波書店，1984 年.

Ⅳ：福田歓一・河合秀和・田中治男・松本礼二訳『理想の追求　バーリン選集 4』岩波書店，1992 年.

Ⅴ：小川晃一・小池銈・福田歓一・生松敬三訳『自由論』新装版，みすず書房，1997 年.

Ⅵ：内山秀夫訳「歴史と理論──科学的歴史の概念」，内山秀夫編訳『歴史における科学とは何か』三一書房，1978 年，7-92 頁.

Ⅶ：小池銈訳『父と子──トゥルゲーネフと自由主義者の苦境』みすず書房，1977 年.

【草稿】

MS. Berlin: Sir Isaiah Berlin Papers, Bodlian Library, Oxford University. 続く数字は箱番号，フォリオ番号を示す．表記法は同図書館ホームページのオンライン・カタログ
［http://www.bodley.ox.ac.uk/dept/scwmss/wmss/online/modern/berlin/berlin.html］を参照.

【ウェブ】

IBVL：The Isaiah Berlin Virtual Library［http://berlin.wolf.ox.ac.uk］

■ その他の文献

Aarsleff, Hans. 1981. 'Vico and Berlin,' *The London Review of Books,* 5-18 November 1981, pp. 6-7.

——. 1982. *From Locke to Saussure: Essays on the Study of Language and Intellectual History* (University of Minnesota Press).

——. 1996a. 'Herder's Cartesian *Ursprung* vs. Condillac's Expressivist *Essai,*' in Daniele Gambarara, Stefano Genisi & Antonio Pennisi (eds), *Language Philosophies and the Language Sciences* (Nodus Publikationen), pp. 165-179.

——. 1996b. 'Facts, Fiction, and Opinion in the History of Linguistics,' in Lisa McNair, Kora Singer, Lise M. Dobrin & Michelle M. AuCoin (eds), *Theory and Data in Linguistics: The Proceedings from the Parasession of the Chicago Linguistic Society's Thirty-Second Meeting* (the University of Chicago Press), pp. 1-12.

——. 2001. 'Introduction' to Condillac, *Essay on the Origin of Human Knowledge,* trans. & ed. by Hans Aarsleff (Cambridge University Press).

Albert, Simon. 2013. 'The Wartime "Special Relationship", 1941-45: Isaiah Berlin, Freya Stark and Mandate Palestine', *Jewish Historical Studies,* volum 45, pp. 103-130.

Anderson, Benedict. 1991. *Imagined Communities* (Verso). (白石さや・白石隆訳『増補 想像の共同体』NTT 出版, 1997 年.)

Anderson, Elizabeth. 1997. 'Practical Reason and Incommensurable Goods,' in Chang 1997, pp. 90-109.

Annan, Noel. 1999. *The Dons: Mentors, Eccentrics and Geniuses* (the University of Chicago Press). (中野康司訳『大学のドンたち』みすず書房, 2002 年.)

Anscombe, G. E. M. 1957. *Intention* (Basil Blackwell). (菅豊彦訳『インテンション』産業図書, 1984 年.)

Apel, Karl-Otto. 1973. *Transformation der Philosophie* (Suhrkamp). (磯江景孜・松田毅ほか訳『哲学の変換』二玄社, 1986 年.)

Appiah, Kwame A. 2006. *Cosmopolitanism: Ethics in a World of Strangers* (W. W. Norton).

Arblaster, A. 1971. 'Vision and Revision: A Note on the Text of Isaiah Berlin's *Four Essays on Liberty,*' *Political Studies* vol. 19, issue 1, pp. 81-86.

Arendt, Hannah. 1961. *On Revolution* (Viking Press). (志水速雄訳『革命について』ちくま学芸文庫, 1995 年.)

——. 1994. *Essays in Understanding, 1930-1954,* ed. by Jerome Kohn (Harcourt, Brace & Co.). (齋藤純一・山田正行・矢野久美子訳『アーレント政治思想集成 (2) 理解と政治』みすず書房, 2002 年.)

——. 2007. *The Jewish Writings,* ed. by Jerome Kohn & Ron H. Feldman (Schocken Books). (齋藤純一・山田正行・金慧・佐藤紀子・矢野久美子・大島かおり共訳『ユダヤ論集 (I・II)』みすず書房, 2013 年.)

Austin, John L. 1962. *How to Do Things with Words* (Clarendon Press). (坂本百大訳『言語と行為』大修館書店, 1978 年.)

Avineri, Shlomo. 2007. 'A Jew and a Gentleman,' in Crowder & Hardy 2007, pp. 73-94.

Avineri, Shlomo & Ryan, Alan. 2009. 'Isaiah the Jew,' in Hardy 2009, pp. 157-168.

Ayer, A. J. 1946. *Language, Truth and Logic*, 2nd ed. (Dover Publications). (吉田夏彦訳『言語・真理・論理』岩波書店, 1955 年.)

—— (ed). 1959. *Logical Positivism* (The Free Press).

——. 1977. *Part of My Life* (Oxford University Press).

——. 1982. *The Central Questions of Philosophy* (Penguin Books). (竹尾治一郎訳『哲学の中心問題』法政大学出版局, 1976 年.)

Baghramian, Maria & Ingram, Attracta (eds). 2000. *Pluralism* (Routledge).

Barnard, F. M. 1965. *Herder's Social and Political Thought: From Enlightenment to Nationalism* (Clarendon Press).

——. 2003. *Herder on Nationality, Humanity, and History* (McGill-Queen's University Press).

Barrett, William. 1949. 'Art, Aristocracy, and Reason,' *Partisan Review* 16 (June 1949), pp. 658-665.

Baum, Bruce & Nichols, Robert (eds). 2013. *Isaiah Berlin and the Politics of Freedom: 'Two Concepts of Liberty '50 Years Later* (Routledge).

Bauman, Zygmunt 2000. *Liquid Modernity* (Polity Press). (森田典正訳『リキッド・モダニティ』大月書店, 2001 年.)

Bayer, Oswald. 1988. *Zeitgenosse im Widerspruch: Johann Georg Hamann als Radikaler Aufklarer* (Piper). (宮谷尚実訳『ヨーハン・ゲオルク・ハーマン——根元的な啓蒙を目指して』教文館, 2003 年.)

Beck, Ulrich. 1986. *Risikogesellschaft* (Suhrkamp). (東廉監訳『危険社会』二期出版, 1988 年.)

Beck, Ulrich, Giddens, Anthony & Lash, Scott. 1994. *Reflexive Modernization: Politics, Tradition and Aesthetics in the Modern Social Order* (Polity Press). (松尾精文・小幡正敏・叶堂隆三訳『再帰的近代化』而立書房, 1997 年.)

Beiser, Frederick C. 1992. *Enlightenment, Revolution, and Romanticism: The Genesis of Modern German Political Thought, 1790-1800* (Harvard University Press). (杉田孝夫訳『啓蒙・革命・ロマン主義』法政大学出版局, 2010 年.)

——. 2003. 'Berlin and the German Counter-Enlightenment,' in Mali & Wokler 2003, pp. 105-116.

Bellamy, Richard. 1992. 'T. H. Green, J. S. Mill, and Isaiah Berlin on the Nature of Liberty and Liberalism,' in *Jurisprudence: Cambridge Essays*, ed. by Hyman Gross & Ross Harrison (Clarendon Press), pp. 257-285.

Bellamy, Richard & Hollis, Martin (eds). 1999. *Pluralism and Liberal Neutrality* (Frank Cass).

Benjamin, Jessica. 1988. *The Bonds of Love* (Pantheon Books). (寺沢みづほ訳『愛の拘束』青土社, 1996 年.)

——. 1998. *Shadow of the Other* (Routledge).

Ben-Rafael, Eliezer. 2002. *Jewish identities: Fifty Intellectuals Answer Ben Gurion*（Brill）.

Bernstein, Richard J. 1991. *The New Constellation*（Polity Press）.（谷徹・谷優訳『手すり
なき思考——現代思想の倫理―政治的地平』産業図書，1997 年.）

Birnbaum, Pierre. 2008. *Geography of Hope: Exile, the Enlightenment, Disassimilation*,
trans. by Charlotte Mandell（Stanford University Press）.

Black, Max. 1962. *Models and Metaphors*（Cornell University Press）.

Blake, Robert. 2010. *Disraeli*（Faber Finds, first published by Eyre & Spottiswoode, 1966）.
（灘尾弘吉監修・谷福丸訳『ディズレイリ』大蔵省印刷局，1993 年.）

Bok, Sissela. 1993. 'What Basis for Morality? A Minimalist Approach,' *The Monist*, vol. 76,
no. 3, pp. 349-359.

Bouretz, Pierre. 2011.（合田正人ほか訳『20 世紀ユダヤ思想家 1』みすず書房.）

Boyarin, Jonathan & Daniel. 2008.（赤尾光春・早尾貴紀訳『ディアスポラの力——ユダヤ文
化の今日性をめぐる試論』平凡社，2008 年.）

Brenner, Lenni. 1983. *Zionism in the Age of the Dictators*（Routledge）.（芝健介訳『ファシ
ズム時代のシオニズム』法政大学出版局，2001 年.）

Brockliss, Laurence. 2016. 'Introduction: Isaiah Berlin and the Enlightenment,' in Brockliss
& Robertson 2016, pp. 1-18.

Brockliss, Laurence & Robertson, Ritchie（eds）. 2016. *Isaiah Berlin and the Enlightenment*
（Oxford University Press）.

Brown, Wendy. 2006. *Regulating Aversion*（Princeton University Press）.（向山恭一訳『寛
容の帝国』法政大学出版局，2010 年.）

Buruma, Ian. 2009. 'The Last Englishman,' in Hardy 2009, pp. 197-200.

Butler, Judith. 1997. *Excitable Speech*（Routledge）.（竹村和子訳『触発する言葉——言語・
権力・行為体』岩波書店，2004 年.）

———. 2004. *Undoing Gender*（Routledge）.

Carr, E. H. 1986. *What is History?* 2nd ed.（Macmillan）.（清水幾太郎訳『歴史とは何か』岩
波新書，1962 年.）

Carter, Ian, Kramer, Matthew H., & Steiner, Hillel（eds）. 2007. *Freedom: A Philosophical
Anthology*（Blackwell）.

Carver, Terrell. 2007. 'Berlin's Karl Marx,' in Crowder & Hardy 2007, pp. 31-46.

Cassirer, Ernst. 1923. *Philosophie der Symbolischen Formen*, 1 teil（Bruno Cassirer
Verlag）.（生松敬三・木田元訳『シンボル形式の哲学 第 1 巻 言語』岩波書店, 1989 年.）

———. 1951. *Philosophy of the Enlightenment*, trans. by Fritz C. A. Koelln & James P.
Pettegrove（Princeton University Press）.（中野好之訳『啓蒙主義の哲学（上・下）』
筑摩書房，2003 年.）

Caute, Davi. 2013. *Isaac and Isaiah: The Covert Punishment of a Cold War Heretic*（Yale
University Press）.

Chang, Ruth（ed.）1997. *Incommensurability, Incomparability, and Practical Reason*
（Harvard University Press）.

Cherniss, Joshua L. 2013. *A Mind and Its Time: The Development of Isaiah Berlin's*

Political Thought (Oxford University Press).

Chomsky, Noam. 1966. *Cartesian Linguistics: A Chapter in the History of Rationalist Thought* (Harper & Row). (川本茂雄訳『デカルト派言語学』みすず書房，1976 年.)

Cohen, Gerald A. 1969. 'A Note on Values and Sacrifices,' *Ethics*, vol. 79, no. 2 (January 1969), pp. 159-162.

Cohen, Marshall. 1960. 'Berlin and Liberal Traditions,' *Philosophical Quarterly* 10, pp. 216-227.

Collingwood, R. G. 1939. *An Autobiography* (Oxford University Press). (玉井治訳『思索への旅――自伝』未来社，1981 年.)

―――. 1958. *The Principles of Art* (Oxford University Press). (近藤重明訳『芸術の原理』勁草書房，1973 年.)

Collini, Stefan. 1999. *The English Pasts* (Oxford University Press).

Condillac, Etienne Bonnot de. 1994. (古茂田宏訳『人間認識起源論（上・下）』岩波書店.)

Connolly, William. 1988. *Political Theory and Modernity* (Basil Blackwell). (金田耕一・栗栖聡・的射場敬一・山田正行訳『政治理論とモダニティー』昭和堂，1993 年.)

―――. 1991. *Identity \ Difference* (Cornell University Press). (杉田敦・齋藤純一・権左武志訳『アイデンティティ＼差異』岩波書店，1998 年.)

―――. 2005. *Pluralism* (Duke University Press). (杉田敦・鵜飼健史・乙部延剛・五野井郁夫訳『プルーラリズム』岩波書店，2008 年.)

Cracraft, James. 2002. 'A Berlin for Historians,' *History and Theory*, vol. 41, no. 3 (October 2002), pp. 277-300.

Cranston, Maurice. 1967. *Freedom*, 3rd ed. (Longmans Green). (小松茂夫訳『自由――哲学的分析』岩波新書，1976 年.)

Crick, Bernard. 1972. *Political Theory and Practice* (Penguin Press). (田口富久治ほか訳『政治理論と実際の間（1・2）』みすず書房，1974 年.)

Croce, Bnedetto. 1921. *Theory & History of Historiography*, trans. by Douglas Ainslie (George G. Harrap & Co.).

Crowder, George. 1994. 'Pluralism and Liberalism,' *Political Studies*, vol. 42, issue 2, pp. 293-305.

―――. 2002. *Liberalism and Value Pluralism* (Continuum).

―――. 2004. *Isaiah Berlin* (Polity Press).

―――. 2007. 'Value Pluralism and Liberalism: Berlin and Beyond,' in Crowder & Hardy 2007, pp. 207-230.

Crowder, George & Hardy, Henry (eds). 2007. *The One and the Many: Reading Isaiah Berlin* (Prometheus Books).

Cyrenne, Chad. 2003. Review of Crowder 2002, *Ethics*, vol. 113, no. 4 (July 2003), pp. 873-876.

Dalos, Gyorgy. 1999. *The Guest from the Future: Anna Akhmatova and Isaiah Berlin*, with the collaboration of Andrea Dunai; translated from the German by Antony Wood (Farrar, Straus and Giroux).

Davidson, Donald. 1984. *Inquiries into Truth and Interpretation* (Clarendon Press). (野本和幸ほか訳『真理と解釈』勁草書房，1991年.)

——. 2001. *Essays on Action and Events*, 2nd ed. (Clarendon Press). (服部裕幸ほか訳『行為と出来事』勁草書房，1990年.)

Deighton, Anne. 2013. 'Don and Diplomat: Isaiah Berlin and Britain's Early Cold War,' *Cold War History*, vol. 13, no. 4, pp. 525-540.

Dennett, Daniel C. 1982. 'Mechanism and Responsibility,' in Gray Watson (ed.), *Free Will* (Oxford University Press), pp. 150-173.

Dewey, John. 1929. *The Quest for Certainty* (Minton, Balch & Company). (河村望訳『確実性の探究（デューイ＝ミード著作集5)』人間の科学社，1996年.)

Dimova-Cookson, Maria. 2003. 'A New Scheme of Positive and Negative Freedom,' *Political Theory,* vol. 31, no. 4, pp. 508-532.

Dubnov, Arie M. 2008. 'A Tale of Trees and Crooked Timbers: Jacob Talmon and Isaiah Berlin in the Question of Jewish Nationalism,' *Hisrory of European Ideas* 34, pp. 220-238.

——. 2012. *Isaiah Berlin: The Journey of a Jewish Liberal* (Palgrave Macmillan).

——. 2013. 'Lessons from Isaiah Berlin's Liberal Zionism,' *Jewish Chronicle*, 31 January 2013.

Dworkin, Ronald. 2000. *Sovereign Virtue: The Theory and Practice of Equality* (Harvard University Press). (小林公ほか訳『平等とは何か』木鐸社，2002年.)

Eco, Umberto. 1995. *The Search for the Perfect Language*, trans. by James Fentress (Blackwell). (上村忠男・広石正和訳『完全言語の探求』平凡社，1995年.)

Ferrell, Jason. 2008. 'The Alleged Relativism of Isaiah Berlin,' *Critical Review of International Social and Political Philosophy*, vol. 11, no. 1 (March 2008), pp. 41-56.

Feigl, Herbert & Sellars, Wilfried (eds). 1949. *Readings in Philosophical Analysis* (Appletion-Century-Crofts, Inc.).

Flathman, Richard E. 1999. 'Fraternal, But Not Always Sisterly Twins: Negativity and Positivity in Liberal Theory,' *Social Research* 66 (winter 1999), pp. 1137-1142.

——. 2005. *Pluralism and Liberal Democracy* (Jons Hopkins University Press).

Fleischacker, Samuel. 1999. *A Third Concept of Liberty* (Princeton University Press).

Forster, Michael N. 2002. 'Introduction' to Johann Gottfried von Herder, *Philosophical Writings*, trans. & ed. by Michael N. Forster (Cambridge University Press).

Foucault, Michel. 1966. *Les mots et les choses* (Gallimard). (渡辺一民ほか訳『言葉と物』新潮社，1974年.)

——. 1984. *Le souci de soi: Histoire de la sexualité, volume* 3 (Gallimard). (田村俶訳『性の歴史 III　自己への配慮』新潮社，1987年.)

Franco, Robert. 2003. 'Oakeshott, Berlin, and Liberalism,' *Political Theory*, vol. 31, no. 4, pp. 484-507.

Frank, Philipp. 1947. *Einstein, His Life and Times* (J. Cape). (矢野健太郎訳『評伝アインシュタイン』岩波書店，2005年.)

Freeden, Michael. 2008. 'Thinking Politically and Thinking about Politics: Language, Interpretation, and Ideology,' in David Leopold & Marc Steas (eds), *Political Theory: Methods and Approaches* (Oxford University Press). (山岡龍一・松元雅和監訳『政治理論入門——方法とアプローチ』慶應義塾大学出版会, 2011年, 283-309頁.)

Frish, Morton J. 1998. 'A Critical Appraisal of Isaiah Berlin's Philosophy of Pluralism,' *The Review of Politics* 60 (Summer 1998), pp. 421-433.

Galipeau, Claude J. 1994. *Isaiah Berlin's Liberalism* (Clarendon Press).

Garrard, Graeme. 1997. 'The Counter-Enlightenment Liberalism of Isaiah Berlin,' *Journal of Political Ideologies*, vol. 2, no. 3, pp. 281-296.

Gaston, Sean. 2006. 'Exile and Tradition: Zweig, Momigliano and Berlin,' *Jewish Culture and History*, vol. 8, no. 1 (Summer 2006), pp. 1-12.

Galston, William. 2002. *Liberal Pluralism* (Cambridge University Press).

——. 2007. 'Must Value Pluralism and Religious Belief Collide?' in Crowder & Hardy 2007, pp. 251-262.

Gaus, Gerald F. 2003. *Contemporary Theories of Liberalism: Public Reason as a Post-Enlightenment Project* (SAGE Publications).

Gay, Peter. 1999. Review of Isaiah Berlin, *The Roots of Romanticism, Times Literary Supplement*, 11 June 1999, pp. 3-4.

Geertz, Clifford. 1973. *The Interpretation of Culture* (Basic Books). (吉田禎吾・柳川啓一・中牧弘允・板橋作美訳『文化の解釈学（I・II）』岩波書店, 1987年.)

Gellner, Ernest. 1983. *Nations and Nationalism* (Blackwell). (加藤節監訳『民族とナショナリズム』岩波書店, 2000年.)

——. 1995. 'Sauce for the Liberal Goose,' *Prospect*, 20 November 1995.

Geuss, Raymond. 2002. 'Liberalism and Its Discontents,' *Political Theory*, vol. 30, no. 3, pp. 320-338.

——. 2008. *Philosophy and Real Politics* (Princeton University Press).

Giddens, Anthony. 1993. *New Rules of Sociological Method*, 2nd ed. (Polity Press). (松尾精文ほか訳『社会学の新しい方法規準［第二版］』而立書房, 2000年.)

Giordani, Tommaso. 2012. Review of Sternhell 2010, *History of Political Thought*, vol. 33, no. 4, pp. 733-737.

Goldman, Ari. 1994. 'Rabbi Schneerson Led a Small Hasidic Sect to World Prominence,' *New York Times*, 13 June 1994.

Gordon, Peter E. 2010. *Continental Devide: Heidegger, Cassirer, Davos* (Harvard University Press).

Grant, Linda. 1998. 'Unbearable Lightness of Berlin,' *The Guardian*, 24 October 1998.

Gray, John N. 1980. 'On Negative and Positive Liberty,' *Political Studies*, vol. 28, issue 4, pp. 507-526, also in Pelczynski & Gray 1984.

——. 1983. *Mill on Liberty: A Defence* (Routledge & Kegan Paul).

——. 1986. *Liberalism* (Open University Press). (藤原保信・輪島達郎訳『自由主義』昭和堂, 1991年.)

―. 1989. *Liberalisms: Essays in Political Philosophy* (Routledge). (山本貴之訳『自由主義論』ミネルヴァ書房, 2001 年.)

―. 1993. *Post-Liberalism* (Routledge).

―. 1995a. *Isaiah Berlin* (Princeton University Press). (河合秀和訳『バーリンの政治哲学入門』岩波書店, 2009 年.)

―. 1995b. *Liberalism*, 2nd ed. (Open University Press).

―. 1997. 'Berlin, Oakeshott and Enlightenment,' in *Endgames* (Polity Press), pp. 84-96.

―. 1998. 'Monopolies of Loss,' *New Statesman*, 20 November 1998, pp. 48-50.

―. 2000a. 'Where Pluralists and Liberals Part Company,' in Baghramian & Ingram 2000, pp. 85-102.

―. 2000b. *Two Faces of Liberalism* (Polity Press). (松野弘訳『自由主義の二つの顔――価値多元主義と共生の政治哲学』ミネルヴァ書房, 2006 年.)

―. 2007. *Black Mass: Apocalyptic Religion and the Death of Utopia* (Allen Lane). (松野弘監訳『ユートピア政治の終焉――グローバル・デモクラシーという神話』岩波書店, 2011 年.)

―. 2013. *Isaiah Berlin: An Interpretation of His Thought*, with a new introduction by the author (Princeton University Press).

Gray, John & Smith, G. W. (eds). 1991. *J. S. Mill, On Liberty in Focus* (Routledge). (泉谷周三郎・大久保正健・野内聡訳『ミル『自由論』再読』木鐸社, 2000 年.)

Groys, Boris. 2004. 'Vorwort,' in Theodor Lessing, *Der jüdische Selbsthaß* (Matthes & Seitz Verlag). (中澤英雄訳「ユダヤの逆説, ヨーロッパの逆説――テーオドール・レッシングの『ユダヤ人の自己憎悪』によせて」, 『思想』第 806 号, 1991 年, 99-119 頁.)

Gunnell, John G. 1998. *The Orders of Discourse* (Rowan & Littlefield).

Habermas, Jürgen. 1981. *Philosophisch-politische Profile*, 3 Aufl. (Suhrkamp Verlag). (小牧治・村上隆夫訳『哲学的・政治的プロフィール（上・下）』未来社, 1984 年.)

―. 2001. 'The Liberating Power of Symbols: Ernst Cassirer's Humanistic Legacy and Warburg Library,' in *The Liberating Power of Symbols: Philosophical Essays*, trans. by Peter Dews (Polity Press), pp. 1-29.

Hacking, Ian. 1971. 'The Leibniz-Carnap Program for Inductive Logic,' *The Journal of Philosophy*, vol. 68, issue 19 (68th Annual Meeting of the American Philosophical Association Eastern Division, Oct. 7, 1971), pp. 697-610.

―. 1975. *Why Does Language Matter to Philosophy?* (Cambridge University Press). (伊藤邦武訳『言語はなぜ哲学の問題になるのか』勁草書房, 1989 年.)

―. 1988. 'Locke, Leibniz, Language and Hans Aarsleff,' *Synthese* vol. 75, no. 2, pp. 135-154.

―. 1989. 「日本語版への序文」, 上掲『言語はなぜ哲学の問題になるのか』1-17 頁.

―. 1994. 'How, Why, When, and Where Did Language Go Public?' In Leventhal 1994, pp. 31-50.

Halliday, Michael A. K. 1999. 'The Grammatical Construction of Scientific Knowledge,' in

Rema Rossini et al. (eds), *Incommensurability and Transition* (Edward Elger).

Hamann, Johann Georg. 1949. *Samtliche Werke*, ed. by Josef Nadler (Thomas-Morus-Presse im Verlag Herder, 1949-57).

――. 1955. *Briefwechsel*, ed. by Walther Ziesemer und Arthur Henkel (Insel-Verlag, 1955-1979).

Hampshire, Stuart. 1991. 'Nationalism,' in Margalit, Edna & Avishai 1991, pp. 127-134.

Hardy, Henry (ed). 2009. *The Book of Isaiah: Personal Impressions of Isaiah Berlin* (Boydell Press).

Hardy, Henry, Hiruta, Kei & Holmes, Jennifer (eds). 2009. *Isaiah Berlin & Wolfson College* (Wolfson College).

Haslam, Jonathan. 1999. *The Vices of Integrity* (Verso). (角田史幸・川口良・中島理暁訳 『誠実という悪徳――E・H・カー 1892-1982』現代思潮新社, 2007年.)

Hausheer, Roger. 1983. 'Berlin and Emergence of Liberal Pluralism,' in *European Liberty* (Martinus Nijhoff Publishers), pp. 49-82.

――. 1997. 'Introduction' to AC, pp. xii-liii.

Heine, Heinrich. 1982. *Zur Geschichte der Religion und Philosophie in Deutschland*, in *Heinrich Heine Werke in vier Bänden*, Band III (Carl Hanser), pp. 505-641. (伊東勉訳 『ドイツ古典哲学の本質』岩波書店, 1951年.)

Herder, Johann Gottfried von. 1964. *Abhandlung über den Ursprung der Sprache* (Felix Meiner Verlag). (木村直司訳『言語起源論』大修館書店, 1972年.)

――. 1967. *Sämmtliche Werke*, ed. Bernhard Suphan, Berlin, 1877-1913 (Georg Olms Verlagbuchhandlung).

Hess, M. 1862. *Rom und Jerusalem* (Leipzig: Wengler).

Hilliard, Kevin. 2016. '"Populism, Expressionism, Pluralism" -- and God?: Herder's Cultural Theory and Theology,' in Brockliss & Robertson 2016, pp. 164-175.

Hiruta, Kei. 2014. 'The Meaning and Value of Freedom: Berlin contra Arendt,' *The European Legacy*, vol. 19, no. 7, pp. 854-868.

――. 2017. 'An "Anti-utopian Age?" : Isaiah Berlin's England, Hannah Arendt's America, and Utopian Thinking in Dark Times,' *Journal of Political Ideologies*, vol. 22, no. 1, pp. 12-29.

Hobbes, Thomas. 1996. *Leviathan*, ed. by J. C. A. Gaskin (Oxford University Press). (水田洋訳『リヴァイアサン (一)』改訳版, 岩波書店, 1992年.)

Hobsbaum, Eric. 1990. *Nations and Nationalism since* 1780 (Cambridge University Press). (浜林正夫・島田耕也・庄司信訳『ナショナリズムの歴史と現在』大月書店, 2001年.)

――. 2002. *Interesting Times: A Twentieth-Century Life* (Allen Lane). (河合秀和訳『わが20世紀・面白い時代』三省堂, 2004年.)

Honneth, Axel. 1994. *Kampf um Anerkennung* (Suhrkamp). (山本啓・直江清隆訳『承認をめぐる闘争』法政大学出版局, 2003年.)

――. 1999. 'Negative Freedom and Cultural Belonging: An Unhealthy Tension in the Political Philosophy of Isaiah Berlin,' *Social Research* vol. 66, no. 4, pp. 1063-1077.

―――. 2000. *Das Andere der Gerechtigkeit* (Suhrkamp Verlag). (加藤泰史・日暮雅夫ほか訳『正義の他者』法政大学出版局，2005 年.)

Hume, David. 2007. *An Enquiry Concerning Human Understanding and Other Writings*, ed. by Stephen Buckle (Cambridge University Press). (斎藤繁雄・一ノ瀬正樹訳『人間知性研究』法政大学出版局，2004 年.)

Ignatieff, Michael. 1978. *A Just Measure of Pain: the Penitentiary in the Industrial Revolution*, 1750-1850 (Macmillan).

―――. 1984. *The Needs of Strangers* (Chatto & Windus). (添谷育志・金田耕一訳『ニーズ・オブ・ストレンジャーズ』風行社，1999年.)

―――. 1991. 'Understanding Fascism?,' in Margalit, Edna & Avishai 1991, pp. 135-145.

―――. 1998. *Isaiah Berlin: A Life* (Metropolitan Books). (石塚雅彦・藤田雄二訳『アイザイア・バーリン』みすず書房，2004 年.)

―――. 1999. 'Nationalism and Toleration,' in Susan Mendus (ed.). *The Politics of Toleration in Modern Life* (Duke University Press).

―――. 2001. *Human Rights as Politics and Idolatry*, ed. and introduced by Amy Gutmann (Princeton University Press). (添谷育志・金田耕一訳『人権の政治学』風行社，2006 年.)

―――. 2004. *The Lesser Evil: Political Ethics in an Age of Terror* (Princeton University Press). (添谷育志・金田耕一訳『許される悪はあるのか？ テロの時代の政治と倫理』風行社，2011 年.)

―――. 2013. *Fire and Ashes : Success and Failure in Politics* (Harvard University Press). (添谷育志・金田耕一訳『火と灰――アマチュア政治家の成功と失敗』風行社，2015 年.)

―――. 2016. 'Second Thought of a Biographer,' in Brockliss & Robertson 2016, pp. 220-228.

James, William. 1910. *The Will to Believe* (Longmans, Green &Co.). (福鎌達夫訳『信ずる意志』日本教文社，1961 年.)

Jinkins, Michael. 2004. *Christianity, Tolerance and Pluralism: A Theological Engagement with Isaiah Berlin's Social Theory* (Routledge).

Judt, Tony. 2003. 'Jewish State Has Become an Anachronism,' *Los Angels Times*, 10 October 2003. Reprinted in Woodward 2005, pp. 44-48.

―――. 2008. *Reappraisals: Reflections on the Forgotten Twentieth Century* (Penguin Books). (河野真太郎・生駒久美・伊澤高志・近藤康裕・高橋愛訳『失われた 20 世紀（上・下）』NTT 出版，2011 年.)

Kail, P. J. E. 2016. 'Berlin and Hume,' in Brockliss & Robertson 2016, pp. 69-78.

Kant, Immanuel. 1912-1922. *Immanuel Kants Werke*, 10 vols, ed. by Ernst Cassirer, et al. (Bruno Cassirer). (坂部恵・有福孝岳・牧野英二編集委員『カント全集』全23巻，岩波書店，2000-2006 年.)

Kaufman, A. F. 1962. 'Professor Berlin on "Negative Freedom,"' *Mind* (*New Series*) vol. 71, pp. 241-243.

Kedourie, Elie. 1960. *Nationalism* (Hutchinson). (小林正之・栄田卓弘・奥村大作訳『ナショナリズム』学文社，2003 年.)

Kekes, John. 1993. *The Morality of Pluralism* (Princeton University Press).

Kelly, Aileen. 2013. 'Getting Isaiah Berlin Wrong' (review of Dubnov 2012), *The New York Review*, 20 June 2013, pp. 48-52.

Kelly, Paul. 2005. *Liberalism* (Polity Press).

Kenny, Michael. 2000. 'Isaiah Berlin's Contribution to Modern Philosophy,' *Political Studies*, vol. 48, issue 5, pp. 1026-1039.

―. 2004. *The Politics of Identity* (Polity Press).

King, Charles. 1999. 'Nations and Nationalism in British Political Studies,' in Jack Hayward, Brian Barry & Archie Brown (eds), *The British Study of Politics in the Twentieth Century* (Oxford University Press), pp. 313-343.

Kocis, Robert A. 1980. 'Reason, Development, and the Conflicts of Human Ends: Sir Isaiah Berlin's Vision of Politics,' *American Political Science Review*, vol. 74, no. 1, pp. 38-52.

―. 1983. 'Toward a Coherent Theory of Human Moral Development: Beyond Sir Isaiah Berlin's Vision of Human Nature,' *Political Studies*, vol. 31, issue 3, pp. 370-387.

―. 1989. *A Critical Appraisal of Sir Isaiah Berlin's Political Philosophy* (The Edwin Mellen Press).

Koltun-Fromm, Ken. 2016. 'Discovering Isaiah Berlin in Moses Hess's *Rome and Jerusalem*,' in Brockliss & Robertson 2016, pp. 176-186.

Koopman, Colin. 2013. 'Bernard Williams on Pluralism, Liberalism, and History,' in Alexandra Perry and Chris Herrena, *The Moral Philosophy of Bernard Williams* (Cambridge Scholars Publishing), pp. 157-173.

Kraft, Victor. 1968. *Der Wiener Kreis*, 2 Aufl (Springer-Verlag). (寺中平治訳『ウィーン学団――論理実証主義の起源・現代哲学史への一章』勁草書房，1990 年.)

Kripke, Saul A. 1982. *Wittgenstein on Rules and Private Language* (Harvard University Press). (黒崎宏訳『ウィトゲンシュタインのパラドックス』産業図書，1983 年.)

Kuhn, Thomas. 1970. *The Structure of Scientific Revolution*, 2nd ed. (the University of Chicago Press). (中山茂訳『科学革命の構造』みすず書房，1971 年.)

Kymlicka, Will. 1995. *Multicultural Citizenship: A Liberal Theory of Minority Rights* (Oxford University Press). (角田猛之・石山文彦・山崎康仕監訳『多文化時代の市民権――マイノリティの権利と自由主義』晃洋書房，1998 年.)

Laqueur, Walter. 1972. *A History of Zionism* (Weidenfeld & Nicolson). (高坂誠訳『ユダヤ人問題とシオニズムの歴史』第三書館，1987 年.)

Larmore, Charles. 1990. 'Political Liberalism,' *Political Theory*, vol 18, no. 3 (August 1990), pp. 339-360.

―. 1996. *The Morals of Modernity* (Cambridge University Press).

Lassman, Peter. 2004. 'Political Theory in an Age of Disenchantment: The Problem of Value Pluralism: Weber, Berlin, Rawls,' *Max Weber Studies*, vol. 4, issue 2, pp. 253-271.

―. 2009. 'Pluralism and Pessimism: A Central Theme in Political Thought of Stuart

Hampshire,' *History of Political Thought*, vol. 30, no. 2, pp. 315-335.

——. 2011. *Pluralism* (Polity Press).

Leopold, David. 2016. 'Isaiah Berlin, *Karl Marx*, and the Enlightenment,' in Brockliss & Robertson 2016, pp. 21-34.

Leventhal, Robert S. 1987. 'Language Theory, the Institution of Philology and the State: The Emergence of Philological Discourse 1770-1810,' in Hans Aarsleff, Louis G. Kelly & Hans-Josef Niederehe (eds), *Papers in the History of Linguistics* (John Benjamins).

——. (ed). 1994. *Reading After Foucault: Institutions, Disciplines, and Technologies of the Self in Germany, 1750-1830* (Wayne State University Press).

Levy, Jacob T. 2000. *The Multiculturalism of Fear* (Oxford University Press).

Lewis, C. I. 1929. *Mind and World Order* (Charles Scribner's Sons).

Lifschitz, Avi. 2016. 'Between Friedrich Meinecke and Ernst Cassirer: Isaiah Berlin's Bifurcated Enlightenment,' in Brockliss & Robertson 2016, pp. 51-66.

Lilla, Mark, Dworkin, Ronald, & Silvers, Robert (eds). 2001. *The Legacy of Isaiah Berlin* (New York Review of Books).

Lownie, Andrew. 2015. *Stalin's Englishman: The Lives of Guy Burgess* (Hodder & Stoughton).

Lukes, Steven. 1994. 'The Singular and Plural: on the Distinctive Liberalism of Isaiah Berlin,' *Social Research,* vol. 61, no. 3, pp. 687-717.

——. 1995. 'Pluralism is Not Enough,' *Times Literary Supplement,* 10 Feburary 1995.

——. 1997. 'Comparing the Incomparable: Trade-Offs and Sacrifices,' in Chang 1997, pp. 184-195.

MacCallum, Gerald C. 1967a. 'Negative and Positive Freedom,' *The Philosophical Review,* vol. 76, pp. 312-34.

——. 1967b. 'Berlin on the Compatibility of Values, Ideals, and "Ends",' *Ethics,* vol. 77, no. 2 (January 1967), pp. 139-45.

Macfarlane, L. J. 1966. 'On Two Concepts of Liberty,' *Political Studies,* vol. 14, issue 1, pp. 77-81.

Macedo, Stephen. 1990. *Liberal Virtues: Citizenship, Virtue, and Cmmunity in Liberal Constitutionalism* (Clarendon Press). (小川仁志訳『リベラルな徳——公共哲学としてのリベラリズムへ』風行社，2014 年.)

Mack, Eric & Gaus, Gerald F. 2004. 'Classical Liberalism and Libertarianism: The Liberty Tradition,' in Gerald Gaus & Chandran Kukathas (eds), *Handbook of Political Theory* (Sage Publications), pp. 115-130.

MacIntyre, Alasdair. 1968. 'Noam Chomsky's View of Language,' *The Listener,* 30 May 1968, pp. 685-686.

——. 1984. *After Virtue,* 2nd ed. (University of Notre Dame Press). (篠崎榮訳『美徳なき時代』(みすず書房，1993 年.)

Macpherson, C. B. 1973. 'Berlin's Division of Liberty,' in *Democratic Theory: Essays in Retrieval* (Oxford University Press), pp. 95-119. (西尾敬義・藤本博訳，田口富久治監

修『民主主義理論』青木書店，1978 年，159-199 頁.）

Mali, Joseph & Wokler, Robert (eds). 2003. *Isaiah Berlin's Counter-Enlightenment* (American Philosophical Society).

Manent, Pierre. 1995. *An Intellectual History of Liberalism*, trans. by Rebecca Balinski (Princeton University Press).（高橋誠・藤田勝次郎訳『自由主義の政治思想』新評論，1995 年.）

Margalit, Avishai. 1996. *The Decent Society*, trans. by Naomi Goldblum (Harvard University Press).（森達也・鈴木将頼・金田耕一訳『品位ある社会』風行社，2017 年.）

───. 2010. *On Compromise and Rotten Compromises* (Princeton University Press).

Margalit, Edna & Margalit, Avishai (eds). 1991. *Isaiah Berlin: A Celebration* (the University of Chicago Press).

Margalit, Avishai & Raz, Joseph. 1990. 'National Self-Determination,' *Journal of Philosophy*, vol 87. no. 9, pp. 439-461.

McBride, William L. 1990. '"Two Concepts of Liberty" Thirty Years Later: A Sartre-Inspired Critique,' *Social Theory and Practice* 16 (Fall 1990), pp. 297-322.

McCarthy Roy. 2008. 'Israeli Peace Advocate Attacked,' *The Guardian*, 26 September 2008.

McKinney, Ronald H. 1992. 'Towards a Postmodern Ethics: Sir Isaiah Berlin and John Caputo,' *The Journal of Value Inquiry* 26, pp. 395-407.

McLellan, David. 1972. *Marx before Marxism* (Penguin Books).（西牟田久雄訳『マルクス主義以前のマルクス』勁草書房，1972 年.）

Meinecke, Friedrich. 1959. *Die Entstehung des Historismus*, Herausgeben und eingeleitet von Carl Hinrichs (R. Oldenbourg Verlag).（菊盛英夫・麻生健訳『歴史主義の成立（上・下）』筑摩書房，1968 年.）

───. 1969. *Weltbürgertum und Nationalstaat*, Herausgeben und eingeleitet von Hans Herzfeld (R. Oldenbourg Verlag).（矢田俊隆訳『世界市民主義と国民国家（I・II）』岩波書店，1968 年.）

Mendelssohn, Moses. 1969. *Jerusalem: and Other Jewish Writings*, trans. & ed. by Alfred Jospe (Schocken Books).

Mendus, Susan. 1989. *Toleration and the Limits of Liberalism* (Macmillan).（谷本光男・北尾宏之・平石隆敏訳『寛容と自由主義の限界』ナカニシヤ出版，1997 年.）

Menuhin, Yehudi. 1995. 'A Shared Jerusalem: Nothing Should Undermine the Reciprocity of Goodwill and Mutual Aid,' *Palestine-Israel Journal of Politics, Economics and Culture*, vol. 2, no. 2, pp. 19-22.

Merlan, Philip. 1951. 'From Hume to Hamann,' *The Personalist* 321, pp. 11-18.

Metha, Ved. 1962. *Fly and the Fly-Bottle* (Little, Brown & Company).（河合秀和訳『ハエとハエとり壺』みすず書房，1970 年.）

Miller, David (ed). 1991. *Liberty* (Oxford University Press).

───. 1995. *On Nationality* (Clarendon Press).（富沢克ほか訳『ナショナリティについて』風行社，2007 年.）

——. 2007. 'Crooked Timber or Bent Twig ? Berlin's Nationalism,' in Crowder & Hardy 2007, pp. 181-206.

Minogue, Kenneth. 1999. *The Liberal Mind*, Liberty Fund ed., with a new preface by the author (Liberty Fund).

Momigliano, Arnaldo. 1976. 'On the Pioneer Trail', *New York Review of Books*, 11 November 1976, pp. 33-38.

Morgenbesser, Sidney & Lieberson, Jonathan. 1991. 'Isaiah Berlin,' in Margalit, Edna & Avishai 1991, pp. 1-30.

Mulhall, Stephen & Swift, Adam. 1996. *Liberals & Communitarians*, 2nd ed. (Blackwell). (谷澤正嗣・飯島昇藏訳者代表『リベラル・コミュニタリアン論争』勁草書房, 2007年.)

Mullender, Richard. 2009. Review of Crowder 2004, *History of Political Thought*, vol. 30, no. 2 (Summer 2009), pp. 364-369.

Müller, Jan-Werner. 2016. *Was ist Populism?* (Suhrkamp Verlag). (板橋拓己訳『ポピュリズムとは何か』岩波書店, 2017年.)

Myers, Ella. 2010. 'From Pluralism to Liberalism: Rereading Isaiah Berlin,' *The Review of Politics* 72, pp. 599-625.

——. 2013. 'Berlin and Democracy,' in Baum & Nichols 2013, pp. 129-142.

Nabokov, Vladimir. 1980. *Lectures on Literature*, ed. by Fredson Bowers (Harcourt Brace Jovanovich). (野島秀勝訳『ヨーロッパ文学講義』TBSブリタニカ, 1982年.)

Nagel, Thomas. 1979. *Mortal Questions* (Cambridge University Press). (永井均訳『コウモリであるとはどのようなことか』勁草書房, 1989年.)

Namier, L. B. 1931. *Skyscrapers and Other Essays* (Macmillan).

Nelson, Eric. 2005. 'Liberty: One Concept Too Many?' *Political Theory*, vol. 33, pp. 58-78.

Norman, Richard. 1998. *The Moral Philosophers*, 2nd ed. (Oxford University Press). (塚崎智ほか訳『道徳の哲学者たち』ナカニシヤ出版, 2001年.)

Norton, Robert E. 2002. 'The Berlin Error,' *Times Literary Supplement*, 27 December 2002, p. 25.

Nuber, Ursula. 2000. *Der Mythos vom frühen Trauma*, 2. Aufl. (Fischer Taschenbuch Verlag). (丘沢静也訳『〈傷つきやすい子ども〉という神話』岩波書店, 1997年.)

Nussbaum, Martha C. 1986. *The Fragility of Goodness* (Cambridge University Press).

Oakeshott, Michael. 1975. *On Human Conduct* (Clarendon Press). (野田裕久訳『市民状態とは何か』木鐸社, 1993年.)

——. 1991. *Rationalism in Politics and Other Essays*, new & expanded ed. (Liberty Press). (I：嶋津格ほか訳『政治における合理主義』勁草書房, 1988年. II：澁谷浩ほか訳『保守的であること——政治的合理主義批判』昭和堂, 1988年.)

O'Flaherty, James O. 1966. *Unity and Language: A Study in the Philosophy of Johann Georg Hamann* (AMS Press: first published by The University Press of North Carolina, 1952).

——. 1988. *The Quarrel of Reason with Itself: Essays on Hamann, Michaelis, Lessing, Nietzsche* (Camden House).

——. 1993. Review of Isaiah Berlin, *The Magus of North*, *New York Review of Books*, 8 November 1993, p. 68.

Orwell, George. 1968. *The Collected Essays, Journalism and Letters of George Orwell*, vol. IV, ed. by Sonia Orwell & Ian Angus (Secker & Warburg). (川端康雄編『水晶の精神 オーウェル評論集 2』平凡社，1995 年.)

Parent, William A. 1974. 'Some Resent Work on the Concept of Liberty,' *American Philosophical Review*, vol. 11 no. 3, pp. 149-167.

Parekh, Bhikhu. 1982. 'Political Thought of Sir Isaiah Berlin,' *British Journal of Political Science* 12 (April 1982), pp. 201-226.

Pears, David. 1991. 'Philosophy and the History of Philosophy,' in Margalit, Edna & Avishai 1991, pp. 31-39.

Pelczynski, Zbigniew & Gray, John (eds). 1984. *Conceptions of Liberty in Political Philosophy* (Athlone Press). (飯島昇藏・千葉眞ほか訳『自由論の系譜』行人社，1987 年.)

Pepper, Stephen C. 1966. *Concept and Quality* (Open Court).

Plekhanov, G. V. 1934. *Essays in the History of Materialism*, trans. by Ralph Fox (John Lane the Bodley Head). (藤井米藏訳『唯物論史入門』改造出版社，1935 年.)

——. 1958. (木原正雄訳『歴史における個人の役割』岩波書店.)

Pogge, Thomas. 2007. *John Rawls: His Life and Theory of Justice*, trans. by Michelle Kosch (Oxford University Press).

Polanowska-Sygulska, Beata. 1989. 'One More Voice on Berlin's Doctrine of Liberty,' *Political Studies*, vol. 37, issue 1, pp. 123-127.

——. 2006. 'Value-Pluralism and Liberalism: Connection or Exclusion?' in B&P, pp. 279-300.

Prigogine, Ilya. 1997. *The End of Certainty* (Free Press). (安孫子誠也ほか訳『確実性の終焉』みすず書房，1997 年.)

Putnam, Hilary. 1983. *Realism and Reason* (Cambridge University Press). (飯田隆ほか訳 『実在論と理性』勁草書房，1992 年.)

Quine, W. V. O. 1953. *From a Logical Point of View* (Harvard University Press). (飯田隆 訳『論理的観点から』勁草書房，1992 年.)

Rawls, John. 1996. *Political Liberalism*, paperback ed. (Columbia University Press).

——. 1999. *A Theory of Justice*, revised ed. (Harvard University Press). (川本隆史・福間聡・神島裕子訳『正義論（改訂版）』紀伊國屋書店，2010 年.)

——. 2001. *Justice as Fairness: A Restatement*, ed. by Erin Kelly (Harvard University Press). (田中成明・亀本洋・平井亮輔訳『公正としての正義　再説』岩波書店，2004 年.)

Raz, Joseph. 1985-1986. 'Value Incommensurability,' *Proceedings of the Aristotelian Society* 86, pp. 117-134. (森際康友編『自由と権利』勁草書房，1996 年，105-137 頁.)

——. 1986. *The Morality of Freedom* (Clarendon Press).

Razumnik, Ivanov. 2013. (佐野努・佐野洋子訳『ロシア社会思想史（上・下）』成文社.)

Reed, Terence James. 2016. 'Sympathy and Empathy: Isaiah's Dilemma, or How He Let the Enlightenment Down,' in Brockliss & Robertson 2016, pp. 113-120.

Renan, Ernest. 1996. *Qu'est-ce qu'une nation? et autres écrits politiques*, présentation Raoul Girardet (Imprimerie nationale), pp. 221-243. (鵜飼哲訳『国民とは何か』インスクリプト, 1997 年, 42-64 頁.)

Rickert, Heinrich. 1926. *Kulturwissenschaft und Naturwissenschaft*, Sechste und Siebente Auflage (J. C. B. Mohr). (佐竹哲雄・豊川昇訳『文化科学と自然科学』岩波書店, 1939 年.)

Riley, Jonathan. 2000. 'Crooked Timber and Liberal Culture,' in Baghramian & Ingram 2000, pp. 120-55.

———. 2001. 'Interpreting Berlin's Liberalism,' *American Political Science Review* 95 (June 2001), pp. 283-96.

———. 2013. 'Isaiah Berlin's "Minimum of Common Moral Ground,"' *Political Theory*, vol. 41, no. 1, pp. 61-89.

Robertson, Ritchie. 2016. 'Berlin, Machiavelli, and the Enlightenment,' in Brockliss & Robertson 2016, pp. 137-150.

Rochelt, Hans. 1969. 'Das Creditiv der Sprache (Von der Philologie J. G. Hamanns und Ludvig Wittgensteins),' *Literatur und Kritik* (Österreichische monatsschrift) 33 (April 1969), pp. 169-176.

Rorty, Richard. 1967. *The Linguistic Turn: Recent Essays in Philosophical Method* (the University of Chicago Press).

———. 1979. *Philosophy and the Mirror of Nature* (Princeton University Press). (野家啓一監訳『哲学と自然の鏡』産業図書, 1993 年.)

———. 1989. *Contingency, Irony and Solidarity* (Cambridge University Press). (齋藤純一・山岡龍一・大川正彦訳『偶然性・アイロニー・連帯』岩波書店, 2000 年.)

———. 1991. 'Wittgenstein, Heidegger, and the Reification of Language,' in *Essays on Heidegger and Others: Philosophical Papers vol. 2* (Cambridge University Press), pp. 50-65.

———. 2007. *Philosophy as Cultural Politics: Philosophical Papers vol. 4* (Cambridge University Press). (富田恭彦・戸田剛文訳『文化政治としての哲学』岩波書店, 2011 年.)

Rotenstreich, Nathan. 1976. *Philosophy, History and Politics* (Martinus Nijhoff).

Rousseau, Jean-Jaques. J. 1962. *The Political Writings of Jean Jaques Rousseau*, volume II, intro. & notes by C. E. Vaughan (Basil Blackwell). (桑原武夫・前川貞次郎訳『社会契約論』岩波文庫, 1954 年.)

Ruggiero, G. 1927. *The History of European Liberalism*, trans. by R. G. Collingwood (Oxford University Press).

Ryan, Alan (ed). 1979. *The Idea of Freedom: Essays in Honour of Isaiah Berlin* (Oxford University Press).

———. 1998. 'Wise Man,' *The New York Review of Books*, 17 December 1998.

———. 2006. 'Obituary: Sir Peter Strawson,' *The Independent*, 18 February 2006.

Ryle, Gilbert. 1945-1946. 'Knowing How and Knowing That,' *Proceedings of the Aristotelian Society* 46, pp. 1-16.

Said, Edward W. 1988. 'Michael Walzer's *Exsodus and Revolution*: A Canaanite Reading,' in Edward W. Said & Christopher Hitchins, *Blaming the Victims* (Verso).

———. 1994. *The Pen and the Sword: Conversations with David Barsamian* (Common Courage Press). (中野真紀子訳『ペンと剣』筑摩書房, 2005年.)

———. 2000a. *The End of the Peace Process: Oslo and After* (Pantheon Books).

———. 2000b. *Reflections on Exile and Other Essays* (Harvard University Press). (大橋洋一ほか訳『故国喪失についての省察（I・II）』みすず書房, 2006年, 2009年.)

Sandel, Michael (ed.) 1984. *Liberalism and its Critics* (Basil Blackwell).

Sartre, Jean-Paul. 1962. *L'existentialisme est un humanisme* (Les Éditions Nagel). (伊吹武彦訳『実存主義とは何か』人文書院, 1955年.)

Saunders, Frances Stonor, 2000. *The Cultural Cold War* (W. W. Noton).

Scheffer, Samuel. 1995. 'Individual Responsibility in a Global Age,' in Ellen Frankel Paul et al. (eds), *Contemporary Political and Social Philosophy* (Cambridge University Press), pp. 219-36.

Scholem, Gershom. 1977. *Von Berlin Nach Jerusalem* (Suhrkamp Verlag). (岡部仁訳『ベルリンからエルサレムへ』法政大学出版局, 1991年.)

Schumpeter, Joseph A. 1950. *Capitalism, Socialism and Democracy*, 3rd ed. (Harper & Row). (中山伊知郎・東畑精一訳『資本主義・社会主義・民主主義（新装版）』東洋経済新報社, 1995年.)

Sen, Amartya. 1990. 'Individual Freedom as Social Commitment,' *New York Review of Books*, June 14 (1990), pp. 49-54. (川本隆史訳「社会的コミットメントとしての自由」『みすず』1991年1月号, 68-87頁.)

———. 1992. *Inequality Reexamined* (Oxford University Press). (池本幸生・野上裕生・佐藤仁訳『不平等の再検討』岩波書店, 1999年.)

Shklar, Judith N. 1957. *After Utopia: the Decline of Political Faith* (Princeton University Press). (奈良和重訳『ユートピア以後——政治思想の没落』紀伊国屋書店, 1967年.)

———. 1990. *The Faces of Injustice* (Yale University Press).

———. 1998. 'The Liberalism of Fear,' in *Political Thought and Political Thinkers*, ed. by Stanley Hoffman (The University of Chicago Press). (大川正彦訳「恐怖のリベラリズム」, 『現代思想』2001年6月号, 120-139頁.)

Skagestad, Peter. 2005. 'Collingwood and Berlin: A Comparison,' *Journal of the History of Ideas*, vol. 66, no. 1, pp. 99-112.

Skinner, Quentin. 1981. *Machiavelli* (Oxford University Press). (塚田富治訳『マキァヴェッリ』未来社, 1991年.)

———. 1984. 'The Idea of Negative Liberty,' in Richard Rorty, J. B. Schneewind & Quentin Skinner (eds), *Philosophy in History* (Cambridge University Press).

———. 1995. 'The Paradoxes of Political Liberty,' in Stephen Darwell (ed.), *Equal*

Freedom: Selected Tanner Lectures on Human Values (The University of Michigan Press), pp. 15-38.

――. 1998. *Liberty before Liberalism* (Cambridge University Press). (梅津順一訳『自由主義に先立つ自由』聖学院大学出版会, 2001 年.)

Smith, Anthony D. 1991. *National Identity* (Penguin). (高柳先男訳『ナショナリズムの生命力』晶文社, 1998 年.)

Spitz, David. 1962. 'The Nature and the Limits of Freedom,' *Dissent* (Winter 1962), pp. 78-85.

Sternhell, Zeev. 2010. *The Anti-Enlightenment Tradition*, trans. by David Maisel (Yale University Press).

Strauss, Leo. 1961. 'Relativism,' in Helmut Schoeck & James W. Wiggins (eds). *Relativism and the Study of Man* (D. Van Nostrand Company, inc., 1961), pp. 135-157.

――. 1968. *Liberalism, Ancient and Modern* (Basic Books). (石崎嘉彦・飯島昇藏 (訳者代表)『リベラリズム　古代と近代』ナカニシヤ出版.)

――. 1989. *The Rebirth of Classical Political Rationalism*, ed. by Thomas L. Pangle (the University of Chicago Press). (石崎嘉彦監訳『古典的政治的合理主義の再生』ナカニシヤ出版, 1996 年.)

Strawson, P. F. 1950. 'On Referring,' *Mind* (New Series), vol. 59, no. 235, pp. 320-344. (坂本百大編『現代哲学基本論文集Ⅱ』勁草書房, 1987 年所収.)

――. 1959. *Individuals* (Methuen). (中村秀吉訳『個体と主語』みすず書房, 1978 年.)

――. 1966. *The Bounds of Sense: An Essay on Kant's Critique of Pure Reason* (Methuen & Co). (熊谷直男ほか訳『意味の限界――『純粋理性批判』論考』勁草書房, 1987 年.)

Talisse, Robert B. 2010. 'Does Value Pluralism Entail Liberalism?,' *Journal of Moral Philosophy*, vol. 7, pp. 303-320.

Tamir, Yael. 1991. 'Whose History? What Ideas?' in Margalit, Edna & Avishai 1991, pp. 146-159.

――. 1995. *Liberal Nationalism*, 2nd ed. (Princeton University Press). (押村高・高橋愛子・森達也訳『リベラルなナショナリズムとは』夏目書房, 2006 年.)

Taylor, Charles. 1979. 'What's Wrong with Negative Liberty?' in Ryan 1979, pp. 175-194.

――. 1982. 'Responsibility for Self,' in Gray Watson (ed.), *Free Will* (Oxford University Press).

――. 1989. *Sources of the Self* (Harvard University Press). (下川潔・桜井徹・田中智彦訳『自我の源泉――近代的アイデンティティの形成』名古屋大学出版会, 2010 年.)

――. 1991. 'The Importance of Herder,' in Margalit, Edna & Avishai 1991, pp. 40-63.

――(et al.) 1994. *Multiculturalism* (Princeton University Press). (佐々木毅ほか訳『マルチカルチュラリズム』岩波書店, 1996年.)

――. 1997. 'Leading a Life,' in Chang 1997, pp. 170-183.

Toews, John E. 2003. 'Berlin's Marx,' in Mali & Wokler 2003, pp. 163-176.

Trabant, Jürgen. 1986. *Apeliotes oder Der Sinn der Sprache: Wilhelm von Humboldts Sprach-Bild*, supplemente (Wilhelm Fink). (村井則夫訳『フンボルトの言語思想』平凡

社，2001 年.）

Traverso, Enzo. 1990. *Marxistes et la question juive*（La Brèche-PEC）.（宇京頼三訳『マルクス主義者とユダヤ問題——ある論争の歴史（1843-1943 年)』人文書院，2000 年.）

Tully, James（ed.）1994. *Philosophy in an Age of Pluralism: the Philosophy of Charles Taylor*（Cambridge University Press）.

Unger, Rudolf. 1905. *Hamanns Sprachtheorie im Zusammenhang seines Denkens*（C. H. Beck'sche Verlag）.

Waldron, Jeremy. 2016. 'Isaiah Berlin's Neglect of Enlightenment Constitutionalism,' in Brockliss & Robertson 2016, pp. 205-219.

Walicki, Andrzej. 2007. 'Berlin and the Russian Intelligentsia,' in Crowder & Hardy 2007, pp. 47-72.

——. 2011. *Encounters with Isaiah Berlin: Story of an Intellectual Friendship*（Peter Lang）.

Walsh, W. H. 1978. Review of Isaiah Berlin, *Vico and Herder*（VH）, *Mind,* vol. 87（April 1978）, pp. 284-286.

Walzer, Michael. 1983. *Spheres of Justice*（Basic Books）.（山口晃訳『正義の領分』而立書房，1999 年.）

——. 1985. *Exodus and Revolution*（Basic Books）.（荒井章三訳『出エジプトと解放の政治学』新教出版社，1987 年.）

——. 1989. 'On Negative Politics,' in Bernard Yack（ed.）, *Liberalism without Illusions*（The University of Chicago Press）, pp. 17-24.

——. 1995. 'Are There Limits to Liberalism?' *New York Review of Books*, 19 October 1995, pp. 28-31.

——. 1997. *On Toleration*（Yale University Press）.（大川正彦訳『寛容について』みすず書房，2003 年.）

——. 2007. *Thinking Politically*, selected, edited, and with an introduction by David Miller（Yale University Press）.（萩原能久・齋藤純一監訳『政治的に考える』風行社，2012 年.）

[Ward, J. W.] 1959. 'A Hundred Years After,' *Times Literary Supplement*, 20 February 1959, pp. 89-90（anonymous article）.

Warnock, G. J. 1969. *English Philosophy since* 1900, 2nd ed.（Oxford University Press）.（坂本百大・宮下治子訳『現代のイギリス哲学』勁草書房，1983 年.）

Weber, Marianne. 1950. *Max Weber: Ein Lebensbild*（L. Schneider）.（大久保和郎訳『マックス・ウェーバー（1・2)』みすず書房，1963-1965 年.）

Weber, Max. 1922. 'Der Sinn der "Wertfreiheit" der soziologischen und ökonomischen Wissenschaften,' in *Gesammelte Aufsätze zur Wissenschaftslehre*（J.C.B. Mohr）, pp. 451-502.（木本幸造監訳『改訂版　社会学・経済学における「価値自由」の意味』日本評論社，1980 年.）

——. 1991. *Politik als Beruf*, 9 Aufl.（Duncker & Humbolt）.（脇圭平訳『職業としての政治』岩波文庫，1980 年.）

West, David. 1993. 'Spinoza on Positive Freedom,' *Political Studies,* vol. 41, issue 2, pp. 284-296.

Weinberg, Julius. 1936. *An Examination of Logical Positivism* (Kegan Paul).

Weitz, Morris. 1953. 'Oxford Philosophy,' *Philosophical Review* vol. 62, no. 2 (April 1953), pp. 207-211.

Whitaker, Graham. 2017. 'Philosophy in Exile: The Contrasting Experiences of Ernst Cassirer and Raymond Klibansky in Oxford,' in Sally Crawford, Katharina Ulmschneider & Jaś Elsner (eds), *Ark of Civilization: Refugee Scholars and Oxford University,* 1930-1945 (Oxford University Press), pp. 341-358.

White, Morton. 1979. 'Oughts and Cans,' in Ryan 1979, pp. 211-219.

――. 1993. *The Question of Free Will* (Princeton University Press).（橋本昌男訳『自由意志について』法政大学出版局，1997 年.）

Wieseltier, Leon. 1991. 'Two Concepts of Secularism,' in Margalit, Edna & Avishai 1991, pp. 80-99.

Williams, Bernard. 1978. 'Introduction' to CC, pp. xi-xviii.

――. 1979. 'Conflict of Values,' in Ryan 1979, pp. 221-232.

――. 1981. 'Truth in Relativism,' in *Moral Luck* (Cambridge University Press).（「相対主義における真理」，Ｊ・Ｗ・メイランド／Ｍ・クラウス編，常俊宗三郎ほか訳『相対主義の可能性』産業図書，1989 年所収.）

――. 1985. *Ethics and the Limits of Philosophy* (Harvard University Press).（森際康友・下川潔訳『生き方について哲学は何が言えるか』産業図書，1993 年.）

――. 1998. 'Berlin, Isaiah,' in *Routledge Encyclopedia of Philosophy* (Routledge), vol. 1, pp. 750-753.

――. 2005. *In the Beginning was the Deed: Realism and Moralism in Political Argument,* ed. by Geoffrey Hawthorn (Princeton University Press).

Winch, Peter. 1958. *The Idea of a Social Science* (Routledge & Kegan Paul).（森川真規雄訳『社会科学の理念』新曜社，1977 年.）

――. 1972. *Ethics and Action* (Routledge & Kegan Paul).（奥雅博・松本洋之訳『倫理と行為』勁草書房，1987 年.）

Wittgenstein, Ludwig. 1953. *Philosophical Investigations,* trans. by G. E. M. Anscombe (Macmillan).（藤本隆志訳『哲学探究　ウィトゲンシュタイン全集8』大修館書店，1976 年.）

――. 2001. *Ludwig Wittgenstein: Tagebücher und Briefe,* ed. by Ilse Somavilla (electronic resource, InteLex Corporation).（鬼界彰夫訳『ウィトゲンシュタイン哲学宗教日記 : 1930-1932/1936-1937』講談社，2005 年.）

Wokler, Robert. 1995. Review of Galipeau 1994, *Political Studies,* vol. 43, issue 3, pp. 533-534.

――. 2001. 'Projections of the Enlightenment in Twentieth-Century Jewish History: Errnst Cassirer and Isaiah Berlin,' (presentation paper, delivered at the Colorado College, Colorado Springs, 9-11 November 2001).

―――. 2003. 'Isaiah Berlin's Enlightenment and Counter-Enlightenment,' in Mali & Wokler 2003, pp. 13-32.

―――. 2008. 'A Guide to Isaiah Berlin's Political Ideas in the Romantic Age,' *History of Political Thought*, vol. 39, no.2, pp. 344-369.

Wolfson, Murray. 1982. *Marx: Economist, Philosopher, Jew* (Macmillan).（堀江忠男監訳『ユダヤ人マルクス』新評論, 1987年.）

Wollheim, Richard. 1991. 'The Idea of a Common Human Nature,' in Margalit, Edna & Avishai 1991, pp. 64-79.

Woodward, John (ed.) 2005. *Israel: Opposing Viewpoints* (Greenhaven Press).

Yack, Bernard (ed.) 1996. *Liberalism Without Illusions: Essays on Liberal Theory and the Political Vision of Judith N. Schklar* (The University of Chicago Press).

Zakaras, Alex. 2004. 'Isaiah Berlin's Cosmopolitan Ethics,' *Political Theory*, vol. 32, no. 4, pp. 495-518.

―――. 2013. 'A Liberal Plurlism: Isaiah Berlin and John Stuart Mill,' *The Review of Politics,* vol. 75, pp. 69-96.

Zagorin, Perez. 1985. 'Berlin on Vico,' *Philosophical Quarterly*, vol. 35, no. 140, pp. 290-296.

Zimmer, Oliver. 2003. *Nationalism in Europe:* 1890-1940 (Palagrave Macmilan).（福井憲彦訳『ナショナリズム 1890-1940』岩波書店, 2009年.）

Žižek, Slavoj. 1989. *The Sublime Object of Ideology* (Verso).（鈴木晶訳『イデオロギーの崇高な対象』河出書房新社, 2000年.）

相沢 裕紀. 2008.「自由と伝統（1）バーリンの自由観について」,『経済学年誌』（法政大学）第 43 号, 1-18 頁.

市川 裕ほか編. 2008.『ユダヤ人と国民国家――「政教分離」を再考する』岩波書店.

入不二 基義. 2001.『相対主義の極北』春秋社.

石山 文彦. 1998.「訳者解説」, キムリッカ『多文化時代の市民権』(Kymlicka 1995), 371-384 頁.

礒江 影孜. 1999.『ハーマンの理性批判――十八世紀ドイツ哲学の転換』世界思想社.

伊藤 恭彦. 2004.「通約不可能な価値の多元性とリベラリズムの行方」,『静岡大学法政研究』第 8 巻第 3・4 号, 81-104 頁.

上村 忠男. 1988.『ヴィーコの懐疑』みすず書房.

上野 大樹. 2011.「バーリンのリベラリズムにおける言語分析と歴史・社会分析――「全体主義」誕生の二つの契機と消極的自由のミニマリズムについて」,『四日市大学総合政策学部論集』第 10 巻第 1・2 号, 13-32 頁.

小川 晃一. 1985.「バーリンの自由論（一）」,『北大法学論集』第 36 巻第 1・2 号, 39-83 頁.

―――. 1986.「バーリンの自由論（二）」,『北大法学論集』第 36 巻第 4 号, 1239-1289 頁.

岡崎 晴輝. 2004.『与えあいのデモクラシー――ホネットからフロムへ』勁草書房.

奥波 一秀. 1994.「カントに対するハーマンの批判――ヒュームとの関係において」,『倫理学年報』第 43 号, 51-65 頁.

小田川 大典. 2005.「共和主義と自由――スキナー, ペティット, あるいはマジノ線メンタ

リティ」，『岡山大学法学雑誌』第 54 巻第 4 号，665-707 頁．

王 前．2002．「ある歴史家と哲学者の論議——Ｅ・Ｈ・カーとアイザイア・バーリンの歴史哲学をめぐる論争」，『思想史研究』第 2 号，169-185 頁．

——．2003．「Ｉ・バーリンとその批判者たち——自由の概念をめぐって」，『思想史研究』（日本思想史・思想論研究会）第 3 号，175-191 頁．

——．2014．「バーリンの啓蒙批判は間違っていた？——オックスフォード・シンポジウムをめぐって」，『未来』573 号，6-9 頁．

大森 秀臣．2007．「バーリンの呪縛を超えて——ジャン＝ファビアン・スピッツにおける自由の概念」，『岡山大学法学会雑誌』第 57 巻第 1 号，95-177 頁．

大澤 真幸．1996．「〈自由な社会〉の条件と課題」，船橋春俊ほか『社会構想の社会学（岩波講座現代社会学第 26 巻）』岩波書店，所収．

——．1998．「自由の牢獄——リベラリズムを超えて」『季刊アステイオン』第 49 号（1998 年夏），68-99 頁．

——．1999．「〈自由〉の条件（6）——積極的／消極的自由」，『群像』1999 年 6 月号，314-325 頁．

——．2000．「責任論」，『論座』第 57 号（2000 年第 1 号），159-199 頁．

大澤 麦．2004．「寛容」，古賀敬太編著『政治概念の歴史的展開〈第 1 巻〉』晃洋書房，85-103 頁．

乙部 延剛．2015．「政治理論にとって現実とはなにか——政治的リアリズムをめぐって」，『年報政治学 2015-Ⅱ 代表と統合の政治変容』，236-256 頁．

柿埜 真吾．2011．「バーリンの自由論」，『哲学会誌』（学習院大学）第 35 号，79-91 頁．

金田 耕一．2000．『現代福祉国家と自由』新評論．

上森 亮．2010．『アイザイア・バーリン——多元主義の政治哲学』春秋社．

河合 秀和．1973．「訳者あとがき」，Ｉ・バーリン『ハリねずみと狐』中央公論社．

——（編訳）．1998．「追悼 アイザー・バーリン」，『みすず』40(2)，29-52 頁（バーリンの追悼記事の集成．執筆者は，マイケル・イグナチェフ，スチュアート・ハムプシャー，アルフレッド・ブレンデル，アイリーン・ケリー，バーナード・クリック）．

——．2003．「20 世紀の最も優れた自由主義者——アイザイア・バーリン回想」，『国際交流』第 100 号，25-31 頁．

川上 文雄．1992．「アイザイア・バーリンの自由論における政治観」，『イギリス哲学研究』第 15 号，31-43 頁．

——．1995．「バーリン——多元主義における道徳的主体性と多様性」藤原保信・飯島昇藏編『西洋政治思想史（Ⅱ）』新評論，303-318 頁．

川本 隆史．1996．「自由論の系譜——二つの自由の《 間 》で」，『社会構想の社会学（岩波講座現代社会学第 26 巻）』岩波書店，49-72 頁．

川中子 義勝．1991．「ハーマンとキルケゴール 序説」，『外国語科研究紀要』（東京大学）第 39 号第 1 巻．

——．1996．『北方の博士・ハーマン』沖積社．

木部 尚志．2015．『平等の政治理論——〈品位ある平等〉にむけて』風行社．

小柳 正弘．1999．「コンテクストと自由——バーリンの自由論にかんする解釈を中心に」，

『人間科学』（琉球大学法文学部）第 4 号，27-59 頁.

齊藤 伸．2011．『カッシーラーのシンボル哲学』知泉書館.

佐々木 毅（編）．1995．『自由と自由主義』東京大学出版会.

佐藤 貴史　2011．「カオスからの創造──ブーバー，ショーレム，ユダヤ青年運動」，『年報新人文学』（北海学園大学）第 8 号，98-136 頁.

柴田 寿子．2009．『リベラル・デモクラシーと神権政治──スピノザからレオ・シュトラウスまで』東京大学出版会.

渋谷 浩．1984．「政治哲学と自由の問題──アイザイア・バーリンの場合」，『明治学院論叢法学研究』362 号（1984 年 3 月），75-97 頁.

数土 直樹．2005．『自由という服従』光文社新書.

杉田 敦．1998．「バーリン」，廣松渉ほか編『岩波哲学・思想事典』岩波書店，1288 頁.

関口 正司．1991．「二つの自由概念（上）」，『西南学院大学法学論集』第 24 巻第 1 号，1-57 頁.

────．1992．「二つの自由概念（下）」，『西南学院大学法学論集』第 24 巻第 3 号，43-107 頁.

竹田 青嗣．2004．『人間的自由の条件──ヘーゲルとポストモダン思想』講談社.

多田 真鋤．2002．「【研究ノート】近代合理主義批判の諸思想──アイザイア・バーリンの所説をめぐって」，『横浜商大論集』第 35 巻第 1・2 合併号，39-57 頁.

立岩 信也．2000．『弱くある自由へ』青土社.

田中 智彦．1994．「チャールズ・テイラーの人間観──道徳現象学の観点から」『早稲田政治公法研究』第 46 号，109-138 頁.

田中 治男．1992．「平等原理と格差原理──バーリンおよびロールズの議論から」，『成蹊法学』第 35 号，219-42 頁.

────．1993．「自由論をめぐる最近の文献から（一）」，『成蹊法学』第 37 号，311-36 頁.

────．1994．「自由論をめぐる最近の文献から（二完）」，『成蹊法学』第 38 号，119-37 頁.

田中 将人．2017．『ロールズの政治哲学──差異の神義論＝正義論』風行社.

千葉 眞．2000．『デモクラシー』岩波書店.

塚田 富治．1991．『カメレオン精神の誕生』平凡社.

堤林 剣．1998a．「ナショナリズムの問題──Ⅰ・バーリンとC・テイラーの視点から」鷲見誠一ほか編『近代国家の再検討』慶應義塾大学出版会，67-92 頁.

────．1998b．「自由のパラドックス──ルソー・コンスタン・バーリン」，『思想』第 883 号（1998 年 1 月号），57-78 頁.

富沢 克（編著）．2012．『「リベラル・ナショナリズム」の再検討』ミネルヴァ書房.

中野 剛充．1999．「バーリンとテイラー──多元主義を巡って」，『社会思想史学会』第 23 号，158-171 頁.

中山 俊宏．2003．「リベラル・デモクラティック・インターナショナリストによる帝国是認論」，マイケル・イグナティエフ『軽い帝国──ボスニア，コソボ，アフガニスタンにおける国家建設』中山俊宏訳，風行社，所収.

那須 耕介．2010．『バーリンという名の思想史家がいた──「ひとりの人」を通して「世の中」へ』編集グループ SURE.

野家 啓一．1993．『言語行為の現象学』勁草書房.

───. 1998.『クーン──パラダイム』講談社.

野矢 茂樹. 2002.『ウィトゲンシュタイン『論理哲学論考』を読む』哲学書房.

馬場 潤二. 2011.『エルンスト・カッシーラーの哲学と政治──文化の形成と〈啓蒙〉の行方』風行社.

濱 真一郎. 1999a.「現代正義論と価値多元論の可能性──ジョン・グレイの議論を素材として」,『同志社法学』第 50 巻第 4 号, 121-174 頁.

───. 1999b.「アイザィア・バーリンの価値多元論──現代正義論におけるその可能性」,『同志社法学』第 51 巻第 4 号, 1-60 頁.

───. 2001.「価値多元論とリベラリズムの整合性──アイザィア・バーリンの議論を素材として」,『同志社法学』第 52 巻第 6 号, 149-222 頁.

───. 2008.『バーリンの自由論』勁草書房.

───. 2011a.「アイザィア・バーリンのリベラリズムにおけるユダヤ的なもの」,『同志社法学』第 63 巻第 1 号, 443-474 頁.

───. 2011b.「アイザィア・バーリンによる自由概念の分析にかんする一考察──ベアタ・ポラノフスカ＝シグルスカの議論を素材として」,『同志社法学』第 63 巻第 3 号, 1477-1525 頁.

───. 2013.「バーリン自由論の基底──思想史に基礎をもつ哲学」,『同志社法学』第 64 巻第 8 号, 3209-3243 頁.

───. 2017.『バーリンとロマン主義』成文堂.

早尾 貴紀. 2007.「アイザイア・バーリンにおけるシオニズムとイスラエル──リベラル・ナショナリズムの理念と現実」,『UCTP 研究論集』第 10 号, 79-94 頁.

───. 2008.『ユダヤとイスラエルのあいだ』青土社.

半澤 孝麿. 1963.「アイザイア・バーリンの歴史理論──現代イギリス思想史のノートより・第二」,『東京都立大学法学会雑誌』第 4 巻第 1 号, 1-20 頁.

───. 2003.『ヨーロッパ思想史における〈政治〉の位相』岩波書店.

平山 令二. 2002.「モーゼス・メンデルスゾーン──啓蒙されたモーセ」, 中央大学人文科学研究所編『ツァロートの道』中央大学出版部, 所収.

福田 歓一. 1983.「アイザイア・バーリンの人と業績」, 福田歓一・河合秀和編『時代と回想 バーリン選集 2』岩波書店, 339-363 頁.

細谷 雄一. 2001.「外交官アイザイア・バーリン」,『創文』428 号, 27-31 頁.

───. 2005.『大英帝国の外交官』筑摩書房.

松元 雅和. 2005.「マイケル・ウォルツァーの普遍主義的倫理」,『政治思想研究』第 5 号, 183-200 頁.

森 達也. 1999.「アイザイア・バーリンの政治思想──現代自由主義の射程」(修士論文, 南山大学大学院法学研究科).

───. 2001.「バーリン政治思想における哲学的構想──『オックスフォード哲学』期を中心にして」,『早稲田政治公法研究』第 66 号, 155-183 頁.

───. 2002a.「アイザイア・バーリンの倫理的多元論──多元的状況における理解と判断」,『早稲田政治公法研究』第 69 号, 301-327 頁.

───. 2002b.「バーリン『歴史の不可避性』再読──自由と責任の条件をめぐって」,『早

稲田政治公法研究』第 71 号，217-244 頁.

―. 2005.「アイザイア・バーリンの捉える反啓蒙主義思想の端緒――実存的歴史観を手がかりとして」，『イギリス哲学研究』第 28 号，19-32 頁.

―. 2006.「リベラルな精神――アイザイア・バーリンとアイデンティティの政治」，『政治思想研究』第 6 号，315-347 頁.

―. 2007a.「カメレオンと孔雀――マイケル・イグナティエフ『アイザイア・バーリン』石塚雅彦・藤田雄二訳（みすず書房，2004 年）に寄せて」，『政治思想学会会報』第 23 号，10-15 頁.

―. 2007b.「多元主義」，日本イギリス哲学会編『イギリス哲学・思想事典』研究社，所収.

―. 2009.「書評：濱真一郎『バーリンの自由論』勁草書房，2008 年)」，『イギリス哲学研究』第 32 号，117-119 頁.

―. 2012.「アイザイア・バーリンが語るナショナリズムとシオニズム――J・G・ヘルダーからモーゼス・ヘスまで」，『政治哲学』第 13 号，71-107 頁.

―. 2013.「政治的自由――概念の『イギリス的』文脈をめぐって」，ポール・ケリー＝佐藤正志編『多元主義と多文化主義の間』早稲田大学出版部，215-158 頁.

―. 2014.「アイザイア・バーリンのパレスティナ――リベラル・シオニストの肖像」，『政治哲学』第 17 号，30-67 頁.

―. 2016.「書評：Arie M. Dubnov, *Isaiah Berlin: The Journey of a Jweish Liberal* 他」，『ユダヤ・イスラエル研究』第 30 号，73-76 頁.

森本 哲夫. 1999.「ジョン・グレイとバーリンの自由および自由主義の理論（一）」，『亜細亜法学』第 34 巻第 1 号，91-108 頁.

―. 2000.「ジョン・グレイとバーリンの自由および自由主義の理論（二）」，『亜細亜法学』第 34 巻第 2 号，45-70 頁.

―. 2001.「ジョン・グレイとバーリンの自由及び自由主義の理論（三）」，『亜細亜法學』第 36 巻第 1 号，75-121 頁.

山岡 龍一. 2014.「自由論の展開――リベラルな政治の構想のなかで」，川崎修編『政治哲学と現代（岩波講座　政治哲学 6）』岩波書店，3-27 頁.

―. 2017.「政治的リアリズムの挑戦――寛容論をめぐって」，『nyx（ニュクス）』第 4 号，236-249 頁.

山下 重一. 1998.「バーリンにおける自由論と価値多元論（上）」『國學院法学』第 36 巻第 3 号，225-273 頁.

―. 1999.「バーリンにおける自由論と価値多元論（下）」『國學院法学』第 36 巻第 4 号，101-142 頁.

―. 2016.『J・S・ミルと I・バーリンの政治思想』泉谷周三郎編・解説（御茶の水書房）.

渡邊 二郎. 1991.『現代哲学――英米哲学研究』放送大学教育振興会.

―. 1999.『歴史の哲学』講談社.

渡辺 幹雄. 1996.『ハイエクと現代自由主義』春秋社.

―. 1999.『リチャード・ローティ――ポストモダンの魔術師』春秋社.

あとがき

　私がアイザィア・バーリンの名前を知ったのは大学4年生のとき，彼の死が報じられた1997年秋のことだった。指導教員であった友岡敏明先生から勧められるままに，私は南山大学の図書館で『自由論』を手に取った。当時の私には非常に難解な書物であるどころか，これがどのような種類の思想であるのかも見当がつかなかった。以来20年，私はバーリンの遺したテクスト群と付き合ってきた。モンテスキューには到底及ばないのではあるが，それでも「20年にわたって，私の著作が始まり，成長し，はかどり，終わるのを私は見た」（『法の精神』序文）。

　本書は数多の学恩の賜物である。法学部の卒業論文として自由論を書いてみたいという私の向こう見ずな申し出に対し，友岡先生はフロムの自由論とバーリンのそれとの比較という入門的素材を与えてくださった。先生にはその後も同大学院法学研究科修士課程において英文読解と論文執筆のいろはを伝授していただいた。早稲田大学大学院政治学研究科の指導教員であった飯島昇藏先生には政治思想（あるいは政治哲学）研究の厳しさを教えられた。飯島先生はレオ・シュトラウス研究の大家であり，周知のようにシュトラウスとバーリンとは思想的に「水と油」の関係にあるのだが，このことはかえって両者が対峙するその共道の思想的土俵に私の目を開かせてくれたと思う。2015年の春には私に博士論文の提出を勧めてくださり，審査においては健康上の理由で主査をしていただくことがかなわなかったものの，口頭試問の際には拙論を「二度読んだ」という伝言をいただいた。飯島先生は惜しくも2017年春に亡くなられたが，本書の刊行によってその学恩にわずかでも報いることができたとすれば，それは私にとってこのうえない喜びである。

　松本礼二先生は，バーリンの著作群の中心をなすヨーロッパ思想史の広大なフィールドに私をいざなってくれた。その深い森の中でほとんど方向感覚を失いながらも，私がそこからかろうじて持ち帰った幾らかの収穫物が本書後半の議論を構成している。バーリン思想の要石である啓蒙とその批判者の理解にあたっては，佐藤正志先生の演習講義から多くの恩恵を受けた。加えて，20世

紀英国政治思想の文脈のもとでバーリンを理解するという課題と，その研究成果公表の機会を与えていただいたことに感謝したい。齋藤純一先生には博士論文の主査を引き受けていただいた。本書の前半部には現代政治理論の議論と重なり合うところが多々あるが，審査の際にその論証の不十分な箇所を逐一指摘していただいたことは（十分ではないかもしれないが）本書に活かされている。放送大学の山岡龍一先生は知る人ぞ知る「バーリン通」であり，ことあるごとに私が思いもよらなかった数々の論点を鋭く示唆してくださった。オール・ソウルズ客員フェローの経歴をもつ河合秀和先生は，私が学習院大学の大学院演習講義にお邪魔していたあいだ，バーリンに関する当時の貴重な逸話の数々を惜しみなく披露してくださった。河合研究会でお会いした折にバーリンの生家の写真をくださった大中真先生には，本書への掲載をご快諾いただいた。同志社大学の濱真一郎先生とは学会を通じて交流の機会を得た。先生との会話は，『バーリンの自由論』（濱 2008）に続くところの本書が取り組むべき課題を明確にしてくれたと思う。岡山大学の小田川大典先生からは，折に触れてバーリンのテクストの扱い方に関する助言を賜った。『思想の政治学』という本書の題名は，2017 年春に南山大学で開催された日本イギリス哲学会大会の折に，カフェ・ダウニーで両先生と食事をしながらの会話から生まれたものである。本書後半部の中心をなすバーリンのナショナリズム／シオニズム論は，政治哲学研究会が発行する『政治哲学』に掲載された 2 本の論文に基づいているが，これらは飯島先生と並んで同研究会の運営に尽力されてきた石崎嘉彦先生のお力添えの賜物である。

　同じ大学院に学んだ仲間からも数え切れぬほどの恩恵を受けてきた。南山大学大学院在籍中は，法学研究科のみならず他研究科の院生とも一緒に楽しい時を過ごし，また論文執筆の苦楽を共にした。早稲田大学大学院においても多くの仲間，先輩，後輩に恵まれた。そこで私は藤原保信先生が拓いた早稲田政治思想研究の層の厚さを知るとともに，その知的・人的恩恵をこの上なく享受したと思う。博士論文提出から本書刊行に至る時期においてはとりわけ井上弘貴さんから数々の助言をいただいた。入稿の直前に本書の序論部分を一緒に検討してくれた藤井達夫さん，安藤丈将さん，小須田翔さんにも御礼申し上げたい。

　本書のもととなる諸研究を公表する場を与えてくれた早稲田政治公法研究会，

政治思想研究会，日本イギリス哲学会，政治思想学会，日本政治学会，International Political Studies Association，政治哲学研究会，規範理論研究会，河合研究会，日本ユダヤ学会，日英国際交流イギリス理想主義ワークショップの各位にも深く感謝したい。

　本書で使用した文献の大部分はヘンリー・ハーディ博士の編集によるものである。彼の編集プロジェクトはバーリン研究を志す者すべてに計り知れない恩恵を与えてきた。オックスフォード大学アイザィア・バーリン・レガシー・フェローのマーク・ポトル博士には，未公刊資料の所蔵状況に関する情報を提供していただいた。表紙写真の選定と使用許諾に際しては，ボドリアン図書館デジタル・アーカイブ管理者のニコラス・ホール氏の助力を得た。

　本書は早稲田大学エウプラクシス叢書の助成を受けて出版された。審査の労をお執りいただいた覆面レフェリーの方々からの有益なコメントに感謝したい。早稲田大学出版部の武田文彦さんと今井智子さんには，入稿時期や装丁に関して色々と我儘をきいていただいた。

　これらの恩恵はすべて本書に活かされているが，しかし当然のことながら，本書の内容に関するすべての責任は著者にある。

　最後に，研究者の道がいかなるものかをほとんど知らぬまま，寛大にも大学院への進学を許してくれた両親に本書を捧げる。

　2018 年 3 月

森　達也

事 項 索 引

◆あ

アイデンティティ　7, 10, 17, 27, 29, 85,
121, 124, 128-130, 132-135, 141, 143, 147,
166, 167, 173, 192-196, 198, 203, 210, 214,
229, 230, 238, 239, 264, 265
アラブ＝ユダヤ戦争　232, 233
イェルサレム　11, 152, 236, 237, 247-249
イオニア派の誤謬　43
イスラエル　2, 8, 11, 14, 21, 23, 29, 30, 142,
207, 209, 210, 212, 219, 222, 223, 229, 231-
238, 241-244, 247, 249, 251, 252, 275, 277
偉大さ　211, 212, 219
一元論　24, 44-46, 56, 63, 64, 73, 79, 88,
117, 118, 125, 127, 165, 225, 267
イデオロギー　6, 26, 62, 141, 227, 228, 252,
255
インテリゲンツィヤ　257, 258
隠喩　44, 46, 56, 99, 100, 101, 106, 111-114,
132, 150, 163, 194, 262
ヴァイマル共和国　166, 217
『ヴィーコとヘルダー』　22, 176
オーストリア＝ハンガリー帝国　245, 265
オール・ソウルズ・カレッジ　16, 33
オスマン・トルコ（オスマン帝国）　265,
248
オスロ合意　237, 245
オックスフォード哲学　34

◆か

『カール・マルクス』　21, 190, 198
価値多元論　1-4, 7, 14, 24-26, 57, 58, 60,
64, 69, 80-84, 86, 89, 92, 107-109, 116, 117,
121, 122, 124-127, 134, 137, 138, 141, 143,
147, 163, 188, 206, 207, 224, 225, 252, 255,
261, 262, 271
カテゴリー　24, 48, 49, 53, 57, 66, 72, 75,
76, 99, 100, 112, 118, 252
寛容　26, 32, 116, 124-129, 132, 136, 137,
153, 166, 167, 195, 237, 238, 250-252, 261,
265, 267

帰結主義　171
擬制　99, 109
犠牲　106, 107, 109, 171, 255
帰属　28, 29, 133, 176, 179, 187, 196, 206,
223, 225-227, 255, 261, 262, 277
キビヤ　235
客観的価値　68, 76
啓蒙　2, 7, 27, 28, 31, 60, 61, 85, 86, 88-90,
144, 147-149, 152-155, 160, 161, 165-169,
179, 183, 186, 187, 193, 195, 197, 201, 205,
215, 216, 226, 231, 257, 260, 261
『啓蒙の時代』　21, 53, 149
決定論　25, 45, 92-103, 112, 124, 147, 255,
259, 262
限界観念　73, 74
言語起源論争　27, 145, 149, 155
言語ゲーム（論）　77, 78, 84, 164
言語の公共性　155, 157, 158
言語論的転回　2, 24, 27, 35, 46, 53, 56, 77,
156, 162
現実感覚　20, 21, 25, 70, 85, 89, 92, 107,
122, 123, 216, 217, 219, 222
検証（可能性）原理　24, 36-39, 44
好奇心　122, 127, 128, 252, 255
行動主義　61
合理性　60, 70, 71, 80
故郷喪失　200, 229, 277
国民国家　30, 31, 183, 193, 207, 224, 232,
245, 264, 265, 267
故国喪失　239, 240, 243, 244
コスモポリタニズム　30, 147, 166, 184,
216, 239, 251, 270, 273
コミュニタリアン　30, 124, 131, 141, 143,
239

◆さ

暫定協定　138
シオニズム（シオニスト）　2, 3, 8, 13, 16,
20-23, 28, 29, 142, 167, 172, 174, 188, 192,
193, 201, 207, 209, 210-214, 216, 219, 220-
224, 227, 228, 230, 232-234, 236, 238, 240,

事項索引 ｜ 313

242, 244, 252, 277
自己形成　28, 181
実存主義（者）　105, 259, 273
実存的歴史観　27, 28, 146
社会契約論　256
十月革命　13, 14, 251
自由主義　1-7, 15, 25-27, 29, 31, 32, 57,
　59-61, 80-91, 102, 112, 113, 115-118, 120,
　126, 129, 132-137, 143, 144, 147, 148, 153,
　161, 166, 167, 169, 171, 174, 197, 209, 215,
　223, 224, 227-230, 239, 252, 255-257, 260,
　261-262, 267, 271, 272, 274-277
消極的自由　25, 29, 81, 86, 91, 119, 130,
　132, 134, 198, 212, 223, 225, 226, 246, 259,
　261, 262
消極的な政治　129, 140, 141
承認の政治　27, 116, 129, 130, 132
承認をめぐる闘争　131, 133, 135
神学―政治問題　217
新カント派　33, 53, 55, 161
人権　83, 84, 239, 276
人種　186, 187, 203, 244
信念　6, 27, 47, 93, 113, 145, 148, 149, 151-
　153, 165, 175, 252
新保守主義　139, 183
スターリン主義　272
ストア派　123
政治的自由　1, 3, 91, 112, 115, 117, 123
政治的自由主義　27, 121, 129, 135-138,
　140, 141, 270
精神の自由　26, 116
世界市民　185
責任　25, 92-98, 100, 101, 104, 107-113,
　120, 124, 134
世間的（性）　122, 273
積極的自由　91, 92, 104, 130, 132, 134, 192,
　212, 223, 225
全体主義　15, 101, 109, 134, 184, 258, 272
全体論　56
セント・ポールズ　16
ソヴィエト　15, 134, 258, 272
相対主義　25, 28, 56, 69, 80, 86, 87, 127,
　158, 180-182

◆た

対抗的啓蒙　7, 27, 31, 60, 144, 148, 161,
　165, 168, 176, 189, 192, 224, 231, 257,
　260-262
妥協　79, 129, 130, 225, 226, 238, 251, 252,
　256
多元主義　102
多元性　90, 123, 164, 275
多元論　28, 45, 46, 56, 61-63, 65, 77, 105,
　117-119, 127, 136, 144, 176, 178, 180, 181,
　274
多文化社会　31, 82, 264
多文化主義　27, 124, 230, 250
通約不可能（性）　24, 63, 64, 67, 80, 87, 90,
　106, 123, 158, 163, 164, 178, 255
強い評価　105
ディアスポラ　205, 239, 242, 243
デイル・ヤーシン　235
デモクラシー　59, 134, 245, 264
同化　29, 194-196, 201, 203, 206, 215, 265

◆な

ナショナリズム　2, 5, 7, 22, 27-31, 142,
　147, 148, 153, 161, 171, 172, 174-177, 183,
　186-192, 194, 198, 202, 223, 227, 228, 230,
　234, 236, 239, 240-245, 261, 264, 266, 267,
　270, 277, 278
ナチス（ナチズム）　75, 112, 166, 223
人間性　28, 181, 182, 184, 207
人間の地平　39, 72, 73, 75

◆は

ハシディズム　192, 205, 214, 218
ハスカラー　152, 173, 192, 218
『ハリねずみと狐』　21, 92, 192
バルフォア宣言　13, 250
パレスティナ　2, 13, 14, 20, 23, 29, 30, 204,
　205, 207, 214, 220, 231-233, 235-238, 240,
　241, 244, 245-247, 249, 250-252, 262
反基礎づけ主義　23, 30, 33, 83, 112, 255
反復の権利　241
ピース・ナウ　236
ピール委員会　247
比較可能性　105

比較不可能（性）　5, 24, 65, 82
悲劇　26, 118, 121, 123, 129, 132, 135, 223, 250, 255, 260
表現主義　28, 176, 177, 187
品位　7, 15, 26, 32, 76, 77, 79, 89, 124, 129-133, 135, 138-140, 171, 212, 220, 232, 238, 239, 252, 255, 263, 267
ファシズム　75, 191
不安定な均衡　79, 139, 225, 226, 256, 267, 275
『二つの自由概念』　3, 5, 8, 21, 26, 81, 91, 92, 104, 111, 115, 123, 132, 134, 198, 225
普遍的倫理法則　72, 76, 80, 81
プラトン的理想　24, 45, 165, 188
フランス革命　16, 27, 28, 147, 168, 175, 186, 192, 193, 200, 209, 239
プロクルステスの寝床　42, 62, 114
包括的教説　135-137, 140
包含説　81, 82
本来性　92, 131

ま

曲げられた小枝　184, 190, 243
まだましな悪　130, 276
まっとうな　215, 220, 222
マルクス主義　112, 198, 202, 258
民衆主義　28, 176, 179, 185, 187
民族自決　30, 31, 183, 225, 244, 264, 265
六日間戦争　23, 234, 235
目的論　26, 92, 102-104

◆や

唯一性　24, 28, 65-67

ユダヤ人憎悪　203
ユダヤ人の自己憎悪（ユダヤ的自己憎悪）　196, 198

◆ら-わ

リアリズム　27, 60, 62, 167, 235, 263, 275
リガ　9, 10, 14, 52, 218, 248, 263
理解　71, 72, 74, 77, 78, 122, 127, 164, 173, 231
理解可能性　25, 57, 69, 73, 84, 87, 182
理想化　15, 16, 196, 197, 213
理にかなう多元性の事実　59, 136, 137, 138
リベラル＝コミュニタリアン論争　27, 143
リベラルな精神　115, 174, 239, 246, 251
リベラルな善の構想　26, 116, 121, 124, 137, 139, 141, 259
両立不可能（性）　24, 63, 64, 93, 95-97, 108, 122, 137, 139, 178, 255, 262, 274
ルバヴィッチ派　11
歴史主義　24, 26, 33, 56, 57, 86, 117, 154, 255
『歴史の必然性』　21, 25, 48, 92, 93, 98, 99, 111, 145, 150, 258, 273
ロマン主義　2, 7, 21, 27, 89, 101, 144, 145, 147, 149, 159, 166, 167, 180, 188-192, 197, 198, 212, 213, 216, 257, 267, 275
論理実証主義　23, 27, 33-35, 37, 39, 40, 41, 44-49, 52, 54, 55, 68, 69, 99, 145, 148, 149, 151, 159, 163, 168, 255
論理的翻訳　24, 39, 162, 163

人 名 索 引

◆ア

アースレフ，ハンス　144, 145, 157, 159, 160

アーブラスター，アンソニー　144

アーレント，ハンナ　122, 214, 222, 232, 236, 239, 242

アインシュタイン，アルベルト　216, 217, 221, 232

アヴィネリ，シュロモ　173, 174, 192

アッピア，アンソニー　128

アフマートヴァ，アンナ　20, 114

アリストテレス　40, 43, 71, 107, 179, 180

アルキロコス　270

アンスコム，G. E. M.　77

アンダーソン，ベネディクト　10

アンダーソン，ペリー　275

イグナティエフ，マイケル　4, 11, 14, 15, 23, 52, 84, 122, 124, 128-130, 142, 239, 243, 246, 251, 252, 260, 263, 271-274, 276-278

イプセン，ヘンリック　120

ヴァイツマン，ハイム　2, 7, 20, 21, 29, 209-212, 219-221, 233, 234, 238, 243, 247, 258, 272, 274

ヴァリツキ，アンジェイ　257, 258, 260

ヴィーコ，ジャンバッティスタ　16, 22, 51-53, 56, 58, 71-74, 127, 157, 188, 231, 257, 259

ウィーゼルティエール，レオン　126

ウィトゲンシュタイン，ルードヴィヒ　21, 43, 54, 77, 85, 90, 151, 153, 156, 158, 159, 162, 164

ウィニコット，ドナルド　125

ウィリアムズ，バーナード　3, 4, 57, 58, 66, 84, 99, 103, 110, 263

ウィルソン，エドマンド　238

ヴィンケルマン，ヨハン・ヨアヒム　85, 178

ウィンチ，ピーター　63, 73, 77, 88, 89, 154

ヴィンデルバント，ヴィルヘルム　50

ウーズレー，アンソニー．D.　34

ヴェーバー，マックス　12, 53, 56, 72, 109, 232

ヴェルディ，ジュゼッペ　179

ウォクラー，ロバート　4, 60, 167, 175, 230

ウォルツァー，マイケル　82, 82, 128, 241, 207, 263

ヴォルテール　57, 67

ウォルドロン，ジェレミー　246

ウォルハイム，リチャード　220, 223

ウォルフソン，アイザック　22

エイヤー，A. J.　34, 35, 37-40, 56

エーコ，ウンベルト　157

エピクロス　94

エラスムス　120

エリオット，T. S.　17, 229

エンデ，ミヒャエル　119

オーウェル，ジョージ　121, 122

オークショット，マイケル　78, 88, 89, 116, 119, 121, 144

大澤真幸　92, 103, 108

オースティン，J. L.　34, 77, 168

岡崎晴輝　133

オフラエティ，J. C.　151

◆カ

カー，E. H.　4, 18, 22, 93-96, 98, 145, 146, 222

カーヴァー，ティレル　198

カーライル，トーマス　120

カイル，P. J. E.　66

ガウス，ジェラルド　256

カッシーラー，エルンスト　50, 51, 160-163, 165, 167, 168, 180, 187, 215, 217

カブール，カミッロ　211, 219

カリッシャー，ヒルシュ　202

ガリバルディ，ジュゼッペ　211

カルナップ，ルドルフ　39, 159

カント，イマヌエル　24, 28, 36, 48, 49, 51-56, 67, 71, 98, 113, 149, 151, 154, 158,

168, 184, 185, 189, 191, 257, 261
ギアツ，クリフォード　177
ギデンズ，アンソニー　110, 117
キムリッカ，ウィル　230, 264
クィントン，アンソニー　47
クーン，トーマス　44, 50
グナイゼナウ，アウグスト・フォン　185
クラウダー，ジョージ　80-82, 84, 134,
137, 230
クラクラフト，J.　145
グラント，リンダ　273
クリック，バーナード　18, 34, 88, 246
クリプキ，ソール　154
グレイ，ジョン　3, 59, 60, 66, 70, 77, 81,
83, 86, 89, 90, 121, 138, 139, 196, 250, 263,
265, 271, 278
グロイス，ボリス　197
クローチェ，ベネデット　27, 51, 53, 146,
157
クワイン，W. v. O.　49, 74
ゲイ，ピーター　144, 169
ゲーテ，ヨハン・ヴォルフガング　149,
166, 168, 185
ケストラー，アーサー　19, 229
ケドゥーリ，エリ　175, 189
ケニー，マイケル　60, 123
ケネディ，ジョン・F.　272
ケリー，アイリーン　7, 218
ゲルツェン，アレクサンドル　15, 225,
243, 249, 257, 258, 260
ゲルナー，アーネスト　60, 175, 204
ゴイス，レイモンド　140
コーエン，G. A.　18
コーエン，ヘルマン　217, 209, 215
コール，G. D. H.　18, 21
コーン，ハンス　177
コチス，ロバート　81
コノリー，ウィリアム　117-119, 121, 123,
133, 140, 243, 259, 263
ゴビノー，アルテュール・ド　203
コリーニ，ステファン　135
コリングウッド，R. G.　16, 27, 34, 37, 41,
51, 53, 85, 146, 165, 173, 218
ゴルトン，フランシス　203
コレック，テディ　247

コンスタン，バンジャマン　15
コンディヤック，E. B.　157, 159

◆サ
サイード，エドワード　30, 142, 237-241,
243, 244, 250-252, 275
ザカラス，アレックス　82, 83, 127
サックス，ジョナサン　23
サデー，イツハク　13
サルトル，ジャン＝ポール　104, 110
サンデル，マイケル　86
シェイクスピア，ウィリアム　121, 122
ジェイムズ，ウィリアム　46, 108
シェファー，ヘンリー・M.　21
ジェファソン，トーマス　126
シェリング，フリードリヒ　191
ジジェク，スラヴォイ　101
シニアソン，メナシェム・M.　11, 12
ジマー，オリヴァー　175
ジャット，トニー　244, 251
ジャハンベグロー，ラミン　13, 23
シャミル，イツハク　231, 234
シャロン，アリエル　231
シュクラー，ジュディス　31, 57, 83, 129,
263
シュタイン，ハインリヒ・フリードリヒ・フ
ォン　185
シュティルネル，ジーヴ　145, 183-186,
251
シュトラウス，レオ　4, 53, 86, 180, 217
シュライエルマッハー，フリードリヒ　71
シュリック，モーリッツ　38
シュレーゲル兄弟　191
シュレジンジャー，アーサー（ジュニア）
19
シュンペーター，ヨーゼフ　117
ショーレム，ゲルショム　214-216
ショスタコーヴィチ，ドミートリイ　272
ジョルダーニ，トマゾ　186
シラー，フリードリヒ・フォン　168, 179,
190, 191
シルヴァーズ，ロバート　234
ジンキンス，マイケル　127
スカゲスタッド，ピーター　53
スキナー，クェンティン　64, 246

人名索引 | 317

スターリン，ヨシフ　20, 258
ストーン，I. F.　235
ストラヴィンスキー，イーゴリ　10, 272
ストローソン，P. F.　36, 44, 47, 54, 73
スピノザ，バルーフ　120, 193
スペンダー，スティーヴン　19
スミス，アダム　256
スミス，アンソニー　177, 189, 243
ソクラテス　6, 58

◆タ

ダール，ロバート　61
ダブノフ，アリー　7, 174, 216, 218, 229,
　252
タミール，ヤエル　31, 266, 267, 278
ダロス，ジョルジュ　272
チェーホフ，アントン　258
チェスタトン，G. K.　17
チャーチル，ウィンストン　19, 212
チュルニス，ジョシュア　191, 258
チョムスキー，ノーム　159, 160, 238, 247,
　250, 251
デイヴィドソン，ドナルド　74, 110, 165
ティエリ，オーギュスタン　203
ディズレイリ，ベンジャミン　195, 197,
　198, 203, 211
ディドロ，ドゥニ　120
テイラー，チャールズ　25, 91, 92, 104-
　106, 108-110, 116, 130, 133, 159, 225
ディルタイ，ヴィルヘルム　53, 56, 71
デカルト，ルネ　40, 57, 157
デューイ，ジョン　43
ドゥオーキン，ロナルド　86, 98
トゥルゲーネフ，イワン　122, 194, 251,
　257, 260, 274
トクヴィル，アレクシ・ド　261
ドストエフスキー，フョードル　259
トルストイ，レフ　21, 121, 122, 257, 269

◆ナ

ナボコフ，ウラジーミル　62, 63
ナボコフ，ニコラス　19, 63
ニーチェ，フリードリヒ　106, 120, 145,
　146, 259, 271
ニーバー，ラインホルト　238

ヌーバー，ウルズラ　133, 135
ヌスバウム，マーサ　65
ネイミア，L. B.　193-195, 216, 245
ネーゲル，トーマス　78, 97, 111
ノートン，ロバート　144
ノーマン，リチャード　73

◆ハ

バーカー，ロドニー　128
バーク，エドマンド　185, 190, 261
バージェス，ガイ　19
パース，チャールズ・サンダース　158
ハーディ，ヘンリー　3, 5, 22, 51, 52, 200,
　269, 275
ハート，H. L. A.　58, 77, 168, 262
ハーバーマス，ユルゲン　162, 215
ハーマン，ヨハン・ゲオルク　9, 27, 46,
　53, 54, 58, 145, 149-158, 160, 163, 168, 169,
　178, 184, 190, 231, 257, 261, 262
ハアム，アハド　30, 113, 221, 229, 272
バーリン，アイザィア・シニア（シャイエ）
　9
バーリン，アリーン　21, 273
バーリン，マリー　13
バーリン，メンデル　9, 13
バーンスタイン，ジェイ　169
バーンスタイン，リチャード　58
ハイエク，フリードリヒ・フォン　256
バイザー，フレデリック　185, 261
ハイデッガー，マルティン　164, 166, 215
ハイネ，ハインリヒ　10, 187, 188, 196,
　198
バイロン，ジョージ・ゴードン　198
バウマン，ジグムント　117, 119
バウラ，モーリス　17
パステルナーク，ボリス　20, 272
ハッキング，イアン　44, 157-160
パトナム，ヒラリー　49
バトラー，ジュディス　125
ハムプシャー，ステュアート　34, 47, 58,
　172, 263
ハリク，オマー　250
ハルバン，ハンス　21
パレク，ビーク　69
バレット，ウィリアム　145

ピカソ，パブロ　272
ヒトラー，アドルフ　216, 263
ヒューム，デイヴィッド　27, 35-37, 47,
　55, 56, 144, 145, 148, 150-152, 216
ビルンボーム，ピエール　174, 250
ピンスケル，レオン　205, 223
フィヒテ，ヨハン・ゴットリープ　28,
　183, 185, 190, 191, 204
フーコー，ミシェル　113, 123, 159, 160
プーシキン，アレクサンドル　10, 258
ブーバー，マルティン　214, 221
ブーレッツ，ピエール　217
フェヌロン，フランソワ　185
フェレル，ジェイソン　73
フセイン１世（ヨルダン国王）　249
フック，シドニー　19
ブッシュ，ジョージ・W.　139
ブラウン，ウェンディ　253
フラスマン，リチャード　57, 263
フリーデン，マイケル　8
プリゴジン，イリヤ　94
フレイザー，ナンシー　135
フレーゲ，ゴットロープ　35, 56, 158, 162
プレハーノフ，ゲオルギー　191, 258, 259
ブレンナー，レニ　222, 229
ブロックリス，ローレンス　147
フロム，エーリッヒ　120, 133
フンボルト，ヴィルヘルム・フォン　158,
　185
ベヴィン，アーネスト　212
ヘーゲル，G. W. F.　158, 202, 243, 258,
　263
ベギン，メナヘム　231, 234
ヘス，モーゼス　14, 21, 29, 198, 201-207,
　209-211, 228, 245, 262, 264
ベッカー，カール　166
ベック，ウルリッヒ　117
ペッパー，スティーヴン　100
ベリンスキー，ヴィサリオン　258, 260
ベル，ダニエル　62
ヘルダー，ヨハン・ゴットフリート　9,
　13, 14, 22, 27, 29, 56, 58, 67, 71, 85, 127, 145,
　149, 155-158, 160, 164, 165, 168, 174, 176-
　188, 190, 191, 196, 202, 204, 206, 207, 209,
　211, 218, 223, 226, 228-233, 241, 245, 257,

259, 261, 262, 264
ヘルツル，テオドール　29, 205, 206, 209-
　213, 220, 223
ベルネ，ルートヴィヒ　195, 196
ベレンソン，バーナード　242
ベン＝グリオン，ダヴィド　10, 229, 272
ベンサム，ジェレミー　256
ベンジャミン，ジェシカ　125
ベンヤミン，ヴァルター　163
ホッブズ，トーマス　47, 138, 157, 246,
　249, 251, 256, 265
ポトル，マーク　52
ボナパルト，ナポレオン　191, 195, 211
ホネット，アクセル　29, 125, 131-133,
　135, 159, 223-225, 227, 228
ポパー，カール　50, 94, 99, 262
ホブズボーム，エリック　172, 244
ボヤーリン兄弟　140, 239, 243, 244
ボラノフスカ＝シグルスカ，ベアタ　23,
　82
ホワイト，モートン　95-97

　◆マ

マードック，アイリス　47
マイネッケ，フリードリヒ　175, 177, 180,
　182, 186, 194, 233
マイヤーズ，エラ　87, 264
マウトナー，フリッツ　215
マキァヴェッリ，ニコロ　58, 64, 188, 257,
　262
マクドナルド，ドワイト　19
マクナップ，ドナルド　34
マクファーレン，L. J.　115
マクレラン，デイヴィッド　198
マサリク，トマーシュ　211
マッキノン，ドナルド・M.　34
マッキンタイア，アラスデア　86, 87
マック，エリック　256
マッツィーニ，ジュゼッペ　15, 202, 209,
　211
マッハ，エルンスト　47, 216
松本礼二　60
マルガリート，アヴィシャイ　23, 66, 75,
　130, 132, 139, 223, 227, 236, 237, 263, 267
マルクス，カール　21, 195, 197, 198, 200,

201, 204
ミノーグ，ケネス　135
ミュラー，アダム　185, 191
ミラー，デイヴィッド　31, 228, 264, 266
ミラボー，オノーレ　211
ミル，J. S.　91, 111, 120, 126, 256, 257, 262
ミルトン，ジョン　126
ムア，G. E.　33, 37
ムフ，シャンタル　264
村上智章　53
メイア，ゴルダ　235
メーザー，ユストゥス　183
メストル，ジョゼフ・ド　21, 149, 156, 185, 231, 261
メニューイン，ユーディ　249, 250
メルヴィル，ハーマン　63
メルラン，P.　151
メンダス，スーザン　132
メンデルスゾーン，フェリックス　196
メンデルスゾーン，モーゼス　126, 152, 153, 168, 194
モーゲンベッサー，シドニー　50
モミリアーノ，アルナルド・ダンテ　181
モンテスキュー，シャルル・ド　120, 188, 257, 259, 262

◆ヤ

ヤコービ，フリードリヒ・ハインリヒ　261
ヨブ　67

◆ラ-ワ

ラーモア，チャールズ　136, 137
ライアン，アラン　272
ライプニッツ，ゴットフリート・ヴィルヘルム　157, 166
ライリー，ジョナサン　79-82
ライル，ギルバート　70
ラカー，ウォルター　202-204, 210, 222,

223
ラザール，ベルナール　239, 242
ラズ，ジョセフ　65, 67, 106, 262, 263
ラズームニク，イヴァーノフ　257
ラスキ，ハロルド　18, 61
ラスキー，メルヴィン・J.　19
ラスマン，ピーター　53
ラチミレヴィチ，ソロモン　52, 53
ラッセル，バートランド　33, 35, 36, 40, 41, 43, 44, 56, 159
ラビン，イツハク　237, 251
リアディ，シュノー・ザルマン　11, 249
リード，T. J.　51, 192
リッケルト，ハインリヒ　50, 53, 56, 72
リベルソン，ジョナサン　50
リンカーン，エイブラハム　211
ルイス，C. I.　218
ルークス，スティーヴン　23, 90, 106, 107, 169
ルソー，ジャン＝ジャク　116, 118, 142, 263
ルナン，エルネスト　184, 242
レヴィ，ジェイコブ　130, 133
レッシング，ゴットホルト・エフライム　120, 195
レッシング，テオドール　197
ローズヴェルト，フランクリン　19, 211, 212
ローゼンツヴァイク，フランツ　209
ローティ，リチャード　33, 36, 40, 42, 44, 46, 57, 87-89, 94, 117, 150, 159, 164, 172, 263
ローベリー，エドワード　12
ロールズ，ジョン　27, 59, 86, 98, 115, 121, 135, 137-139, 250, 256, 263, 270, 275
ロスチャイルド，ヴィクター　7
ロック，ジョン　36, 120, 126, 157, 159, 256
ワインバーグ，ジュリウス・R.　148, 149

The Politics of Ideas:
A Study of Isaiah Berlin's Political Thought

MORI Tatsuya

Isaiah Berlin (1909–1997) is known as a pluralist, a liberal theorist, a historian of ideas, and a Zionist. The purpose of this study is to understand his political ideas in a consistent manner, under the 'existentialist' assumption that not only his famous defense of negative freedom but also his work in the history of ideas reflects his own moral and political view. From this perspective, we can view him as a Jewish intellectual who lived during the 'short twentieth century' and faced the real dilemma between individual liberty and national belonging. His life as an intellectual gives us a case for reflecting on the viability of liberal political theory in the real world.

The first part of this book investigates Berlin's idea of liberalism. Chapter 1 examines his attack on monism and his alternative view of philosophy. His view is quasi-Kantian anti-foundationalism, which enables him to conceive political theory from a historical perspective. Chapter 2 reconstructs his doctrine of value pluralism (VP), which is characterized by the notion of value incompatibility and incommensurability. Critics regard VP as a version of moral relativism that endangers the priority of liberalism, but it is not relevant in his anti-foundationalist position. In Chapter 3 we consider the condition of individual morality in VP. If VP is true, choice among alternatives inevitably accompanies a loss or sacrifice of values. Nevertheless, the loss itself is morally meaningful: the condition of moral responsibility lies in one's attitude of recognizing the loss resulting from his/her own choice. Chapter 4 provides an interpretation of Berlin's liberal pluralism, with the analysis of his liberal conception of the good. He claims that there exists a positive implication of 'tragic' choices, on which moral individualism should be based. The idea of VP not only promotes our curiosity about human diversity and imperfection but also transforms the traditional meaning of tolerance into a postmodern one. His idea of a 'decent society,' not an impartial conception but one with a commitment to moral individualism and minimum social welfare, warns against the excessive enthusiasm of identity politics on the one hand, and criticizes the alleged neutrality of political liberalism on the other.

The second part of the book elucidates Berlin's personal identity and political com-

The Politics of Ideas: 3 2 1

mitment in the historical environment in which he lived. In Chapter 5, we establish a framework for understanding Berlin's works on the history of ideas as an important part of his political thought. His view of Romanticism exactly corresponds to his own intellectual path. Through criticism of logical positivism, he found the importance of 'belief' in the history of philosophy and traced the origin of Romantic ideas in the doctrines of Hume, Hamann and Herder. Although Berlin is known for his empathetic understanding of these 'counter-Enlightenment' thinkers, his aim is not to deny the Enlightenment project itself, but to criticize its optimistic assumptions. Chapter 6 discusses his historical view of nationalism and Zionism. He regards Herder as the father of cultural nationalism, on which his support for Zionism is morally based. From this perspective, we can consider his works on Jewish intellectuals in the 19th century as a defense of Zionism. In Chapter 7, we critically consider his opinion about modern Zionism movements and the State of Israel. His nonviolent and decent cultural Zionism suggests the possibility of combining liberalism and Zionism. However, he was reluctant to criticize overtly the injustice perpetrated by the State of Israel against Palestinians. His attitude can be a touchstone in critically considering the problem of modern liberal political thought.

In conclusion, we consider the basic features of Berlin's political thought. The intellectual components of his liberalism—a combination of British empiricism, German counter-Enlightenment views and Russian liberalism—are highly distinctive among the major trends of modern liberalism. On the other hand, his idea of nationality is different from contemporary theories of liberal nationalism. He emphasized the importance of liberal tolerance and human dignity in the wake of the domination of Europe by violent nationalism.

Keywords: Isaiah Berlin, liberalism, analytical philosophy, value pluralism, the counter-Enlightenment, nationalism, Zionism, the Palestinian problem, decency

著者紹介

森　達也（もり　たつや）

1974 年　愛知県に生まれる
1997 年　南山大学法学部卒業
1999 年　南山大学大学院法学研究科修士課程修了
2003 年　早稲田大学大学院政治学研究科博士後期課程単位取得退学
2015 年　博士（政治学）早稲田大学
現　在　早稲田大学政治経済学術院　講師（任期付）

著　書
『多元主義と多文化主義の間』（共著、早稲田大学出版部、2013 年）
『公共性の政治理論』（共著、ナカニシヤ出版、2010 年）など
翻訳書
A・マルガリート『品位ある社会』（共訳、風行社、2017 年）
D・ミラー『政治哲学』（共訳、岩波書店、2005 年）など

早稲田大学エウプラクシス叢書　13

思想の政治学
―アイザィア・バーリン研究―

2018 年 6 月 6 日　　初版第 1 刷発行

著　者 ………………… 森　　達也
発行者 ………………… 大野　髙裕
発行所 ………………… 株式会社 早稲田大学出版部
　　　　　　　　　　　169-0051 東京都新宿区西早稲田 1-9-12
　　　　　　　　　　　電話 03-3203-1551　　http://www.waseda-up.co.jp/
装　　丁 …………… 笠井　亞子
印刷・製本 ………… 株式会社 平文社

© 2018, Tatsuya Mori. Printed in Japan　　　ISBN978-4-657-18803-8
無断転載を禁じます。落丁・乱丁本はお取替えいたします。

刊行のことば

　1913（大正2）年、早稲田大学創立30周年記念祝典において、大隈重信は早稲田大学教旨を宣言し、そのなかで、「早稲田大学は学問の独立を本旨と為すを以て　之が自由討究を主とし　常に独創の研鑽に力め以て　世界の学問に裨補せん事を期す」と謳っています。

　古代ギリシアにおいて、自然や社会に対する人間の働きかけを「実践（プラクシス）」と称し、抽象的な思弁としての「理論（テオリア）」と対比させていました。本学の気鋭の研究者が創造する新しい研究成果については、「よい実践（エウプラクシス）」につながり、世界の学問に貢献するものであってほしいと願わずにはいられません。

　出版とは、人間の叡智と情操の結実を世界に広め、また後世に残す事業であります。大学は、研究活動とその教授を通して社会に寄与することを使命としてきました。したがって、大学の行う出版事業とは大学の存在意義の表出であるといっても過言ではありません。これまでの「早稲田大学モノグラフ」、「早稲田大学学術叢書」の2種類の学術研究書シリーズを「早稲田大学エウプラクシス叢書」、「早稲田大学学術叢書」の2種類として再編成し、研究の成果を広く世に問うことを期しています。

　このうち、「早稲田大学エウプラクシス叢書」は、本学において博士学位を取得した新進の研究者に広く出版の機会を提供することを目的として刊行するものです。彼らの旺盛な探究心に裏づけられた研究成果を世に問うことが、他の多くの研究者と学問的刺激を与え合い、また広く社会的評価を受けることで、研究者としての覚悟にさらに磨きがかかることでしょう。

　創立150周年に向け、世界的水準の研究・教育環境を整え、独創的研究の創出を推進している本学において、こうした研鑽の結果が学問の発展につながるとすれば、これにすぐる幸いはありません。

2016年11月

早稲田大学